Norman Myers, Die sinkende Arche

D1929401

Norman Myers

Die sinkende Arche

Bedrohte Natur gefährdete Arten

westermann

CIP-Kurztitelaufnahme der Deutschen Bibliothek
Myers, Norman:
Die sinkende Arche:
Bedrohte Natur, gefährdete Arten / Norman Myers.
[Aus d. Engl. von Dr. Barbara Rojahn-Deyk
und Dr. Jobst-Christian Rojahn]
Braunschweig, Westermann, 1985.
Einheitssacht.: The Sinking Ark <dt.>
ISBN 3-07-508839-0

© Copyright (The Sinking Ark) Synergisms Ltd., 1979
© Deutsche Ausgabe: Georg Westermann Verlag GmbH 1985
Aus dem Englischen übersetzt von
Dr. Barbara Rojahn-Deyk und Dr. Jobst-Christian Rojahn
Copyright © (The Sinking Ark)
1979 Synergisms Ltd.
Umschlaggestaltung: Wolfgang Rühle / Jürgen Peters
Satz: westermann druck GmbH, Braunschweig
Druck und Bindung: Mainpresse Richterdruck Würzburg

ISBN 3-07-**508839**-0

Inhalt

MEINER MUTTER, von der ich während meiner Kindheit auf einem Bauernhof in Nordengland genausoviel über die Natur lernte wie während meiner ersten zehn Jahre auf Forschungen in Afrika.

»Alles, was unter dem zerbrechlichen Schutzdach der Erde lebt, ist auf eine elementare Weise miteinander verwandt. Wird geboren, bewegt sich, nimmt Nahrung auf, vermehrt sich, stirbt. Tiger und Turteltaube, jede kleinste Blume und der einfache Frosch, das laufende Kind, das zum Manne wird und das, wenn wir auch noch nicht wissen wie, Bruder des Salamanders ist. Wenn die Menschheit es weiterhin zuläßt, daß ganze Arten aussterben, wann wird dann deren Gefährdung auch die unsere werden?«

World Wildlife Fund

Vorwort

N. M., Oktober 1984

Dies ist keineswegs das erste Buch über das Aussterben der Arten. Eine ganze Reihe solcher Werke sind in den letzten Jahren erschienen. Sie haben die bedrückende Geschichte des Tigers, des Gorillas, des nordamerikanischen Kranichs, der Wale und vieler anderer bedrohter Tiere dokumentiert. Sie haben warnend darauf hingewiesen, daß wir wahrscheinlich eine Art pro Jahr verlieren.

Das vorliegende Buch weitet das Thema in zweifacher Hinsicht aus.

Zum einen beschäftigt es sich mit den Lebens- und Überlebenschancen sämtlicher Arten, von denen es fünf bis zehn Millionen auf dieser Erde gibt. Es stellt die These auf, daß wir Gefahr laufen, bis zum Ende dieses Jahrhunderts mindestens eine Million von ihnen zu verlieren – und einige weitere Millionen in nur wenigen nachfolgenden Jahrzehnten. Denn schon heute verlieren wir möglicherweise eine Art pro Tag.

Dies bedeutet nicht nur, daß unsere Kinder in einer durch die Ausrottung von Myriaden von Lebensformen, die einst gemeinsam mit der Menschheit unseren Planeten bewohnten, verarmten Welt leben werden. Es bedeutet aber auch, daß grundlegende Evolutionsprozesse drastischer verändert werden, als dies seit dem plötzlichen Aussterben des Dinosauriers vor 60 Millionen Jahren je der Fall gewesen ist, ja möglicherweise sogar seit dreieinhalb Milliarden Jahren, als sich die Vielgestaltigkeit des Lebens herauszubilden begann. Und all das geschieht in einem Zeitraum, der, gemessen an der Evolutionsgeschichte, nur einem Wimpernschlag gleichkommt.

Heute dominiert eine einzige Spezies alle anderen. Die ständig weiter wachsende Menschheit macht fast 200 Millionen Tonnen aus, eine Biomasse, die höchstens noch vom Krill der südlichen Meere übertroffen werden kann. Diese einzigartige Situation birgt eine tiefe Verantwortung des Menschen für alle Lebewesen, sich selbst eingeschlossen, in sich. Der amerikanische Senator Patrick Leahy beschrieb 1978 die Lage sehr genau, als er während einer Debatte darüber, ob der büroklammergroße, zu den Barschen gehörende »Snail Darter« die Vollendung des 116 Millionen Dollar teuren Tellioco-Dammes am Little Tennessee River verhindern solle, ausführte:
»Letzten Endes sind wir die gefährdete Spezies. Der Homosapiens *begreift sich als*

die Spitze der Pyramide, aber der Gipfel ist ein unsichtbarer Standort. Wir brauchen ein großes Maß an Selbsterkenntnis, um immer daran zu denken, daß wir diese dominierende Rolle nur einnehmen können, weil uns das Netzwerk des Lebens, das Fundament unserer gesamten Umwelt ist, trägt . . . Wir teilen mit jenem Snail Darter im Little Tennessee River den Genpool dieser Erde.«

Unter dem Einfluß des Menschen wird allerorten die Umwelt in zunehmendem Maße zerstört. Wir sind mit den sichtbaren Zeichen durchaus vertraut, besonders mit der Umweltverschmutzung. Wenn uns angesichts der Art und Weise, in der wir unseren Lebensraum verschmutzen, die Ernüchterung packt, können wir den Prozeß im allgemeinen umkehren. Wir können unsere Flüsse und unseren Himmel wieder säubern. Das Aussterben von Arten ist jedoch eine ganz andere Geschichte; denn ihr wohnt Endgültigkeit inne – oft genug zu unserem eigenen Schaden. Auf der ganzen Erde konsumieren Menschen täglich immer mehr Nahrungsmittel, nehmen immer mehr Medikamente ein, verwenden immer mehr Industrieprodukte, die allesamt ihre Entstehung Arten von Wildpflanzen und freilebenden Tieren verdanken. Wir wissen nicht, welche neuen Bedürfnisse in der Zukunft entstehen werden. Was wir jedoch wissen, ist, daß die Zukunft voraussichtlich sehr viel anders aussehen dürfte, als wir bestenfalls prognostizieren können. Daher ist es sinnvoll, so viele natürliche Ressourcen wie möglich zu sichern, mit denen man den neuen Herausforderungen begegnen könnte. Es dürfte auf der Erde wohl kaum einen wertvolleren Vorrat an natürlichen Ressourcen geben als das Artenspektrum mit seinem Gen-Reservoir. Und doch, die Arten der Erde werden schneller dezimiert als die Mineralvorkommen.

Folglich ist der Artenschwund eines der ganz großen, bis dato noch unzureichend erkannten Kernprobleme unserer Zeit. Man kann sich kaum ein Problem vorstellen, das, bei all seiner großen Bedeutung, generell so wenig Beachtung von seiten der Öffentlichkeit findet. Während der letzten Jahre waren zwar zunehmend alarmierende Töne über ein paar besonders »sympathische« Lebewesen wie den Schimpansen, den Eisbären oder den Geparden zu hören. Durch außergewöhnliche Anstrengungen sind einige dieser gefährdeten Arten ein oder zwei Schritte vom Abgrund, der Aussterben heißt, zurückgeholt worden. Während der gleichen Zeitspanne jedoch sind wahrscheinlich mehrere tausend Arten verschwunden, ohne daß dies ein Normalverbraucher oder politisch Verantwortlicher zur Kenntnis genommen, geschweige denn bedauert hätte.

Die zweite, weiterreichende Perspektive, unter der das Artenproblem in diesem Buch betrachtet wird, ist die, daß nicht nur ökologische Fragen untersucht werden (etwa die, warum die Großkatzen anfälliger sind als die Ratten oder die Kraniche anfälliger als die Stare), sondern vor allem auch die Frage, *warum* man zuläßt, daß die Arten aussterben: Wenn die Arten einen wichtigen Teil jener Ausrüstung ausmachen, die menschliches Überleben heute und in Zukunft sichert, wie kommt es dann, daß wir gleichgültig zusehen, wie sie aussterben? In diesem Buch wird dargelegt, daß wir noch eine Reihe weiterer Aspekte des Problems ins Auge zu fassen haben – nämlich ökonomische, politische, rechtliche, soziale und kulturelle Faktoren.

Es ist eine Vereinfachung, wenn man – wie dies manche Autoren in der Vergangenheit getan haben – behauptet, daß die Arten durch Ignoranz, Dummheit oder leichtfertige Zerstörungswut des modernen Menschen in den Untergang getrieben werden. Arten verschwinden deshalb, weil wir es vorziehen, so zu leben, wie wir leben – wir alle. Zum Beispiel fördert die wachsende Nachfrage der Industrienationen nach Rindfleisch zu »vernünftigen«, d. h. niedrigen und stabilen Preisen die Umwandlung der tropischen Regenwälder in viehhaltende Großbetriebe – aber die tropischen Regenwälder beherbergen 40 bis 50% aller auf der Erde beheimateten Arten, solche Pflanzen eingeschlossen, die Substanzen liefern könnten, mit denen die Geißel der Zivilisation, der Krebs, zu bekämpfen wäre. Hier haben wir einen ökonomischen Aspekt, der direkt den Kern des Problems berührt: Welcher Naturschützer der wohlhabenden Welt schätzt nicht den »Hamburger« mit seinem bescheidenen Preis?

Genauso, wie wir alle an der Ausrottung der Arten beteiligt sind, wie wir alle aus ihrer Erhaltung großen Nutzen ziehen, genauso sollten wir uns alle an den Kosten einer umfassenden Strategie des Artenschutzes beteiligen. Diese Strategie wird, verglichen mit den augenblicklichen Bemühungen um den Schutz von Gorilla und Jaguar, nicht billig sein. Aber verglichen mit unseren anderen Zukunftsinvestitionen wird sie sich fast wie ein Werbegeschenk ausnehmen.

Dieses Buch entstand als Teil eines Projektes, das unter der Schirmherrschaft des Natural Resources Defence Council in Washington D. C. durchgeführt wurde. Seit dem Erscheinen der englischsprachigen Erstausgabe ist einiges geschehen. Da gibt es einerseits schlechte Nachrichten von der »Rettet-die-Arten-Front« – mehr als uns lieb ist. Andererseits gibt es aber auch einige gute Nachrichten – nicht sehr viele, aber doch mehr, als man noch vor einem halben Jahrzehnt hätte erwarten dürfen. Es erscheint deshalb sinnvoll, der deutschen Ausgabe einen Überblick über den aktuellen Stand der Dinge voranzustellen.

Zunächst zu den schlechten Nachrichten: Die Vernichtungsrate hat ganz ohne Zweifel zugenommen. Während man sie Mitte der siebziger Jahre noch grob auf eine Art pro Tag schätzte, ist heute *sicher,* daß eine Art pro Tag verschwindet – wahrscheinlich sogar mehr. Wie kommt das? Zum einen wissen wir inzwischen mehr über die Anzahl der Arten, die diese Erde mit uns teilen, wo sie beheimatet sind und wie es um ihre Lebensräume und -bedingungen bestellt ist. Eine Übersicht, die der Autor 1980 vorlegte, bestätigt, daß der artenreichste Teil unseres Planeten die tropischen Regenwälder sind. Obwohl sie nur 7% der gesamten Landfläche bedecken, enthalten diese Wälder etwa die Hälfte der mindestens zehn Millionen heute lebenden Arten. Einige wegweisende Untersuchungen des »Dachgeschosses« dieser Wälder – das letzte große biologische Gebiet, das es zu erforschen gibt – haben tatsächlich ergeben, daß allein die Baumkronen etwa 30 Millionen Insektenarten beherbergen könnten, von anderen Arten ganz zu schweigen. Dennoch werden die tropischen Wälder schneller vernichtet, als man angenommen hatte: Von insgesamt neun Millionen km^2 werden jährlich fast 100 000 km^2 zerstört und weitere 100 000 km^2 so schwer geschädigt, daß sie den freilebenden Artengemeinschaften keinen stabilen Lebensraum mehr bieten können. Anders ausgedrückt, verlieren die Urwälder, die dreimal so groß wie Westeuropa sind, jährlich eine Fläche von der zweieinhalbfachen Größe Österreichs – in den fünf Minuten, die Sie, verehrter Leser, benötigen, um dieses Vorwort zu lesen, trifft 200 Hektar des Meisterwerkes der Natur das Ende. Und wenn sich dann ein heute noch junger Leser in den Schaukelstuhl seines Vaters setzt, könnten die tropischen Wälder bereits endgültig verschwunden sein.

Allein in den tropischen Wäldern verlieren wir eine Art pro Tag. Wenn wir andere artenreiche Areale wie etwa die Feuchtgebiete oder die Korallenriffe dazunehmen, die ebenfalls mit immer größerer Geschwindigkeit zerstört werden, dann können wir wohl jenen vielen Biologen zustimmen, die glauben, daß die Vernichtung in nur weiteren zehn Jahren gut eine Rate von einer Art pro Stunde erreichen könnte. Es sieht ganz so aus, als ob wir uns in der Mitte des kommenden Jahrhunderts von sicherlich einem Viertel, wahrscheinlich aber von der Hälfte aller Arten endgültig verabschiedet haben werden. Was die Zahlen und den enorm verkürzten Zeitraum anbelangt, stellt dies einen größeren Rückschlag für das Leben auf der Erde dar, als alles, was seit seinem Anbeginn vor fast vier Milliarden Jahren geschehen ist. Und was den beim großen Abschiednehmen geäußerten Wunsch nach einem Wiedersehen betrifft, so wird die Evolution mindestens fünf, wenn nicht zwanzig Millionen Jahre benötigen, um eine ähnliche Lebensvielfalt auf unserem Planeten wiederherzustellen. Die Prognosen des weithin bekannten, unter dem Titel *Global 2000* veröffentlichten Berichts sind da durchaus zutreffend.

Soweit die schlechten Nachrichten. Glücklicherweise gibt es aber auch ein paar gute. Vor allem beginnen wir zu erkennen, daß die Arten auf mancherlei Weise unserer materiellen Wohlfahrt dienen. Sie leisten einen Beitrag zu Medizin und Landwirtschaft, zu Industrie und Energiegewinnung. Wenn wir zum Apotheker gehen, dann verdanken wir in einem von zwei Fällen die Arznei, die wir erwerben, den genetischen Materialien wilder Pflanzen und Tiere. Antibiotika, Beruhigungsmittel, Mittel zur Regulierung des Blutdrucks, Empfängnisverhütungsmittel usw. – viele von ihnen hätten ohne das Vorhandensein der Pflanzen- und Tierarten niemals hergestellt werden können. Noch 1960 waren die Chancen, ein an Leukämie erkranktes Kind zu heilen, äußerst gering – heute haben sie sich dank zweier wirkungsvoller, aus dem madagassischen Immergrün gewonnener Substanzen erheblich verbessert; der jährliche Absatz dieser Stoffe macht immerhin einen Wert von mehr als 100 Millionen Dollar aus. Bestimmte Pflanzen enthalten nicht so sehr Kohlehydrate, sondern Kohlenwasserstoff – und eröffnen damit die Aussicht auf »wachsendes

Benzin« und »Ölplantagen«, die nicht, einem Bohrloch gleich, versiegen müssen. Angesichts unserer bis zum heutigen Tag gemachten Erfahrungen können wir davon ausgehen, daß der Bestand an Arten zu den reichhaltigsten, vielfältigsten und wertvollsten Vorräten an natürlichen Ressourcen für unsere Zukunft gehört.

Das Problem der bedrohten Arten ist also durchaus nicht mehr bloß das Problem des Pandas, des Schimpansen oder anderer besonders attraktiver Lebewesen. Es ist das Problem einer riesigen Zahl von Arten, die zugegebenermaßen weniger »reizend« sind, die aber sehr wohl ein Potential darstellen, das zu unserem Wohlergehen beiträgt.

Es ist dieser ökonomische Wert der Arten, der den Unterschied macht, handelt es sich dabei doch um ein Argument, das Politiker, Wirtschaftler und andere »Praktiker«, die unsere Geschicke lenken, betroffen macht. Endlich wird das Problem der Arten weltweit in die politischen Tagesordnungen aufgenommen. Die Weltbank schenkt dem Problem Beachtung, ebenso die OECD (der »Club der Reichen«) und eine Vielzahl von Regierungen. Der Wert der genetischen Vielfalt ist neben dem anderer Umweltressourcen von der Nord-Süd-Kommission unter Leitung von Willy Brandt ganz besonders hervorgehoben worden. Es mag schon bald ein Stadium erreicht werden, in dem die Artenfrage neben Fragen der Gesundheit, Energie, Ernährung und Bevölkerungsentwicklung – mit denen sie naturgemäß eng verknüpft ist – als ein Problem von höchster Dringlichkeit erkannt wird.

Ganz gewiß wird eine Kampagne zur Rettung der Arten nicht gerade billig werden. Sie könnte von heute an bis zum Ende unseres Jahrhunderts jährlich ca. eine Milliarde Dollar kosten, wollten wir genügend viele Parks und Reservate zum Schutz bedrohter Arten und ihrer Lebensräume einrichten. Hauptträger der Kosten müßten unweigerlich die reichen Nationen sein, auch wenn zwei Drittel aller Arten in den Tropen, d. h. in der Dritten Welt leben. Das wäre aber nicht mehr als recht und billig, denn es sind eben diese reichen Nationen, die dank ihres technischen Know-how am meisten von den den Arten verdankten Rohstoffen profitieren. Und welche Kosten würden auf den Steuerzahler in den Industriestaaten zukommen? Verteilt auf ihre eine Milliarde Einwohner nicht mehr als etwa fünf Dollar pro Familie und Jahr. Es kostet ein Ehepaar in der Bundesrepublik Deutschland heute rund 75000 Dollar, ihr Kind bis zum Schulschluß großzuziehen. Welchen besseren Weg als eine Investition von 5 Dollar jährlich gäbe es, sicherzustellen, daß dieses Kind nicht in eine durch die Massenvernichtung von Arten verarmte Welt hineinwächst?

Es sollte uns Mut machen, daß die großen Ausrottungswellen *gerade erst* einsetzen. Die Uhr zeigt fünf Minuten vor zwölf – und das heißt, daß uns noch Zeit bleibt, uns dem Problem zu stellen, wenn wir uns von ihm nicht überwältigen, sondern inspirieren lassen. Sollten wir uns nicht als eine privilegierte Generation sehen, die vor die kreative Herausforderung gestellt ist, einen großen Teil der Pracht des Lebens auf dieser Erde zu retten? Wir sollten uns glücklich schätzen, daß wir in dieser Zeit leben.

Das Problem des Artenschwundes

Einleitung

Der Mann auf der Straße, gefragt, was er vom Problem des Artenschutzes halte, fände es wahrscheinlich schade, wenn der Tiger oder der Blauwal ausstürbe. Aber er würde wohl auch hinzusetzen, daß das im Vergleich zu den anderen Krisen – Energiemangel, Überbevölkerung, Hunger und Umweltverschmutzung, also den »wirklichen Problemen« – ein kleiner Fisch sei. Mit anderen Worten: der Artenschutz berührt ihn, aber er kann darin kein schwerwiegendes Problem sehen; denn andere Dinge berühren ihn mehr. Wenn heute abend der Tiger ausstürbe, würde morgen früh weiterhin die Sonne aufgehen.

Tatsächlich werden wir morgen früh mit ziemlicher Sicherheit eine Art weniger auf dem Planeten Erde haben als noch heute morgen. Es wird nicht ein so faszinierendes Geschöpf sein wie der Tiger. Es könnte gut irgendein obskures Insekt in den Tiefen eines weit entfernten Regenwaldes sein, von dem noch nie jemand etwas gehört hat. Aber es wird unwiederbringlich verschwunden sein und mit ihm eine einzigartige Lebensform.

Ebenso wahrscheinlich ist es, daß wir bis zum Ende unseres Jahrhunderts eine Million Arten verloren haben werden, vielleicht noch viel mehr. Bis auf eine knappe Handvoll werden sie durch Menschenhand ausgerottet worden sein.

Aussterberaten

Von über eintausend Tierformen ist bereits nachgewiesen, daß sie vom Aussterben bedroht sind, Geschöpfe, die in aller Munde sind – der Tiger und der Blauwal, der Riesenpanda und der nordamerikanische Kranich, der Orang-Utan und der Gepard. Auch wenn die Zahl 1000 schockierend groß ist, stellt sie doch nur einen winzigen Bruchteil des Problems dar. Viel wichtiger sind all die Arten, die von der Wissenschaft noch nicht einmal erfaßt, geschweige denn als bedroht eingestuft worden sind. Im Pflanzenreich könnte sich die Zahl auf 25 000 belaufen, während bei den Tieren, vor allem den Insekten, die Gesamtzahl in die Hunderttausende gehen könnte.

Das Aussterben von Arten war schon immer, praktisch schon seit Beginn allen Lebens vor 3,5 Millionen Jahren ein Teil eben dieses Lebens. Wenigstens neunzig Prozent aller jemals existierenden Arten sind verschwunden. Aber fast alle sind aufgrund natürlicher Prozesse ausgestorben. Erst in der jüngeren Vergangenheit, seit etwa 50 000 Jahren, hat der Mensch merklichen Einfluß ausgeübt. Vermutlich als primitiver Jäger schon erwies er sich als fähig, Arten auszurotten, wenn dies auch vergleichsweise selten geschah. Vom Jahr 1600 an ermöglichte ihm jedoch eine fortschreitende Technologie, innerhalb weniger Jahre Tiere bis zum Aussterben zu überjagen und ausgedehnte Gebiete seiner Umwelt genauso schnell zu zerstören. Zwischen den Jahren 1600 und 1900 rottete der Mensch 57 bekannte Arten aus, vornehmlich Säugetiere und Vögel – wie viele Reptilien, Amphibien, Fische, wirbellose Tiere und Pflanzen verschwunden sind, ist nie erfaßt worden. Seit 1900 hat der Mensch etwa 75 weitere bekannte Arten ausgerottet – wiederum hauptsächlich Säugetiere und Vögel, ohne daß man wüßte, wie viele andere Kreaturen das Feld räumen mußten. Von 1600 bis 1900 belief sich die Aussterberate auf ungefähr eine Art innerhalb von vier Jahren, während sie im größten Teil unseres Jahrhunderts schon bei einer Art pro Jahr liegt. Dagegen erlosch in der Zeit des »großen Sterbens« der Dinosaurier wahrscheinlich nur eine Art in 1000 Jahren.

Seit 1960 jedoch ist mit dem Anstieg der Weltbevölkerung und mit der Zunahme menschlicher Bedürfnisse auch deren Einfluß auf die natürliche Umwelt gewachsen, und riesige Territorien in mehreren Hauptregionen der Erde sind in einem Maße umgewandelt worden, daß dort kaum noch etwas von ihrer ursprünglichen Pflanzen- und Tierwelt erhalten ist. Als Resultat davon ist die Aussterberate mit Sicherheit in die Höhe geschnellt, auch wenn die Einzelheiten zumeist nicht belegt sind. 1974 wagte eine mit dem Problem befaßte Konferenz von Wissenschaftlern die Vermutung, daß die gesamte Aussterberate bei allen Arten, ob der Wissenschaft bekannt oder nicht, inzwischen 100 pro Jahr erreicht habe.

Doch selbst diese Zahl erscheint niedrig. Eine einzige ökologische Zone, der tropische Regenwald, ist Lebensraum, so wird angenommen, von zwei bis fünf Millionen Arten. Wenn die gegenwärtigen Nutzungsmethoden in den tropischen Regenwäldern unverändert bleiben, wird bis zum Ende des Jahrhunderts ein großer Teil des Urwaldes verschwunden und der verbleibende Rest ernsthaft in Mitleidenschaft gezogen sein. Damit wird eine riesige Anzahl von Arten ausgelöscht werden. Ähnliche Störungs- und Zerstörungsprozesse laufen in anderen natürlichen Lebensräumen ab, insbesondere in Grasland und Feuchtgebieten. Auch wenn diese Biotope ökologisch nicht so vielfältig sind wie die tropischen Regenwälder, stellen sie doch ihr eigenes reiches Artenspektrum – auch sie unterliegen der gleichen fundamentalen Veränderung durch den Menschen. Für die Vereinigten Staaten von Amerika waren einst rund eine Million km^2 unberührter Prärie charakteristisches Merkmal. Heute ist diese Prärie, sieht man von 16 000 km^2 im US-Bundesstaat Kansas ab, unter den Pflug genommen oder sonstwie umgewandelt worden. In vielen Teilen der Welt macht das Grasland auf ähnliche Weise dem Ackerland Platz, um einen hungrigen Planeten zu ernähren. In entwickelten wie in sich entwickelnden Regionen werden gleichermaßen Feuchtgebiete trockengelegt, umgebrochen, gepflastert, auf daß sie für den Menschen »nützlich« werden. Das Resultat: die Ausrottung ganzer Artengemeinschaften praktisch über Nacht.

Nehmen wir an, daß das letzte Viertel unseres Jahrhunderts als Folge dieses groben Umgangs mit natürlichen Lebensräumen die Ausrottung von einer Million Arten erlebt – eine durchaus nicht unwahrscheinliche Prognose. Das ergäbe im Laufe von 25 Jahren eine durchschnittliche Sterberate von 40 000 Arten pro Jahr oder von über hundert Arten pro Tag. Der stärkste Ausbeutungsdruck auf die tropischen Regenwälder und andere artenreiche Biotope wird nicht vor Ende dieses Zeitraumes einsetzen. Das hieße also, daß in den neunziger Jahren sehr viel mehr Arten ausgerottet werden als in den Jahrzehnten davor. Aber schon jetzt ist der Zerstörungsprozeß weit fortgeschritten und die Annahme nicht unrealistisch, daß im Augenblick bereits mindestens eine Art pro Tag verschwindet. Im Verlaufe der achtziger Jahre könnten wir uns einer Situation gegenübersehen, wo jede Stunde eine Art ausstirbt. Bis die menschliche Gesellschaft zu einem ökologisch vernünftigen Lebensstil gefunden hat, könnte sich der Verlust auf mehrere Millionen Arten belaufen. Das würde ein biologisches Debakel bedeuten – größer als alle Massenausrottungen der Vergangenheit zusammengenommen.

Verlust für die Gesellschaft

Wir sehen uns also mit dem nahe bevorstehenden Aussterben eines guten Teiles des Artenspektrums konfrontiert. Seit Jahrtausenden haben die Arten das Haus der Erde mit dem Menschen geteilt. Nun wird ihnen innerhalb nur weniger Jahrzehnte der Wohnraum verweigert. Dieser Ausrottungsschub würde zu einem unwiederbringlichen Verlust einzigartiger Ressourcen führen. Die Erde wird zur Zeit von anderen Formen der Umweltzerstörung heimgesucht, aber unter dem Gesichtspunkt einer permanenten Ausplünderung des Planeten ist keine Form so bedeutend wie die Ausrottung der Arten. Wenn Gewässer verdreckt werden und die Atmosphäre wie ein Mülleimer behandelt wird, dann können wir die Verschmutzung zumeist noch beseitigen. Das Aussterben der Arten aber ist endgültig. Darüber hinaus wirkt sich die Verarmung des Lebens auf der Erde nicht nur auf die gegenwärtige Gesellschaft, sondern auf alle zukünftigen Generationen aus.

Auf vielfältigste Weise beeinträchtigt diese Verarmung schon jetzt unser alltägliches Leben. Auf der ganzen Welt konsumieren die Menschen in zunehmendem Maße Nahrungsmittel, nehmen Medikamente ein und benutzen Industrieprodukte, die ihre Herstellung genetischen Ressourcen und anderen tierischen und pflanzlichen Ausgangsmaterialien verdanken. Die an sich schon zahlreichen praktischen Verwendungszwecke, denen die Arten dienen, vermehren sich noch. Angesichts der in der Zukunft entstehenden Bedürfnisse müssen die Arten zu den wertvollsten Rohmaterialien der menschlichen Gesellschaft gezählt werden. Um nur einmal die Konsequenzen zu bedenken, die die Zerstörung eines einzigen Biotops, nämlich tropischer Regenwälder, mit sich brächte: Die Zerstörung dieser Wälder mit ihrer außergewöhnlichen Artenkonzentration würde die Aussichten für eine modernisierte Landwirtschaft zunichte machen, was große Rückschläge für die Welternährung mit sich brächte. Sie könnte den Kampf gegen den Krebs um Jahre zurückwerfen. Und was vielleicht am schlimmsten wäre - sie würde unsere aussichtsreichste Chance ruinieren, die Energiekrise in den Griff zu bekommen. Jeden Tag werden von den Pflanzen der tropischen Wälder riesige Mengen an Sonnenenergie gespeichert. Mit entsprechenden Verwertungstechnologien könnten diese Wälder Energie in Form von Methanol und anderen Brennstoffen hervorbringen, die mengenmäßig fast der Hälfte des Weltenergieverbrauchs von 1970 entspräche. Und mehr noch - diese Energiequelle brauchte niemals zu versiegen wie eine Ölquelle, da sie sich fortwährend regenerieren kann.

Wird die Vielfalt der Ressourcen, das Artenspektrum der Erde eingeschlossen, in irgendeiner Weise verringert, so wird auch der Spielraum der Menschheit eingeschränkt, auf neue Probleme und Möglichkeiten zu reagieren. Da wir nicht sicher wissen, was die Zukunft für Anforderungen an uns stellen wird, erscheint es nur sinnvoll, sich alle Türen offenzuhalten (vorausgesetzt, daß eine solche Strategie nicht übermäßig mit anderen wichtigen Zielen der Gesellschaft im Widerspruch steht). Diese Vernunftgründe für den Naturschutz betreffen den Artenbestand in weit höherem Maße als jede andere Kategorie natürlicher Ressourcen.

Dr. Tom Lovejoy, World Wildlife Fund (WWF), hat die Situation zutreffend umrissen: »Wenn wir uns auf ein neues finsteres Mittelalter vorbereiten müßten und nur eine beschränkte Anzahl von Büchern auf unbestimmte Zeit in den Klöstern aufbewahren könnten, dann müßten wir uns wohl darüber klarwerden, welcher Wissenszweig die größte Bedeutung für unser Überleben hat. Der aussichtsreichste Kandidat wäre die Biologie mitsamt ihren angewandten Formen wie Medizin, Land-, Forst- und Fischereiwirtschaft. Aber wir tun genau das Gegenteil und schmeißen die Biologiebücher eifrig hinaus, ehe sie noch geschrieben worden sind.«

Viele andere Biologen - hellhörig gewordene Wissenschaftler und nicht verhärtete Öko-Freaks - glauben, daß der Mensch auf Dauer den Lauf der Evolution verändert. Das Resultat wird eine ungeheuerlich verarmte Ausgabe der ursprünglichen Lebensvielfalt sein, und der Evolutionsprozeß wird sich viele Millionen Jahre nicht davon erholen. Man geht nicht zu weit, wenn man feststellt, daß die Menschheit, indem sie einen merklichen Teil des irdischen Artenbestandes eliminiert, Leben zerstört, das ihr eigenes gerade retten könnte.

Artenschutz und wirtschaftlicher Fortschritt

Das Problem besitzt noch eine weitere wichtige Dimension, nämlich das Verhältnis zwischen Artenschutz und wirtschaftlicher Weiterentwicklung in den menschlichen Gemeinwesen.

Wie schon angedeutet, liegt die hauptsächliche Bedrohung für die Arten im Verlust ihres Lebensraumes. Dieser entsteht vornehmlich durch die wirtschaftliche Ausbeutung der Natur, die ihrerseits ausgebeutet wird, um die menschliche Nachfrage nach den verschiedensten Produkten zu befriedigen. Im Endergebnis werden die Arten heute selten durch die Aktivitäten einzelner Individuen mit der direkten Absicht, zu töten, ausgelöscht, sondern durch die Aktivitäten vieler Millionen Menschen, die sich nicht oder nur unzureichend über die weitreichenden Konsequenzen ihres auf Konsum gerichteten Lebensstils im klaren sind.

Das bedeutet, daß diffuse, schleichende Prozesse zum Artenschwund führen können. Das Gesetz verbietet es dem Amerikaner beispielsweise, Silberreiher zu schießen; er kann jedoch durch sein konsumorientiertes Verhalten andere dazu bewegen, einen Sumpf trockenzulegen (für landwirtschaftliche und industrielle Nutzflächen, für Straßen und für Siedlungsflächen) – und dadurch die Nahrungsquelle für eine ganze Kolonie von Silberreihern zerstören. Jüngst stellte die Werbung eines gemeinnützigen Unternehmens in den Vereinigten Staaten von Amerika fest: »Was wir heute tun, wird Ihr Leben beeinflussen« – und meinte damit, seine Aktivitäten seien so weitreichend und vielseitig, daß sie den Alltag des Bürgers, ob er es nun merke oder nicht, auf irgendeine Weise berühren würden. In ähnlicher Weise beeinflußt das, was der Bürger täglich tut, die Überlebenschancen der Arten. Er mag der Natur gegenüber durchaus keine leichtfertigen oder zerstörerischen Absichten hegen. Im Gegenteil, er spendet vielleicht regelmäßig für irgendeine Naturschutzorganisation. Aber was er mit der rechten Hand spendet, nimmt er mit einem halben Dutzend linker Hände wieder fort. Sein Wunsch, gleichzeitig Konsument und Naturschützer zu sein, drängt ihn in eine Jekyll-und-Hyde-Rolle. Er mag diese Rolle ahnungslos und ohne böse Absicht spielen, aber sie wird von Tag zu Tag bedeutsamer und beherrschender.

Genauso ins Gewicht fällt, daß der Einfluß eines konsumorientierten Lebensstils nicht auf die Heimat der Wohlhabenden beschränkt bleibt. Zunehmend weiten sich die Folgen auch auf die entlegensten Gegenden der Erde aus. Vier Fünftel aller Rohstoffe, die auf dem internationalen Markt gehandelt werden, gehen auf Rechnung der reichen Staaten in den gemäßigten Zonen, in denen nur ein Fünftel der Weltbevölkerung lebt. Viele dieser Rohstoffe stammen aus den Tropen, in denen ungefähr drei Viertel aller Arten zu Hause sind. Das Herausziehen dieser Rohstoffe bringt Störungen der natürlichen Umwelt mit sich. Auf diese Weise sind die wohlhabenden Mitglieder der weltweiten Völkergemeinschaft dafür verantwortlich – ohne es zu wissen, sicher, aber nichtsdestoweniger nachhaltig –, daß der Lebensraum von

Myriaden von Arten in von ihnen weit entfernten Regionen vernichtet wird. Der Kenner, der ein Spezialitätenimport-Geschäft in New York, Paris oder Tokio aufsucht, um etwas von dem sehr begehrten Rosenholz aus Brasilien zu kaufen, trägt zur Zerstörung des letzten Lebensraumes der Affen Amazoniens bei. Wenige Faktoren der Naturschutzszene werden in den kommenden Jahren so folgenschwer sein wie die weltweiten ökonomisch-ökologischen Verknüpfungen.

Sicher, auch die Bewohner der tropischen Entwicklungsländer tragen ihren Teil zur Vernichtung natürlicher Lebensräume bei. In diesen Ländern wird ja die prognostizierte Bevölkerungsexplosion zum größten Teil stattfinden: 85% der zusätzlichen zwei Milliarden Menschen, die wahrscheinlich bis zum Ende des Jahrhunderts zu der gegenwärtigen Weltbevölkerung von über vier Milliarden hinzukommen werden. Von mindestens genauso großer Tragweite wie die Bevölkerungsexplosion ist die Explosion menschlicher Bedürfnisse, unterstützt von einer sich ausweitenden Technologie. Das Zusammenspiel beider Faktoren wird eine Veränderung der meisten noch intakten Lebensräume in den Tropen beschleunigen. Ebenso spielt eine Rolle, daß die verarmte Bevölkerung der Entwicklungsländer im allgemeinen wichtigere Sorgen hat als den Artenschutz. Allzu oft kann sie sich gerade eben selbst am Leben halten.

Offensichtlich besteht ein großer Unterschied zwischen dem Konsumverhalten der armen Mehrheit und der wohlhabenden Minderheit auf dieser Erde. Für die meisten Menschen in den Entwicklungsländern ist zweifelsfrei, daß die Kultivierung unerschlossener Gebiete (Wälder, Grasland, Feuchtgebiete usw.) ihren Ernährungsstandard verbessern würde – so, wie vermehrt zur Verfügung stehende Industrieprodukte ihren Existenzkampf auf mancherlei Weise erleichtern könnten. Dasselbe kann wahrscheinlich für die Einwohner der Industrienationen nicht gesagt werden: Zusätzliche Nahrungsmittel oder materielle Güter führen nicht notwendigerweise zu einer Verbesserung der Lebensqualität. Der Bedarf an Gütern aller Art auf seiten der einen Milliarde Einwohner der reichen Nationen – die vollendetsten Verbraucher, die die Welt je gesehen hat, neben einigen von ihnen mögen Krösus und Ludwig XIV. wie Armenhäusler erscheinen – trägt einen unverhältnismäßig großen Teil zur Zerstörung natürlicher Lebensräume auf der ganzen Welt bei.

Zum Beispiel ist die Dezimierung der tropischen Regenwälder teilweise auf die Nachfrage der reichen Nationen nach Hart- und anderen Spezialhölzern aus Südostasien, Amazonien, West- und Zentralafrika zurückzuführen. Dazu kommt, daß die zerstörerische Abholzung tropischer Wälder oft von multinationalen Gesellschaften geleitet wird, die das Kapital, die Technologie und das Know-how stellen, ohne die die Entwicklungsländer ihre Waldbestände gar nicht in diesem nicht mehr zu rechtfertigenden Umfang ausbeuten bzw. ausbeuten lassen könnten. Eine solche Rolle spielen u. a. Georgia Pacific und Weyerhaeuser aus den Vereinigten Staaten, Mitsubishi und Sumitomo aus Japan, Bruynzeel und Borregaard aus Europa. In ähnlicher Weise werden die Wälder Zentralamerikas gefällt, um Weideland Platz zu machen, auf dem man noch mehr Rindfleisch produzieren kann. Aber dieses zusätzliche Fleisch wandert nicht etwa in die Mägen der Einheimischen, sondern es geht in die Vereinigten Staaten von Amerika, wo die Hamburger- und sonstigen Fast-Food-Produzenten damit beliefert werden. Dieses ausländische Rindfleisch ist billiger als in den USA produziertes Rindfleisch ähnlicher Qualität. Und der amerikanische Verbraucher, der sich einen erstklassigen »Hamburger« zu niedrigem Preis wünscht, ahnt nichts von den weiterreichenden Folgen seines Verhaltens. Wessen Hand liegt nun wirklich an der Motorsäge?

Eine weitere Ursache der Zerstörung tropischer Regenwälder ist der Wanderfeldbau. Es gibt mindestens 140 Millionen Bauern, die, Subsistenzwirtschaft treibend, ihre Hacke oft nirgendwo sonst ansetzen können als in den unberührten Urwaldgebieten. Ihre Form der Landwirtschaft tendiert ihrem ganzen Wesen nach zur Ineffizienz: sie vergeudet in hohem Maße Waldland. Man könnte sie zwar mit den Hilfsmitteln moderner Landwirtschaft, besonders mit Dünger, der ein Stück Land Jahr für Jahr fruchtbar erhält, intensiv statt extensiv gestalten, um so den Druck auf den Urwald zu mildern. Aber seit den Ölpreissteigerungen durch die Organisation erdölexportierender Länder (OPEC) im Jahre 1973 sind die Kosten für Dünger als Erdölderivate drastisch in die Höhe gegangen – und dort auch aufgrund des übersteigerten Bedarfs der reichen Nationen geblieben (Amerikaner und Europäer verbrauchen ebensoviel Dünger für ihre Gärten, Golfplätze und Friedhöfe wie im gesamten Wanderfeldbau der tropischen Regionen verwandt wird). Solange der Kunstdüngerpreis für die Subsistenzbauern unbezahlbar bleibt, besteht wenig Aussicht, daß sie ihre Anbaumethoden ändern werden. Für diese Situation sind einerseits die Erdölerzeugerländer, andererseits die konsumorientierten Industrienationen verantwortlich.

Gegenseitige Abhängigkeit in einer globalen Völkergemeinschaft

So betrachtet, ist das Problem der schwindenden tropischen Regenwälder mit anderen Zentralproblemen einer von gegenseitigen Abhängigkeiten bestimmten globalen Völkergemeinschaft eng verknüpft, als da sind Ernährung, Bevölkerung, Energie und vieles mehr, denen die Menschheit als Ganzes gegenübersteht. Fortschritte in einem der Bereiche ohne gleichzeitige Fortschritte in allen anderen sind schwer denkbar. Eine solche Wechselbeziehung zwischen den Problemen, hier dargestellt an der Situation der tropischen Wälder, ist für das Problem des Artenschwundes überhaupt kennzeichnend.

So kann man in den Industrienationen kaum den Artenschutz unterstützen und gleichzeitig verbesserte, auf Handel und Hilfeleistung beruhende Beziehungen zu den Entwicklungsländern ablehnen. Die Dezimierung der tropischen Wälder könnte durch ein Kartell der holzexportierenden Länder verlangsamt werden. Wenn dieses Kartell den Preis für seine Harthölzer steigern würde, könnten sie für die Ausfuhr geringerer Mengen mehr Devisen einnehmen. Für die Importländer hätte das zur Folge, daß die Preise für edle Möbel, Spezialtäfelungen und andere aus Edelholz gefertigte Raumausstattungen in die Höhe schnellten. Würde der Wohlstandsbürger mit Protestgeschrei auf eine solche Inflation reagieren oder mit einem Seufzer der Erleichterung auf die verbesserten Aussichten für tropische Regenwälder? Für einen Bewohner der Dritten Welt ist es schwer zu verstehen, wie sich ein Naturschützer für die Internationale Union für Naturschutz einsetzen kann, ohne sich gleichzeitig für eine neue internationale Wirtschaftsordnung zu engagieren.

Ein anderes Beispiel liefert der Zellstoff. Hier könnte es bald eine ebenso große Knappheit geben wie jetzt schon bei Nahrungsmitteln und Brennstoff. Dieser Mangel könnte durch eine intensivere Exploitation der nordamerikanischen oder der tropischen Wälder behoben werden - was in beiden Fällen einen Aufschrei der Umweltschutz-Organisationen zur Folge haben dürfte. Eine weitere Möglichkeit wäre, daß die Industrienationen, die für fünf Sechstel des gesamten Zellstoffverbrauchs verantwortlich zeichnen, mit geringeren Mengen auskämen, was eine drastische Preiserhöhung etwa bei Zeitungspapier nach sich ziehen würde. Man könnte also einen Naturschützer als jemanden definieren, der es begrüßt, wenn seine Tageszeitung wieder einmal teurer geworden ist.

In Übereinstimmung mit dieser Lagebeurteilung wird in diesem Buch nachdrücklich betont, daß die Probleme der bedrohten Arten und der schwindenden Wälder nur dann realistisch ins Auge gefaßt werden können, wenn man sie im Kontext des engen Beziehungsgeflechts zwischen Industrienationen und Entwicklungsländern sieht.

Ein Haupterfordernis des Naturschutzes allenthalben, besonders aber in den tropischen Regionen ist es, daß alle Länder repräsentative Beispiele ihrer Ökosysteme konservieren, um ihren Artenbestand zu schützen und zu sichern. Mit anderen Worten, daß sie ihr augenblickliches Netz von Naturparks, wie immer es beschaffen sein mag, ausweiten und ausgedehnte Systeme geschützter Gebiete schaffen. Viele Entwicklungsländer sind jedoch nicht in der Lage, große Gebiete ihres Territoriums als für die Entwicklung tabu zu erklären. Wenn die sich entwickelnden Regionen der Tropen dabei mithelfen sollen, das globale Artenerbe für die Menschheit zu bewahren, dann sollten die anderen Völker dafür sorgen, daß deren Entwicklungschancen dadurch nicht negativ beeinträchtigt werden. Kurz, man muß Wege finden, den Entwicklungsländern Naturschutzprogramme politisch schmackhaft und ökonomisch interessant zu machen.

Wie weit sollten wir beim Artenschutz gehen?

So, wie die Rettung des nordamerikanischen Kranichs nur einen winzigen Bruchteil des Bruttosozialprodukts der Vereinigten Staaten von Amerika kostet, genauso muß der Artenschutz in allen Teilen der Erde und besonders in den Tropen in dem allumfassenden Zusammenhang menschlicher Wohlfahrt gesehen werden. Diese Einstellung mag anthropozentrisch sein, sie spiegelt aber den Lauf der Welt wider: wenige Leute wären bereit, die Menschheit, diese eine Spezies, den Fischen mit ihren Tausenden von Arten zu opfern.

Der zentrale Gedanke ist also nicht: »Rettet die Arten, was immer auch geschieht.« Vielmehr sollten wir fragen, wem der Artenschutz nützt und zu welchem Preis er wem die Möglichkeiten für ein ansonsten besseres Leben eröffnet. Anstatt den Artenschutz über alles andere zu stellen, sollten wir so viel wie möglich tun, jedoch dies mit dem Ziel, das menschliche Wohl in allen möglichen Richtungen auf lange Sicht zu fördern und zu sichern.

Wie wir gesehen haben, »wählen« die Menschen hinsichtlich der Arten bereits aus. Bedauerlicherweise treffen sie keine überlegte Wahl nach sorgfältiger Abwägung der Alternativen. Reiche wie Arme gleichermaßen tragen täglich auf vielfältige Weise unbewußt zur Verringerung der Arten bei. Nicht, daß sie der natürlichen Fauna gegenüber böse Absichten hegten. Nach einer Gallup-Umfrage aus dem Jahr 1976 würden die meisten es gerne sehen, wenn mehr für den Schutz der Natur und der bedrohten Arten getan würde – 87% in den Vereinigten Staaten von Amerika, 89% in Westeuropa, 85% in Japan, 75% in Afrika und 94% in Lateinamerika (allerdings nur 46% im überbevölkerten Indien). Die allerärmsten Länder der Dritten Welt können nur in sehr begrenztem Umfang ihre Wahl revidieren, die sie durch die Art und Weise, wie sie ihren Lebensunterhalt verdienen, implizit treffen. Die Menschen der reichen Staaten haben dagegen mehr Spielraum und könnten ihrem Engagement für die Arten durchaus stärkeren Ausdruck verleihen. Unterdessen geben sie aber durch ihre extreme Konsumhaltung zu verstehen, daß sie gut auch ohne Orang-Utan und Gepard und viele andere Arten leben können – und ihre Nachkommen für alle Zeiten ebenfalls. In der Theorie hätten sie es schon gern, wenn der Orang-Utan und der Gepard in Freiheit überlebten, aber in der Praxis ziehen sie eben vieles andere vor. So wenig sie es auch wissen – es ist dies die Art, in der sie gegenwärtig ihre Wahl kundtun.

Glücklicherweise haben die Wohlstandsbürger noch viel Spielraum für eine Revision ihrer Wahl. Sie werden möglicherweise feststellen, daß das nicht leicht sein wird. Wenn sie aber wirklich wollen, daß Millionen von Arten, die bereits existierten, bevor sich der Mensch auf seinen Hinterbeinen aufrichtete, einen Lebensraum behalten, dann werden sie auch zur Kenntnis nehmen müssen, daß man nicht nur ein weiches Herz für die Natur dazu braucht, sondern auch Engagement, Entschlossenheit, einen neuen Lebensstil zu akzeptieren. Während sie etwa über das Sterben des tropischen Regenwaldes mit seiner Artenvielfalt eine Träne vergießen, müßten sie sparsamer mit den Papiertaschentüchern umgehen.

Wie viele Arten gibt es?

Es gibt etwa fünf bis zehn Millionen Arten auf der Erde. In ihnen kulminieren 3,5 Milliarden Jahre der Evolution und 700 Millionen Jahre der Artentfaltung innerhalb der heute bestehenden Klassen: Pflanzen, Insekten, Säugetiere, Vögel und sonstige.

Was ist eine Art?

Arten gibt es in allen Formen und Größen. Der größte heute lebende Organismus ist ein Riesen-Mammutbaum, der auf 6265 Tonnen Gewicht geschätzt wird. Der älteste Organismus ist wahrscheinlich eine Japanische Zeder, von der man annimmt, daß sie 7200 Jahre alt ist. Die kürzeste Lebensspanne besitzt vermutlich die Kolonbakterie, die sich unter günstigen Umständen nach zwanzig Minuten teilt. Damit gehört die Bakterie auch zu den fruchtbarsten Arten: innerhalb von drei Stunden kann sie ihre Zahl vertausendfachen und innerhalb eines Tages Milliarden von Nachkommen hervorbringen. Der menschliche Körper enthält mehr Bakterien als es Menschen auf der Welt gibt. Und es ist eine Bakterie, die zu den kleinsten Organismen zählt: Der Virus, der die Maul- und Klauenseuche hervorruft, fast kugelförmig, hat einen Durchmesser von ungefähr einem Millionstel Millimeter. Das größte Lebewesen ist im Vergleich der Blauwal mit einem Gewicht von 150 Tonnen. Er ist nicht nur das größte heute lebende Tier, sondern das größte, das es jemals gegeben hat, und er ist dreimal schwerer als das größte Landtier, der Brontosaurus.

Organismen existieren in Gruppen, offenbar in Übereinstimmung mit ihren biologischen Merkmalen. Auf einer Stufe, wo diese Unterscheidungsmerkmale signifikant werden, können Gruppen von Organismen als Arten klassifiziert werden. Genauer ausgedrückt, ist eine Art eine natürliche biologische Gruppe, die einen gemeinsamen Genpool ihr eigen nennt (Gene sind die Grundeinheiten der Vererbung). Alle Angehörigen der Gruppe können sich untereinander fortpflanzen, im allgemeinen jedoch nicht mit anderen Arten. Die Nachkommen wären dann unfruchtbar. Dies beschränkt die Definition natürlich auf bisexuelle Organismen und läßt sich nicht auf jene »niedrigeren« Arten anwenden, die sich auf ungeschlechtliche oder pflanzliche Art vermehren.

Wie viele Arten gibt es?

Bis zur Mitte der sechziger Jahre schätzte man die Anzahl der auf der Erde lebenden Arten auf etwa drei Millionen. Von dieser Gesamtzahl hatte man ungefähr die Hälfte identifiziert. Das heißt, man hatte sie entdeckt, ihnen wissenschaftliche Namen gegeben und sie beschrieben, auch wenn 99% von ihnen nur insofern bekannt waren, als man einen gelegentlichen Fundort und einige äußerliche Charakteristika kannte. Man nahm an, die Erde beheimate etwa 4100 bekannte Arten von Säugetieren, 8700 Vogelarten, 6300 Arten von Reptilien, 3000 Arten von Amphibien, 23 000 Arten von Fischen, ungefähr 800 000 Arten von Insekten und über 300 000 Arten von Grünpflanzen und Pilzen, dazu mehrere tausend Arten von Mikroorganismen wie Bakterien und Viren. Von diesen identifizierten Arten lebte, wie man wußte, ungefähr eine Million in den gemäßigten Zonen und eine halbe Million in den Tropen. Was die anderen eineinhalb Millionen Arten anbetraf, so nahm man an, daß sie irgendwo auf dem Planeten, meistenteils in den Tropen existierten, obwohl kein Forscher sie de facto gesehen hatte.

Um zu einer Gesamtzahl zu kommen, untersuchten Wissenschaftler beispielsweise ein Waldstück. Sie hielten die Anzahl der darin vorkommenden Arten fest und stellten dann kühne Verallgemeinerungen über den Gesamtbestand an Arten in anderen Gebieten mit ähnlichen Waldbeständen auf. Dieses Vorgehen ermöglichte es ihnen, Schätzungen der Anzahl von Arten in allen Wäldern des gleichen Typs vorzulegen. In gleicher Weise verfuhren sie bei allen auf der Erde existierenden Arten von Lebensräumen oder »Biotopen« – und kamen so auf die Zahl von drei Millionen.

Seit Mitte der sechziger Jahre hat man diesen Schätzwert ständig nach oben korrigieren müssen. Die Wissenschaftler haben mehr über die Vielfalt des Lebens auf der Erde gelernt, und sie haben ihre Methoden der taxonomischen Klassifizierung verfeinert. Gleichzeitig haben sie exaktere Methoden entwickelt, ihre statistischen Kurven für den Artenreichtum zu extrapolieren. Drei neue Faktoren sind es im besonderen, die die Schätzung nach oben getrieben haben. Erstens hat man entdeckt, daß als öde und lebensfeindlich eingeschätzte Lebensräume eine reiche Artenvielfalt aufweisen. Zum Beispiel existiert am Meeresboden eine größere Fauna, als man erwartet hatte. Von den zwanzig heute bekannten Stämmen wirbelloser Meerestiere hat man einen ganzen Stamm überhaupt erst in den letzten 25 Jahren entdeckt. Und Gruppen wie die Meeresanneliden (Ringelwürmer) erweisen sich als ungewöhnlich zahl- und artenreich. Zweitens sind ganze Faunen nicht nur der Tiefsee, sondern auch bei den Insekten kaum erforscht worden – und unter die Insekten lassen sich vermutlich weit mehr als zwei Drittel aller Tierarten subsumieren. Innerhalb mehrerer wichtiger Insektenordnungen - Käfer, Wespen, Minierfliegen und Mikro-Lepidopteren - haben die Entomologen, wie sie meinen, erst eine von zehn tropischen Arten ausfindig gemacht. Drittens haben Wissenschaftler entdeckt, daß sehr viele lebende Arten schwer voneinander zu unterscheiden sind und daß große Komplexe sehr ähnlicher oder geographisch getrennter Populationen »derselben Art« bei genauerem Hinsehen aus vielen verschiedenen Arten zusammengesetzt sind. Zum Beispiel hat man erst vor wenigen Jahren herausgefunden, daß eine Art der Gattung Salamander im westlichen Nordamerika aus zehn Arten besteht. Der Ficus-Gattung (Feige), von der man einmal annahm, sie umfasse über 2000 Arten, gehören, wie man gegenwärtig schätzt, weniger als die knappe Hälfte an. Im großen und ganzen jedoch geht der Trend in Richtung einer sich stetig vergrößernden Anzahl von Arten.

In den frühen siebziger Jahren stellte man schließlich eine neue, auf zehn Millionen bezifferte Gesamtzahl aller lebenden Arten auf. Zugegeben, das war nur eine Größenordnungskategorie. Aber sie half der Wissenschaft, den Umfang der Herausforderung richtig einzuschätzen: Wie sollte sie den Reichtum irdischer Lebensformen erhalten, der vielfältiger und komplexer ist, als irgendjemand je angenommen hatte? Seit der Mitte der sechziger Jahre hat man nur rund 100 000 neue Arten entdeckt. Akzeptiert man nun eine Gesamtzahl von zehn Millionen Arten, so heißt das, daß bis dato fast achteinhalb Millionen Arten oder ungefähr sechs von sieben noch namenlos sind.

Natürlich ist die Zahl von zehn Millionen nicht mehr als eine Schätzung. Sie könnte ebenso zu hoch wie zu niedrig angesetzt sein. Angesichts dessen, was wir von den 1,6 Millionen bislang identifizierten Arten wissen, ist es sinnvoll anzunehmen, daß sich manche Gruppen als sehr viel zahlreicher herausstellen werden. Es wäre zum Beispiel nicht überraschend, wenn es mindestens eine Million Milbenarten gäbe. Mehr noch - neue Arten sind mühelos zu entdecken. 1976 besuchte Dr. David Hollis, ein Entomologe vom Britischen Museum, fünf Wochen lang Kenia und Tansania. Während dieser Zeit erhöhte er die Zahl der in Ostafrika bekannten Arten der Familie der *Psyllidae* (Blattflöhe) von neun auf 84. Dr. Oliver Flint vom Smithsonian Institute in Washington D. C. sammelte in den siebziger Jahren in Amazonien 55 Köcherfliegen der Familie *Hydroptilidae* und entdeckte, daß 53 von ihnen neue Arten waren. Selbst in den Vereinigten Staaten von Amerika und in Europa werden noch neue Arten gefunden, wo doch die Fauna seit Jahrzehnten umfassend erforscht wird. Im Spätherbst 1977 untersuchte Dr. C. W. Sabrosky vom United States National Museum eine große Sammlung von Grasfliegen *(Chloropidae)* aus Kalifornien - ein Gebiet, das von Entomologen intensiver untersucht worden ist als irgendein anderes auf der Welt - und entdeckte etwa 35 neue Arten.

Im Gegensatz dazu stellt sich von manchen Ordnungen heraus, daß sie weniger Arten umfassen als früher angenommen. Es ist nur wenige Jahre her, daß man glaubte, es gäbe bis zu einer Million vorwiegend in den Tropen beheimatete Schlupfwespen-Arten *(Ichneumonidae)*. Kürzlich aber entdeckte man, daß die *Hymenoptera* (Hautflügler), von denen die Wespen einen großen Teil ausmachen, in den Tropen weniger zahlreich sind als in den gemäßigten Zonen. Diese Entdeckung und ähnliche Untersuchungen veranlassen einige Wissenschaftler, ihre frühere Schätzung von zehn Millionen Arten bis auf fünf Millionen zu revidieren.

Der Leser mag sich fragen, warum man überhaupt eine Zahlenangabe macht, wenn man sie weder in der einen noch in der anderen Richtung verläßlich belegen kann. Für die praktischen Erfordernisse des Artenschutzes ist es jedoch wichtig, den Artenumfang, wenn auch nur schätzungsweise, zu bestimmen, müssen Naturschützer doch wenigstens eine grobe Vorstellung davon haben, wie viele Arten die Erde mit dem Menschen teilen. Das ermöglicht es ihnen, die Frage, wie viele Arten in absehbarer Zukunft aussterben werden, besser in den Griff zu bekommen. Wenn wir, was durchaus möglich ist, bis zum Jahr 2000 ein Viertel aller Arten eliminierten, und wenn die Naturschützer sich bei ihrer Schätzung an ein »sicheres« Minimum von drei Millionen Arten hielten, dann würde das einen Verlust von 750 000 Arten bedeuten. Bildet eine Schätzung von zehn Millionen die Ausgangsbasis, dann betrüge der Verlust zweieinhalb Millionen Arten – ein völlig anders dimensioniertes Problem. Mit Hilfe solcher Schätzungen können Naturschützer zum Beispiel die Fragen nach Anzahl und Lage der zu schützenden Gebiete entscheiden, um den Artenbestand der Erde zu sichern.

Es ist nicht ohne Ironie, daß wir wahrscheinlich nie wissen werden, wie viele Arten wirklich auf der Erde existieren. Wenn man eine revidierte Schätzung von fünf Millionen Arten akzeptiert, dann bleiben immer noch 3,4 Millionen Arten zu entdecken, mehr als das Doppelte der bisher verzeichneten. Und wenn die Zahl von zehn Millionen zutrifft, dann sind uns noch etwa fünf von sechs Arten unbekannt. Selbst wenn man die Anzahl der Experten und Wissenschaftler um das Zehnfache vergrößerte, bleibt zweifelhaft, ob sie vor Ablauf des Jahrtausends mehr tun könnten, als das Problem anzukratzen. Es ist so gut wie sicher, daß zu dieser Zeit ein ansehnlicher Teil aller lebenden Arten auf immer verschwunden sein wird, wenn sich im Artenschutz nicht ein tiefgreifender Wandel vollzieht.

Eine äußerst artenreiche Klasse: die Insekten

Einige Klassen von Tieren sind artenreicher als andere. Der Unterstamm der *Arthropoden* (Gliederfüßler), zu dem die Insekten, die Spinnentiere, Milben, Tausend- und Hundertfüßler und andere ebenso wie ihre wasserbewohnenden Verwandten, die Hummer, Krebse und anderen Krebstiere gehören, umfaßt vier von fünf aller bekannten Tierarten. Man schätzt, daß von den *Anthropoden* an die 90% Insekten sind, von den bekannten Insekten ungefähr

40% Käfer und weitere 40% Motten, Schmetterlinge, Ameisen, Bienen, Wespen und echte Fliegen. Die Anzahl der bekanntesten Insektenarten ist zwanzigmal größer als die aller höheren Tiere (die Wirbeltiere, die *Vertebrata,* umfassen 41 000 Arten), während die Gesamtzahl der existierenden Insektenarten wahrscheinlich mindestens hundertmal größer ist.

Einige Insektenarten sind sehr zahlreich. Man hat geschätzt, daß weniger als ein halber Hektar Waldboden 425 Millionen Insekten verschiedener Arten beherbergt. Einige der reicheren Arten könnten zwischen 3×10^{16} und 5×10^{16} Individuen erreichen. Die Gesamtpopulation aller Insekten mag bei 10^{18} (zehn Milliarden Milliarden) Individuen liegen. Wenn das Durchschnittsgewicht eines einzelnen Insekts 2,5 Milligramm ist, dann übersteigt das Gewicht aller Insekten auf der Erde das der menschlichen Bevölkerung um den Faktor zwölf.

Trotz ihres reichlichen Vorkommens ist jedoch ein guter Teil der Insektenarten in der Verbreitung auf lokalisierbare Lebensräume beschränkt. Viele Entomologen vermuten, daß 10% der Insektenarten auf Gebiete von weniger als 100 km² beschränkt sein könnten. Dazu kommt, daß viele Insektenarten, die nur von wenigen Pflanzenarten oder anderen Nahrungsquellen leben, zu einer ungewöhnlich niedrigen Individuendichte tendieren. Diese beiden Merkmale sind besonders für Insektenarten jener ökologischen Zone kennzeichnend, die mehr Insektenarten enthält als der ganze Rest der Welt zusammengenommen – der Gürtel tropischer Regenwälder. Spezialisierte Lebensansprüche und niedrige Populationsdichte erklären auch zu einem Teil die außergewöhnliche Vielfalt der Insekten, die man auf kleineren Flächen des tropischen Regenwaldes finden kann. Eine 300 m² große Fläche in Singapur weist allein 68 Ameisengattungen auf. Das Verbreitungsgebiet einiger Insektenarten ist so begrenzt, daß sie nur in vereinzelten Waldungen auftreten, manchmal nur in einem einzigen Tal. Einige Arten leben nur in den obersten Stockwerken des Blätterdaches, viele existieren in so geringer Zahl, daß viele tausend solcher Arten nicht so viele Individuen hervorbringen könnten, wie es einer »durchschnittlichen Artenabundanz« bei Insekten der gemäßigten Zonen entspräche.

So interessant diese Eigenarten für die Artenbiologie sein mögen, für den Artenschutz sind sie bedrohlich. Geschöpfe mit solch spezialisierten Lebensansprüchen sind von plötzlicher Vernichtung bedroht, wenn ihr Lebensraum, der Wald, gravierend gestört oder gar zerstört wird, wie es der moderne Mensch mit seinen Planierraupen und Motorsägen ohne Schwierigkeiten zu tun imstande ist. Eine Schmetterlingsart in Kenia, deren ungestörtes Verbreitungsgebiet sich ursprünglich über weniger als 10 km² Wald in den Taita Hills erstreckte, ist heute auf bloße 15 Hektar Lebensraum angewiesen, und ihr letztes Stückchen Wald wird vermutlich kaum dem Brennholzbedarf der einheimischen Bevölkerung widerstehen können. Viele der 75 neuen Blattfloharten, die Dr. David Hollis in Kenia und Tansania entdeckte, sind eng an einige wenige Pflanzenarten gebunden, die sie als Wirte benutzen – und das bedeutet, daß eine Anzahl von ihnen rapide und ernsthaft bedroht sein wird, wenn ihre natürlichen Waldlebensräume durch Nadelbaumpflanzungen und andere von Menschen angelegte Wälder ersetzt werden.

In der Tat geht man nicht zu weit, wenn man feststellt, daß von den Millionen Insektenarten, die in den tropischen Regenwäldern mit Sicherheit existieren, ein guter Teil bis zum Ende des Jahrhunderts ausgerottet sein wird. Dasselbe Schicksal könnte ganze Gemeinschaften von Insektenarten in anderen Biotopen ereilen. Dr. Donald R. Davis, Leiter der Abteilung für Entomologie am Smithsonian Institute in Washington D. C., meint dazu:

»Innerhalb der nächsten 25 Jahre könnten wir erleben, daß mehr als die Hälfte aller auf der Erde existierenden Insektenarten ausstirbt, d. h. ungefähr drei Millionen, noch ehe man sie gefunden (und der Wissenschaft bekannt gemacht) hat... Die überwiegende Mehrheit liefert den Schlüssel zu zukünftigen Schädlingsbekämpfungsprogrammen, zur Bestäubung von Nutzpflanzen, zur Bodenfruchtbarkeit und, kurz gesagt, zu gesunden Ökosystemen.« Es wäre gar kein Wunder, wenn viele Tausende dieser Insektenarten in diesem Augenblick verschwänden, unregistriert und weithin unbetrauert.

Die bekannteste Spezies: die Wirbeltiere

Viel besser dokumentiert und viel mehr betrauert, wenn sie aussterben, sind die höheren Lebewesen, die *Vertebrata.* Doch selbst die Säugetiere und die Vögel sind der Wissenschaft nicht alle bekannt. Erst 1967 wurde auf Maui, Hawaii, ein neuer Kleidervogel, der Po'o-uli, entdeckt, der ein Gebiet von wenigen km^2 Bergwald in einer Schlucht bewohnt, die nur per Hubschrauber erreichbar ist. Dieser Vogel ist einer ganz neuen Gattung zugeteilt worden. In Nordjapan ist die Irimote-Katze auf der Insel gleichen Namens entdeckt worden, gleichzeitig mit einem Zwergschwein. In Südaustralien hat man vor wenigen Jahren ein Berg-Possum (Familie *Phalangeridae,* Kletterbeutler) gefunden, in Paraguay ist ein Pekori (Nabelschwein) wieder aufgetaucht. Sein Lebensraum wird bald von einer neuen Straße zerschnitten werden, die das Tier für Horden menschlicher Jäger erreichbar macht. Von einem der Lemuren Madagaskars, dem Fingertier Aye-Aye, glaubte man, es habe nur bis etwa 1930 durchgehalten - bis man es 1957 wiederentdeckte. Eine ganze Reihe anderer Arten haben ihre Nachrufe überlebt, insbesondere kleine, unbekannte Arten, die weit entfernte und unwirtliche Lebensräume bewohnen.

Natürlich können normalerweise wildlebende Arten niemals »von den Toten wieder aufgeweckt« werden. Eine kuriose Ausnahme entsteht jedoch, wenn die einzigartige genetische Information einer Art in domestizierten Formen aufbewahrt worden ist. Zwei deutsche Zoologen sind unabhängig voneinander der Theorie nachgegangen, daß, wenn Rassen des Hausrinds ursprünglich aus dem Auerochsen, einem vor 350 Jahren ausgestorbenen europäischen Wildrind, selektiert worden sind, die Gene des Auerochsen noch immer in den modernen Züchtungen vorhanden sein müßten. Nachdem sie aus ganz Europa primitive Rinderrassen zusammengeholt und auf Merkmale hin weitergezüchtet hatten, die man mit dem Auerochsen assoziiert, brachten sie schließlich »Auerochsen-Faksimiles« zustande, von jedem Geschlecht eines. Als man diese Tiere miteinander paarte, pflanzten sie sich reinrassig fort, und über mehrere Generationen traten unter ihren zahlreichen Nachkommen keine Rückschläge auf. Dieses Verfahren wurde auch bei dem seit 1876 ausgestorbenen Tarpan, einem Wildpferd, erfolgreich angewendet.

Im großen und ganzen hat man inzwischen die meisten existierenden Säugetierarten aufgespürt (mit Ausnahme der Fledermäuse, von denen wahrscheinlich noch mehrere hundert ihrer Entdeckung harren – eine ganz neue Familie ist kürzlich in Thailand entdeckt worden, von der jedes einzelne Tier nicht mehr als 1,8 Gramm wiegt). Das gleiche gilt auch für die Vogelarten. Man vermutet fernerhin, wenigstens 90 % der Reptilien registriert zu haben. Fortwährend werden neue Fischarten entdeckt: in der Nähe von Hawaii wurde ein fünf Meter langer, 750 kg schwerer Hai entdeckt, ein so außergewöhnliches Geschöpf, daß man es einer ganz neuen Familie der Haie zuwies.

Was andere Klassen anbetrifft, so haben wir bereits festgestellt, wie einfach es ist, neue Insektenarten zu finden. Durchschnittlich lernt die Wissenschaft täglich zwanzig neue Insekten kennen. Ähnliches trifft für Pflanzen zu, obwohl hier der Durchschnitt bei weniger als 15 pro Tag liegt, wiederum fast alle in den Tropen. Eine Expedition in das Grenzgebiet von Panama und Kolumbien fand annähernd 50 neue Pflanzenarten auf einem einzigen Berg. Falls ein Naturliebhaber eine neue Art nach sich benannt haben möchte, so braucht er in weiten Teilen der Tropen nicht mehr als ein oder zwei Tage, um einen geeigneten Kandidaten ausfindig zu machen.

Die Verteilung der Arten

Die biologisch bei weitem reichste Region der Erde sind die Tropen. Obwohl sie nur 42 % der Landmasse der Erde und 12 % der Erdoberfläche ausmachen, enthalten sie doch eine größere Vielfalt an Biotopen und Artengemeinschaften als alle anderen Vegetationszonen zusammen. Diese tropische Vielfalt beruht auf einer Reihe von Faktoren, vor allem auf den außergewöhnlichen Mengen an Licht, Wärme und Feuchtigkeit, die günstige Bedingungen für die Speziation liefern, oder zum Beispiel die große Anzahl von Mikro-Lebensräumen, die eine große Wahrscheinlichkeit einer anpassungsfähigen Radiation von Populationen mit sich bringen.

Es erstaunt deshalb nicht, daß man die Mehrzahl aller Arten in den Tropen vermutet. Von den Blütenpflanzen beherbergt das tropische Amerika schätzungsweise etwa 90 000 Arten, das tropische Asien (mit Australien und den Pazifischen Inseln) mindestens 35 000 und Afrika südlich der Sahara 30 000. Im Vergleich dazu enthält die nördliche gemäßigte Zone (Nordamerika nördlich des Wendekreises des Krebses, Nordafrika und Asien nördlich des Himalaja) 50 000 Arten, das gemäßigte bis trockene Australien und Neuseeland an die 15 000, die Kapregion Südafrika und die angrenzenden Trockenzonen an die 10 000 und das gemäßigte Südamerika 10 000 Arten. Daraus ergibt sich eine Gesamtsumme von 240 000 Arten von Blütenpflanzen, zu denen weitere 60 000 hinzugezählt werden sollten, deren Existenz irgendwo auf der Erde, meistenteils in den Tropen als der reichsten und am wenigsten erforschten Region, angenommen wird. Das bedeutet, daß die Tropen mindestens zwei Drittel, ja wahrscheinlich sogar drei Viertel aller höheren Pflanzen der Erde beherbergen. Dazu kommt die Existenz einer guten Reihe von »niedrigeren« Pflanzenarten als da sind Moose, Flechten, Lebermoose, Algen und Pilze, von denen in den Tropen an Sicherheit grenzender Wahrscheinlichkeit 110 000 zu finden sind, in der übrigen Welt nochmals an die 35 000.

Gleichermaßen ist für die Tropen eine reiche Vielfalt an Tierarten kennzeichnend. Man schätzt – und hat dies anhand gut erforschter Gruppen wie den Säugetieren, Vögeln, Amphibien, Reptilien und Schmetterlingen nachgewiesen –, daß auf jede höhere Pflanzenart zehn bis 30 Tierarten kommen. Das ergibt für die Erde insgesamt eine Summe von drei bis neun Millionen Tierarten, von denen mindestens zwei Millionen, möglicherweise sogar 6¾ Millionen in den Tropen leben. (Wegen der größeren Vielfalt an tropischen Lebensräumen liegt die Durchschnittszahl der Tierarten pro Pflanze eher bei 30 als bei zehn.)

Die allgemeine Situation läßt sich illustrieren, wenn man einmal die regionale Gesamtzahl zweier besonders gut bekannter Vertreter, nämlich der Pflanzen und der Vögel, betrachtet. Auf Barro Colorado Island im Panamakanal, weniger als 15 km² groß, gibt es mindestens 1360 Arten höherer Pflanzen, wohingegen auf den 239 932 km² der Bundesrepublik Deutschland nur 2352 Arten vorkommen. In Nordamerika, d. h. grob die Region nördlich vom Wendekreis des Krebses, existieren um die 750 Vogelarten, während im übrigen Amerika 2780 Arten vorkommen. Und wenn wir uns einzelne Gebiete ansehen, ist der Unterschied noch beachtlicher. Während auf den 1 467 059 km² Alaskas 227 Vogelarten leben und auf den 464 975 km² Kaliforniens 286, gibt es auf den 75 643 km² Panamas 1100 Arten. Allein 2,6 km² Wald im Tiefland von Costa Rica weisen, wie man herausfand, 269 Vogelarten auf, ungefähr zweimal soviel wie alle Laubwälder des östlichen Nordamerika.

Mehr oder minder dasselbe trifft auf andere wichtige Tiergruppen zu. In Kanada treten 22 Schlangenarten auf, in den Vereinigten Staaten von Amerika 126 und in Mexiko 293. Die Großen Seen Nordamerikas mit einer Fläche von 197 000 km² enthalten 172 Fischarten, während der Tanganjikasee mit 34 000 km² 214 Arten enthält. Auf einem einzigen km² von Freetown in Sierra Leone sind an die 300 Schmetterlingsarten registriert worden, mehr als doppelt soviel wie auf den 147 156 km² des US-Bundesstaates Michigan und möglicherweise mehr als im gesamten Osten der Vereinigten Staaten von Amerika.

Besonders reich sind die Regenwälder, die fast die Hälfte der Tropen bedecken. Dieses eine Biom, das sich auf wenig mehr als neun Millionen km^2 beläuft (die Größe der USA), könnte gut zwei Fünftel aller irdischen Arten enthalten, möglicherweise sogar die Hälfte. Die Tieflandswälder Malaysias, die nur 132 000 km^2 bedecken, beherbergen, wie man annimmt, mindestens 7900 Blütenpflanzen. Ein kleiner bewaldeter Vulkan, der Mount Makiliang auf den Philippinen, weist mehr Holzgewächsarten auf als die gesamten Vereinigten Staaten von Amerika. Die Regenwälder Amazoniens enthalten mindestens 50 000 Arten von Gefäßpflanzen, zweieinhalbmal mehr als das dreimal größere Territorium der Vereinigten Staaten von Amerika und Kanadas (weitere Einzelheiten zu den tropischen Regenwäldern s. Kap. 8).

Was die Pflanzen- und Tierarten zusammengenommen anbetrifft, so ist der artenreichste Lebensraum überhaupt wahrscheinlich Amazonien – mit schätzungsweise einer Million Arten. Gleich danach kommt Südostasien, während das immerfeuchte Afrika ein gutes Stück dahinter zurückfällt. Außer den bereits erwähnten 50 000 höheren Pflanzenarten Amazoniens finden sich im Amazonasbecken 1800 Vogelarten (mehr als einer von fünf auf der Erde lebenden Vögeln). Auch gibt es dort fast 2000 bekannte Fischarten – viermal so viele wie im Kongobecken Zaïres, achtmal so viele wie im Flußsystem des Mississippi und zehnmal so viele wie in den gesamten Gewässern Europas.

Aber von den sechs Millionen km^2 Wald Amazoniens werden jährlich rund 100 000 km^2 gerodet, um neues Land für Viehzucht, Ackerbau und Forstwirtschaft zu gewinnen. Venezuela hat während der kurzen Zeit zwischen 1950 und 1975 ein Drittel seiner nördlichen Regenwälder verloren. Selbst wenn das augenblickliche Ausmaß an Rodungen nicht zunähme (was es angesichts des Bevölkerungswachstums und der steigenden Bedürfnisse mit größter Sicherheit tun wird), bedeutete das, daß alle Wälder Amazoniens in den nächsten 60 Jahren gerodet sind. Die gleiche Ausrottung bedroht die tropischen Regenwälder andernorts, und die Situation in Mittelamerika, Südostasien und Westafrika ist zum Teil noch viel schlimmer.

Endemismus

Neben den tropischen Regenwäldern gibt es noch andere Regionen, in denen eine außergewöhnlich hohe Anzahl von Arten lebt, so zum Beispiel die tropischen Sumpfgebiete und die Korallenriffe. Auch in diesen Gebieten gibt es viele Arten, die nur hier auftreten, die also endemisch sind. Dieses zweifache Charakteristikum bestimmter Lebensräume macht sie vorrangig schützenswert.

Eine dieser ökologisch bedeutsamen Regionen findet sich außerhalb der Tropen in dem Biom des »mediterranen Typs«, der nicht nur das Mittelmeerbecken selbst umfaßt, sondern auch Teile Kaliforniens, Zentralchiles, des südwestlichen und südlichen Australien und der Kapregion Südafrikas. Von den 25 000 Arten von Blütenpflanzen in dieser Zone sind ungefähr die Hälfte endemisch, und viele von ihnen in hohem Maße auf einen sehr begrenzten Lebensraum beschränkt.

Zum Beispiel kommt auf einem Berghang über dem Pazifik in der Nähe von San Francisco eine Pflanze vor, die »Presidio Manzanita«, die der Wissenschaft erst seit 1972 bekannt ist und von der es möglicherweise nur noch ein Exemplar gibt – eine Situation, in der sich vermutlich eine ganze Reihe anderer in Kalifornien beheimateter Pflanzen ebenfalls befinden. Die südwestliche Küstenregion Südafrikas zeigt eine außergewöhnlich hohe Konzentration von Pflanzenarten. Das ursprüngliche Gebiet von 46 000 km^2 machte zwar nur 0,04% der Erdoberfläche aus, enthielt jedoch 6000 Arten höherer Pflanzen, von denen mindestens 3500 endemisch waren. Ein großer Teil ist bereits ausgestorben, und von den übriggebliebenen Arten müssen an die 1500 als selten oder gefährdet eingestuft werden. Die Hauptursache dafür war der Verlust des Lebensraumes, da das ursprüngliche Gebiet durch menschliche Aktivitäten um 61% verkleinert worden ist. Eine besonders attraktive Pflanze, die Botaniker erst 1973 entdeckten, scheint auf eine einzige zutage liegende Granitmasse beschränkt zu sein, ein letztes Biotop, das man jetzt als Steinbruch ausbeutet.

Inseln

Insbesondere auf Inseln finden sich viele endemische Arten. Das liegt daran, daß kleine, isolierte Populationen erstklassige Voraussetzungen für eine anpassungsfähige Radiation und eine rapide evolutionäre Veränderung in sich tragen. Eine Insel isoliert einen Teil eines Genpools, der sich über ein viel größeres Territorium ausbreiten könnte. Da eine solche Isolierung die lokale Spezialisierung fördert, findet der evolutionäre Prozeß auf Inseln hervorragende Bedingungen für die Artenbildung vor. Auf Kuba mit seinen 110 545 km^2 sind von den 6000 Pflanzenarten vermutlich über die Hälfte endemisch.

Ein klassisches Beispiel für Insel-Endemismus sind die Galapagos-Inseln. Wie Darwin folgerte, hatte sich aus einer Stammart von Finken eine Reihe neuer Arten entwickelt, die den geringen Umweltunterschieden zwischen den Inseln entsprachen. Ein noch schlagenderes Beispiel findet sich bei den Taufliegen der Hawaii-Inseln, wo sich aus ein oder zwei Stammarten vermutlich die 500 erfaßten Taufliegenarten Hawaiis entwickelt haben, die ungefähr ein Drittel aller auf der Welt verzeichneten Taufliegenarten darstellen. Zugleich zeigt sich, wie wenig wir über Insekten wissen – selbst auf Hawaii, das zu einer wissenschaftlich fortgeschrittenen Nation gehört, mögen noch weitere 200 Arten ihrer Entdeckung harren.

Hawaii gibt aber auch ein vorzügliches Beispiel dafür ab, nach welchem Muster auf Inseln beschränkte Arten aussterben. Die Pflanzen dieser Inselgruppe hatten keine Verteidigungswaffen entwickelt wie Dornen, Nesselhaare, ätzende oder giftige Chemikalien oder ein robustes Wurzelwerk, die Pflanzen dort kennzeichnen, wo ausgeprägte Pflanzenfresser leben. Sie brauchten solchen Schutz nicht. Aufgrund jener örtlich begrenzten Lebensbedingungen, die eine Artenbildung förderten, sind 97% der 2400 und mehr Arten und Abarten Hawaiis endemisch. Dann landete im Jahr 1778 Captain Cook auf der Inselgruppe und führte Schweine und Ziegen ein, im Jahre 1793 folgte Captain Vancouver mit Schafen und Rindern. Diese beiden Ereignisse richteten eine größere Verwüstung auf der Inselgruppe an als die gesamte vulkanische Tätigkeit, durch die die Millionen Jahre lange Geschichte Hawaiis gekennzeichnet ist. Inzwischen sind große Teile des Hochlandes von Hawaii in Viehweiden umgewandelt worden, und das üppige Tiefland ist größtenteils durch Landwirtschaft, Industrie, Militärbasen, Besiedlung und andere Formen wirtschaftlicher Entwicklung zerstört worden. Zu allem Überfluß sind noch mehr als 3000 Arten fremder Pflanzen eingeführt worden. Als Folge all dessen sind 273 einheimische Pflanzenarten ausgestorben, von den übrigen sind 800 gefährdet, 99 selten und 34 auf eng begrenzte Standorte beschränkt. Von den rund 250 Baumarten der Inselgruppe sind 225 endemisch und ungefähr die Hälfte von ihnen auf nur eine der acht Inseln beschränkt, ja, viele von ihnen haben nur ein Verbreitungsgebiet von wenigen km^2, und einige kennt man nur von einem einzigen Standort, einem Berg oder einem Tal. Hawaii verzeichnet heute mehr endemische Baumarten auf der Liste der gefährdeten Arten der Vereinigten Staaten von Amerika als alle anderen 49 US-Bundesstaaten zusammen. Darüber hinaus sind seit der Ankunft von Cook und anderen auf Hawaii wahrscheinlich mindestens ein Drittel der Insektenarten ausgestorben, einschließlich fast der gesamten Insektenfauna des Tieflandes.

Doch gibt es nicht nur geographische, sondern auch ökologische Inseln. Der Malawisee in Afrika beherbergt mehr Fischarten als irgendein anderer See auf der Welt; der Viktoriasee und der Tanganjikasee stehen in dieser Hinsicht an zweiter und dritter Stelle. Die Anzahl der in diesen Seen lebenden endemischen Arten findet nirgends ihresgleichen. Die wichtigste Familie ist die der *Cichlidae,* der Buntbarsche. Von den über 200 im Malawisee lebenden Buntbarscharten sind alle bis auf vier endemisch, im Tanganjikasee sind es alle 134 Arten. Obwohl die beiden Seen nur 320 km voneinander entfernt liegen, haben sie nicht eine einzige Buntbarschart miteinander gemein. Im Mabugabosee, einem kleinen See, der erst vor 4000 Jahren durch einen heute 3 km breiten Sandstreifen vom Viktoriasee abgetrennt wurde, leben sechs Arten der Familie *Haplochromis,* von denen fünf endemisch sind. (Diese zählen zu den »jüngsten« bekannten Arten, und ihre Evolution zeigt, wie Isolierungsvorgänge eine überschnelle Speziation fördern können.) Der Baikalsee in Zentralasien ist der älteste, tiefste und abgelegenste der großen Seen der Erde, geologisch isoliert seit 30 Millionen Jahren. Von seinen 2000 Arten findet man 1500 nirgends sonst. Sollte der Baikalsee über Gebühr verschmutzt werden, sei es durch die 50 kürzlich in der Umgebung errichteten Fabriken, sei es durch

Erosion als Folge des Kahlschlags örtlicher Bergwälder oder durch die Zellstoff-Fabriken, die sich entlang seiner Ufer ausbreiten, so wäre der Verlust an Arten hoch.

Es gibt noch diverse andere Formen »ökologischer Inseln«, von denen nicht alle so eindeutig zu erkennen sind wie z. B. die Seen. In tropischen Tieflandswäldern weisen bestimmte Areale einen deutlichen ökologischen Unterschied zu ihrer Umgebung auf. Während des Pleistozän mit seinen Eiszeiten variierten die Niederschlagsmengen drastisch. Dies führte dazu, daß sich die Wälder während der Pluvialzeiten ausbreiteten, während der Trockenzeiten jedoch wieder schrumpften. Als Folge davon sind innerhalb der tropischen Tieflandswälder viele deutlich voneinander verschiedene, kleinräumig begrenzte Ökosysteme entstanden – also praktisch Inseln. Die Wälder Amazoniens beispielsweise sind weit davon entfernt, ein großes, ökologisch geschlossenes Gebiet zu sein. Sie sind vielmehr von außerordentlicher Mannigfaltigkeit, und ihre ökologische Beschaffenheit weist eine ausgeprägte kleinräumige Differenzierung auf. Zusammen mit anderen, die tropische Evolution bestimmenden Faktoren hat dies zu einer recht beträchtlichen Artbildung in klar umgrenzten Gebieten geführt, wobei manche Arten nur auf einige hundert oder sogar nur auf ein paar Dutzend km^2 beschränkt blieben. Das bedeutet, daß großangelegte, sich über Tausende von km^2 erstreckende Entwicklungsprojekte die in ihrem Gebiet konzentrierten Arten vollständig vernichten können. Gelingt es jedoch andererseits dem Naturschutz, ein Gebiet mit solch großer Vielfalt an – endemischen – Arten zu schützen, so bringt dies pro Dollar sehr viel mehr ein als der Schutz eines gleich großen Areals anderswo.

Wie Arten kommen und gehen

Der evolutionäre Prozeß, der neue Arten hervorbringt, die Speziation also, läuft praktisch seit der Entstehung des Lebens auf der Erde ab. Wenn sich eine Art einer neuen Umwelt gegenübersieht, die durch Faktoren wie zum Beispiel Klimaveränderungen geschaffen wurde, paßt sie sich an und verändert sich folglich auf unterschiedliche Weise in den verschiedenen Teilen ihres Verbreitungsgebietes. Schließlich differiert eine neue Form in einem solchen Maße von der bisherigen, daß sie als neue Art eingestuft wird. Falls die Stammform unfähig ist, sich den veränderten natürlichen Bedingungen anzupassen, stirbt sie aus, während das genetische Material weiterbesteht, modifiziert und reicher.

Einige Arten sind allerdings nicht so fähig, sich anzupassen und zu differenzieren. Dies trifft besonders auf jene zu, die sich so sehr auf bestimmte Lebensbedingungen spezialisiert haben, daß sie mit einer veränderten Umwelt nicht mehr fertig werden. Sie sterben aus, und ihr charakteristisches genetisches Material geht für immer verloren.

Seit dem Anfang allen Lebens vor etwa 3,5 Milliarden Jahren sind riesige Mengen einzigartiger genetischer Formationen ausgelöst worden. Man nimmt an, daß einstmals zwischen 100 und 250 Millionen Arten existiert haben, und das heißt, daß der gegenwärtige Bestand von geschätzten fünf bis zehn Millionen Arten zwischen zwei und zehn Prozent all jener Arten ausmacht, die jemals auf der Erde existiert haben. Das heißt weiter, daß das Aussterben nicht nur eine biologische Realität, sondern auch ein unter natürlichen Bedingungen häufig auftretendes Phänomen ist. Und während der Prozeß der Artenbildung durch die Geschwindigkeit der genetischen Divergenz eingeschränkt ist und daher im allgemeinen Tausende oder Millionen von Jahren braucht, um eine neue Art hervorzubringen, gelten für den Prozeß des Aussterbens keine solchen Beschränkungen, und er kann, mit Hilfe des Menschen, innerhalb von ein oder zwei Jahren oder sogar noch schneller ablaufen.

Wie viele Arten in jedem einzelnen Stadium der Entwicklungsgeschichte existiert haben, ist nur vage bekannt. Die fossilen Belege sind so spärlich, daß sie nur ein schwacher Widerschein vergangenen Lebens sein können. Man nimmt jedoch heute an, daß die Erde, nachdem sie sich vor etwa sechs Milliarden Jahren aus einer Gaswolke zu ihrer jetzigen Form verfestigt hatte, 2,5 Milliarden Jahre ohne Leben blieb. Als schließlich Leben einsetzte, hinterließ es für lange Zeit so gut wie keine Spuren seiner Existenz – außer Mikrofossilien früher Algen, wie man sie in Swasiland gefunden hat. Vor etwa 1,5 Milliarden Jahren tauchten erstmals Organismen mit ausgebildetem Zellkern auf, und erst vor etwa 700 Millionen Jahren kristallisierten sich nach einem Ausbruch evolutionärer Aktivität während des Kambrium die meisten heute existierenden Stämme heraus. Das Artenspektrum fächerte sich während der nächsten 400 Millionen Jahre nur langsam auf oder blieb sogar ziemlich konstant, bis es gegen Ende des Perm mit dem Aussterben vieler Meeresorganismen auf spektakuläre Weise zusammenbrach. Danach nahm die Artenfülle und -vielfalt stetig zu, bis ein weiteres Massenaussterben während der Kreidezeit vor 70 Millionen Jahren etwa einem Viertel aller Artenfamilien, die Dinosaurier und ihre Verwandten eingeschlossen, ein Ende bereitete. Seit jener Zeit geht der Trend im allgemeinen in Richtung einer immer größeren Vielfalt der Arten. Kurz, die Evolutionsgeschichte weist keine stetige Zunahme an Arten auf, sondern zeigt eine eher sprunghafte Entwicklung. Der gegenwärtige Artenbestand ist, wie man glaubt, zehn- oder sogar zwanzigmal größer als der in den Meeren des Paläozoikum vor dem Zusammenbruch im Perm.

Während der letzten paar Millionen Jahre scheint sich jedoch das Aussterbetempo beschleunigt zu haben. Zur Zeit des späten Pliozän, etwa vor fünf Millionen Jahren, mag es ein Drittel mehr Vogelarten gegeben haben als heute. Während des frühen Pleistozän, also vor etwa drei Millionen Jahren, hatte eine Vogelart wahrscheinlich eine durchschnittliche Lebenserwartung von 1,5 Millionen Jahren. Diese Spanne verkürzte sich immer mehr, bis sie – gegen Ende des Pleistozän – nur noch 40 000 Jahre betragen haben mag. Genauso wahrscheinlich ist allerdings, daß sich das Speziationstempo ebenfalls beschleunigt hat, und so könnte innerhalb bestimmter Klassen von Vögeln etwa die volle Herausbildung einer neuen Art sehr viel schneller vor sich gegangen sein als ehedem. Früher, so glaubt man, waren ungefähr 125 000 Jahre nötig, heute mögen 15 000 oder gar 10 000 Jahre ausreichen.

Beim Haussperling, der in den fünfziger Jahren des 19. Jahrhunderts in Nordamerika heimisch wurde, haben sich im Laufe von nur 110 bis 130 Generationen eine Reihe klar definierter Unterarten herausgebildet. Unter bestimmten Umständen, z. B. wenn eine Radiation von einer nichtspezialisierten Stammform stattfindet, kann sich eine neue Pflanzenart schätzungsweise innerhalb von 50 bis 100 Generationen entwickeln. (Experimente mit Fruchtfliegen unter speziellen Laborbedingungen, die dazu dienen, die Geschwindigkeit zu beschleunigen, zeigen, daß eine Speziation in weniger als einem Dutzend Generationen möglich ist.) Bei den Säugetieren, die allgemein eine langsamere Fortpflanzungsgeschwindigkeit haben als Vögel, könnte heute und unter natürlichen Bedingungen die durchschnittliche Lebenserwartung einer Art bei 500 000 Jahren liegen.

Der Einfluß des Menschen auf die Aussterberaten

In jüngster Zeit wird das Aussterben zunehmend durch Menschenhand verursacht und beschleunigt. Während eines großen Teils seiner letzten 5000 Jahre als Jäger und Sammler hat sich der Urmensch, vielleicht in Verbindung mit klimatischen Veränderungen, als fähig erwiesen, Arten durch Überjagen und durch Veränderung ihres Lebensraumes mit Hilfe des Feuers auszurotten. Im großen und ganzen war dieser Prozeß relativ selten und lief graduell ab. Etwa ab dem Jahr 1600 unserer Zeitrechnung jedoch setzte eine fortschreitende Technologie den Menschen in den Stand, ausgedehnte Lebensräume noch schneller zu zerstören und mit modernen Waffen innerhalb nur weniger Jahre Tiere bis zur Ausrottung zu überjagen. Von diesem Zeitpunkt an kann man die Eingriffe des Menschen nicht länger mit den »natürlichen Vorgängen«, die zum Aussterben der Arten führen, auf eine Stufe stellen. Natürlich heißt das nicht, daß es kein natürliches Aussterben mehr gibt. Die Labradorente scheint ohne erkennbare Schuld des Menschen ausgestorben zu sein, und der Weißnasensaki Brasiliens hat mehr von seinem Verbreitungsgebiet an andere Affen als an den Menschen verloren.

Um einmal die Geschichte der Arten auf einen handlichen Maßstab zu reduzieren, wollen wir die Existenz unseres Planeten auf ein einziges Jahr zusammenziehen. Günstige Lebensbedingungen sind mit Sicherheit erst ab Mai vorhanden, Pflanzen und Tiere in großer Anzahl treten nicht vor Ende Oktober auf – und dann vorwiegend in den Meeren. Mitte Dezember beherrschen Dinosaurier und andere Reptilien die Szene. Behaarte Säugetiere erscheinen in großer Anzahl erst kurz vor Weihnachten. Silvester, ungefähr fünf Minuten vor zwölf, betritt der Mensch die Bühne. Und die überlieferte Geschichte der

Menschheit, in den Rahmen der Evolutionsgeschichte gestellt, entspricht ungefähr der Zeit, die die Uhr braucht, um zwölf zu schlagen. Der Zeitabschnitt ab 1600 n. Chr., als die Artenvernichtung durch den Menschen begann, sich rapide zu beschleunigen, entspricht drei Sekunden, und dieses letzte Viertel unseres Jahrhunderts, in dem der Verlust an Arten sehr viel größer zu werden scheint als der aller früherer Zeiten zusammengenommen, dauert eine achtel Sekunde - bezogen auf die Evolution gleichbedeutend mit einem Wimpernschlag.

Es wird manchmal vorgebracht, daß sich - als eine Art Kompensation für die augenblicklich ablaufende Vernichtungswelle - zwei evolutionäre Prozesse beschleunigen könnten, der eine ein natürlicher, der andere ein vom Menschen gesteuerter Prozeß. Was den ersteren Prozeß anbelangt, glaubt man, daß sich in dem Maße, in dem Arten aussterben, sogenannte »ökologische Nischen« für neu entstehende Arten auftun werden. Ja, es könnten so viele freie Nischen entstehen, daß diese sogar eine plötzliche Zunahme an Artbildungen herbeiführen könnten. So richtig das Argument im Prinzip ist, so untauglich erweist es sich für die Praxis. Denn der gegenwärtige Vernichtungsprozeß, so ungeheuer beschleunigt wie er abläuft, wird keinen auch nur annähernd so schnellen Speziationsprozeß zur Folge haben können: Bei einer Vernichtung der natürlichen Lebensräume werden kaum Gebiete mit ausreichender ökologischer Vielfalt übrigbleiben, die das Entstehen vieler neuer Arten stimulieren könnten. Überdies wird es, indem die natürliche Umwelt immer reduzierter und gleichförmiger wird, kaum eine geographische Isolation von Populationen mehr geben und folglich bei der Reproduktion keine Isolation der Genreservoire mehr, die für eine Fortsetzung der Speziation nötig wäre.

Das zweite Argument zielt auf eine vom Menschen initiierte Artenbildung. Denn inzwischen ist es möglich, Gene im Labor zu synthetisieren, indem man Teile des Lebensmoleküls DNS von verschiedenen Arten miteinander verbindet. Auf diesem Wege könnte man Lebensformen erschaffen, die so bisher noch nicht existieren. Leider aber ist auch dieses Argument nicht brauchbar. Neue Arten zu schaffen wäre äußerst kostspielig, viel teurer, als den Genpol praktisch jeder Art in dem entsprechenden Lebensraum zu bewahren. Außerdem wäre eine synthetische Art womöglich den Lebensbedingungen außerhalb des Labors nicht angepaßt und würde folglich entweder schnell wieder ausgelöscht oder aber sich unkontrolliert vermehren.

Inzwischen bringen die Aktivitäten des Menschen, vor allem sein Mißbrauch und seine übermäßige Nutzung der natürlichen Umwelt, immer mehr Arten mit immer größerer Geschwindigkeit zum Aussterben. Vom Jahr 1600 bis zum Jahr 1900 starb durch menschliches Tun alle vier Jahre eine Art aus. Vom Jahr 1900 an erhöhte sich die Quote auf durchschnittlich eine Art pro Jahr. Diese Zahlen beziehen sich jedoch hauptsächlich auf Säugetiere und Vögel und beschränken sich auf Arten, deren Existenz und deren Aussterben dem Menschen bekannt waren und sind. Wenn wir die anderen 99% der auf der

Erde existierenden Arten in Betracht ziehen, bietet sich ein ganz anderes Bild und zeigt sicherlich nicht »bloß« eine Art pro Jahr.

Wie bereits deutlich gemacht wurde, ist es wahrscheinlich, daß wir während des letzten Viertels unseres Jahrhunderts Zeugen einer Vernichtungswelle sein werden, der eine Million Arten zum Opfer fallen werden. Der Gesamtverlust mag niedriger ausfallen, vermutlich aber wird er eher höher sein. Wenn wir eine Million als eine »sinnvolle Arbeitshypothese« ansetzen, dann bedeutet das durchschnittlich über 100 ausgerottete Arten pro Tag. Diese Quote wird sich in dem Maße erhöhen, in dem die Zerstörung des Lebensraumes fortschreitet, d. h. gegen Ende des genannten Zeitraumes. Der Prozeß läuft jedoch schon jetzt beschleunigt ab. In der Region, in der die Zerstörung des tropischen Regenwaldes bereits am weitesten fortgeschritten ist, nämlich in Südostasien, können wir um die Mitte der achtziger Jahre eine Vernichtungswelle erwarten. Daher ist es nicht unrealistisch zu behaupten, daß wir schon heute eine Art pro Tag verlieren. Im nächsten Jahrzehnt könnte es gut schon eine Art pro Sekunde sein.

Bedrohte Arten

Die Bedrohung der Arten hat die verschiedensten Gründe, von denen einige leichter zu beheben sind als andere. Was den praktischen Artenschutz angeht, so kostet der Schutz einiger Arten mehr als der anderer. Um Schutzstrategien zu entwickeln, müssen wir wissen, welches die besten Alternativen sind. Dieses Kapitel stellt mehrere Gruppen von Arten vor, die aufgrund ihrer ökologischen Ansprüche und ihres Verhaltens besonders gefährdet sind.

Seltene Arten

Viele Arten sind zahlenmäßig zumeist klein. Sofern man die Seltenheit nach dem Umfang einer Art im Vergleich zu dem anderer Arten in demselben Lebensraum bestimmt, sind die meisten Arten selten. In einem Gebiet mit, sagen wir, 100 Arten mögen etwa ein Dutzend häufig und weitverbreitet sein, während die übrigen nur eine kleine Anzahl von Individuen aufweisen. Das trifft besonders auf verschiedenartige und komplexe Artengemeinschaften zu, vor allem auf die tropischen Regenwälder. Unter natürlichen Bedingungen haben die Myriaden seltener Arten in diesen Wäldern gute Chancen, allein schon durch ungezielte oder zufallsbedingte Prozesse ausgerottet zu werden. Sobald der Mensch mit seinen zerstörerischen Aktivitäten dazukommt, vergrößern sich diese Chancen um ein Beträchtliches.

Um zu überleben und sich zu entwickeln, kann eine Art eine von zwei möglichen Anpassungsstrategien anwenden. Die erste ist, sich zu einem guten Konkurrenten zu entwickeln und dadurch in Lebensräumen mit günstigen Lebensbedingungen zur beherrschenden Art zu werden – selbst wenn die Art als Folge davon in kälteren, trockeneren oder sonstwie ungeeigneten Lebensräumen nur noch wenig Überlebensmöglichkeiten hat. Diese Strategie führt im allgemeinen zum zahlenmäßigen Anwachsen und zu einer weiten Verbreitung einer Art. Die zweite Strategie, in deren Folge eine Art bei weitverstreuten Populationen zahlenmäßig klein bleibt, liegt darin, physiologische Merkmale und Verhaltensmuster zu entwickeln, die es der Art erlauben, sich extreme oder spezielle Lebensräume zunutze zu machen, auch wenn dies im allgemeinen bedeutet, daß sie in günstigen und normalen Lebensräumen nicht konkurrenzfähig ist.

Im großen und ganzen sind die seltenen Arten entweder lokal äußerst begrenzt oder hochspezialisiert oder beides. Von dem nordamerikanischen Dickhornschaf z. B., von dem vor dem Auftreten des weißen Mannes wahrscheinlich 1,5 bis 2 Millionen Tiere lebten, existieren heute nur noch an die 5000 Tiere in kleinen, weitverstreuten Populationen. Aufgrund ihrer spezialisierten Lebensweise, die jede Herde dem ursprünglichen Verbreitungsgebiet die Treue halten läßt, ist die Art nicht geeignet, neue Gebiete zu besetzen, ja nicht einmal ehemalige Lebensräume. Weil das Dickhornschaf ein äußerst beharrliches Geschöpf ist, scheint es fast für die Seltenheit prädisponiert zu sein. Der Riesen-Mammutbaum Kaliforniens war schon lange, bevor der Mensch die Bühne betrat, selten. Der Baum hat ein sehr eingeschränktes Verbreitungsgebiet aufgrund der Tatsache, daß er als Art ein Relikt ist, d. h. nach erdgeschichtlichen Veränderungen, die verwandte Arten eliminiert haben, übrigblieb.

Die Listen der bedrohten Arten enthalten zum großen Teil jene Arten, die von den Biologen als »K-Selektionisten« bezeichnet werden. Zu diesen Unglücklichen gehören der Wal, das Rhinozeros, mehrere Großvögel wie z. B. sieben der 15 auf der Erde vorkommenden Kranicharten sowie viele andere Lebewesen, die für Überlebensprobleme vorherbestimmt zu sein scheinen. Wenn - aus welchem Grund auch immer - eine Art der »K-Selektionisten« eine große Zahl von Individuen einbüßt, kann sie absolut unfähig sein, sich wieder zu erholen, ganz gleichgültig, welche Schutzmaßnahmen auch ergriffen werden. Daher müssen besondere Schritte unternommen werden, diese »K-Selektionisten« zu schützen, solange sie zahlenmäßig noch sehr viel stärker sind, als dies für andere Arten erforderlich ist.

»K-Selektionisten« machen einen ungewöhnlich guten Gebrauch von speziellen Lebensräumen. Sie passen sich einer scheinbar stabilen Situation an und verwenden weniger Energie darauf, viele Nachkommen zu zeugen, sondern widmen sich mehr ihren wenigen Jungen. Außerdem leben sie sehr lange, und zwischen ihren Generationen liegen große Abstände. Mit anderen Worten ausgedrückt, gleichen sie eine hohe Zuwachsrate (und somit die Fähigkeit, vorübergehend »gute Zeiten« auszunutzen) durch eine entsprechend niedrige Sterberate und die Tendenz zu zahlenmäßiger Stabilität aus. All dies bedeutet, daß sie sehr eng an die Kapazität ihres Lebensraumes und sein Potential, sie langfristig zu ernähren, angepaßt sind. In einem Lebensraum mit vorhersehbarer Entwicklung ist das eine durchaus praktikable Strategie, in einer vom Menschen gestörten Umwelt aber äußerst riskant.

Im Gegensatz zu diesen Arten haben die »R-Selektionisten« wie Ratte, Kaninchen, Sperling oder Star für gewöhnlich eine kurze Lebensdauer, kurze Abstände zwischen den Generationen und eine hohe Geburtenrate. Das befähigt sie, sich schnell über neue Lebensräume auszubreiten und Zeiten der »Hochkonjunktur« auszunutzen. Wegen ihrer opportunistischen Fähigkeit, sich jeder Lage anzupassen und sich zu vermehren, sind sie in einer vom Menschen ge- bzw. zerstörten Umwelt so erfolgreich, daß sie oftmals zur Plage werden.

Ein gutes Beispiel für die »K-Selektionisten« ist der Kalifornische Kondor. Er brütet nicht vor dem sechsten Lebensjahr, dann auch nicht jährlich, und legt nur ein Ei. Die Wachtel dagegen, ein Vertreter der »R-Selektionisten«, nistet oft schon während ihres zweiten Lebensjahres und legt 15 oder mehr Eier pro Gelege. Ein Kondorpärchen braucht also zehn bis fünfzehn Jahre, um sich selbst durch zwei Junge zu reproduzieren, während die Wachtel dies bereits im ersten Brutjahr schafft.

Eine weitere spezielle Kategorie seltener Tiere sind die Karnivoren (Fleischfresser). Wegen ihrer Position am Ende der Nahrungskette reagieren sie überaus empfindlich auf Störungen ihres Ökosystems. Besonders benachteiligt sind die größeren Raubtiere, die weit umherstreifen müssen, um Beute zu finden. Bekannte Beispiele sind u.a. der Puma, der nordamerikanische Grauwolf, der Gepard und der in Afrika lebende Hyänenhund. Ebenso empfindlich reagieren Greifvögel wie zum Beispiel der Steinadler auf Störungen. In Europa soll sich ihre Zahl seit dem Jahr 1800 um 99% verringert haben.

Und schließlich ist eine Anzahl von Arten auf sehr kleine Areale beschränkt. Ein Amazonas-Kaktus mit dem Durchmesser einer Vierteldollarmünze existiert in einem nicht einmal zehn Kilometer langen Tal. Der El-Segundo-Schmetterling kommt nur auf einer wenige Hektar großen Fläche am Ende einer Startbahn des Flughafens von Los Angeles vor und würde endgültig ausgerottet werden, wenn der Flughafen in Richtung auf seinen einzigen Lebensraum erweitert würde. In Nordkalifornien tritt ein hochgradig gefährdeter Schmetterling, »Lange's Metalmark«, einzig und allein in einem acht Hektar großen Dünengelände auf – aber die Nachfrage der Bodenspekulanten hat den Wert seines letzten Stückchens Lebensraum schon auf eine Million Dollar hochgetrieben. Eine Krickentenart auf Hawaii bewohnt den Saum einer 5 km^2 großen Lagune. Der »Abbot's Booby«, eine Tölpelart mit noch 4000 Individuen, ist auf einen 130 km^2 großen Lebensraum auf den Weihnachtsinseln beschränkt, und dieser besteht fast vollständig aus Kalkphosphat. Jährlich werden zwei Millionen Tonnen als Dünger abgebaut, so daß die Gefahr besteht, daß innerhalb von 25 Jahren drei Viertel des Lebensraumes zerstört sein werden. In Kolumbien und Ecuador leben an die 160 endemische Vogelarten mit Verbreitungsgebieten von wenig mehr als 300 km^2. Der »Snail Darter«, ein büroklammergroßer Fisch, von dem 10000 bis 15000 Individuen existieren, lebt in einem 61 km langen Abschnitt des flachen, schnellfließenden Little Tennessee River (im amerikanischen Bundesstaat Tennessee) und hat durch seine Existenz die endgültige Schließung des 116 Millionen Dollar teuren Fellico-Damms verhindert (in Tennessee allein gibt es 80 bis 90 Darter-Arten, und jedes Jahr wird eine neue entdeckt). Das »Furbish Lousewort« (Läusekraut), ein Mitglied der Löwenmaul-Familie, umfaßt 880 Individuen; 40% davon stehen innerhalb des Eindämmungsgebietes des auf 700 Millionen

Dollar veranschlagten Lincoln-Dickey-Wasserkraftwerkprojekts (größer als der Assuan-Staudamm in Ägypten) am St. John River im amerikanischen Bundestaat Maine.

Inselbewohnende Arten

Wie bereits in Kap. 2 dargestellt wurde, sind auf Inseln lebende, oft endemische Arten besonders gefährdet. Nur 20% aller Vogelarten haben ihren Lebensraum auf Inseln beschränkt, aber 90% aller in geschichtlicher Zeit ausgerotteten Vögel waren Inselbewohner.

Die Anfälligkeit von inselbewohnenden Arten ist weitgehend eine Folge der bei ihnen im allgemeinen üblichen Spezialisierung, die ihnen das Überleben in einem abgeschlossenen Gebiet, das nur wenige Konkurrenten und normalerweise kaum Feinde kennt, ermöglicht. Mit dieser Ausrüstung sind sie jedoch auf geradezu absurde Weise unfähig, mit Eindringlingen fertig zu werden, die der Mensch mitgebracht hat - vor allem mit Ziegen, Schweinen, Ratten, Hunden und Katzen. Was einstmals eine Enklave der Sicherheit war, verwandelt sich nun in einen »Schlachtplatz«, von dem es kein Entrinnen gibt. Inselbewohnende Arten reagieren auch empfindlich auf Abholzungen, Abbrennen des Grases, Erosion, die Konkurrenz nicht einheimischer Unkräuter und andere Störungen des biologischen Gleichgewichts seitens des Menschen. Und was vielleicht am schlimmsten ist: Viele inselbewohnende Arten haben die Fähigkeit eingebüßt, einer Gefahr zu entfliehen. Bei der relativen Sicherheit, die ihm der Lebensraum der Insel Mauritius gewährte, brauchte der Dodo nicht fliegen zu können. Als der weiße Mann mit Gewehren und Keulen auftrat, war es ihm ein leichtes, den Vogel zu erlegen. Auf der gesamten Inselgruppe der Maskarenen, d. h. nicht nur auf Mauritius, sondern auch auf mehreren benachbarten Inseln, ist der ursprüngliche Bestand von mehr als 70 endemischen Wirbeltierarten auf nur 24 dezimiert worden, von denen 15 gefährdet sind. Die Vernichtung geht auf das Konto der konzertierten Aktion von Ratten und Schweinen, Axt und Pflug. Fünfzig Jahre nachdem St. Helena 1502 von den Europäern entdeckt worden war, gab es auf der Insel schon riesige Ziegenherden, woraufhin es mit der einheimischen Flora stetig bergab ging. Als man 1810 eine botanische Inventur machte, stellte man 33 endemische Pflanzenarten fest, von denen inzwischen 22 ausgestorben sind, zusätzlich zu jenen, die bereits vor 1810 verschwunden waren.

Arten der Feuchtgebiete

Mehrere Gruppen von Arten brauchen feuchtigkeitsreiche Lebensräume. Die Amphibien beispielsweise sind in hohem Maße auf Wasser angewiesen. Ihre Jungen müssen in den ersten Lebensphasen gänzlich in diesem Element leben, und auch das ausgewachsene Tier kann nicht lange im Trockenen existieren. Das bedeutet, daß Amphibien begrenzte Lebensräume haben. Das heißt auch, daß die Amphibien den Eingriff des Menschen in ihr existentiell notwendiges Ökogefüge kaum überleben können, noch weniger als die anderen Bewohner von Feuchtgebieten wie z.B. Vögel und Insekten. Dazu kommt, daß Frösche, Kröten, Salamander und andere verwandte Arten nicht gern in Flüssen oder großen Seen laichen, sondern das ruhige und träge Wasser der Teiche und Sümpfe bevorzugen - genau die Gebiete, in die der Mensch am ehesten eingreift oder die er ganz verschwinden läßt.

Folglich sind die Bewohner von Feuchtgebieten - nicht nur die Amphibien, sondern auch die Mollusken und mehrere andere Kategorien - sehr empfindlich gegenüber Trockenlegungen, Errichtung von Stauanlagen und anderen Eingriffen dieser Art. In vielen Teilen vor allem der entwickelten Welt verschwinden die Feuchtgebiete schneller als alle anderen natürlichen Lebensräume. Der Mensch vernichtet »nutzlose« Gebiete wie Sümpfe, Moore oder Marschen, indem er sie trockenlegt und landwirtschaftlich nutzt oder mit Industrieanlagen, Wohnsiedlungen, Straßen und dergleichen zuzementiert. In den Vereinigten Staaten von Amerika besaß der Bundesstaat Wisconsin einst über 30 000 km^2 an Feuchtgebieten, heute sind es nur noch um die 6000 km^2.

Da schließlich 70% der Weltbevölkerung küstennah wohnen, gehören die Küsten der Erde zu den von menschlichen Aktivitäten am meisten belasteten Gebieten. In den Vereinigten Staaten von Amerika fielen in den letzten zwanzig Jahren 20 000 km^2 küstennaher Feuchtgebiete Bagger- und Auffüllarbeiten zum Opfer. Schon 1970 schätzte der amerikanische Fish and Wildlife Service, daß 23% aller Flußmündungen des Landes mit ihrem großen Artenreichtum von Ölraffinerien und anderen Industrieanlagen stark verschmutzt und weitere 50% mäßig belastet seien. Am Golf von Mexiko und an der Atlantikküste der Vereinigten Staaten von Amerika geht die Zerstörung des marinen Lebensraumes so weit, daß die Fischerei dort jährliche Verluste von über 55 Millionen Dollar erleidet - ein Maßstab für den Schaden, der den Meeresorganismen aller Art zugefügt wird. 1977 genehmigte der amerikanische Kongreß Feuchtgebiete zerstörende Projekte im Wert von 10,3 Milliarden Dollar.

Im Gefolge dieser großangelegten Zerstörung amerikanischer Feuchtgebiete könnten die Amphibien gut und gerne als die bedrohteste Wirbeltierklasse des Landes eingestuft werden. 40 bis 50% der Mollusken sind entweder gefährdet oder ausgerottet. Von 2000 Inlandsschnecken sind annähernd 400 bedroht. (Eine Schneckenart kam früher vom amerikanischen Bundesstaat Iowa bis ins südliche Ontario vor, überlebt heute aber nur noch unter dem Gischt der Chittenango-Fälle in Madison County, New York.)

Noch trostloser sieht es in dichter besiedelten Ländern aus. Nach einer Statistik des Europarates ist ein Drittel der Amphibien gefährdet und eine weitere beträchtliche Anzahl bedroht. In Großbritannien sind fast alle Amphibien bedroht, in manchen Gegenden gar der gewöhnliche Frosch.

Trotz dieser düsteren Aussichten wird den Bewohnern der Feuchtgebiete nicht ein Bruchteil der Publicity zuteil, die die Säugetiere und Vögel genießen. Auf hundert Menschen, die sich um Tiger und Wanderfalken sorgen, kommt höchstens einer, der vielleicht schon einmal von der Houston-Kröte gehört hat.

Vögel der tropischen Wälder

Eine weitere anfällige Gruppe sind die Vögel der tropischen Wälder. Ihre Bedrohung gewinnt an Signifikanz, wenn man bedenkt, welchen Bedrohungen die Tropenwälder selbst ausgesetzt sind.

Da sich diese Vögel innerhalb einer relativ stabilen Umwelt entwickelt haben, reagieren sie äußerst empfindlich auf jede Art von Störung. Sie tendieren zu einer niedrigen Fortpflanzungsrate und legen jeweils nur zwei oder drei Eier - im Gegensatz zu den vier bis sechs Eier legenden Waldvögeln der gemäßigten Breiten. Wegen des größeren Vorkommens von Raubtieren in den tropischen Wäldern ist das Verhältnis von gelegten Eiern zu flüggen Jungen ungünstiger als in den gemäßigten Breiten. Ganz allgemein kennzeichnet sie eine geringe Populationsdichte. Diese Faktoren führen dazu, daß sich die Vögel der Tropenwälder nur langsam von einer Störung ihrer Umwelt erholen, während die Vögel der gemäßigten Zonen innerhalb weniger Fortpflanzungsperioden einen »Einbruch« überwinden können.

Viele Vögel tropischer Wälder können, weil sie an die Dunkelheit ihrer Umgebung angepaßt sind, keine Helligkeit vertragen. Sie meiden sogar Waldbäche, Wildfährten und geringfügige menschliche Eingriffe wie Wege oder Schneisen, da diese ein unüberwindliches Hindernis für sie darstellen. Das bedeutet, daß die Vögel tropischer Wälder wenig Neigung zeigen, den zerstörerischen Aktivitäten des Menschen an ihren Standorten auszuweichen. Dagegen sind zwei von drei Waldvogelarten im östlichen Nordamerika teilweise oder gänzlich Zugvögel. Dazu kommt, daß die Vögel tropischer Wälder seit Millionen von Jahren im Urwald leben und es nie nötig hatten, sich auf Sekundärvegetation, wie sie nach dem Roden von Urwäldern entsteht, einzustellen, während die Waldvögel der gemäßigten Breiten eine solche Sekundärvegetation im allgemeinen akzeptieren.

Alle diese Eigenschaften lassen die Vögel der tropischen Wälder ungewöhnlich empfindlich auf Störungen reagieren. Von den 401 Vogelarten und -unterarten, die die Roten Listen als bedroht einstufen, leben 291 in tropischen Regenwäldern. Da große Teile dieser Wälder nachhaltig verändert oder vernichtet werden, wird der Verlust an Vogelarten mit großer Wahrscheinlichkeit hoch ausfallen. Vögel der gemäßigten Breiten sind dagegen besser imstande, sich durch menschliche Aktivitäten veränderten Lebensbedingungen anzupassen. Während jener Periode, als die Wälder der östlichen Vereinigten Staaten von Amerika drastisch vermindert wurden, verschwanden höchstens zwei Vogelarten.

Die Hauptbedrohung: die Zerstörung des Lebensraumes

Es kann kein Zweifel daran bestehen, worin heute die hauptsächliche Bedrohung der Arten liegt: in der Zerstörung der Lebensräume. Noch bis vor einigen Jahrzehnten waren die direkten, »gezielten« Bedrohungen wie z. B. das Überjagen vorherrschend. Aber heute, wo der Mensch selbst in der entlegensten Ecke der Erde in das natürliche Gefüge eingreift, ist die Zerstörung des Lebensraumes auslösendes Moment für die dramatische Bedrohung freilebender Arten.

Im großen und ganzen ist eine solche Zerstörung schwer oder gar nicht zu korrigieren. Wenn sie zu einer anderen Gefahrenquelle wie beispielsweise dem Insel-Endemismus dazukommt, dann verstärkt die eine die andere, und die Auswirkungen sind außergewöhnlich nachhaltig. Und was – im Vergleich mit früheren Arten der Bedrohung wie dem Überjagen – viel schlimmer ist: Die Lebensraumvernichtung betrifft nicht nur einzelne Arten, sondern ganze Gemeinschaften von Tieren und Pflanzen.

Eine solche Zerstörung schließt jede gravierende Belastung der natürlichen Umwelt und der lebenserhaltenden Systeme ein. Sie reicht von land- und forstwirtschaftlichen Projekten über Besiedlung und Straßenbau bis hin zur Verschmutzung – die Liste ließe sich beliebig verlängern. Schon vor dem Einsatz einer fortgeschrittenen Technologie wurde der Lebensraum freilebender Arten in großem Ausmaß zerstört. Heute jedoch kann eine hochentwickelte Technik in einem einzigen Jahr so viel Schaden anrichten, wie das früher in zehn Jahren geschah.

Die weltweit am weitesten verbreitete Art der Zerstörung ist jene, die mit der landwirtschaftlichen Kultivierung einhergeht. Da sie die natürliche Vegetation durch Kulturpflanzen ersetzt, bringt sie eine fundamentale Veränderung der natürlichen Umwelt mit sich. Der Vorgang und seine Wirkung sind so offensichtlich, daß hier nicht weiter darauf eingegangen werden soll. Nicht so deutlich erkennbar ist die Wirkung einer anderen Form der Landwirtschaft, nämlich der Viehwirtschaft. Es gibt heute auf der Erde rund 2,7 Milliarden Rinder, Schafe, Ziegen, Kamele und andere – eine Gesamtzahl, die sich sehr viel schneller vergrößert als die der Bevölkerung mit gegenwärtig über 4,5 Milliarden Menschen. Da die domestizierten Tiere immer größere Mengen an Vegetation und Wasser für sich beanspruchen, bleibt wenig für die freilebenden Pflanzenfresser übrig. Und in dem Maße, in dem die freilebenden Pflanzenfresser eliminiert werden, suchen sich die Raubtiere ihre Beute unter den domestizierten Viehherden, womit sie wiederum ihre endgültige Vernichtung einleiten.

Von den Landsäugetieren, die in den verschiedensten Teilen der Erde ausgerottet worden sind, waren an die 40 % große Pflanzenfresser, die den Konkurrenzkampf mit den Viehherden verloren haben. In der Mongolischen Volksrepublik, deren 150 000 km^2 im Jahr 1920 640 000 Menschen und 9,6 Millionen Stück Vieh ernährten, heute aber zweimal so viele Menschen und zweieinhalbmal soviel Vieh, sind nur noch Reste des Wildkamels *(Camelus bactrianus)* und des Mongolischen Wildesels vorhanden, während der Tiger und andere große Raubtiere ausgelöscht worden sind.

Noch gefährlicher ist, daß das Grasland durch starke Überweidung in Wüste verwandelt wird, bis zu 100 000 km² pro Jahr. Das führt zu noch größerer Beanspruchung des verbleibenden Graslandes und zu einer noch schwierigeren Lage für die freilebenden Tiere.

Eine Form von Lebensraumzerstörung, die immer mehr in den Vordergrund tritt, ist die Verschmutzung. Der Wanderfalke und der Meerespelikan singen davon ein trauriges Lied, in das heute unzählige Arten mit einstimmen. Der hervorstechendste Aspekt der Umweltverschmutzung ist, daß wir nicht einmal wissen, wie groß die Bedrohung wirklich ist – wir wissen nur, daß Hunderttausende von neuen, synthetischen Molekülen in den Binnengewässern und Meeren abgeladen werden, deren potentielle Wirkung in fast allen Fällen unbekannt ist.

In jüngster Zeit hat sich noch eine weitere und außergewöhnlich wirksame Art der Lebensraumzerstörung entwickelt: die technischen Großprojekte. Als die Großen Seen Nordamerikas durch die Erie- und Welland-Kanäle verbunden wurden, verbreitete sich das Meerneunauge in dieser Region und dezimierte die Seeforellen und anderen Fische. Eine ähnlich sorglose Vermischung aquatischer Biozönosen, wenngleich in weit größerem Maßstab, könnte entstehen, wenn ein neuer Kanal auf Meereshöhe durch den Isthmus von Panama gebaut würde. Die Landenge entstand vor drei bis fünf Millionen Jahren, was auf der Atlantikseite zu einem Küstenbiom mit gemäßigten Tiden, Mangrovensümpfen, Sandstränden und üppigen Korallenriffen führte, auf der Pazifikseite hingegen zu starken Tiden, schwemmstoffreichem Wasser, felsigen, durch extensiven Lavafluß entstandenen Küsten, einer begrenzten Anzahl verarmter Riffe und periodischem Aufsteigen kühlen, nährstoffreichen Wassers. Die beiden Biome enthalten rund 20 000 Tier- und Pflanzenarten, jedoch finden sich nur etwa 10 % in beiden Regionen, im Falle der Fische und Mollusken sogar weniger als 1 %. Der augenblickliche Kanal besitzt eine Reihe von Süßwasserschleusen, die eine Wanderung von Meeresorganismen vom Atlantik zum Pazifik und umgekehrt verhindern. Der neue Kanal würde direkt durch die Berge gesprengt werden und es den Tieren erlauben, frei von einem Ozean in den anderen zu wandern. Die Lebensgemeinschaften des Pazifik, die sich in einem küstennahen Biom mit deutlichen Schwankungen entwickelt und daher einen höheren Anteil sehr anpassungsfähiger Arten hervorgebracht haben, die imstande sind, sich in bestehende Biozönosen hineinzudrängen, könnten die Lebensgemeinschaften des Atlantik nachhaltig schädigen. Wenn allein die gelbbäuchige Plättchenseeschlange vom Pazifik in die Karibik vordringen würde, könnte ein so großer ökonomischer wie auch ökologischer Schaden entstehen, daß es sich schon lohnte, überhaupt jede Wanderung mit allen erdenklichen natürlichen und technischen Hilfsmitteln zu unterbinden.

Ein weiteres Beispiel liefert das Jonglei-Projekt, durch das ein Teil des Sudd-Sumpfes im Süden des Sudan, der die Größe des amerikanischen Bundesstaates Massachusetts hat, trockengelegt werden soll. Der Weiße Nil fließt in einem riesigen Halbkreis durch das Sumpfgebiet, und das Ziel des Projektes ist es unter anderem, den Sumpf mit einem 350 km langen Kanal (zweimal so lang wie der Suezkanal) zu durchziehen. Da die Hälfte des träge durch den Sumpf fließenden Weißen Nils auf seinem Weg verdunstet, müßte der Kanal die Verdunstungsrate erheblich senken. Sowohl der Sudan als auch Ägypten brauchen zusätzliches Wasser. Der Sudan will 12 000 km^2 Land bewässern und braucht dafür zusätzliche acht Milliarden m^3 Wasser im Jahr. Ägypten, dem im Jahr 1900 täglich noch 25 m^3 Nilwasser pro Kopf der Bevölkerung zur Verfügung standen, versucht heute, mit weniger als vier m^3 auszukommen und muß damit rechnen, daß es gegen Ende des Jahrhunderts nur noch 2,5 m^3 sind, wenn es seine Wasserkapazitäten nicht erhöht. Der neue Kanal wird 20 Millionen m^3 Wasser pro Tag abziehen, d. h. ein Viertel der vom Fluß geführten Jahresdurchschnittsmenge, später wird sich das möglicherweise auf 23 Millionen m^3 erhöhen. Das Projekt wird die Verdunstungsverluste um 4,7 Milliarden m^3 jährlich verringern, was ein Sechstel der vom Weißen Nil geführten Wassermenge wäre – eine beachtliche Einsparung.

Als Ergebnis dieser Wasserumleitung wird ein Teil des Sumpfes in Weideland umgewandelt, was der Viehwirtschaft zugute käme. Eine Reihe von Stimmen warnen jedoch, daß ausgedehnte Gebiete der umliegenden Savanne austrocknen könnten, und ein Zehntel der fruchtbarsten Weidegründe wahrscheinlich verschwinden würde. Es gibt bis jetzt keine klare Angaben über die Gesamtfolgen für die Umwelt, da in dem 350-Millionen-Dollar-Budget kaum etwas für eine Evaluierung der möglichen Umweltbelastungen vorgesehen ist. Auch sind relevante Voruntersuchungen gar nicht geplant – nur solche, die während der technischen Realisierung des Projekts zwischen 1978 und 1985 möglich sind; was mit Sicherheit zu spät ist, um die Baupläne radikal zu ändern, sollten ökologische Erwägungen dies ratsam erscheinen lassen. Teils um des wirtschaftlichen Fortschritts willen, teils aus einem politischen Sicherheitsstreben heraus, scheinen der Sudan ebenso wie Ägypten entschlossen zu sein, das Projekt durchzuziehen, das mit arabischen Petrodollars finanziert und von einer Gruppe französischer und holländischer Ingenieure ausgeführt wird.

Ein weiteres Ziel des Jonglei-Projektes könnte es sein, 16 000 km^2 der Fläche in ein großes Getreideanbaugebiet umzuwandeln. Wie in der tropischen Landwirtschaft üblich, würde dieser neue »Brotkorb« viele neue Schädlingsinsekten anziehen. Der beste Weg, gegen diese Plage anzugehen, wäre der, spezialisierte Räuber und Parasiten aus den Insektengemeinschaften der gegenwärtigen Sümpfe auf sie anzusetzen – und es ist äußerst wahrscheinlich, daß der Sudd als lange etabliertes Feuchtgebiet innerhalb einer halbtrockenen Region ein außergewöhnlich reiches Artenspektrum (mit vielen endemischen Arten) aufweist. Wenn es sich herausstellen sollte, daß das Ökosystem des

Sudd durch den Jonglei-Kanal fundamental verändert wird, dann könnten in nur wenigen Jahren ganze Lebensgemeinschaften aussterben - und damit auch die Helfer, die man zur Schädlingsbekämpfung brauchte.

Diese verschiedenen Beispiele illustrieren, welches Ausmaß an Lebensraumzerstörung in ausgedehnten Gebieten möglich ist. Manchmal kann der Konflikt äußerst akut, wenn auch lokal viel begrenzter sein. Mount Nimba in Westafrika - dort, wo Liberia, die Elfenbeinküste und Guinea zusammenstoßen - besitzt über 200 endemische Tierarten, was ihn zu einem der bedeutendsten Biotope in ganz Afrika macht. Aber der Berg enthält auch reiche Vorkommen an hochwertigem Erz, das man abbauen möchte. Brasilien beispielsweise hat eine Reihe zutage liegender Kalksteinvorkommen, die wahre Schatzkammern botanischer Raritäten und endemischer Pflanzen sind. Doch diese Vorkommen werden inzwischen intensiv ausgebeutet, um Brasiliens wachsenden Bedarf an Zement zu befriedigen. Auf Palau, einer kleinen Inselgruppe Mikronesiens, plant ein Geschäftskonsortium aus Japanern, Iranern und Amerikanern ein 500 Millionen Dollar teures Erdöllager und eine dazugehörige petrochemische Verarbeitungsanlage. Die Inselgruppe, 880 km östlich der Philippinen, ist von einer einzigartigen Korallen- und Meeresfauna umgeben. Viele Wissenschaftler halten sie für eine in ganz Ozeanien einmalige Schatzkammer. Der Bau würde tiefgreifende Veränderungen bewirken und zu einer schweren Verschmutzung der küstennahen Gewässer führen.

Die Hauptbedrohung ist also heute die Veränderung oder der totale Verlust des natürlichen Lebensraumes. Das heißt, daß die größte Gefahr für die schwindende freilebende Fauna nicht das Individuum ist, sondern jener Bürger, der aufgrund seines konsumorientierten Lebensstils ökonomische Prozesse in Gang setzt, die zur Zerstörung der natürlichen Umwelt führen.

Einen Anhaltspunkt dafür, wie unbeabsichtigt zerstörerisch diese Entwicklung sein kann, mag uns ein Blick auf die Hochburg fortgeschrittener Technologie, auf die Vereinigten Staaten von Amerika, vermitteln. Wissenschaftler sind der Meinung, daß die offizielle Liste der gefährdeten Arten dieses Landes, die fortwährend erweitert wird, 250 Säugetier-, 209 Vogel-, 54 Reptilien-, 40 Fisch-, 30 Amphibien-, 24 Muschel- und sechs Insektenarten, eine Schneckenart und über 2000 der 22 200 Pflanzenarten enthalten sollte. Natürlich führt die Liste nur Arten auf, von denen man weiß, daß sie gefährdet sind. In vielen Fällen aber weiß man nichts über die Überlebenschancen einer Art. Informierte Kreise gehen davon aus, daß eine umfassende Liste sehr viel länger sein müßte als die offizielle (z. B. setzt man die Zahl der bedrohten Landschnecken inoffiziell mit 400 von 2000 an). Die große Mehrzahl dieser gefährdeten Arten hat ihre bedrohliche Situation jenem amorphen und unwissentlich zerstörerischen Prozeß zu verdanken, den man »Entwicklung« nennt.

Eine »Triage«-Strategie für den Artenschutz?

Selbst mit einem Vielfachen der zur Verfügung stehenden Geldmittel könnten wir nicht alle jene Arten retten, denen der Untergang droht. Die Zerstörungsprozesse sind bereits zu weit fortgeschritten, als daß man sie noch völlig aufhalten könnte. Da der Mensch in den evolutionären Prozeß mit der Gewalt einer größeren Eiszeit eingreift, sollte er dies mit so viel Überlegung tun, wie es ihm nur irgend möglich ist. Mit anderen Worten, wenn er schon Gott spielen und die Vernichtung einer großen Anzahl von Arten beschließen muß, dann sollte er es wenigstens so selektiv wie möglich tun. Aber wie ist das zu bewerkstelligen? Wenn wir uns auch über die Einzelheiten nicht im klaren sind, können wir dann nicht wenigstens die Richtung festlegen, die wir einschlagen müssen?

Das sind große Fragen. Wie sollen wir entscheiden, welche Art durch unseren wohlüberlegten Entschluß ausgerottet werden darf, um unsere Schutzbemühungen - begrenzt, wie sie sein müssen - auf Arten zu konzentrieren, die es »mehr verdienen«? Dies hieße, daß bestimmte Arten einfach deshalb verschwinden müßten, weil wir ihnen »den Teppich unter den Füßen wegziehen«. Wir könnten den Maritius-Falken seinem so gut wie unausweichlichen Schicksal überlassen und unsere Geldmittel für eine stärkere Unterstützung einer der vielen hundert bedrohten Vogelarten einsetzen, deren Überleben wahrscheinlicher ist. Kurz, ein Teil der Arten würde aufgrund menschlicher Planung und Entscheidung verschwinden. So quälend diese Aussicht auch sein mag, so wäre sie doch besser, als zuzulassen, daß die Arten einfach durch menschliche Nachlässigkeit wahllos verschwinden.

Ein Vorgehen in diesem Sinne liefe auf eine »Triage«-Strategie hinaus. Diesen Ausdruck wandten die Franzosen im Ersten Weltkrieg auf ihre Praxis der medizinischen Versorgung an, als die Ärzte auf dem Kriegsschauplatz feststellten, daß es mehr Verwundete gab, als sie behandeln konnten. Deshalb teilten sie die Soldaten in drei Kategorien ein: erstens die, denen eine medizinische Versorgung mit Sicherheit helfen würde, zweitens die, die wahrscheinlich auch ohne ärztliche Hilfe überleben würden, und drittens die, die vermutlich sterben müßten, gleichgültig wieviel ärztliche Versorgung sie erhielten. Die erste Kategorie erschöpfte so ziemlich alle vorhandenen medizinischen Ressourcen, deshalb wurden die beiden anderen Kategorien ignoriert. Wenn man eine ähnliche Strategie auf die bedrohten Arten anwendete, dann liefe das auf ein vernünftigeres Vorgehen hinaus, als es bis jetzt praktiziert wird. Es wäre systematisch und nicht zufällig - und die Naturschützer wären in den Stand gesetzt, ihre Geldmittel und Fähigkeiten auf die bestmögliche Weise einzusetzen.

Wie würde man eine Wahl treffen? Wie können wir uns zwischen dem Königstiger und einem Taschenkrebs in der Karibik entscheiden? Sollten wir uns in Ländern, die Jahrzehnte der Zerstörung hinter sich haben, auf die letzten Stückchen Regenwald konzentrieren, oder sollten wir versuchen, riesige

Waldgebiete in noch wenig berührten Gegenden aus dem Verkehr zu ziehen? Dies sind schwierige Entscheidungen. Man könnte einen Anfang machen, indem man die Faktoren systematisch analysiert, aufgrund derer einige Arten bedrohter sind als andere - wie z. B. Empfindlichkeit gegenüber Lebensraumzerstörung, Fortpflanzungsfähigkeit und Merkmale der »K-selection«. Zusätzlich zu diesen bio-ökologischen Faktoren müssen ökonomische, politische, rechtliche und soziokulturelle Aspekte des Problems in Betracht gezogen werden. Der Königstiger beansprucht einen ausgedehnten Lebensraum in einem Teil der Erde, der dichtbevölkert ist, er könnte aber zu mehr öffentlicher Unterstützung für die Erhaltung seines Ökosystems anregen (womit er zur Rettung vieler anderer Arten beitragen würde) als ein alles andere als charismatisches Gechöpf wie der Taschenkrebs. Wenn wir alle die verschiedenen Faktoren, die für oder gegen eine Art sprechen, zusammentragen, dann werden wir eine klare Vorstellung davon gewinnen, wo wir am besten unsere Energien einsetzen können.

Wie gesagt, es werden viele schwerwiegende Entscheidungen zu treffen sein. Niemandem wird die Aufforderung gefallen, bestimmte Arten ganz bewußt der Vergessenheit zu überantworten. Da der Mensch eben dies jedoch mit einer riesigen Anzahl von Arten unbewußt schon tut, mag er es ebensogut mit einer gewissen selektiven Umsicht tun. Vor dem Hintergrund dieser Überlegungen fragt das folgende Kapitel, was für einem Zweck denn das Überleben der Arten dient und ob einige Arten »nützlicher« sind als andere.

Wozu sind die Arten gut?

Die Arten verdienen es aus mehreren Gründen, erhalten zu werden. Diese Gründe sollen hier kurz betrachtet und jene besonders herausgestellt werden, die das stärkste Argument für Schutzmaßnahmen bilden.

Ästhetische Argumente

Ästhetisch gesehen, tragen die Arten zu Vielfalt und Beschaffenheit des Lebens bei. Sie alle sind komplex und interessant, selbst der kleinste Mikroorganismus. Man schaue sich eine Kieselalge unter dem Mikroskop an und man wird sehen, daß ihre Gestalt ebenso schön ist wie die einer Antilope oder eines Schmetterlings.

In der Tat verwenden viele Menschen aus wohlhabenden Ländern ansehnliche Summen darauf, das Schauspiel freilebender Tiere zu genießen. Vogelliebhaber geben allein in den Vereinigten Staaten von Amerika jährlich 500 Millionen Dollar aus. Eine wachsende Zahl von Nordamerikanern, Europäern und Japanern durchstreift jährlich die Erde auf der Suche nach Wildtieren und läßt es sich Unsummen kosten, einen flüchtigen Blick auf ein Rhinozeros in Afrika, einen Tiger in Asien oder einen Tapir in Südamerika zu erhaschen.

Zugegeben, kein Mensch kann je hoffen, mehr als einen Bruchteil aller auf der Erde lebenden Arten zu Gesicht zu bekommen. Ihm scheint aber die bloße Vorstellung schon Spaß zu machen, daß er die Erde mit dem Orang-Utan, dem Geparden und mit Lebewesen teilt, die so versteckt in den Weiten Amazoniens leben, daß sie noch niemand entdeckt hat. Jedenfalls ist das in den Industrienationen der Fall, wo die Menschen viel Zeit und Geld auf Fernsehprogramme, Filme und Literatur über Wildtiere verwenden.

Bei manchen Arten können die Menschen natürlich ihr Interesse nicht dadurch bekunden, daß sie hingehen, um sie sich anzusehen, selbst wenn sie das Geld dazu zur Verfügung hätten. Sie würden es wohl schwierig finden, beispielsweise einen Blauwal zu betrachten – nicht nur deshalb, weil er inzwischen sehr selten ist, sondern auch, weil er in den Weiten der Meere lebt. Wenn der Blauwal verschwinden sollte, würden sich die Menschen dann genauso verarmt fühlen wie bei dem Gedanken, daß sie niemals einen Dodo sehen werden? Nun ist es ja in der Tat sehr unwahrscheinlich, daß selbst der eifrigste Naturschützer wegen des Dodo schlaflose Nächte verbringt – wie auch der leidenschaftliche Gräzist wohl nicht übermäßig bekümmert ist, daß er sich mit den sieben Sophokles-Tragödien begnügen muß, die von den ursprünglich Dutzenden überliefert worden sind. Doch würden viele Menschen wirklich das Gefühl haben, daß ihrem Leben qualitativ etwas verlorenginge, wenn dem Blauwal die Lebenschance völlig abgesprochen würde. In diesem Falle sollte man ihnen die Möglichkeit geben, die Zufriedenheit über das Überleben des Wals auch weiterhin zu genießen.

Was noch entscheidender ist – viele Menschen würden sich mit ziemlicher Sicherheit ärmer vorkommen, wenn sie eines Morgens im Jahr 2000 aufwachten und feststellten, daß sie sich nicht mehr an den, sagen wir, eine Million Arten erfreuen können, die innerhalb der letzten 25 Jahre ausgerottet worden sind.

Ethische Argumente

Wie man sieht, geht das ästhetische Argument schnell in ein ethisches über. Knapp formuliert, besagt dieses Argument, daß alle Lebensformen auf Erden ein Recht haben, zu existieren. Anders ausgedrückt, die Menschheit hat kein Recht, Arten auszurotten. Geht man noch einen Schritt weiter, könnte man fragen, ob die Menschheit das Recht hat, durch die Ausrottung einer großen Anzahl von Arten einen fundamentalen und dauerhaften Richtungswechsel im Evolutionsverlauf herbeizuführen. Während das ästhetische Argument praktisch das Vorrecht wohlhabender Leute ist, die genug Muße haben, über diese Frage nachzudenken, ist die ethische Vorstellung vom »Verwalteramt« des Menschen, von seiner Verantwortlichkeit für die anderen Lebewesen in vielen religiösen und kulturellen Traditionen auf der ganzen Erde enthalten.

Doch selbst dieses Argument müssen wir sorgfältig betrachten. Sind wir so sicher, daß wir alle Formen des Lebens um ihres eigenen, ihnen selbst innewohnenden Wertes willen erhalten wollen? Wären nicht viele Menschen heilfroh, den Schnupfenvirus ausgerottet zu sehen? Und würde dasselbe nicht für die Organismen gelten, die am Krebs beteiligt sind? Auch dies sind ja einzigartige Lebensformen mit genausoviel Existenzberechtigung wie die Giraffe oder der nordamerikanische Kranich. Wir haben heute ein Stadium erreicht, wo der Pockenvirus so weit eingegrenzt ist, daß kein Mensch mehr an dieser Krankheit leidet und der Virus nur noch im Labor existiert. Soll der Mensch aufgrund einer bewußten, rationalen Entscheidung diese Manifestation der Lebensvielfalt auslöschen?

Es wäre gleichermaßen unrealistisch zu postulieren, daß eine Art einen absoluten Wert darstelle und nicht gegen einen anderen Wert oder Werte eingehandelt werden könne, da ihre einzigartige, unersetzliche Entität jenseits aller »Wert«-Maßstäbe liege. In Wirklichkeit kennt die Gesellschaft keine absoluten Werte. Selbst das menschliche Leben stellt keinen dar. Sicherlich, ein Individuum betrachtet sein eigenes Leben als ein unveräußerliches Gut, aber als Teil einer Gesellschaft versteht es das menschliche Leben im allgemeinen durchaus nicht als etwas Absolutes. Die Zahl der Verkehrstoten jedes Jahr – über eine viertel Million auf der ganzen Erde – bedeutet einen schrecklichen Verlust an Menschenleben, wird jedoch offensichtlich von der Gesellschaft als ein akzeptabler Preis für eine Form rascher Fortbewegung angesehen. Eine sichere Methode, die Zahl der Verkehrsunfälle mit tödlichem Ausgang zu reduzieren, wäre die, die Benutzung von Sicherheitsgurten und Luftsäcken sowie eine Geschwindigkeitsbegrenzung zwingend vorzuschreiben. Aber die Kosten dieser Sicherheitsmaßnahmen hält man offensichtlich vielerorts für zu hoch, gemessen an der Anzahl dadurch geretteter Menschenleben.

Vermutlich gibt es nur einen wirklich absoluten Wert, und das ist das Fortbestehen des Lebens auf der Erde. An diesem absoluten Wert sind die Arten absolut beteiligt: Wenn es keine Arten mehr gibt, gibt es auch kein Leben mehr. Es sind jedoch nicht alle Arten gleichermaßen beteiligt – Ökologen halten einige von ihnen wegen ihres zahlenmäßigen Umfangs, ihrer Biomasse und ihres Energieflusses für wichtiger für das Funktionieren von Ökosystemen als andere. Der Wert einer Art ist also – weit davon entfernt, ein Absolutum zu sein – eine ziemlich relative Angelegenheit.

Besonders schwierig ist die Frage der Bewertung des menschlichen Lebens gegenüber dem Leben anderer Arten. Der Konflikt ist an vielen Orten offenkundig, an denen die Menschen mit den in Freiheit lebenden Tieren um Lebensraum ringen. Dieser Konflikt wird sich schnell verstärken. Gewiß, in manchen Fällen gibt es keine Zusammenstöße. Der Blauwal dringt in keinen Lebensraum des Menschen ein, um selbst zu überleben, und daher wäre sein Aussterben um so bedauerlicher. Für die meisten Arten jedoch ist es ein grundlegendes Problem – genügend Lebensraum für sie heißt weniger Lebensraum für die stetig wachsende Menschheit.

Wie ist dieser Konflikt zu lösen? Das Problem stellt uns vor komplexe ethische Fragen, die woanders tiefergehend behandelt werden sollten. Hier mag es genügen, daß viele Naturschützer wahrscheinlich den Verlust einer Art akzeptieren würden, wenn letztlich nachgewiesen werden könnte, daß der Lebensraum dieses Lebewesens genug landwirtschaftliche Erträge abwirft, um eine wachsende Menschheit am Leben zu erhalten (und vorausgesetzt, daß Nahrungsmittel nicht auch woanders angebaut werden können, daß die Menschen sich nicht auch anders ernähren können, daß die betroffene Art nicht umgesiedelt werden kann usw.). Wenn die Situation auf die schlichte Rechnung »eine Art oder eine Million Menschen« hinausliefe, wäre die Entscheidung, wenn auch bedauerlich, so doch klar.

Aber die Entwicklung, der sich die Menschen in den nächsten Jahrzehnten gegenübersehen, trägt ein ganz anderes Gesicht. Um der stetig wachsenden Weltbevölkerung den Lebensraum zu garantieren, den sie zu brauchen glaubt, dürften mindestens ein Fünftel, möglicherweise sogar ein Drittel, ja vielleicht sogar die Hälfte aller Arten auf Erden ausgerottet werden. Wäre dies wirklich - kurzfristig wie auch langfristig betrachtet - im Interesse der Menschheit? Im Hinblick auf den praktischen Nutzen für die Landwirtschaft, die Medizin und die Rohstoffbeschaffung (vgl. folgendes Kap.), den die genetischen Ressourcen der Arten haben können, ist es so gut wie sicher, daß die Menschheit durch die Vernichtung von rund einer Million Arten großen Schaden erleiden würde.

So also ist nach Art und Umfang der ethische Konflikt beschaffen, dem wir uns heute gegenübersehen. Er ist eine Herausforderung und verdient weit mehr Aufmerksamkeit, als ihm die Naturschützer, Technologen, Politiker, Wirtschaftsplaner und wer sonst noch die Zukunft unserer Erde bestimmt, bis jetzt gewidmet haben.

Ökologische Vielfalt und Stabilität

Es wird oft behauptet, daß ein Ökosystem um so stabiler sei, je mehr Arten in ihm leben. In der Tat gibt es eine Fülle von Beweisen dafür, daß zwischen diesen beiden Faktoren eine Verbindung besteht. Zum einen können viele Arten die Sonnenenergie wirksamer ausnützen als nur wenige Arten. Zum anderen kann ein Ökosystem wahrscheinlich Störungen besser überstehen, wenn jede einzelne Art viele anstatt wenige Nahrungsquellen zur Verfügung hat und von vielen anstatt von wenigen Feinden reguliert wird.

Nicht, daß dieser Gedanke in dem simplizistischen Sinne zu verstehen ist, wonach Abwechslung die Quintessenz des Lebens sei. Die Beziehung ist weit komplexer. Vielfalt umschreibt in unserem Zusammenhang sowohl die Qualität als auch die Quantität der Unterschiede zwischen Arten, während sich Stabilität auf die zahlenmäßige Stärke und das relativ reichliche Vorkommen oder auf die Dominanz einiger weniger Arten beziehen kann. Zu behaupten, daß Vielfalt gleich Stabilität sei, hieße übertreiben. Genauer wäre da die Aussage, daß Vielfalt und Stabilität in einem gleichsam parallelen evolutionären Verhältnis zueinander stehen, ohne kausal aufeinander bezogen zu sein. Man könnte auch sagen, daß eine hohe Stabilität des Lebensraumes zu einer höheren Stabilität der Lebensgemeinschaft führt, die ihrerseits eine große Artenvielfalt zuläßt, nicht aber von ihr bedingt wird.

Diese Analyse hilft erklären, warum natürliche Monokulturen wie beispielsweise das auf den Marschen der amerikanischen Ostküste wachsende Gras oft äußerst stabil sind. Wenn die vom Menschen angelegten Monokulturen - vor allem Feldfrüchte - wenig stabil sind, dann liegt das nicht an ihrer Einheitlichkeit, sondern daran, daß sie »unnatürlich« sind und keinen »evolutionären Stammbaum« haben. Gleichermaßen zeigen die komplexesten Ökosysteme, die unter natürlichen Bedingungen durchaus stabil sind, häufig eine unerwartet geringe Elastizität, wenn sie mit Störungen fertig werden müssen, die außerhalb ihres normalen »Erfahrungsbereiches« liegen – vor allem also mit solchen, die vom Menschen verursacht sind. Mit anderen Worten ausgedrückt, scheinen sich ihre Lebensgemeinschaften so sehr auf die Stabilität ihres Lebensraumes eingestellt zu haben, daß ihnen die Fähigkeit, Störungen zu überwinden, verlorengegangen ist. Das komplexeste Ökosystem der Erde, der tropische Regenwald, reagiert ungewöhnlich empfindlich auf vom Menschen verursachte Störungen, besonders wenn er einen beträchtlichen Teil seiner Arten durch Aktivitäten wie den Holzeinschlag einbüßt. Ist das empfindliche Gleichgewicht seiner Wechselbeziehungen einmal gestört, ist er der Fähigkeit beraubt, sie in all ihrem vormaligen Reichtum wiederherzustellen.

Wie bei vielen Aspekten des Artenschutzes läßt sich auch die Frage nach der Relation von Artenvielfalt und Stabilität auf die Frage reduzieren, wo die Trennungslinie zwischen einem marginalen und einem absoluten Verlust verläuft. Wenn ein Ökosystem mit fünfzig Arten eine Art verliert, dann kann man das unter bestimmten Voraussetzungen mit einem Menschen vergleichen, dem ein Zeh amputiert wird – das ist ärgerlich, aber nicht existenzbedrohend. Wenn drei oder fünf Arten verschwinden, ist das wie der Verlust eines Fußes – ernst, nicht notwendigerweise aber eine Gefahr für das Weiterleben des Betroffenen. Wenn zwanzig Arten ausgerottet werden, sieht die Situation grundlegend anders aus: das ist, als wenn einem Menschen ein großer Teil seiner Verdauungsorgane operativ entfernt würde. Wenn wir einen Augenblick die Tatsache beiseite lassen, daß der Verlust jeder einzelnen Art auf den Verlust einer einzigartigen Ressource hinausläuft, und uns nur mit Bedeutung der Arten für das ökologische Gleichgewicht beschäftigen, dann ist der gelegentliche Verlust einer Art, wenn auch bedauerlich, doch kaum so katastrophal, wie es manchmal dargestellt wird. Wenn dagegen ein bedeutender Teil des Artenspektrums verschwindet, dann ist das ein Verlust einer ganz anderen Größenordnung, da er das Funktionieren der gesamten betroffenen Lebensgemeinschaft gefährden kann. Die Schlüsselfrage lautet also: Wo ist die Grenze zwischen »bedauerlichem, aber marginalem« und »gefährlichem bis verheerendem« Verlust?

Gehen wir das Problem auf einer globalen Ebene an, dann könnten wir wohl als äußerste Grenze festsetzen, daß der Verlust einer Art von insgesamt rund fünf Millionen Arten eine ziemlich geringfügige Angelegenheit, der Verlust von allen fünf Millionen Arten aber eine absolute Katastrophe wäre. Wenn wir davon ausgehen, daß der letztere Fall nicht hundertprozentig eintritt, so wäre es schwer, sich eine Art vorzustellen, die ganz allein auf der Erde existieren könnte. Auch eine Gemeinschaft von nur zehn oder gar hundert, ja möglicherweise tausend Arten dürfte sich in einer äußerst prekären Lage befinden. Deshalb steht am anderen Ende der Skala von Möglichkeiten die Frage, wie viele Arten verlorengehen können, ehe die Verarmung aufhört, marginal zu sein, und anfängt, kritisch für das irdische Ökosystem zu werden. Und wenn man das Problem noch weiter einkreist: Wie viele Arten können den jeweiligen regionalen Ökosystemen verlorengehen, ohne daß dadurch das Gesamtsystem der Erde mehr als nur marginal betroffen wird?

Eine Antwort ist zu einem großen Teil davon abhängig, um welche Art es sich handelt, da einige Arten aufgrund ihrer Anzahl an Individuen, ihrer Biomasse, ihrer Fähigkeit, die Sonnenenergie auszunutzen, und ihrer Stellung innerhalb der Nahrungskette mehr zum Funktionieren des Ökosystems beitragen als andere. Eine andere Antwort muß aber auch berücksichtigen, daß gewisse Arten wertvolle Indikatoren sein können – vor allem dann, wenn sie bedroht sind. Wenn eine Art bedroht ist, signalisiert sie dadurch häufig den allgemeinen Krankheitszustand eines Ökosystems, das dann zumeist auch noch andere bedrohte Arten aufweist. Der Gepard beispielsweise, eine hochspezialisierte Großkatze, spielt eine wichtige Rolle für die Ökosysteme der Savanne. Da für ihn Veränderungen bedrohlich sind, die sich auf Löwen, Leoparden und andere Großkatzen weniger negativ auszuwirken scheinen (etwa Veränderungen in den Populationen der Beutetiere oder in der Vegetation), signalisiert sein zahlenmäßiges Abnehmen eine belastete Umwelt. Gleichfalls haben wir es dem Meerespelikan, dem Wanderfalken und auch anderen Greifvögeln zu verdanken, daß man auf DDT und andere Umweltgifte aufmerksam geworden ist, die, wenn sie in zu hoher Konzentration in der Umwelt auftreten, für Fleischfresser, den Menschen eingeschlossen, giftig, ja tödlich sind. Ihre Rolle als »Indikatoren« macht viele Arten für die Menschheit so besonders nützlich. Die empfindlichsten Indikatoren sind oft die Arten am Ende der Nahrungskette, d. h. jene, bei denen die Giftstoffe in konzentrierter Form im Gewebe gespeichert werden. Gleichzeitig bedeutet ihre Position am Ende der Nahrungskette, daß sie, verglichen etwa mit Pflanzenfressern, eine geringere Individuendichte aufweisen, wodurch sie eher vom Aussterben bedroht sind. Die Fähigkeit der Arten, uns ungewollt auf Gefahren hinzuweisen, macht sie für uns außergewöhnlich wertvoll, auch wenn dieser Wert nur sehr schwer faßbar ist. In einer Welt mit weniger Arten würde es uns sehr viel schwerer werden, das, was mit unserer Umwelt geschieht, gleichsam an der Basis zu kontrollieren – und dies zu einem Zeitpunkt, wo eine Kontrolle immer notwendiger wird. Wenn es aber Arten gibt, die uns als Indikatoren Antworten auf Fragen geben können, die wir noch kaum zu stellen vermögen, wie können wir dann diese Arten, die eine so wertvolle Funktion erfüllen, herausfinden?

Dies sind alles fundamentale ökologische Fragen, denen man sich dringend zuwenden müßte. Da wir offensichtlich viele Hunderttausende von Arten noch vor Ende dieses Jahrhunderts verlieren werden, müssen wir wissen, welche zu verlieren wir uns am ehesten »leisten« können, welche nach ihrem Aussterben größere Ökosysteme kritisch verletzt hinterlassen würden, welche gerettet werden sollten, weil ihr Verlust einen ökologischen Zusammenbruch herbeiführen könnte, dessen Ausmaße kaum vorstellbar sind, und welche um praktisch jeden Preis erhalten werden sollten. Zwar müssen die Schutzbemühungen drastisch verstärkt werden, sie müssen aber auch selektiver werden: Die Zeit ist vorbei, wo wir etwas dadurch erreichen können, daß wir mit einem Eimer Wasser mal hierhin und mal dahin laufen.

Für Forschungsarbeiten dieser Größenordnung sind natürlich nicht genug Geldmittel vorhanden. Man könnte jedoch möglicherweise mehr erreichen, wenn die Mittel, die augenblicklich in Notprogramme gesteckt werden, für den systematischen Versuch aufgewendet würden, unsere Einsichten in Struktur und Funktion der wichtigsten Ökosysteme zu vertiefen, besonders im Hinblick auf das Überleben der Arten. Jedes Jahr werden 15 000 Dollar ausgegeben, um dem vermutlich am meisten gefährdeten Vogel auf der Erde, dem Mauritiusfalken, zu helfen, von dem es nur noch neun freilebende und ungefähr ein Dutzend in Gefangenschaft lebende Exemplare gibt. Abgesehen von der ungewissen Chance, daß sich ein Lebewesen von einem so enorm reduzierten Genpool erholt, gibt es einen eng verwandten Falken auf dem afrikanischen Festland, der dort zu Tausenden vorkommt. Auf dem gleichen afrikanischen Festland gibt es Ökologen, die in ihren auf komplexe Ökosysteme gerichteten Feldforschungen nicht weiterkommen, weil sie nicht einmal das Benzin für ihre Fahrzeuge bezahlen können. Nicht, daß es die Qual der Wahl zwischen dem Mauritiusfalken und der Erforschung der Tropen geben müßte. Wir wissen mehr über Teile der Mondoberfläche als über die Tiefen der tropischen Regenwälder. Eine Verlagerung von 10% der für die Weltraumforschung zur Verfügung stehenden Mittel auf die ökologische Erforschung unserer Erde würde den Forschungsetat um ein Vielfaches vergrößern – und damit unsere Fähigkeit, unsere irdischen Angelegenheiten zu ordnen. Aber während Insektenarten zu Hunderten, wenn nicht gar zu Tausenden pro Jahr aussterben, beträgt der Jahresetat der wohl in der Welt führenden Forschungseinrichtung auf diesem Gebiet, der Abteilung für Entomologie des Smithsonian Institute in Washington D. C., mehr als eine Dreiviertelmillion Dollar.

Genetische Ressourcen

Ein Hauptargument für den Artenschutz ist, daß durch ihn der irdische Vorrat an genetischem Material in aller seiner Vielfalt erhalten bleibt. Der außerordentliche Reichtum an genetischen Formen wird einem deutlich, wenn man sich einmal das Artenspektrum selbst mit seinen unterschiedlichen, genetisch voneinander getrennten Formen ansieht und dann auch die »genetische Auffächerung« innerhalb jeder Art, die sich in den verschiedenen Rassen (Unterarten) manifestiert, die deutlich voneinander verschieden und doch genetisch miteinander verwandt sind. Die Breite der genetischen Variabilität innerhalb einer einzigen Art zeigen die vielen Hundetypen, die der Mensch gezüchtet hat – den Bernhardiner und den Pekinesen, den Basset und den Windhund, um nur einige zu nennen. Und doch stehen sich diese Hunderassen, so unterschiedlich sie auch aussehen mögen, viel näher als der Sperling dem Rotkehlchen.

Es ist schwer zu sagen, was wichtiger ist: die Vielfalt innerhalb des Artenspektrums oder die innerhalb der Arten selbst. Die Waldzerstörung in Nordamerika führte zu einer starken Vermehrung des Weißwedelhirsches, einer »Nachfolgeart«, die von Sekundärvegetation lebt. So gibt es heute statt rund einer halben Million ganze zwölfeinhalb Millionen dieser Tiere. Andererseits führte die Zerstörung der Wälder aber auch zum Aussterben der Wandertaube, einer Art, die nicht anpassungsfähig war, als das ihr entsprechende Waldbiotop verschwand. Was aber ist gravierender für den genetischen Reichtum der Erde – daß der Genpool des Weißwedelhirsches sich vergrößert oder daß der der Wandertaube verlorengegangen ist? Wahrscheinlich das letztere – aber in welchem Maße? Wie können wir die jeweiligen Veränderungen messen, so daß die Naturschützer wohldurchdachte Entscheidungen treffen können, wenn sie in Zukunft ähnliche Tauschgeschäfte einleiten müssen?

Bis jetzt gab es keine auch nur einigermaßen genaue Methode, um die genetische Variabilität zu bestimmen. Das kann sich nun ändern. Eine neue Methode, die Elektrophorese, ermöglicht es, die Enzym- und Eiweißkonzentration im Blut zu messen, beide als Indikatoren dafür dienlich, inwieweit die genetische Beschaffenheit zweier Individuen voneinander abweicht. Das gleiche läßt sich natürlich auch bei Populationen, Unterarten und Arten messen. Zur Zeit liefert die Elektrophorese für die genetische Variabilität nur partielle und annähernde Werte. Aber wenn die Methode verfeinert wird, könnte sie dann für die Naturschützer von großem Wert sein, wenn sie sich den Kopf darüber zerbrechen, ob sie Geldmittel für die Rettung der Art X einsetzen sollen und damit stillschweigend die Arten Y und Z dem Untergang überlassen müssen. Man hat bereits mit Hilfe der Elektrophorese herausgefunden, daß der durchschnittliche Polymorphismus und die Heterozygotie (zwei Anzeichen für Variabilität) bei Pflanzen 17 %, bei Wirbellosen 13,4 %, beim Menschen 6,7 %, bei den Wirbeltieren allgemein 6,6 %, bei den Reptilien 5 % und bei den Vögeln weniger als 5 % beträgt. Die geringste Variabilität tritt bei den Arten der polaren Regionen auf, ebenfalls gering ist die der Meereswirbeltiere wie des Tümmlers, des Thunfisches und wahrscheinlich der großen Wale; eine mittlere Variabilität findet sich bei den Arten der gemäßigten Breiten und die höchste bei den tropischen Arten. Dieser Befund bestätigt, daß es die tropischen Regenwälder mit ihrer Überfülle an Pflanzen- und Insektenarten verdienen, auf der Liste der Naturschützer ganz oben zu stehen.

Welche Gruppen von Arten können den Evolutionsprozeß am besten weiterführen?

Es gibt zwei Methoden, die Aufgabe zur Erhaltung der Artenvielfalt auf unserem Planeten in Angriff zu nehmen. Das reduzierte Artenspektrum, das bis zur Jahrhundertwende noch vorhanden sein wird, dürfte wahrscheinlich einen disproportionalen Anteil an »opportunistischen« oder »schlauen« Arten enthalten. Beispiele wären die Hausratte und der Haussperling - Arten, die anscheinend fähig sind zu lernen, mit den Menschen zu leben. Nun ist der Trend, kluge Arten zu begünstigen, an sich nicht so schlecht, da diese sich nur zögernd spezialisieren und eine große Fähigkeit zu evolutionärer Anpassung besitzen. So gesehen, wäre die genetische Variabilität einer »opportunistischen« Art größer als die einer »entwickelteren« Art. Sollen wir uns also in Zukunft um die Arten mit dem größten Potential für eine adaptive Radiation kümmern? Oder eher um diejenigen, die vermutlich die »Verlierer« sein werden, um dadurch wieder so etwas wie ein Gleichgewicht zwischen den verschiedenen Kategorien von Arten herzustellen? Das sind Fragen, die dringend untersucht werden müssen und die man bis jetzt kaum in Betracht gezogen hat. Augenblicklich läßt sich nur sagen, daß spezialisierte Arten, besonders Parasiten und Raubtiere, oft diejenigen sind, die die Individuenzahl der »opportunistischen« Arten niedrig halten, gerade auch die derjenigen, die leicht zur Plage werden können. Heute sind es wahrscheinlich weniger als 5 % aller Insekten, die als Schädlinge eingestuft werden müssen. Wenn jedoch eine selektierende Vernichtung zum Überleben einer unverhältnismäßig großen Zahl von »klugen« Arten führte, könnte dies bedeuten, daß sich eine relativ kleine Zahl schädlicher Arten schließlich in einem Maße ausbreitet, daß kein natürlicher Feind - wenn es überhaupt noch einen gibt - sie mehr in Grenzen halten könnte.

Geht man die Situation von einer anderen Seite her an, so erscheint es sinnvoll, eine Sorte von Arten wie beispielsweise die Insekten zu unterstützen, die mit ihrer großen Vermehrungspotenz zu einer Speziation besonders befähigt sind. Unter diesem Gesichtspunkt hat es wenig Sinn, Arten zu helfen, die im Vergleich mit anderen eine evolutionäre Sackgasse darstellen, so etwa die Wale. Es stimmt natürlich, daß die Wale viel zum gesunden Funktionieren des Ökosystems Meer beitragen. Auch konkurrieren sie nicht mit dem Menschen um Lebensraum. Wenn man ihnen Zeit gäbe, sich zahlenmäßig zu erholen, könnten sie schließlich als eine wichtige und langfristige Eiweißquelle dienen. Sie sind hochentwickelte Vertreter der fortgeschrittensten Lebewesen auf Erden, der Säugetiere. Wale sind imstande, Erfahrungen in ihrer »Erinnerung« zu speichern und erst Jahre später abzurufen sowie sich miteinander zu verständigen. Mit ihrer Ausrottung würden wir eine 50 Millionen Jahre alte »Kultur« vernichten. Es gibt eine Fülle guter Gründe dafür, daß die Wale die größten Anstrengungen der Naturschützer verdienen. Andererseits jedoch bedeuten ihre Langlebigkeit und ihre niedrige Fortpflanzungsrate, daß es Jahrzehnte dauert, bis eine Generation die andere ablöst. Sie bedeuten auch, daß die Möglichkeit für die Wale, auf Umweltveränderungen mit Selektionsdruck und adaptiven Variationen (Prozesse, die der Speziation vorausgehen) zu reagieren, eingeschränkter ist als für fast jede andere Lebensform, ausgenommen ähnliche höhere Säugetiere wie der Elefant, das Rhinozeros und auch der Mensch. Für den evolutionären Prozeß, der zu neuen Arten und zu einer größeren genetischen Vielfalt führt, hat der Wal, verglichen mit nahezu allen anderen Arten auf der Erde, also wenig anzubieten.

Dagegen können viele Insekten Dutzende von Generationen innerhalb einer einzigen Fortpflanzungsperiode hervorbringen. Das ist der Hauptgrund dafür, daß es sicherlich hundert- und vielleicht zweihundertmal so viele Insektenarten wie Wirbeltierarten gibt. Wenn im Nordosten der Vereinigten Staaten von Amerika mit Einbruch des warmen Wetters Anfang April ein Paar Kohlblattläuse Nachkommen zeugt, wenn auf ein Weibchen durchschnittlich 41 Junge kommen und wenn alle Nachkommen am Leben bleiben und sich normal fortpflanzen, dann wird es durch 16 Generationen hindurch bis zum späten September eine Nachkommenschaft von 1560000000000000000000000 (10^{24}, mit bekannten Begriffen nicht auszudrücken) haben. Während dieses Prozesses haben die Kräfte der natürlichen Selektion mehr als genug Gelegenheit, »geeignetere« Varianten auszuwählen. Obwohl man nicht genau weiß, wie lange es dauert, bis aus einer Tierart eine oder mehrere neue Arten hervorgegangen sind, ist zu vermuten, daß es bei Insekten nur ein paar Dutzend Jahre sind, bei den meisten Wirbeltieren dagegen Tausende von Jahren – und Hundertausende bei großen Säugetieren wie den Walen. Folglich sind die Insekten mit ihrer schnellen Anpassung – verglichen mit den meisten anderen Arten – durchaus geeignet, die umweltverändernden Aktivitäten des Menschen zu überleben, während die Wale da äußerst benachteiligt sind.

Es wäre also ein Fehler, das Aussterben einer Art deswegen zu bedauern, weil mit dieser auch einzigartiges genetisches Material verschwindet, denn man sollte durchaus die ungeheuren Möglichkeiten des Menschen bedenken, unter den gegenwärtig vorhandenen Organismen eine größere Vielfalt zu erzeugen. Die Zahl der voneinander verschiedenen Individuen innerhalb jeder einzelnen Art ist winzig, verglichen mit der Vielfalt, die theoretisch möglich wäre. Angenommen, es gäbe nur 1000 Arten von Genen auf der Erde und jedes Gen existierte in zehn verschiedenen Allelen oder Varianten. Bei diesem Material ergäbe sich eine theoretisch mögliche Zahl von Geschlechtszellen, jede mit einer anderen Genkombination ausgestattet, in Höhe von 10^{1000} – eine Zahl, die man mit der Anzahl der Elementarteilchen im Universum vergleichen muß, die auf 10^{78} geschätzt wird. Innerhalb der menschlichen Bevölkerung von etwas über vier Milliarden bei nur 100 variablen Gen-Orten, die für die Spezies Mensch bekannt sind (wahrscheinlich eine beträchtliche Unterschätzung der eigentlichen Zahl), wird der allergrößte Teil der möglichen Gentypen nicht realisiert. Die auf der Erde existierenden Insektenarten, zwischen drei und achteinhalb Millionen, entwickeln nur einen winzigen Bruchteil ihres genetischen Potentials, da die meisten Insekten sterben, ehe sie einen vollen Fortpflanzungszyklus durchlaufen. Wenn der Artenschutz die Erhaltung der genetischen Vielfalt zu seinem Grundprinzip macht, sollten wir dann nicht die evolutionäre Entwicklung der Insekten unterstützen – ähnlich wie wir es bei den Hunden und ihren Rassen getan haben?

Es wird also deutlich, daß einige Arten »wichtiger« sind als andere und deswegen wert, daß man sich mehr für sie einsetzt. Genauso offensichtlich ist, daß wir bei weitem nicht alle Arten retten können und werden. Wie können wir für die Arten nun eine Rangliste aufstellen? Bis jetzt gibt uns die angewandte Ökologie kaum Hilfestellung. Es ist dringend notwendig, daß der Naturschutz zu einer zukünftige Entwicklungen voraussagenden Disziplin wird - eine Notwendigkeit, die man erst allmählich zu erkennen beginnt.

Man hat jedoch bereits erkannt, daß die genetischen Ressourcen der Arten in praktischer Hinsicht uns Menschen in vielfältiger Weise dienlich sind. Ihr Beitrag zu einer modernen Landwirtschaft, zu Medizin und Pharmakologie und zu industriellen Verarbeitungen dient der Gesellschaft unmittelbar. Der praktischen Alltagswelt gibt das einen realistischen Grund für den Artenschutz. Im Gegensatz dazu werden die drei erstgenannten Gründe, obwohl für sich genommen gewichtig genug, kaum etwas gegen den Drang des Menschen ausrichten, seinen Bedürfnissen entsprechend die natürliche Umwelt allseits zu modifizieren und zu zerstören. Das trifft sogar auf das Vielfalt/Stabilität-Argument zu, da der zeitliche Horizont des biologischen Geschehens, gemessen an den aktuellen Bedürfnissen des alltäglichen Überlebens, zu weit ist - was insbesondere für die Entwicklungsländer gilt.

Deshalb ist das stärkste Argument dasjenige, das den größten praktischen Einsatz für den Artenschutz herausfordert. Wenn Arten ihren Wert aufgrund ihres Beitrages zu Landwirtschaft, Industrie und anderen menschlichen Aktivitäten beweisen können, dann haben sie eine gute Chance, auf einer zunehmend dichter bevölkerten Erde Überlebensraum zu finden. Glücklicherweise haben die Arten schon tausendfach ihre Nützlichkeit nachgewiesen, wo es um akute Bedürfnisse des Menschen geht. Ihr praktischer Nutzen ist von so großer Bedeutung, daß er im folgenden Kapitel gesondert behandelt werden soll.

Der praktische Nutzen des Artenschutzes

Der Artenschutz ist nicht allein eine Sache idealistischer Naturschützer, sondern dient zweifellos auch nützlichen Zwecken, die für die menschliche Gesellschaft hier und heute von Wert sind. Schon jetzt werden die genetischen Ressourcen auf vieltausendfache Weise eingesetzt, wobei die Hauptanwendungsgebiete die moderne Landwirtschaft, die Medizin, die Pharmakologie und die Industrie sind. Angesichts des Nutzens, den man bereits aus dem kleinen Teil der bis heute untersuchten Arten zieht, muß das weltweite Artenspektrum zu den wertvollsten Rohmaterialien der Menschheit gezählt werden. Die Zerstörung der genetischen Ressourcen bedeutet nicht nur einen Verlust für die zukünftigen Generationen, sondern bereits eine Verarmung der gegenwärtigen Gesellschaft.

Dieses Kapitel will einige der praktischen Nutzanwendungen zeigen. Das Schwergewicht liegt dabei hauptsächlich deshalb auf den Pflanzen, weil nur wenige der 46 000 bekannten Wirbeltierarten untersucht worden sind und man den Millionen von Wirbellosen fast überhaupt keine Aufmerksamkeit geschenkt hat. Dagegen hat man eine ansehnliche Zahl – auch wenn sie nur einen Bruchteil darstellt – höherer Pflanzenarten untersucht, nämlich 250 000.

Landwirtschaft: Pflanzen

Wildpflanzen tragen zusammen mit primitiven Kulturpflanzen zu neuen Formen der Nahrungsmittelproduktion und zu einer Weiterentwicklung der konventionellen Landwirtschaft bei.

Es gibt eine ganze Palette völlig neuer Nahrungspflanzen. Man schätzt, daß auf der Erde 80 000 eßbare Pflanzen gedeihen, von denen man im Verlauf der Geschichte der Menschheit höchstens 3000 für die Ernährung genutzt hat. Nur 150 sind jedoch jemals in großem Umfang kultiviert worden und weniger als 20 liefern heute 90 % der Welternährung. Wir benutzen im wesentlichen die gleiche begrenzte Anzahl von Pflanzenarten, die unseren Vorfahren bereits seit Jahrhunderten zur Verfügung standen.

Es gibt eine Fülle von Beispielen für zu wenig ausgenutzte Pflanzen, deren Nahrungspotential durchaus nachgewiesen ist. Die Aborigines von Australien haben sich von ungezählten Pflanzen ernährt, vor allem von Früchten und Knollen. Sie bevorzugen bestimmte Jamswurzeln, die den trockenen Verhältnissen gut angepaßt sind und die die Möglichkeit eröffnen, durch Kreuzungen mit Formen aus anderen tropischen Räumen diese wichtige Nahrungspflanze in modifizierter Form in den Tropen zu verbreiten. Der Hülsenfrüchte tragende Tamarugo-Baum in der Atacama-Wüste Chiles kann in einem Boden überleben, der mit einer ein Meter dicken Salzschicht bedeckt ist. Er könnte also in natürlichen Salzböden und auf den 1250 km^2 landwirtschaftlicher Fläche angebaut werden, die jedes Jahr infolge ungeeigneter Bewässerungsmethoden versalzen. Seine äußerst nahrhaften Schoten und Blätter erlauben eine annähernd intensive Schafhaltung wie das beste Grasland sonstwo. Eine beträchtliche Zahl von Sträuchern der Trockenzonen – Salzmelde, der Mesquite-Baum, stachellose Kakteen, Melde und Luzerne, um nur einige zu nennen – könnte eiweißreiches Viehfutter und dazu Feuerholz, Fasern und Öl liefern. Diese Pflanzen könnten nicht nur Wüsten fruchtbar machen, sondern auch dem Vorrücken der Wüste Einhalt gebieten, dem jährlich 60 000 km^2 Ackerland und noch weit mehr Grasland zum Opfer fallen.

Ähnliches läßt sich von den Pflanzen anderer ökologischer Zonen sagen. Eine Meerespflanze von der Westküste Mexikos bringt Körner hervor, die zu Mehl zermahlen werden können. Die Meere könnten gut zu Brotlieferanten werden, wie die amerikanische Akademie der Wissenschaften 1975 festgestellt hat. Im Bergland Äthiopiens gibt es ein grasartiges Blattgemüse, das eine vielversprechende Quelle pflanzlichen Proteins zu sein scheint. Der Ertrag liegt bei 120 kg pro Hektar, was dem der Luzerne und der Sojabone entspricht. Es ist wert, sich in Erinnerung zu rufen, daß uns mit Hilfe genetischer Manipulationen eine einzige Wildpflanze der gleichen Gattung mit Kohl, Grünkohl, Broccoli, Blumenkohl und Rosenkohl versorgt hat. Viele andere Nahrungspflanzen sind von lokaler Bedeutung, anderswo jedoch unbekannt. Eine systematische Untersuchung könnte viele hundert Pflanzen ausweisen, die für die Ernährung in Frage kommen.

Werfen wir schnell einen Blick auf zwei Beispiele. Der Wachskürbis *(Benincasa hispida)* wächst in den tropischen Regionen Asiens, könnte aber in vielen Teilen Afrikas und Lateinamerikas eingeführt werden. Er ist ein dem Speisekürbis ähnliches Kriech- oder Klettergewächs, läßt sich aber leichter anbauen als irgendein anderes Gurkengewächs (Kürbis, Squash, Melone usw.). Er wächst äußerst schnell: ein Trieb im Laufe von vier Tagen alle drei Stunden um 2,3 cm, eine Wachstumsgeschwindigkeit, die drei oder vier Ernten im Jahr möglich macht. Ein voll ausgewachsener Kürbis erreicht ein gewicht von 35 kg und ist bei einem Durchmesser von einem Meter zwei Meter lang. Das Fruchtfleisch, das dick, weiß, knackig und saftig ist, kann aber in jedem Wachstumsstadium gegessen werden. Es hat einen milden Geschmack und wird als Gemüse gekocht, als Basis für Suppen verwendet, mit Sirup vermischt als Süßspeise gegessen und dient zum Strecken von Nahrungsmitteln. Die wachsartige Schale der Frucht – und das ist für die feuchten Tropen besonders wichtig – schützt das Innere vor dem Eindringen von Mikroorganismen, so daß es möglich ist, das Gemüse bis zu einem Jahr ohne Kühlung zu lagern.

Das zweite Beispiel ist ein neu eingeführtes Nahrungsmittel. In den Ufergewässern des Tschadsees in Afrika wächst eine blaugrüne Alge mit Namen Spirulina. Wie andere verwandte Algenarten gedeiht sie in salzigem, häufig alkalischem Wasser, was sie für die Trockenzonen geeignet macht. Wenn man durch Mutation entstandene Varianten fände, die Magnesium tolerieren, könnte man die Spirulina in Meerwasser anbauen. Bei Temperaturen von 30 bis 35°C produzieren die Algen mindestens zwölf Gramm pro m^2 und Tag, und ein Versuchsprojekt in Mexiko zeigt, daß von einem Hektar 85 kg Protein pro Tag gewonnen werden können. Die Spirulina ist größer als andere Mikroorganismen, die als Eiweißquellen propagiert worden sind, was es den Dorfbewohnern rund um den Tschadsee gestattet, die Algen zu ernten, indem sie das Wasser durch Musselin filtern. Die Rückstände werden dann im Sand getrocknet und gekocht als Gemüse verzehrt. Bis zu 60 oder 70% der Spirulina-Alge sind hochwertiges Protein. Außerdem ist sie reich an Vitaminen und scheint keine dem Menschen schädliche Stoffe zu enthalten. Sie kann Getreideprodukten und anderen Nahrungsmitteln bis zu zehn Volumenprozent beigemengt werden, ohne deren Geschmack zu verändern. Die einzige andere Gegend, in der die Einheimischen bekanntermaßen Spirulina gegessen haben, ist Mexiko. Wie spanische Konquistadoren des 16. Jahrhunderts berichteten, benutzten die Azteken die Spirulina-Alge als Haupteiweißquelle. Jetzt hat man in Texcoco in der Nähe von Mexiko Stadt eine Pilotanlage gebaut, die täglich rund eine Tonne getrocknete Spirulina produziert. In trockenem Zustand fermentiert die Alge nicht und läßt sich daher leicht lagern.

Was die etablierten Feldfrüchte anbetrifft, so kann ihre Ertragsfähigkeit nicht ohne frische Varietäten wilder Verwandter und noch primitiver Kulturpflanzen erhalten, geschweige denn gesteigert werden. Viele Feldfruchtarten besitzen genauso viel »genetische Plastizität« wie der Haushund, die es dem Menschen ermöglicht, eine Vielzahl von Abarten entsprechend seinen Bedürfnissen zu züchten – ein Faktor, der zeigt, wie wichtig es ist, die genetische Variabilität *innerhalb* einer Art genauso zu schützen wie die von Arten *untereinander*. Es ist eher das Können der Pflanzengenetiker als die großen Mengen an künstlichen Zusätzen wie Pestizide und Kunstdünger, was in Nordamerika und anderen Gegenden der gemäßigten sowie der tropischen Breiten eine Rekordernte nach der anderen bewirkt hat.

Das trifft besonders auf die Hauptgetreidesorten der Grünen Revolution zu, nämlich auf Weizen, Reis und Mais. 50% der landwirtschaftlichen Nutzfläche auf der Erde werden mit diesen Getreidesorten, zu denen noch die Sorghumhirse kommt, bestellt. Bei der Sorghumhirse ist vor wenigen Jahren eine Weiterentwicklung gelungen, nachdem man bei einer Analyse von 9000

Formen auf zwei Spielarten gestoßen war, die reich an Lysin (einer Aminosäure) sind. Auch hat man eine Gerstensorte entwickelt, die auf Sanddünen wachsen und mit Meerwasser bewässert werden kann. Ein entsprechender Durchbruch könnte den Genetikern auch bei anderen Getreidearten gelingen, wenn sie auf eine genügend große Anzahl wilder Varietäten zurückgreifen können. So haben sie beispielsweise eine völlig neue Getreidepflanze gezüchtet, Triticale genannt, eine Kreuzung zwischen Weizen und Roggen (der Name ist von der wissenschaftlichen Bezeichnung für Weizen, Triticum, und für Roggen, Secale, abgeleitet). Triticale ist nicht nur äußerst nährstoffreich, sondern hat vom Roggen die Fähigkeit geerbt, kälteresistent zu sein und in sandigem, unfruchtbarem Boden zu wachsen - Eigenschaften, die die Bauern in den Stand setzen könnten, auch Böden mit marginaler Fruchtbarkeit in die Nahrungsmittelproduktion einzubeziehen.

Aber ohne einen ausreichenden Vorrat an wilden Rassen und primitiven Kultursorten der wichtigsten Getreidepflanzen besteht wenig Aussicht, die Grüne Revolution und andere Entwicklungen voranzutreiben. Formen des handelsüblichen Weizens etwa haben sich aus den Genen eines primitiven Weizens in Kleinasien entwickelt, wo sich auch krankheitsresistente Abarten ausgebildet haben. Und doch werden in Kleinasien wie auch in vielen anderen Zentren für wilde Getreidevarietäten die genetischen Ressourcen rapide zerstört. Die Gründe dafür liegen teilweise darin, daß durch Bevölkerungszunahme und wachsende menschliche Bedürfnisse die natürliche Umwelt zerstört wird. Zum anderen geht eine der größten Bedrohungen von der Eliminierung der Subsistenzwirtschaft zugunsten einer absatzorientierten Landwirtschaft aus, in deren Verlauf Nahrungspflanzen, die sich in einer jahrhundertelangen Evolution an ihre jeweiligen Standorte angepaßt haben, durch eine kleine Anzahl hochproduktiver Abarten ersetzt werden, die zumeist »Fremdlinge« darstellen. Unter diesem Aspekt ist die Grüne Revolution, so bewundernswert ihre Leistung in anderer Hinsicht auch sein mag, für die jeweilige einheimische genetische Vielfalt eine Katastrophe.

Getreideexperten der FAO und des International Board for Plant Genetic Resources halten die Aussichten für die Genreservoire für äußerst schlecht. In Mexiko etwa haben viele wilde Verwandte des Mais im Laufe der Zeit Hochertragssorten, Sorghum-Hybriden und Erdbeeren, die in die Vereinigten Staaten von Amerika exportiert werden sowie einer achtspurigen Autobahn durch das Zentralplateau weichen müssen.

Darüber hinaus sind viele Spezialsorten der modernen Nahrungspflanzen ungewöhnlich krankheitsanfällig. Trotz aller Bekämpfungsmaßnahmen belaufen sich die jährlichen, durch Krankheiten bedingten Verluste in der Weltnahrungsmittelerzeugung auf rund 25 Milliarden Dollar. Ohne weiteren Nachschub resistenter Gene von Wildformen könnte bald die Trockenfäule alle wichtigen Feldfrüchte heimsuchen. Vier Feldfrüchte - Weizen, Reis, Mais und Kartoffeln - liefern mehr Nahrung als die nächstwichtigen 26 Arten zusammen. Würde eine dieser Feldfrüchte von Trockenfäule befallen, dann wäre das Resultat noch viel schlimmer als Mitte des 19. Jahrhunderts, als die Kartoffelfäule in Irland den Tod von zwei Millionen Menschen zur Folge hatte. Pflanzenzüchter glauben, daß es nach Einführung einer neuen, resistenten Sorte fünf bis fünfzehn Jahrhunderte dauert, bis sich neue Krankheitsformen entwickelt haben und die Resistenz überwinden. Es besteht daher eine anhaltende Notwendigkeit, die genetische Struktur einer Pflanze mit neuem genetischen Material »aufzufüllen«.

Der Wettlauf ist letztlich nie ganz zu gewinnen. Die Aufgabe wird in der Tat immer komplexer und schwieriger werden, selbst wenn es reichliche Vorräte an Genen von Wildformen gäbe. Das Dilemma zeigt sich sehr deutlich an folgender Geschichte, in der es um Reis geht. Vor einigen Jahren wurde die berühmte »Wundersorte« IR-8 auf den Philippinen von der Tungro-Krankheit befallen. Die Reisbauern wechselten zu einer anderen Sorte über, zur IR-20, einer Hybride, die sich bald als verhängnisvoll anfällig gegenüber Viruskrankheiten und Insektenbefall erwies. Also griffen die Bauern zur Superhybride IR-26, die gegenüber fast allen philippinischen Pflanzenkrankheiten und Schadinsekten resistent war, sich aber als zu zart für die starken Winde auf der Insel herausstellte. Daraufhin entschlossen sich Pflanzenzüchter, eine bodenständige Rasse aus Taiwan auszuprobieren, die sich ungewöhnlich gut gegen Wind behauptet hatte, und mußten entdecken, daß diese Sorte von den Bauern Taiwans so gut wie ausgerottet worden war, da sie nahezu ihre Reisfelder mit der IR-8 bepflanzten.

Ähnliche Probleme stellen sich bei anderen konventionellen Kulturpflanzen ein. 1970 litt in Brasilien der Kaffee nicht nur unter dem schlechten Wetter, sondern vor allem auch unter Kaffeerost, eine Folge der äußerst schmalen genetischen Basis der Kaffeesorten. Wenn die Wälder Afrikas – die ursprüngliche Heimat des Kaffees – schwer gestört oder weitgehend abgeholzt werden sollten, dann gäbe es ein viel kleineres Reservoir ursprünglicher Kaffeegene. Auch andere Monokulturen wie Kakao, Kautschuk, Baumwolle, Erdnüsse und Bananen sind außergewöhnlich anfällig für neue Schädlinge und Krankheiten. Monokulturen müssen auch imstande sein, Klimaveränderungen wie beispielsweise der unerwarteten Zunahme an Trockenheit oder Kälte zu widerstehen. Diese Eigenschaft ist um so wichtiger, als die gegenwärtigen ertragreichen Getreidesorten mit ihrem geringen Reaktionsvermögen an ein Klima angepaßt sind, das seit dreißig Jahren als das feuchteste dieses Jahrtausends gilt. Sollte das Klima der nördlichen gemäßigten Breiten mit ihren riesigen Weizenanbaugebieten tatsächlich trockener werden, dann würde die Landwirtschaft eine große Zufuhr neuen genetischen Materials benötigen, um den weniger feuchten Wachstumsperioden adäquates Saat- und Pflanzengut anzupassen. Gleicherweise hätte ein weltweites Absinken der Temperatur um nur ein Grad bei der Weltreisernte eine Einbuße von 45% zur Folge.

Und doch sehen sich die Pflanzenzüchter praktisch der Tilgung der endemischen Genenvielfalt vieler Kulturpflanzen gegenüber. Viele wilde Weizenrassen sind in ihrer ursprünglichen Heimat so gut wie verschwunden, vom Atlasgebirge über das Mittelmeerbecken bis nach Äthiopien und Nepal. Selbst in den entlegensten Tälern werden die einheimischen Weizenarten selten. In der Türkei finden die wilden Vorläufer vieler Getreidepflanzen nur noch auf Friedhöfen und in Burgruinen Schutz vor grasenden Tieren. In Kolumbien sind viele alte Formen des Mais nur noch schwer auffindbar; in Bolivien sind Zehntausende von Varitäten gänzlich verschwunden. Dasselbe trifft auf den Reis in Südost- und Südasien zu; jüngst hat man mit Hilfe neuer Kreuzungen die Reiserträge von 1,5 Tonnen pro Hektar auf über sechs oder sogar acht Tonnen erhöhen können - dank einheimischer Abarten aus Borneo, einer Insel, die durch kommerziellen Holzeinschlag und Immigrationswellen aus Java (vgl. Kap. 10) rapide Zerstörungen ihres Ökogefüges erleidet. Kürzlich wurde in Äthiopien eine hochgradig eiweißhaltige Gerstenrasse identifiziert - unmittelbar bevor ihr Standort als Bauland ausgewiesen wurde. Tatsächlich wird die Situation in Äthiopien kritisch. Das Land gilt als Genzentrum für viele afrikanische Kulturpflanzen, aber im Laufe der Jahrhunderte ist seine Flora aufgrund von Rodungen, Überweiden und anderweitigem Mißbrauch der natürlichen Umwelt hinsichtlich der Artenvielfalt weitgehend verarmt. In den vergangenen Jahren haben zwei äthiopische Sorghum-Rassen, die reich an einem essentiellen, eiweißproduzierenden Stoff waren, den Nährwert der Sorghumhirse in vielen Ländern erhöht. Möglicherweise hätten Äthiopiens Genpools dasselbe auch für Weizen, Gerste und andere Getreidearten leisten können, die früher in Tausenden von Formen im Land vorhanden waren, jetzt aber praktisch ausgerottet sind.

Es gibt eine Reihe anderer Möglichkeiten, die Ertragsfähigkeit existierender Nutzpflanzen zu steigern. Zum Beispiel können Züchter heute mit Hilfe von Genmanipulationen die Fixierung des Luftstickstoffs bei den Leguminosen erhöhen. So hat man bei den Sojabohnen eine Steigerung um das Fünffache erzielt. Solche Züchtungen könnten die Notwendigkeit, teuren künstlichen Stickstoffdünger einsetzen zu müssen, verringern helfen. Um eine Tonne solchen Düngers herzustellen, benötigt man eine Menge Erdgas, die etwa sechs Barrel Erdöl, das sind 918 Liter, entspricht. Wenn man keine stickstoffbindenden Pflanzen entwickeln kann, wird die Welt innerhalb der nächsten zwei Jahrzehnte weitere 500 Amoniakfabriken brauchen, was 40 bis 50 Millionen Dollar kosten würde.

Ein weiteres Betätigungsfeld ist die Verbesserung der Photosynthese, jenes Prozesses, in dem aus Kohlendioxid mit Wasser und Sonnenenergie die Pflanzennährstoffe (Kohlehydrate) gebildet werden. Manche Pflanzen sind dabei zwei bis dreimal effizienter als andere. Mais etwa ist äußerst effizient, Zuckerrohr mit Maßen, aber die meisten Pflanzen einschließlich des Getreides, der Sojabohne, der Erdnuß und der Baumwolle sind wesentlich ineffizient. Ja, die meisten Nahrungspflanzen nehmen nur ein Prozent (und oft weniger) des Sonnenlichts auf, das auf ihre Blätter fällt. Die Genetiker können die Photosynthese verbessern, indem sie die Blattanordnung verändern, um so eine größere Lichtaufnahme möglich zu machen. In den Tropen, wo das Sonnenlicht überreichlich vorhanden ist, könnte man allein schon durch diese Technik die Ertragsfähigkeit mancher Nahrungspflanze verdoppeln.

Die Vereinigten Staaten von Amerika sind ganz besonders auf fremde genetische Reservoire angewiesen. Genetisches Material einheimischer Nahrungspflanzen fehlt ganz, und auf primitive Kulturpflanzen kann man auch nur in geringem Maße zurückgreifen. Der Anbau von Nahrungspflanzen ruht also auf einer sehr schmalen genetischen Basis. 1973 hieß es im amerikanischen Landwirtschaftsministerium: *»... die Situation ist ernst, potentiell gefährlich für das Wohlergehen der Nation und scheint sich zu verschlimmern statt sich zu bessern.«* Beim 1970 in den USA verwendeten Saatgut für Mais gingen 70% auf fünf Inzuchtlinien zurück – woraufhin ein Siebtel der gesamten Ernte durch Krankheit vernichtet wurde, was wiederum den Preis um 20% in die Höhe trieb und den Farmern Verluste sowie den Verbrauchern Mehrkosten von über zwei Milliarden Dollar eintrug. Fast alle in den Vereinigten Staaten von Amerika angebauten Nahrungspflanzen haben eine so schmale genetische Basis, daß sie gegenüber jedem neuen Krankheitserreger, Schädling oder jeder Belastung durch klimatische Veränderungen wie ungewöhnliche Kälte oder Trockenheit überaus anfällig sind. Gleichzeitig ist die Landwirtschaft der USA weitgehend »importiert«, da alle ihre wichtigsten Nahrungspflanzen ursprünglich aus Lateinamerika und anderswo herstammen. Daher sind die USA bei der Ausstattung mit neuen genetischen Materialien fast völlig auf andere Länder angewiesen. Das ist der Grund dafür, daß amerikansiche Pflanzensammler in den letzten Jahren in Äthiopien nach virusresistenter Gerste und frischem Genmaterial gesucht haben, in der Türkei und Afghanistan nach neuen Weizenabarten und in Mexiko nach wilden und primitiven Maissorten. Aber auch in den Ursprungsländern all des genetischen Reichtums werden die Ressourcen knapper, sorgen doch ökonomische und soziale Umwälzungen für eine rapide Zerstörung der Vorräte.

Nun kann man die Nahrungspflanzen nicht nur in der beschriebenen Weise durch Zufuhr von Genmaterial verbessern, sondern die landwirtschaftliche Erzeugung kann auch gesteigert werden, indem man den Schädlingsbefall reduziert. Laut Angaben des amerikanischen Landwirtschaftsministeriums beläuft sich der jährliche Verlust durch Insekten in den Vereinigten Staaten von Amerika auf ein Zehntel des gesamten Anbaus und entspricht einem Wert von fünf Milliarden Dollar. Weltweit geht wahrscheinlich mindestens ein Drittel der Produktion auf diese Weise verloren. Eine Reihe von Wildpflanzen, vor allem tropische Arten, produzieren chemische Verbindungen, die insektenabwehrend wirken. Die beiden wichtigsten Gruppen dieser natürlichen Giftstoffe sind die Pyrethrine aus den Chrysanthemum-Pflanzen und die Rotenoide aus den Wurzeln der tropischen Schmetterlingsblütler. Beide Gruppen sind biologisch abbaubar, werden daher in den Organismen nicht gespeichert und sind für höhere Tiere wie die Säugetiere und die Vögel kaum schädlich. Da sich viele Pflanzen und Tiere in einer symbiotischen Gemeinschaft entwickelt haben (besonders in den Tropen), muß es noch viele andere ähnliche Substanzen geben. Ein Pflanzenschutz dieser Art wurde in den Vereinigten Staaten von Amerika im Jahr 1900 erst bei weniger als einem Prozent des Anbaus angewendet, 1965 waren es bereits 75 %. Schadinsekten können allerdings innerhalb von nur drei bis zehn Jahren neue Abarten entwickeln, die gegen den jeweiligen Pflanzenschutz resistent sind, so daß man fortwährend weitere genetische Kombinationen herausfinden muß, um der Evolution der Insekten stets einen entscheidenden Schritt voraus zu sein. Bedauerlicherweise hat man nur wenige Pflanzen unter diesem Gesichtspunkt (oder irgendeinem anderen) untersucht, so daß wir so gut wie nichts über ihre Fähigkeiten zur Insektenabwehr wissen - außer daß diese groß sein müssen.

Zusätzlich können eine Reihe von Schädlingen durch andere Insekten unter Kontrolle gehalten werden, besonders durch Räuber und Parasiten, die die Populationen pflanzenfressender Insekten niedrig halten, indem sie deren Eier, Larven, Puppen und ausgewachsenen Exemplare angreifen und verzehren. Da viele dieser Räuber und Parasiten auf bestimmte Beuteinsekten spezialisiert sind, konzentrieren sie sich auf diese und lassen andere, harmlose Arten in Ruhe. Diese Methode ist einem Großeinsatz von nicht abbaubaren toxischen Substanzen bei weitem vorzuziehen. Außerdem werden viele Insektenarten gegen chemische Insektizide resistent. Bei bestimmten Insekten braucht es nur 15 Generationen, um eine Resistenz aufzubauen. Das amerikanische Landwirtschaftsministerium schätzt, daß von den annähernd 500 Insektenarten, die in den Vereinigten Staaten von Amerika einen jährlichen Schaden von zwei Milliarden Dollar anrichten, bis zur Hälfte gegenüber Insektiziden resistent sind. Ungefähr das gleiche gilt für die 10 000 Arten, die weltweit einen beachtlichen Schaden anrichten.

Es ist inzwischen nachweisbar, daß in über 250 Fällen der Schädlingsbefall durch die Einführung von Räubern und Parasiten teilweise oder vollständig unter Kontrolle gebracht werden konnte. So drohte der Frostspanner die Hartholzwälder in der kanadischen Provinz Neuschottland und schließlich in ganz Nordamerika zu entlauben, bis man zwei Parasitenarten einführte, die ihn vernichteten. Die Einsparungen in Neuschottland allein beliefen sich auf über zwölf Millionen Dollar. In Kalifornien haben biologische Schädlingsbekämpfungsprogramme während der letzten 45 Jahre die Ernteverluste und den Einsatz von Pestiziden so reduziert, daß die Ersparnis 200 Millionen Dollar betrug. Auf der Insel Principe vor der Westküste Afrikas wurde die biologische Bekämpfung der Kokosnuß-Schildlaus, die die gesamte Wirtschaft des Eilands bedrohte, durch eine einmalige Investition von 10 000 Dollar möglich und erbrachte in den ersten zehn Jahren Einsparungen von zwei Millionen Dollar. Man könnte noch viele solcher Fälle aufführen, bei denen die Investitionen manchmal bis zu 25 000 % Gewinn einbrachten.

Landwirtschaft: Tiere

Die Zahl der Tierarten, die in großem Umfang der menschlichen Ernährung dienen, ist deutlich geringer als die Zahl der Pflanzenarten. Aber wie auch bei den Pflanzen, sind die Genpools der bereits verwendeten Arten äußerst reduziert und in schneller Abnahme begriffen.

Die möglichen Folgen eines Verlustes an genetischer Vielfalt läßt sich gut an dem sogenannten Cornwall-Huhn zeigen. Da es für seine extreme Wuchsfreudigkeit bekannt war, kreuzte man es mit anderen Rassen bis hin zum gegenwärtigen schnellwüchsigen Brathühnchen. Eine Schafrasse in Finnland, von der es 1950 noch eine Million Tiere, 1967 aber nur noch 170 000 gab, wurde dazu verwendet, Mutterschafe zu züchten, die jeweils drei Lämmer werfen. In vielen Industrienationen verläuft die Abnahme an spezialisierten Formen bei Schafen, Rindern, Schweinen, Pferden und Geflügel parallel, und die Viehzucht wird bald ein kritisches Stadium der Homogenisierung erreicht haben. In Europa und dem Mediterrangebiet sind 115 Rinderrassen ernsthaft bedroht, nur 30 Rassen scheinen sich behaupten zu können. Das Orkney-Schaf in Schottland ernährt sich nicht so sehr von Gras als vielmehr von Seetang und Nesseln; es ist jüngst von dem britischen Rare Breeds Survival Trust vor dem Aussterben bewahrt worden.

In den Entwicklungsländern sieht es nicht viel anders aus. Am Tschadsee besitzen die Kuri-Rinder die Fähigkeit zu schwimmen, um sich von der Vegetation am Grunde des Sees zu ernähren. Sie werden jedoch durch exzessives Kreuzen mit den einheimischen Zebu-Rindern von einer genetischen »Überflutung« bedroht. In Westafrika gibt es ein kleines Kurzhornrind, das N'dama, das widerstandsfähig gegenüber Trypanosomenerkrankung ist, die der afrikanischen Viezucht Grenzen setzt; das N'dama ist in der Gefahr, ausgerottet zu werden. Auf der ganzen Erde fallen jährlich 50 Millionen Rinder und Büffel sowie 100 Millionen Schafe und Ziegen Tierseuchen zum Opfer – das sind rund 5% des gesamten Viehbestandes. Durch entsprechende Züchtungen ließe sich die Sterblichkeitsrate halbieren.

Die heute vorherrschenden Rinderrassen könnten ebenfalls durch Bastardisierung mit verwandten wilden Arten verbessert werden. In Kalifornien hat die Kreuzung des Hausrindes mit dem Bison ein Tier hervorgebracht, dessen Fleisch angeblich 25 bis 40% weniger kostet als Rindfleisch, weil sich das Tier von Gras ernähren kann und die 500 Dollar teure Zusatzfütterung nicht braucht, die die konventionellen Rinder vor erreichen des Schlachtgewichts verzehren. Außerdem benötigt der »Beefalo« nur die halbe Zeit, um das Gewicht von 450 kg zu erreichen. Auch die Hausgans könnte durch Gene der in der Arktis brütenden Wildgänse, die sich durch kurze Brutzeiten und ultraschnelles Wachstum auszeichnen, verbessert werden. Ferner könnte man Züchtungen aus den gemäßigten Breiten durch tropische Gänsesorten, die das ganze Jahr über legen, verbessern. Zahlreiche Tierarten könnten als neue Fleischlieferanten in Frage kommen. Erstklassige Beispiele liefern die mehrere Dutzend zählenden Antilopenarten und andere Pflanzenfresser der afrikanischen Savanne, ebenso bestimmte Tierarten Amazoniens. Von diesen abgesehen, gibt es noch einige unerwartetere Kandidaten für unsere Speisepläne. Manche Menschen schätzen Schlangen und Eidechsen wegen ihres delikaten Geschmacks und der Beschaffenheit ihres Fleisches.

Grashüpfer, Wanderheuschrecken, Termiten und Engerlinge werden überall in den Trockenzonen gegessen. In einigen Gegenden Mexikos sind Ameisen eine gängige Nahrung: sie enthalten 30% Eiweiß, Rindfleisch dagegen nur 21,5%, Hühnerfleisch 20,2%. Fisch 18,9% und Eier 6,4%. Da einige Ameisenarten 25 Generationen pro Jahr hervorbringen und ein einziges Paar 564 Millionen Nachkommen haben kann, wäre hier zum Beispiel eine Fleischerzeugung in größerem Maßstab möglich. Wie also wär's mit »Raupen-Canneloni«?

Die wirtschaftliche Evaluierung einer verbesserten Landwirtschaft

Welchen wirtschaftlichen Nutzen kann die Zuführung wilden Genmaterials erbringen? Das amerikanische Landwirtschaftsministerium nimmt als Ausgangsbasis einen Schätzwert der gesamten Agrarproduktion von 52 Milliarden Dollar pro Jahr an. Es schätzt die jährliche Produktionssteigerung aufgrund genetischer Verbesserungen auf durchschnittlich ein Prozent. Das heißt, daß die Ertragssteigerung mit Hilfe von neuem Genmaterial in Amerika mit 520 Millionen Dollar pro Jahr bewertet werden kann. Um ein präzises Beispiel zu nennen: Die Einbringung einer wilden Weizenform aus der Türkei, die gegen alle bekannten Arten von Brand und mehrere andere Krankheiten resistent ist, hat die von den amerikanischen Farmern verwendeten kommerziellen Zuchtformen so verbessert, daß man den jährlichen Gewinn mit 50 Millionen Dollar beziffern kann. Ein dreiviertel Jahrhundert litt der Zwiebelanbau in den Vereinigten Staaten von Amerika unter schweren Verlusten durch Thrips, bis eine Abart aus Persien die Resistenz brachte, was schätzungsweise mindestens 3,5 Millionen Dollar jährlich ausmachte, ungefähr so viel, wie die Jahresbudgets des Landwirtschaftlichen Forschungsdienstes und aller ähnlichen Forschungsanstalten in den USA zusammengenommen. Sollte sich nun zum Beispiel das Klima des amerikanischen »Corn Belt« verändern (Klimatologen meinen, daß sich die Temperatur auf dem Höhepunkt der Wachstumsperiode um 2 °C erhöhen und sich die Niederschlagsmenge um 20 mm verringern könnten), so würde das zu Einbußen von mindestens 285 Millionen Dollar jährlich führen – wenn es dann keine angepaßten Maissorten gäbe.

Kolumbien führte Mitte der sechziger Jahre einige neue Zwergformen von Reis ein. Bis 1975 hatte sich durch sie der Ertrag um das Zweieinhalbfache erhöht. Der Wert wurde auf 350 Millionen Dollar geschätzt, wohingegen die Investition nur 340 000 Dollar betragen hatte. Ähnlich große Gewinne sind für Erdnuß, Kautschuk, Kokos und Palmöl nachzuweisen.

Medizin und Pharmakologie

Sowohl Tier- als auch Pflanzenarten sind für die Medizin von vielseitigem Nutzen. Bis heute haben sie schon eine Vielzahl von Drogen und Arzneimitteln beigesteuert - man denke nur an Analgetika (Schmerzmittel), Antibiotika, Herzmittel, antileukämische Medikamente, Enzyme, Hormone und Antikoagulantien. Die Hälfte aller jährlich in den Vereinigten Staaten von Amerika ausgestellter Rezepte verschreiben ein Arzneimittel auf natürlicher Basis, und der - steigende - Wert pflanzlicher Heilmittel beläuft sich zur Zeit auf gut über drei Milliarden Dollar. Es gibt keine praktikable Methode, den Handelswert der pflanzlichen Heilmittel abzuschätzen, die nicht verschreibungspflichtig sind (z. B. Abführmittel, Husten- und Erkältungsmittel usw.), aber er könnte gut und gerne noch einmal drei Milliarden Dollar ausmachen. Wie die anderen Industrienationen auch, sind die Vereinigten Staaten von Amerika bei den pflanzlichen Rohstoffen für die Arzneimittelherstellung in hohem Maße von Importen abhängig, die hauptsächlich aus den Tropen und besonders aus den tropischen Wäldern stammen. Von den 76 wichtigsten pharmazeutischen Präparaten, die aus höheren Pflanzen gewonnen werden, können nur sieben auf kommerzieller Basis und zu wettbewerbsfähigen Preisen synthetisch hergestellt werden. Stellt man etwa Reserpin auf natürlicher Grundlage her, so kostet das 0,75 Dollar pro Gramm, bei einer synthetischen Herstellung jedoch 1,25 Dollar.

Viele Tiere dienen der Medizin auf eine ganz direkte Art. Bienengift wird gegen Arthritis eingesetzt. Schlangengifte können in unterschiedlichster Weise als nicht abhängigmachende Schmerzmittel Anwendung finden und versprechen eine erfolgreiche Behandlung bei Thromboseerkrankungen. Die Larven der Schmeißfliege sondern einen Stoff ab, der die Heilung tiefer Wunden und faulender Gewebe begünstigt und bei Knochenmarkentzündungen eingesetzt wird. Cantharidin, das aus dem europäischen Ölkäfer gewonnen wird, benutzt man zur Behandlung bestimmter Erkrankungen des Urogenitalsystems.

Außerdem ermöglicht die Tierphysiologie Rückschlüsse auf Entstehung und Art vieler menschlicher Krankheiten. Sturmvögel, Albatrosse und andere ausdauernd fliegende Vögel mit hochentwickelten Herzen und Blutgefäß-Systemen ermöglichen ein besseres Verständnis der Kardiomyopathie, eines Herzfehlers, der auf einen überentwickelten, den Blutabfluß hemmenden Herzmuskel zurückzuführen ist. Zu vergleichbaren Einsichten könnten die Kolibris verhelfen, die die meiste Zeit fliegend verbringen, ebenso die Schmetterlinge, die jährlich 4000 km wandern, die Wanderheuschrecken und andere Insekten, die in höchstem Maße aktiv sind. Der Wüsten-Zwerghundsfisch in den USA, eines der bedrohtesten Lebewesen auf Erden, zeigt eine bemerkenswerte Widerstandsfähigkeit gegen extreme Temperaturschwankungen und Salz - Eigenschaften, die für die Erforschung menschlicher Nierenerkrankungen von Nutzen sein könnten. Elefanten wiederum liefern

Erkenntnisse über Arteriosklerose und Fettsäuren. Das einzige Lebewesen außer dem Menschen, das von Lepra befallen werden kann, ist das Gürteltier, das folglich den Schlüssel zur Heilung dieser Krankheit besitzen mag. Die Manati (Rundschwanzseekuh) in Florida, deren Blut schlecht gerinnt, könnte bei der Hämophile-Forschung nützlich werden. Die Primaten sind aufgrund ihrer engen Verwandtschaft mit dem Menschen für die medizinische Forschung besonders wertvoll und haben zur Entwicklung vieler Arzneimittel und Impfstoffe ihren Beitrag geleistet. Beispielsweise sind die Schimpansen die einzigen Lebewesen, an denen die Ungefährlichkeit von Anti-Hepatitis-Vakzinen getestet werden kann (und es gibt nur noch etwa 50 000 freilebende Schimpansen). Paviane helfen, Probleme des Harnflusses beim Menschen zu lösen. Eine Krallenaffenart, die besonders anfällig für Krebserkrankungen im Lymphsystem ist, ist für die Herstellung eines wirksamen Krebs-Vakzins wichtig. Der Schwarzbär mit seinem hormonell gesteuerten fünfmonatigen Winterschlaf liefert Informationen für die Entwicklung einer eiweiß- und flüssigkeitsarmen Diät, die bei menschlichem Nierenversagen eingesetzt werden kann. Genaue Einsichten in die primitiven Atmungsmechanismen des Lungenfisches, die zur Entdeckung jener Substanz führten, die den Trockenschlaf aktiviert (einen Zustand des Scheintodes, der es dem Lungenfisch erlaubt, mehr als ein Jahr ohne Nahrung und Wasser zu überleben), könnten es eines Tages ermöglichen, die Stoffwechselprozesse bei Menschen, die am offenen Herzen operiert werden, gleichermaßen »scheinbar« aufzuheben.

Was die Pflanzen anbetrifft, so könnte eine wenig bekannte Art möglicherweise beim Kampf gegen die Bilharziose helfen. Bilharziose ist zu einer der am weitesten verbreiteten, von Parasiten verursachten Krankheiten geworden, an der über 250 Millionen Menschen leiden. Durch die Ausweitung der Bewässerungssysteme breitet sich diese Krankheit aus. Die wichtigste Bekämpfungsmethode war bislang, die als Zwischenwirte fungierenden Schnecken zu bekämpfen, indem man Wasserläufe mit synthetischen, weichtiertötenden Giften besprühte – eine sehr teure Maßnahme, die zudem viele andere Organismen schädigt. Heute jedoch besteht die Aussicht, ein Schneckengift einzusetzen, das aus einer äthiopischen Pflanze, Endod genannt, isoliert wird. Die Pflanze ist für Säugetiere und Fische nur in geringem Maße giftig, und Vögel scheinen immun zu sein.

Eine außergewöhnlich wertvolle Gruppe von Arzneien stammt von basischen Stickstoffverbindungen, die in fast 20 % aller Pflanzen vorkommen, den Alkaloiden. Dazu gehören Strychnin, Kokain, Narkotika wie Morphin und Nikotin, Halluzinogene wie Meskalin und LSD und eine Fülle von Arzneimitteln, die zur Schmerzbekämpfung, gegen Malaria, zur Anregung der Herz- und Atemtätigkeit, zur Verstärkung des Blutdrucks, zur Erweiterung der Pupillen, zur Muskelentspannung, zur Lokalanästhesie, als Hemmstoff bei Tumorbildungen und als antileukämische Medikamente eingesetzt werden. Bis heute sind nur ca. 2 % aller 300 000 Blütenpflanzenarten auf Alkaloide hin untersucht worden, und trotzdem hat man bereits über 1000 gefunden.

Werfen wir noch einen Blick auf zwei spezielle Pflanzenarten. Zunächst ist da der wohlbekannte, in Westeuropa und Marokko beheimatete Rote Fingerhut. Aus dieser Pflanze gewinnt man Digitalis, eine Droge, die die Kontraktionskraft des Herzmuskels verstärkt und die Ruhepause zwischen den Kontraktionen verlängert und daher bei der Behandlung von Herzinsuffizienz eingesetzt wird. Ein Sekundäreffekt von Digitalis ist, daß es den Blutdruck bei hypertonischen Erkrankungen senkt und ihn bei verminderter Herzfunktion erhöht. Eine andere mit dem Roten Fingerhut eng verwandte Fingerhutart aus Zentral- und Südeuropa liefert das Digitoxin, eine dreihundertmal so starke Droge wie Digitalis, die auch stabiler ist und wegen ihrer prompten Wirkung und schnellen Ausscheidung besonders wertvoll. Ohne diese aus dem Fingerhut zu gewinnenden herzstärkenden Mittel würden über drei Millionen Amerikaner ihr Leben innerhalb von 72 Stunden verlieren – und diese Lage dürfte wohl in anderen Ländern ähnlich sein.

Zum anderen ist da das Rosa Immergrün *(Vinca rosea)*. Man beschrieb es ursprünglich als aus Madagaskar stammend, obwohl die Westindischen Inseln als seine Heimat galten. Heute wächst es in vielen Gegenden der Tropen. Von den 75 Alkaloiden, die man in dieser Pflanze gefunden hat, haben sich zwei als für die Humanmedizin besonders nützlich erwiesen: Vincristin und Vinblastin in den Stengeln und Blättern der Pflanze haben dem Kampf gegen den Krebs zu einem Durchbruch verholfen. In Verbindung mit anderen Stoffen wie etwa Senf liefern sie Chemotherapeutika, die eine achtzigprozentige Remission bei der Behandlung der Hodgkin-Krankheit (Lymphogranulomatose) erzielen (vor 1960 hatte ein Patient nur eine neunzehnprozentige Remissionschance), 99 % bei akuter Leukämie und 50 bis 80 % bei mehreren anderen Krebsarten. Man braucht 530 Tonnen dieser Pflanze, um ein Kilogramm Vincristin herzustellen. Viele Jahre lang war dieses Kilo 1,3 Millionen Dollar wert, womit Vincristin zu den wertvollsten Produkten gehörte, ungefähr gleichrangig mit Heroin. Heutzutage kann man es zu einem Kilopreis von 200 000 Dollar herstellen. 1976 belief sich der weltweite Absatz von Vincristin auf 22 Millionen Dollar – was den ökonomischen Wert einer einzigen nützlichen Pflanzenart deutlich macht.

Krebsheilmittel auf pflanzlicher Basis eröffnen so viele Möglichkeiten, daß das National Cancer Institute der Vereinigten Staaten von Amerika große Forschungsanstrengungen unternimmt, um neue Wirkstoffe von wilden Pflanzenarten ausfindig zu machen. Das Jahresbudget für das Sammeln von Pflanzen, das Extrahieren von Stoffen und deren Überprüfung auf ihre tumorhemmende Wirkung beläuft sich auf über 1,5 Millionen Dollar. Seit 1960 hat das Institut an die 100 000 Auszüge von 29 000 Pflanzenarten untersucht, von denen etwa 3000 möglicherweise Wirkstoffe gegen Krebs enthielten (abgesehen von ihren Einsatzmöglichkeiten bei einer Vielzahl anderer Krankheiten). Von diesen 3000 haben 15 Materialien geliefert, die klinische Versuche rechtfertigen, und das Institut rechnet damit, wenigstens fünf Arten zu finden, deren krebsbekämpfende Wirkstoffe eine kommerzielle Entwicklung sinnvoll erscheinen lassen. Obwohl dieses Forschungsprogramm die extensivste pharmakologische Untersuchung darstellt, die je vorgenommen worden ist, deckt es doch nur einen Bruchteil der Pflanzen ab, die Ausgangsstoffe für die Krebsbekämpfung liefern könnten.

Eine weitere Kategorie von Arzneimitteln, die an Bedeutung zunimmt, umfaßt diejenigen, die bei der Behandlung von Geistesstörungen eingesetzt werden. Meskalin, aus einer stachellosen Kaktusart Nordmexikos gewonnen, findet bei Schizophrenie Anwendung. Hyoscin (Scopolamin), aus einem Waldgewächs Ostaustraliens hergestellt, wird bei der Behandlung mehrerer Formen von Geisteskrankheit benutzt. Eine Anzahl von Halluzinogenen auf pflanzlicher Basis sind in der experimentellen Psychiatrie sehr hilfreich. Der traditionelle Ausgangsstoff für Kodein war das Alkaloid Morphin, von dem auch das Heroin hergeleitet wird. Ein vielversprechender neuer Ausgangsstoff für Kodein ist das Alkaloid Thebain aus einer Papaver-Art, das die legitimen medizinischen Bedürfnisse befriedigen würde, ohne den Rauschgiftmißbrauch zu unterstützen. Man forscht inzwischen daran, wie man Rauschgiftpflanzen durch andere Pflanzenarten ersetzen kann - ein wichtiger Vorstoß, wenn man bedenkt, daß Drogenmißbrauch und damit zusammenhängende Verbrechen allein in den Vereinigten Staaten von Amerika jährlich über zehn Milliarden Dollar kosten.

Industrielle Verwertung

Die Industrie macht von vielen wilden Pflanzen- und Tierarten Gebrauch. Pflanzen werden in der Textilherstellung ebenso wie in der Kosmetikindustrie oder der Speiseeisherstellung verwendet - es gibt so gut wie keinen Industriezweig, der sie nicht nutzt. Mit dem Fortschreiten der Technologie in einer Welt, in der praktisch alles außer der Knappheit selbst knapp wird, wächst der Bedarf der Industrie an Rohstoffen immer schneller.

Beispiele industriell genutzter pflanzlicher Rohstoffe sind Latexprodukte (so etwa Gummi), Pektine, Harze, Gummiharze und andere Ausscheidungen, ätherische Öle zur Aromatisierung und für diesbezügliche Säfte, pflanzliche Farbstoffe, Tannin, Pflanzenfette und -wachse, Insektizide und Wachstumsregulatoren. Tiere liefern Felle, Leder und viele andere Produkte, dazu Fasern, Klebstoffe und andere Substanzen für die industrielle Verarbeitung.

Eine Produktlinie ist besonders wichtig: die Schmiermittel. Die steigenden Kosten für Schmiermittel auf Erdölbasis machen das Auffinden von Ersatzstoffen äußerst lohnend. Von den 6400 Pflanzen, die das amerikanische Landwirtschaftsministerium vor kurzem auf Öle und Wachse hin untersucht hat, zeigten 460 vielversprechende Anhaltspunkte. Zu den wichtigsten Kandidaten gehören eine Anzahl von Pflanzen mit stark ölhaltigen Samen wie beispielsweise der Büffelkürbis und der Jojobastrauch in den Wüsten Nordmexikos und der südwestlichen Vereinigten Staaten von Amerika.

Der Jojobastrauch verdient es, genauer auf ihn einzugehen. Er produziert flüssiges Wachs, eine Substanz, die trotz vieler Bemühungen noch immer nicht zu einem wirtschaftlich annehmbaren Preis synthetisch hergestellt werden kann. Eine ganze Reihe von Pflanzen liefern festes Wachs als Überzug auf ihren Samen, Früchten, Blättern und Stengeln, aber das Jojobaöl ist das einzige flüssige Wachs in der gesamten Fauna. Flüssiges Wachs wird bei einer Vielzahl industrieller Prozesse eingesetzt. Dazu gehört die Herstellung von Textilien, Leder, Elektroisolierungen, beschichtetem Papier, Schmiermitteln, Hunde- und Katzenfutter, Arzneimitteln und Kosmetika. Aufgrund der rapide wachsenden Nachfrage nach diesen Produkten hat der Preis für flüssiges Wachs während der vergangenen zwei Jahrzehnte Rekordhöhen erreicht.

Bis vor kurzem war die einzige natürliche Quelle für flüssiges Wachs der Pottwal. Während der späten sechziger Jahre war Spermöl so wichtig für die amerikanische Industrie, daß das Land 50 bis 55 Millionen Tonnen jährlich importierte, wovon etwa die Hälfte einzig und allein zur Herstellung von Schmiermitteln Verwendung fand, besonders für Autogetriebe und andere hochtourige Maschinen, die extremem Druck und extremen Temperaturen ausgesetzt sind. Zeitweise wurde das Spermöl sogar für den Fall eines nationalen Notstandes gehortet. Seit 1970 jedoch zählt der Pottwal in Amerika per Gesetz zu den gefährdeten Arten, so daß eine dringende Suche nach einer wirtschaftlichen Alternative einsetzte. Mit dem Jojobastrauch fand man ein natürliches Vorkommen an flüssigem Wachs, das 50% des Samengewichts ausmacht. Jojobaöl fühlt sich weniger ölig an als die üblichen Speiseöle, was auf seine gänzlich andersartige chemische Struktur zurückzuführen ist, bei der es sich um eine Veresterung ungesättigter Fettsäuren mit ungesättigten Fettalkoholen von hohem Molekulargewicht handelt. Das Öl ist mit dem des Pottwals praktisch identisch, jedoch gleichförmiger in der Zusammensetzung und weniger verunreinigt.

Das Öl scheint für viele Zwecke einsetzbar zu sein. Man kann es mehrfach hochgradig erhitzen, ohne daß es seine Konsistenz verändert. Man braucht es nur wenig zu raffinieren, um es als hochwertiges Schmiermittel einsetzen zu können. Anderen Schmiermitteln zugesetzt, dient es als ein feines Kühlöl. Es kann genausogut als Transformatorenöl und als Öl für Präzisionsinstrumente und andere Erzeugnisse der Feinmechanik verwendet werden. In der Verbindung mit Chlorschwefel wird es bei der Herstellung von Linoleum, Druckerschwärze, Lacken, Kaugummi und Klebstoffen benutzt. Seinen Alkohol und seine Säurederivate kann man verwenden, um Desinfektionsmittel, Detergentien, Trockenmittel, Emulsionsmittel, Harze, Schutzanstriche, Chemiefasern, korrosionshemmende Mittel und die Basis für Cremes und Salben herzustellen. Man kann es für Kosmetika wie Haaröl, Shampoo, Seife, Gesichtscremes, Lippenstifte, Parfüm und Sonnenschutzmittel verwenden. Bei der Arzneimittelherstellung dient es als Stabilistor von Penicillinprodukten und als Überzug für andere Präparate. Wenn es durch Hydrierung gehärtet wird (ein Verfahren, das bei der Margarineherstellung aus Pflanzenölen Anwendung findet), verwandelt sich Jojobaöl in einen dichten Körper aus funkelnden weißen Kristallen, das Jojobawachs, das dem Walrat (ebenfalls vom Pottwal) und dem Bienenwachs ähnelt. Die Härte des Wachses und sein hoher Schmelzpunkt (70 °C) machen es zu einem Rivalen des Karnaubawachses (des »Königs der Wachse«), das von einer brasilianischen Palme stammt, schwer zu gewinnen ist und rapide im Preis steigt. Verwendungsmöglichkeiten von Jojobawachs gibt es u. a. bei der Herstellung von Poliermitteln für Fußböden, Möbel und Autos, von Schutzüberzügen für Obst, von Kerzen, Appreturen für Stoffe und von Isolationsmaterial für die Elektroindustrie.

Die wirtschaftlichen Aussichten des Jojobaanbaus müssen angesichts der Preise von fossilem Öl als sehr gut bezeichnet werden. Um den geschätzten Weltbedarf an Jojobaöl und -wachs zu befriedigen, brauchte man Plantagen mit einer Fläche von 100 000 Hektar, die 2500 kg Nüsse pro Hektar lieferten – das gäbe eine solide Grundlage für eine 250-Millionen-Dollar-Industrie ab.

Eine weitere Pflanze, die es wert ist, genauer betrachtet zu werden, ist der Guayulestrauch. Er ist praktisch in den gleichen Trockengebieten zu Hause wie der Jojobastrauch. Er enthält einen Kautschuk, der in gereinigtem Zustand vom Naturkautschuk des Parakautschukbaumes kaum zu unterscheiden ist. Da synthetischer Kautschuk aufgrund seiner Erdölbasis immer teurer wird, muß er durch natürlichen Kautschuk ergänzt, wenn nicht gar ersetzt werden. Die weltweite Nachfrage nach Kautschuk aller Art wächst jährlich um mehr als 5 %, wobei Naturkautschuk einen Marktanteil von 30 % hat. Manche Produkte sind auf Naturkautschuk und seine große Elastizität und Hitzebeständigkeit angewiesen. So enthalten zum Beispiel die Reifen für Lastkraftwagen, Busse und Personenkraftwagen 40 % Naturkautschuk, während Flugzeugreifen fast vollständig daraus gefestigt werden müssen. Die Weltbank glaubt, daß sich der Preis für Naturkautschuk zwischen 1976 und 1985 verdoppeln könnte, weil die Marktnachfrage die erwartete Produktion der Plantagen in Südostasien übersteigen dürfte. Da die Vereinigten Staaten von Amerika pro Jahr fast eine Million Tonnen Naturkautschuk für über 500 Millionen Dollar importieren, hat der Kongreß 60 Millionen Dollar für einen fünfjährigen Großversuch bewilligt, der dem Ziel dient, heimische Kautschukquellen zu erschließen. Obwohl Naturkautschuk in rund 2000 Pflanzenarten vorkommt, ist für die USA der Guayulestrauch der Spitzenkandidat, da er zu einem Siebtel bis einem Viertel aus Kautschuk besteht und eine den natürlichen Vegetationszonen der USA angepaßte Pflanze ist.

Darüber hinaus kommt zu jeder Tonne Guayulekautschuk etwa eine halbe Tonne Harz. Dieses Harz enthält ätherische und nichtätherische Terpenoide, ein schellackähnliches Gummiharz, trocknende Öle und Zimtsäure. Schließlich und endlich enthält eine Tonne Guayuleblätter noch rund 25 kg eines harten Wachses, das den für Wachse höchsten bekannten Schmelzpunkt besitzt, nämlich 76 °C.

Drittens wollen wir uns noch einem Raum zuwenden, der das für die Industrie wichtigste Rohmaterial liefern könnte: Energie, Erdöl, Erdgas und andere Brennstoffe sind nichts anderes als Pflanzenmaterial, das durch geologische Prozesse in seinen gegenwärtigen Zustand gebracht worden ist. Wie kann man nun die Sonnenenergie gewinnen, die laufend in den grünen, d. h. zu Photosynthese fähigen Pflanzen gespeichert wird? Die in erster Linie zur Verfügung stehende Technik ist die Pyrolyse, also das Erhitzen von Pflanzenmaterial in luftabgeschlossenen Behältern, woraufhin ein dem Rohöl nicht unähnliches Öl freigesetzt wird, das etwa 75 % des Heizwertes von normalem Erdöl besitzt, dazu ein Gasgemisch und zundrige Holzkohle. Eine Tonne trokkenen Tropenholzes kann 13,5 Liter Methanol liefern (das als flüssiger Kraftstoff zu gebrauchen ist), 36 Liter Holzöl und leichten Holzteer, 330 kg Holzkohle und 140 m^3 Gas (das man als Energie für den Produktionsprozeß verwenden kann), ferner 25 Liter Essigsäure, 11,5 Liter Kreosot, 7,5 Liter Ester und 33 kg Pech.

Um auf diese Weise »Benzin anzubauen«, braucht man vor allen Dingen ein stetiges Angebot großer Mengen pflanzlicher Masse. Eine ganze Reihe von schnellwachsenden Pflanzenarten scheint für einen »Energiepflanzen-Anbau« geeignet zu sein, so Zuckerrohr, Maniok, Kenaf (Hanfeibisch) und Bäume wie Eukalyptus, Kiefer und vor allem der Riesen-Ipilipil. Der Ipilipil ist eine immergrüne tropische Leguminose, deren ursprüngliche Heimat Mittelamerika ist. Er ist eine der vielseitigsten Pflanzen auf der Erde. Der Baum wächst vier Meter in den ersten sechs Monaten, fast zehn Meter in zwei Jahren und über 15 Meter in sechs Jahren. Eine einen Hektar große Plantage kann mit Leichtigkeit jährlich 35 m^3 Holz für die pyrolytische Herstellung von Kraftstoff oder für den direkten Gebrauch in Kraftwerken und industriellen Heizanlagen produzieren. Ein Ertrag von 35 m^3 entspricht dem der meisten anderen, schnellwachsenden Arten; Versuche zeigen jedoch, daß der Riesen-Ipilipil zwei-, ja selbst dreimal soviel erbringen kann. Eine Plantage von 12 000 Hektar könnte schätzungsweise ein Energieäquivalent von einer Million Faß Erdöl jährlich produzieren.

Zusätzlich kann eine Plantage von einem Hektar Größe jährlich 90 Tonnen schmackhaftes Viehfutter abwerfen. Wenn Rinder mit einer Mischung aus Gras und Blättern von jungen Ipilipil-Bäumen gefüttert werden, nehmen sie genauso schnell zu wie Rinder auf dem besten Weideland. Die trockenen Blätter enthalten 27 bis 34 % Eiweiß mit einer Aminosäurezusammensetzung etwa wie Luzerne und einem der höchsten in Pflanzen bekannten Gehalte an Vitamin A. Wenn man andererseits die Blätter zur Gründüngung verwendet, können die Blätter von einem Hektar Ipilipil-Plantage 600 kg Stickstoff-, 500 kg Kali- und 200 kg Phosphordünger liefern.

Viertens können gewisse Pflanzenarten als Energielieferanten aufgrund ihrer Fähigkeit, Kohlenwasserstoffe wie z. B. Öl anstatt Kohlehydrate wie Zukker zu produzieren, dienen. Diese Kohlenwasserstoffe können ganz verschiedener Art sein. Eine benutzen wir schon seit langem – Kautschuk von der *Hevea brasiliensis,* des Parakautschukbaumes aus der Familie der Wolfsmilchgewächse, dessen Kohlenwasserstoff der gleiche ist wie der vom Guayulestrauch produzierte. Verschiedene andere Wolfsmilchgewächse erzeugen eine ansehnliche Menge eines milchähnlichen Saftes, nämlich Latex, der eine Emulsion von Kohlenwasserstoff in Wasser ist. Alles in allem produzieren an die 30 000 Pflanzenarten Latex, aber die Familie der Wolfsmilchgewächse scheint besonders für den »Benzinanbau« geeignet zu sein, vor allem zwölf in Brasilien identifizierte Arten. Sie bringen nicht nur wertvolle Stoffe hervor, sondern sie können auch an Standorten angebaut werden, die für andere, konventionelle Anbaupflanzen zu trocken sind, oder auch auf Flächen, die als wertlos gelten, weil sie beispielsweise durch Tagebau verwüstet wurden, Kleinversuche weisen darauf hin, daß ein Hektar, mit Bäumen der Wolfsmilchfamilie bepflanzt, jährlich zwischen 25 und 125 Faß Öl erbringen könnte – und das bei jährlichen Produktionskosten, die niedriger sind als die augenblicklichen Ölpreise der OPEC. Pflanzengenetiker zweifeln nicht daran, daß die Produktion durch Saatgutauslese im ersten Jahr verdoppelt werden könnte, während die Landwirtschaftsexperten davon ausgehen, daß ähnliche Ertragssteigerungen im Verlauf weniger Jahre zu erreichen seien. Schließlich produzierte der Gummibaum im Jahr 1945 nur 225 kg Kautschuk pro Hektar; es gelang den Wissenschaftlern innerhalb von zwanzig Jahren, diesen Ertrag zu verzehnfachen, ja sogar einige Bäume zu züchten, die vierzigmal soviel lieferten. Zwei große japanische Konzerne, Nippon Oil und Sekisui Plastics, haben bereits eigene Plantagen auf Okinawa angelegt.

Weitere Anwärter für die Erzeugung von Energie aus Biomasse könnten auch eine Reihe von Wasserpflanzen sein, vor allem Algen und Meeresarten wie der Birntang. Probeuntersuchungen im US-Bundesstaat Kalifornien haben ergeben, daß Meerespflanzen sich als beachtliche Energiequelle herausstellen könnten. Da sie kohlenstoffhaltig sind, kann man durch Fermentierung und Gärung Methan aus ihnen gewinnen. Theoretisch könnte eine »Meeresfarm« von 2,5 km^2 Größe genug Energie (dazu andere Produkte wie etwa Dünger) erzeugen, um mindestens 300 Menschen zu versorgen – und gleichzeitig genug Nahrung für 3000 bis 5000 Menschen (den aktuellen Weltdurchschnittsverbrauch zugrunde gelegt).

Andere Verwendungszwecke

Tiere und Pflanzen dienen noch vielen anderen Zwecken. Beispielsweise scheint die Rundschwanzseekuh (Manati) dem gefährlich anwachsenden Problem der Wasserunkräuter zu Leibe rücken zu können, die den Entwicklungsländern direkte Kosten von über 100 Millionen Dollar jährlich verursachen. Der Nil und der Kongo sind streckenweise mit einer dicken Schicht von Wasserhyazinthen bedeckt. In anderen tropischen Gebieten verhindert die Hyazinthe die Kultivierung ausgedehnter Landflächen und verringert die Effizienz von Wasserkraftwerken. Sie ist eine Gefahr für die öffentliche Gesundheit, da sie günstige Bedingungen für die Fortpflanzung von Moskitos und

Schnecken schafft, die etwa die Bilharziose übertragen. Indem sie die Oberflächendurchlüftung der Gewässer reduziert, kann ein viertel Hektar mit Wasserhyazinthen das Wasser durch Sauerstoffentzug genauso belasten wie die Abwässer von 40 Menschen. Um Probleme dieser Art anzugehen, hat Guayana mit Manatis experimentiert, die am Tage durchschnittlich ein Viertel ihres Körpergewichtes an Pflanzenmasse fressen. An einer 600 m langen Kanalstrecke in Georgetown mußten vier Männer zehn Tage lang arbeiten, um das Unkraut zu entfernen - und dann mußten sie noch wöchentlich mehrere Stunden darauf verwenden, eine neue Ausbreitung zu verhindern. Dann setzte man zwei Seekühe aus, die den Kanal ohne Schwierigkeiten sauber hielten.

Jüngere Untersuchungen legen nahe, daß man die Wasserhyazinthe selbst durchaus sinnvoll verwenden könnte - etwa als Viehfutter und als Dünger, ja selbst zur Bekämpfung der Wasserverschmutzung und zur Energiegewinnung. Kultiviert man Hyazinthenpflanzen in warmem Klima auf Hausabwässern, so können sie sich in acht bis zehn Tagen um das Doppelte vermehren und täglich sieben Tonnen Biomasse pro Hektar mit einem hohen Anteil an Rohprotein erzeugen. Darüber hinaus kann ein drittel Hektar mit Wasserhyazinthen täglich 2000 Tonnen Abwässer klären. Die Pflanze kann auch giftige Schwermetalle wie Cadmium, Quecksilber, Blei und Nickel ausfiltern und in Spuren vorhandene organische Verbindungen wie z. B. Phenole absorbieren oder umwandeln. Was die Energiegewinnung anbetrifft, so könnte die Hyazinthe Biogas in wirtschaftlich ausbeutbaren Mengen liefern. Das gilt auch für andere Wasserpflanzen, die häufig nur als bloßes Unkraut angesehen werden.

Viele weniger spektakuläre Arten nützen dem Menschen auf oft unerwartete Weise. Unter den 18 000 Flechtenarten auf der Erde reagieren mehrere - besonders die, die auf Mauern und auf Baumstämmen wachsen - außergewöhnlich empfindlich auf in der Atmosphäre vorhandene Spuren von Schwermetallen und Schwefeldioxid. Deshalb sterben diese Flechten in mehreren Industriestaaten aus. Die Blätter des blauen Flieders erkranken, wenn der Ozon- und Schwefeldioxidanteil der Luft zunimmt, und Bienenhonig kann Schwermetallverschmutzung anzeigen. An den Organen von Schlangen lassen sich Rückstände von Pestiziden auf der Basis organischer Chlorverbindungen (DDT u. a.) und von industriellen PCB-Abfällen (polychlorierte Biphenyle) nachweisen. Haben Kaulquappen einen geknickten Schwanz, kann das auf eine schwere Umweltbelastung durch Pestizide hinweisen. Eine Planktonart im Schwarzen Meer kann anscheinend mit Hilfe ihrer natürlichen Zucker große Uranmengen absorbieren, was den Gedanken nahelegt, diese Zucker zu synthetisieren und bei der Beseitigung radioaktiver Rückstände einzusetzen.

Genetische Ressourcen der Meere

Das Ausmaß unserer Unwissenheit hinsichtlich unseres irdischen Erbes läßt sich daran ablesen, daß wir den größten zusammenhängenden Teil der Erdoberfläche, die Meere, praktisch nicht kennen. Und die genetischen Ressourcen der Meere mit all ihren Möglichkeiten, der Menschheit zu nützen, sind noch kaum untersucht worden. Das gibt um so mehr zu denken angesichts der Bedrohung der ozeanischen Ökosysteme durch Verschmutzung, ganz besonders in jenen Gebieten, wo das meiste Meeresleben vorkommt, nämlich an den Küsten.

Das Meer liefert viele Ausgangsstoffe für Arzneimittel. Der winzige Bruchteil an Meeresorganismen, den man bis heute untersucht hat, hat viele Extrakte und Verbindungen mit unterschiedlichen biologischen Eigenschaften ans Licht gefördert. So wirken einige gegen Mikroben, gegen Viren, einige wirken blutgerinnend oder gerinnungshemmend, einige gegen Krebs und auf neurologischem Gebiet. Ein starkes, als Nervengift wirkendes Insektizid hat man aus einer Ringelwurmart isoliert. Obwohl man erst eine Gruppe von Antibiotika aus dem Leben des Meeres entwickelt hat, finden sich wahrscheinlich in jeder Klasse von Meereslebewesen antibiotische Substanzen. Das trifft besonders auf Algen zu, die auch im Hinblick auf die Krebsbekämpfung vielversprechend erscheinen. Eine Reihe von krebsbekämpfenden Stoffen könnte man gut aus Korallen, Seeanemonen, Mollusken und Schwämmen gewinnen. Ein Linderungsmittel bei unheilbarem Krebs hat man in den Giften des Igel- und des Kugelfisches gefunden. Leberlipide der Haifische scheinen die Körperabwehr gegenüber Krebs zu erhöhen. Der Stachelrochen produziert einen starken herzberuhigenden Stoff. Ein Extrakt des Kraken wirkt bei Hypertonie, die Seeschlange liefert ein Antigerinnungsmittel und der Menhaden ein Öl, das bei der Behandlung von Arteriosklerose helfen könnte. Seegurken liefern eine Substanz, die bei gewissen Herzerkrankungen besser als Digitalis wirken könnte. Auch weisen sie Glykozide mit tumorhemmender Wirkung auf. Mehrere Tangarten enthalten ein Agens, das das Wachsen von zwei Virustypen verhindert, die den Schnupfen, eine schwere Augeninfektion und eine weitverbreitete Geschlechtskrankheit hervorrufen. Ein Schwamm aus der Karibik ergibt einen Stoff, der bei Enzephalitis hilft und der bei der Behandlung von Viruserkrankungen einen ähnlichen Durchbruch bringen könnte wie das Penicillin bei der Behandlung von durch Bakterien verursachten Krankheiten.

Die Meerestiere können aber nicht nur zur Entwicklung von Arzneimitteln beitragen, sondern die Wissenschaft kann an ihnen auch Krankheiten grundlegend erforschen. Der weibliche Krake mit seinem spezialisierten Drüsenmechanismus gibt Hinweise auf den Alterungsprozeß menschlicher Körperzellen. Der Schleimaal besitzt keine Thymusdrüse, hat also kein Immunsystem, das das Abstoßen von Transplantaten bewirkt, und ist daher ein ausgezeichnetes Studienobjekt für Hautübertragungen. Seeigel mit ihren relativ einfachen Lebenszyklen ermöglichen es den Forschern zu beobachten, ob Medikamente zu Mißgeburten führen, das negative Reaktionen innerhalb von Tagen festzustellen sind und nicht erst nach Wochen, wie es gemeinhin bei konventionellen Versuchstieren der Fall ist. Der Zitteraal könnte eines Tages den Weg zur Entwicklung einer Art von biologischer Batterie weisen. Tintenfische und Seehasen mit ihren spezialisierten Nervensystemen sind für die Neurobiologie besonders wertvoll.

Außergewöhnliche Möglichkeiten wohnen den vielen Formen von Meerespflanzen (Seetang und Meeresalgen) inne. Schon jetzt sind sie eine Nahrungsquelle im Wert von über einer Milliarde Dollar jährlich, und doch sind die meisten Arten noch gar nicht im Hinblick auf ihr Ernährungspotential untersucht worden. Sie bilden die Ausgangsstoffe für Arzneien, die als Gerinnungshemmer und Antibiotika, gegen Magengeschwüre, Bronchitis, Emphyseme, Epilepsie, hohen Blutdruck, erhöhten Cholesterinspiegel, Arteriosklerose und Hypertonie wirken. Sie liefern auch eine Reihe von Substanzen, die in der Arzneimittelherstellung, in der Kosmetik, in Detergenzien, Emulsionsmitteln und bei der Nahrungsmittelveredelung verwendet werden. Außerdem liefern sie Fasern, Plaste, Wachse und Schmiermittel.

Obwohl wildlebende Arten schon so viel Nutzen gebracht haben, sind bis jetzt nur begrenzte Untersuchungen vorgenommen worden, welche weiteren Arten der Menschheit noch direkt dienlich sein könnten. Wir wissen so gut wie gar nichts von den biologischen, chemischen und mechanischen Eigenschaften der meisten von der Wissenschaft erfaßten Arten, ganz zu schweigen von jenen, die erst noch entdeckt werden müssen. Erst rund 10% der 300000 Pflanzenarten sind überhaupt untersucht worden, und nur etwa ein Prozent ist gründlich auf seine potentielle Nützlichkeit für die Menschheit hin untersucht worden. Aber angesichts dessen, was bereits entdeckt worden ist, erscheint es statistisch als sicher, daß der Artenbestand der Erde noch viele neue Stoffe enthält, die von direktem Nutzen für den Menschen sind, und daß der Wert dieser Stoffe die Kosten für die Arterhaltung und die Nutzung ihrer genetischen Ressourcen um ein Vielfaches übersteigen wird.

Aussterbende Arten: Die Handhabung der natürlichen Ressourcen

Wie in dem Kapitel über den praktischen Nutzen von Pflanzen und Tieren gezeigt, gehören die Arten zu den wertvollsten Ressourcen der Menschheit. Warum also läßt die Gesellschaft zu, daß die Arten so schnell untergehen? Diese zentrale Frage soll in diesem Kapitel mit einem Überblick über die Handhabung natürlicher Ressourcen angegangen werden.

Die Arten als gemeinsames Erbe

Die Arten sind ein Teil des Erbes, das der gesamten Menschheit gehört. So sehen sie viele Menschen. Die breite Öffentlichkeit – speziell in den Industriestaaten – zeigt ein ausgesprochenes Interesse für den Tiger, den Gorilla, den Blauwal und viele andere Arten. In den Vereinigten Staaten von Amerika gehen jährlich fast zweimal soviel Menschen in Zoos und Aquarien wie zu Baseball-, Football-, Hockey- und Korbballspielen. Viele sind überzeugt davon, daß die ganze Menschheit, und nicht nur Mauritius, durch den Verlust des Dodo ärmer geworden ist. Nach einer Gallup-Umfrage von 1976 würde es mindestens drei Viertel der Menschen sowohl in Industriestaaten als auch in Entwicklungsländern gerne sehen, wenn mehr für die freilebenden Arten getan würde. Manche Bürger empfinden sogar ein gewisses Maß an Verantwortung für Arten in weit entfernten Ländern, die sie durchaus als Teil des gemeinsamen menschlichen Erbes begreifen.

Es stimmt natürlich, daß viele Arten auf dem Staatsterritorium einer einzelnen Nation oder einiger weniger Nationen vorkommen und daher unter dem Gesichtspunkt der nationalen Souveränität und des Verfügungsanspruchs von dem jeweiligen Staat bzw. den Staaten als ihr alleiniger Besitz angesehen werden könnten. Zum einen bilden die Arten einen integralen Bestandteil des irdischen Ökosystems. Zum anderen können die genetischen Ressourcen von Arten in einem Teil der Erde den Menschen in vielen anderen Teilen, wenn nicht gar auf der ganzen Erde von Nutzen sein. Das ist ausgiebig illustriert worden. Das Artenspektrum muß also in vielerlei Hinsicht als unteilbarer Bestandteil des globalen Erbes angesehen werden.

Die Arten als gemeinsames Eigentum

Bedauerlicherweise geht das, was allen gehört, niemanden etwas an. So sehr auch die Gesellschaft die Arten als gemeinschaftlichen Besitz ansehen mag, so wenig hat sie im allgemeinen doch die Möglichkeit, ihren Interessen durch einen Besitztitel Nachdruck zu verleihen. Ein einzelner kann eine Kuh besitzen, was ihn in den Stand versetzt und ihm nahelegt, auf sie aufzupassen – und andere dazu bringt, sie nicht zu benutzen oder zu mißbrauchen. Aber die Arten unterliegen eben keinen solchen »Eigentumsrechten« seitens der Gesellschaft. Keiner paßt automatisch auf die Arten auf. Wenn jemand ein Reh wildert, bekommt er wahrscheinlich weniger Ärger, als wenn er jemandes Kuh stiehlt. Dasselbe trifft natürlich auch auf den Lebensraum der Arten in der Eigenschaft als Lebensraum für den Menschen zu.

Kurz gesagt, sind die Arten »Allgemeinbesitz«. Die Konsequenz ist, daß sie, obwohl sie allen gehören, zugleich behandelt werden, als ob sie niemandem gehörten. Schlimmer noch ist, daß Allgemeinbesitz leicht mit Privatbesitz in Widerstreit gerät. Der Eigentümer einer Kuh sieht es lieber, wenn das Gras von seinem Tier gefressen wird und nicht von Büffeln und Antilopen. Wenn der private Eigentümer die wilden Weidekonkurrenten tötet, dann läßt er möglicherweise den Raubtieren nicht genügend Beute, die sich daraufhin den Kühen zuwenden. Und so nimmt die Zahl der Gazellen, Tiger, Wölfe und Zebras ab.

Der Konflikt zwischen den Bedürfnissen der Gesellschaft und den Interessen des Individuums

So, wie die Gesellschaft nun einmal ihre Angelegenheiten ordnet, ist es nicht leicht, die traurige Situation der freilebenden Arten umzukehren. Seit Jahrhunderten unterstützt die Marktwirtschaft mit ihrer Betonung des privaten Unternehmertums die Rechte des Privateigentums. Dagegen sind der Allgemeinbesitz und seine Ansprüche vernachlässigt worden.

Das Resultat ist, daß das Allgemeinerbe an Arten bereitwillig verschleudert wird. Die Hauptursache für diese Notlage liegt bei den wirtschaftlichen Unternehmungen verschiedenster Art. Einige Arten werden direkt und teilweise übermäßig um ihres Nutzens willen ausgebeutet – etwa um ihrer Pelze, ihres Fleisches oder ihrer Eier willen. Viel mehr Arten aber geraten indirekt unter Druck durch die Ausbeutung (die nicht notwendigerweise übermäßig sein muß) natürlicher Ressourcen wie Weideland, Wasser und Wald in ihrer Umwelt, was zur Zerstörung ihrer Lebensräume und der lebenserhaltenden Systeme führt.

Der Kern des Problems wird also von drei Faktoren bestimmt. Erstens hat die Menschheit im ganzen ein legitimes Interesse an den Arten, die ja ein Teil des irdischen Erbes sind. Zweitens gelingt es der Menschheit als Ganzem aufgrund der traditionellen Art und Weise, in der sie ihre Angelegenheiten regelt, nicht, Schritte zur Sicherung dieses Erbes zu unternehmen. Drittens ist die zunehmende Bedrohung der Arten eine Folge der wirtschaftlichen Aktivitäten der Gesamtgesellschaft.

Die Situation läßt sich durch einen kurzen Blick auf ein Land illustrieren, das eine außerordentliche Palette endemischer Arten sein eigen nennt. In Madagaskar leben nicht weniger als 19 Arten der Lemuren (ihre Familie gehört zu den Primaten), die allesamt bedroht sind. Sie gehören weder einer Einzelperson noch einer Organisation. Man kann auch nicht einfach irgendeiner Behörde die Verantwortung für das Überleben der Lemuren zuweisen, sie jedenfalls nicht mit soviel Macht ausstatten, daß sie den wirtschaftlichen Kräften widerstehen kann, die die Vernichtung der Lemuren betreiben (vor allem den Holzausbeutern: Madagaskars Wälder sind schon auf ein Fünftel ihrer ursprünglichen Fläche zusammengeschrumpft). Schön, Madagaskar kann erklären, daß es anstrebe, seine Besitzrechte wahrzunehmen, indem es die Lemuren als nationale Ressource rechtlich unter Schutz stelle. Aber das Land kann diese Erklärung nicht in angemessener Weise in die Tat umsetzen, da zu viele seiner Bewohner ein vitales Interesse daran haben, daß das Waldbiotop, Lebensraum der Lemuren, der Kultivierung weicht, und die Regierung ihre Gesetze kaum in den entlegensten Winkeln des Landes durchsetzen kann.

Ähnliches gilt für den Geparden in Afrika. Weder die Gesellschaften in dem Dutzend betroffener Länder noch die Menschheit als Ganzes können Besitzrechte oder irgendeine andere Form von schützender Autorität ausüben, um zu verhindern, daß der Gepard von Viehzüchtern dezimiert wird, die nicht willens sind, ihre Herden von einem Räuber schädigen zu lassen, mit dem ihr Vieh die Savanne teilt. Das Problem besteht auch bei den afrikanischen Nashörnern, die ihres angeblich als Aphrodisiakum (ein den Geschlechtstrieb anregendes Mittel) wirkenden Horns wegen allerorten von Wilderern gejagt werden, die an einem Horn soviel verdienen wie am jährlichen Ernteertrag aus dem Maisanbau. Afrikanische Regierungen verabschieden Gesetze zum Schutz »ihrer« Geparden und Nashörner, aber sie verfügen über kein ausreichendes Instrumentarium, um die Einhaltung ihrer Gesetze zu erzwingen und verstreut lebende Gruppen von Geparden und Nashörnern auf einer Tausende von km^2 großen Savanne vor Unheil zu bewahren. Folglich haben der Viehzüchter, der den Geparden tötet, um wirtschaftliche Verluste zu vermeiden, und der Wilderer, der das Nashorn um des wirtschaftlichen Gewinnes willen erlegt, eine gute Chance, mit ihren illegalen Aktionen Erfolg zu haben. Und der Bauer, der den Lebensraum von Gepard oder Nashorn umgräbt, kann schließlich überhaupt keines Vergehens – weder rechtlicher noch moralischer Art – beschuldigt werden.

Andere natürliche Ressourcen des gemeinsamen Erbes wie etwa die Atmosphäre oder große Gewässer stellen ebenfalls einen Allgemeinbesitz dar und werden gleichermaßen geschädigt. Sie stehen jedermann zur Verfügung, der ein Stück Himmel als kostenlosen Mülleimer oder einen Fluß als gebührenfreien Abwasserkanal zu benutzen wünscht. Die Arten unterscheiden sich nur insofern, als es gemeinhin eher ihr Lebensraum ist, der vom privaten Ausbeuter mit Beschlag belegt wird, als sie selbst. Die Konsequenzen sind im Prinzip dieselben.

Nicht, daß dieser Stand der Dinge bis vor kurzem sehr viel ausgemacht hätte. Die allen gehörenden Ressourcen brauchten wenig Schutz, solange sie wenig gebraucht, vor allem aber auch noch nicht mißbraucht wurden. Heute jedoch, wo die gemeinsamen Ressourcen durch falschen oder übermäßigen Gebrauch weitgehend erschöpft sind, steht die Gesellschaft, was ihre dementsprechende Gesetzgebung anbetrifft, gleichsam ratlos da. Sicher, einige Industrienationen haben verspätete Schritte unternommen, die schlimmeren Folgen der Verschmutzung in den Griff zu bekommen, so daß der Himmel über Los Angeles und das Wasser der Themse wieder sauberer sind. Was jedoch die Arten angeht, ist das Positivste, was man vermelden kann, daß es in den Industrienationen mit ihnen nicht mehr ganz so schnell abwärts geht. In den Entwicklungsländern hingegen sind ausreichende Schutzmaßnahmen rar.

Als Ressourcen, die Allgemeinbesitz sind, stehen also die Arten und ihre Lebensräume jedem Ausbeuter offen, der sich ihrer zu bedienen wünscht. Sie sind, mit anderen Worten ausgedrückt, frei verfügbar. Ein lebendes Tier ist gewöhnlich Allgemeinbesitz, ein totes wird schnell Privateigentum. Die Lebensräume der Arten als solche mögen keinem gehören – aber sie können von einem privaten Unternehmer eliminiert werden, der in ihnen vorkommende Ressourcen ausbeutet (etwa das Holz in einem Waldbiotop). So kann also ein einzelner einen Tiger wegen seines Fells ausbeuten, oder, was wahrscheinlicher ist, den Lebensraum des Tigers wegen der verschiedensten Güter – Bauholz, Brennholz, Weideland und Ackerland.

Während andere natürliche Ressourcen wie die Atmosphäre und große Gewässer nach einer Schädigung im allgemeinen wiederhergestellt werden können, ist eine solche Schädigung für die Arten oft tödlich. Wenn ein übermäßig großer Teil einer Art oder ihres Lebensraumes durch die auf einen engen Zweck gerichtete Nutzung von Privatpersonen vernichtet wird, verliert die Gesellschaft etwas von einmaligem Wert – und dies für immer. Es gibt keinen Ersatz für eine Art, denn die Vernichtung ist irreparabel.

Die Arten als »freiverfügbare Güter«

Aufgrund ihrer großen Verletzlichkeit und ihrer einmaligen genetischen Ressourcen wird eine Art oftmals als ein jenseits der normalen Einschätzbarkeit des Wertes liegendes, d. h. als unschätzbares Gut angesehen. Und da sie von keinem Privateigentümer auf dem Markt angeboten und so kein bestimmter Dollarpreis festgelegt werden kann, der ihren wirtschaftlichen Wert widerspiegelt, wird sie normalerweise behandelt, als sei sie »preislos«, mit anderen Worten wertlos. Sicherlich werden genetische Ressourcen gelegentlich auch über den Markt angeboten; wie in Kap. 5 dargestellt, handelt die Industrie mit bestimmten Pflanzen und Tieren, die als Basismaterial für ihre Produkte dienen. Aber die Industrie beutet im allgemeinen nur einzelne Vertreter einer Art und nicht die Art in ihrer Gesamtheit aus, so daß es zu keiner wirtschaftlichen Evaluierung der Art als Art kommt.

Die Veranschlagung der Arten als »wertlos« ermutigt die Privatunternehmer dazu, sie als »freies Gut« übermäßig auszubeuten. Das ist um so bedauerlicher, als ja das Gut nur für die wenigen Individuen »frei« ist, die es sich zunutze machen, während es für die Gesellschaft einen ziemlichen Seltenheitswert hat. Der Bauer, der einen Leoparden tötet, bringt eine bedrohte Art der endgültigen Vernichtung einen Schritt näher, unabhängig davon, daß er durch den Verkauf des Felles sein Jahreseinkommen vielleicht verdoppelt. Und während der Gewinn einem einzigen Menschen, dem Jäger nämlich, zufällt, hat die gesamte Gemeinschaft die Kosten zu tragen. Wenn das Fortbestehen des Leoparden als Art etwas bedeutet, weil die Art einen Wert an sich besitzt, dann hat potentiell dieses »Etwas« für jeden eine Bedeutung. Niemand kann des Rechtes an diesem Etwas beraubt werden – so wenig, wie man es jemandem verwehren kann, sich eines klaren Himmels zu erfreuen. Der Wert des Leoparden verteilt sich gleichmäßig auf die gesamte Gesellschaft und stellt den unteilbaren Besitz aller Mitglieder der Gesellschaft dar. Solange der Leopard überlebt, gewinnen wir alle zusammen – und wenn er verschwindet, verlieren wie alle gemeinsam.

Naturschützer äußern manchmal die Ansicht, daß es ebenso undenkbar sein müßte, eine Art um eines flüchtigen Vorteils willen zu vernichten, wie etwa ein Gemälde Rembrandts zu verbrennen, um sich für eine Stunde warm zu halten. Der Vergleich ist richtig, läßt aber einen zentralen Punkt außer acht. Das Gemälde kann höchstwahrscheinlich gar nicht verbrannt werden, weil es sich entweder im Besitz einer Privatperson befindet (die allen Grund hat, darauf aufzupassen) oder weil es als Allgemeinbesitz in einer Gemäldegalerie verwahrt wird (womit es angemessen geschützt ist). Daraus folgt eine weitere Unstimmigkeit: ein Tigergemälde kann als einzigartige »Ressource«, die einen hohen Grad an Schutz genießt, auf dem Kunstmarkt eine Million Dollar erzielen, wohingegen es sich als schwierig erwiesen hat, eine Million Dollar für den Schutz einer Ressource von hohem Wert wie den in freier Wildbahn lebenden Tiger aufzubringen.

Der Zwiespalt zwischen der Bewertung als »unschätzbar« und der Bewertung als »preislos« kann an Hand eines der gefährdetsten Säugetiere der Erde veranschaulicht werden, das auf dem Territorium der am stärksten für den Naturschutz eintretenden Nation lebt. Der Schwarzfußiltis kann in den Vereinigten Staaten von Amerika kaum noch überleben. Einstmals lebte er auf einer Fläche von 1,5 Millionen km^2 – heute ist er auf wenige Fleckchen landwirtschaftlich genutzten Landes im US-Bundesstaat South Dakota und auf noch kleinräumigere Lebensräume in den benachbarten Bundesstaaten zurückgedrängt. Der Iltis lebt primär von einer einzigen Beute, dem Präriehund. Als Grasfresser konkurriert der Präriehund aber mit dem Nutzvieh des Menschen. Die Farmer, die Präriehund-Populationen mit Gift ausrotten, sind nicht geneigt, ein Stück ihres privaten Einkommens um einer gefährdeten Art willen einzubüßen. Natürlich würden sie, wenn sie mit Bürgersinn handelten, dadurch die Interessen der Allgemeinheit wahrnehmen. Aber gerade das ist der entscheidende Punkt. Die Farmer sehen nicht ein, warum sie im Namen ihrer amerikanischen Mitbürger, geschweige denn der übrigen Menschheit oder zukünftiger Generationen Opfer bringen sollen, die ihnen niemand vergilt. Gewiß, die Regierung der Vereinigten Staaten von Amerika hat für ein paar wenige Gebiete, in denen der Iltis vorkommt, »Erleichterungen« geschaffen, d. h. Farmer, die darauf verzichten, Präriehunde zu vergiften, erhalten eine Entschädigung. Aber diese Lösung ist, wenngleich im Prinzip gut, in der Praxis viel zu begrenzt, um die Überlebenschancen des Iltis zu erhöhen. Entschädigungen in Höhe von 18 790 Dollar haben sich auf bloße 794 Hektar verteilt. Für andere Gebiete, wo der Iltis, wie man annimmt, bereits ausgestorben ist, stehen keine Entschädigungen zur Verfügung – und doch hat man in einigen von ihnen, wo weiterhin Gift ausgelegt wird, immer wieder Iltisse entdeckt.

Wie das so oft bei umweltbezogenen Werten der Fall ist, fördert die Unausgewogenheit der institutionellen Mechanismen die Interessen der Landwirtschaft und des Marktes zu Lasten der Natur und des Nicht-Kommerziellen. Da es für die »Güter und Dienstleistungen«, die das Überleben des Iltis der Gesellschaft bietet, keinen Markt gibt, kann niemand mit dem Fortleben des Iltis Handel treiben. Wenn es eine solche Möglichkeit des Handels gäbe, könnten die Verbraucher durch ihre Dollarscheine zu erkennen geben, inwieweit sie dem Überleben des Iltis Vorrang geben vor anderen Gütern und Dienstleistungen wie etwa preiswerten Nahrungsmitteln oder neuen Kleidern. Der Mangel an Gelegenheit für den Verbraucher, seine Prioritäten kundzutun, läuft darauf hinaus, daß der Wert des Schwarzfußiltis nicht in der Weise angegeben werden kann wie bei den meisten Gütern und Dienstleistungen. Umgekehrt werden konkurrierende Aktivitäten in den landwirtschaftlich genutzten Lebensräumen des Iltis vom Markt sehr genau bewertet. Die Märkte werfen Gewinne für diese konkurrierenden Aktivitäten ab, wenn sie auf die Produktion von Rindfleisch oder Brot gerichtet sind, wohingegen fast nichts für den Nutzen gezahlt wird, der in der bloßen Existenz des Iltis liegt.

Wenn es auch schwer zu beweisen wäre, so ist es doch immerhin möglich, daß die Gesamtheit der Amerikaner den Schwarzfußiltis durchaus gern besser geschützt sehen würde. Um einen solchen verbesserten Schutz zu erreichen, müßten die augenblicklichen Bemühungen, das Leben des Iltis in den letzten ihm verbliebenen Stückchen Lebensraum zu schützen, durch Bemühungen ergänzt werden, ihn aus seiner Notlage zu befreien. Das aber hieße, daß mehr Farmer dazu überredet werden müßten, keine Präriehunde mehr zu vergiften – in der Hoffnung, daß dadurch die Verbreitung des Iltis wieder zunimmt. Die

Kosten für diesen verbesserten Schutz, nämlich die Einbuße von ein paar Tonnen landwirtschaftlicher Erzeugnisse, wären äußerst geringfügig. Aber im Kontext des amerikanischen Systems mit seiner Betonung des privaten, durch Privateigentum erzielten Gewinns wird dem Allgemeineigentum und dem Erbe der gesamten Gesellschaft ein kurzer Prozeß gemacht – das System läßt zu, daß die Interessen des Farmers Vorrang haben vor den Bedürfnissen der Nation. Millionen von Amerikanern mögen bereit sein, den Bruchteil eines Cents mehr für ihr Fleisch oder ihr Brot zu bezahlen, um damit die Verluste wettzumachen, die der Landwirtschaft durch den Schutz des Iltis entstehen – so, wie eine ganze Nation mit über 225 Millionen Bürgern bereit sein mag, jährlich pro Kopf den Bruchteil eines Cents aufzubringen, um eines der gefährdetsten Lebewesen der Erde zu retten. Aber das System des privaten Unternehmertums gibt ihnen kaum eine Möglichkeit, ihren Prioritäten in einem Maße Ausdruck zu verleihen, daß dadurch den Kräften des Marktes Paroli geboten würde – es fehlt an kollektiven Mechanismen, mit deren Hilfe kollektive Güter gesichert werden könnten.

Kurz gesagt, es ist die gleichsam doppelte Natur der Arten, die den Kern des Problems bildet – die Tatsache nämlich, daß sie Ressourcen darstellen, die sowohl Allgemeinerbe als auch Allgemeinbesitz sind. Und doch erkennen die Naturschützer nicht immer diesen der Situation innewohnenden Konflikt und die sich daraus ergebende Notwendigkeit, auf der Ebene der Gesellschaft solche Maßnahmen ergreifen zu müssen, die dem Druck der Privatinteressen entgegenwirken können.

Der Konflikt kann durch eine hypothetische Situation noch deutlicher gemacht werden. Angenommen, ein Naturschützer fände sich auf einer einsamen Insel wieder. Plötzlich bemerkt er, wie sich ein riesiges Tier aus dem Meer auf den Strand schleppt. Er freut sich darüber, stellt das Tier doch einen großen Fleischvorrat dar – bis er zu seiner Verwunderung erkennen muß, daß es sich um eine Stellersche Seekuh handelt, um eine Kreatur also, die man schon lange für ausgestorben hielt.

Um einen Anhalt für das beträchtliche Engagement zu gewinnen, das von Naturschutzorganisationen gefordert ist, wenn positive Ergebnisse erzielt werden sollen, sei ein kurzer Blick auf einige junge Erfolge bei der Rettung von Arten geworfen. Der Nordamerikanische Kranich, der in prähistorischer Zeit fast auf dem ganzen nordamerikanischen Kontinent verbreitet war und von dem es Mitte des 19. Jahrhunderts nur noch 1400 Tiere gab, nahm in seinem Bestand unter anderem durch Verlust des Lebensraumes und durch Bejagung bis 1941 auf nur 15 Tiere ab. Dank des massiven Einsatzes von Naturschutzorganisationen und dank der finanziellen Unterstützung durch die Regierung (1965 waren es 50 000, 1978 mindestens 400 000 Dollar, d. h. mehr, als für jede andere Art je aufgewendet wurde) vergrößerte sich der Bestand bis 1977 wieder auf 126 Tiere. Der in Peru und in Teilen der Nachbarstaaten beheimatete Vicuña wurde durch starkes Überjagen bis 1965 auf weit unter 10 000 Tiere reduziert und schien für einen schnellen Untergang bestimmt zu sein. Als

Folge einer Reihe von finanziellen, gesetzlichen und politischen Maßnahmen seitens der betroffenen Regierungen und dank einer außergewöhnlich starken Unterstützung durch Naturschutzgruppen beträgt der Bestand an Vicuñas heute wieder 60 000 Tiere. Der indische Tiger, dessen Bestand bis in die frühen siebziger Jahre auf weit unter 2000 Tiere zurückgegangen war, erholt sich wieder - aber nur als Ergebnis einer Rettungskampagne mit einem Finanzaufwand von einer Million Dollar.

Das Gleichnis von der Allmende

Der Kern der Sache ist der, daß private Interessen nicht notwendigerweise mit öffentlichen Interessen Hand in Hand gehen. Unter bestimmten Umständen untergraben private Interessen die öffentlichen. Das widerspricht dem überlieferten Glauben von einer freien Marktwirtschaft, wie er seinen Niederschlag in der Auffassung von Adam Smith gefunden hat, daß das Individuum da, wo es seine eigenen Interessen wahrnehme, »von einer unsichtbaren Hand dahin gelenkt wird, auch das öffentliche Interesse zu fördern«.

Das Problem kann sehr schön durch das Gleichnis von der Allmende veranschaulicht werden. Der Schauplatz ist das mittelalterliche England. Der überkommenen Praxis folgend, weiden Bauern ihr Vieh auf Weideland, das dem Gemeinwesen gehört. Ein bestimmter Teil davon kann von zehn Bauern benutzt werden, von denen jeder eine Kuh dort weidet, denn die Anzahl der Tiere ist nicht so hoch, als daß die Gefahr eines Überweidens gegeben wäre. Das bedeutet, daß die Bauern die »Gemeindeweide« langfristig nutzen können, was allen zum Wohle gereicht. Eines Tages jedoch kommt ein unternehmerisch denkender Bauer darauf, daß es seinen Interessen weit mehr dient, wenn er eine weitere Kuh auf die Allmende treibt. Die Weidefläche für jede Kuh wird dadurch zwar geringfügig kleiner, aber für den genannten Bauern wird dieser Verlust durch die Tatsache mehr als aufgewogen, daß er nun zwei Anteile von dem zur Verfügung stehenden Gras für sich erhält. Genau diese Haltung können sich nun auch die anderen neun Bauern zu eigen machen und ebenfalls eine zweite Kuh auf die Allmende treiben - und dann eine dritte und so weiter. Im Endergebnis wird jeder einzelne Bauer zunehmend ärmer werden. Aber solange sich die Bauern nicht als Gruppe auf eine faire Aufteilung der Allmende einigen können, wird jeder von ihnen »vernünftig« auf die Situation reagieren und versuchen, noch mehr Kühe auf die Weide zu bringen, bevor die anderen ihn durch ihr Verhalten dazu zwingen. So kommt es dann zur Tragödie der Allmende: während jeder Bauer einen Plan für sich macht, der im Rahmen seiner Bedürfnisse, wie er sie sieht, vernünftig ist, zerstören alle zusammen das Weideland, was eine Katastrophe für jeden von ihnen ist.

Diese Geschichte aus dem mittelalterlichen England wiederholt sich noch heutigen Tages überall da, wo Viehhalter sich Weideland teilen. Beispielsweise stocken die Massai in Ostafrika ihre privaten Rinderherden auf, bis die Savanne zu verwüsten beginnt. Wenn der kritische Punkt erreicht ist, verhungert eine größere Anzahl der Rinder. Das, was der einzelne Viehhalter bei den Massai aus diesem Vorgang lernt, ist, daß er, hat sich die Savanne wieder erholt, seine Herde so schnell wie möglich neu aufstocken muß, bevor seine Stammesgenossen dasselbe tun. Das Resultat ist eine aktualisierte Version der Allmende-Tragödie. Das Debakel wird sich solange wiederholen, bis die Stammesgemeinschaft der Massai ein Rationierungssystem findet, das gleiche Anteile für alle sicherstellt.

Unter den beschriebenen Umständen ist wenig gewonnen, wenn man an einzelne Menschen appelliert, sich »besser zu betragen« oder eine »Naturschutzethik« zu akzeptieren – was man durchaus Viehhaltern, Holzfällern, Jägern und vielen anderen, die natürliche Ressourcen über Gebühr ausbeuten, nahezulegen versucht hat. Inzwischen verschlechtert sich die Lage. Die Schwierigkeit liegt nicht in der moralischen Degeneration des Individuums, wie »kurzsichtig« und »habgierig« seine Handlungsweise auch immer sein mag. Der Mangel liegt auf seiten der Gesellschaft und der Art und Weise, in der sie ihre Angelegenheiten zu regeln – oder auch nicht zu regeln – beliebt.

Angesichts dieses Dilemmas sind gesetzgeberische Initiativen erforderlich, die darauf hinauslaufen, daß alle Mitglieder der Gemeinschaft einen Kodex mit »wechselseitigen Zwängen, denen alle zustimmen« akzeptieren. Das würde eine Lösung bedeuten, die die wichtigsten langfristigen Interessen sowohl des einzelnen als gleichzeitig auch der Gemeinschaft im Auge behält. Es wäre dies aber auch eine Herausforderung, mit der die Menschen mit ihrer gewohnten und verengten, auf ihr individuelles Wohl gerichteten Betrachtungsweise wohl nur schwer fertig werden würden.

Um noch einen Schritt weiterzugehen, sei gesagt, daß die »irrationalen« Aktivitäten nicht auf Ausbeuter im überkommenen Sinne, d. h. auf die beschränkt sind, die natürliche Ressourcen ausnutzen. Viele andere Menschen auch, die im Laufe ihres Lebens natürliche Ressourcen benutzen oder mißbrauchen, handeln in gleicher Weise »irrational«. Manch ein aufgeklärter Bürger besitzt ein Automobil, das es ihm möglich macht, schnell und bequem von Ort zu Ort zu reisen und seinen Geschäften nachzugehen. Er muß sich nur einmal umschauen, dann wird er sehen, daß die Benutzung von Autos durch viele Menschen ernste Probleme wie Verkehrsstauungen, Luftverschmutzung, Unfälle, Lärmbelästigung usw. schafft. Dennoch wertet er seine persönlichen, dem Auto zuzuschreibenden Vorteile höher als die Kosten, die der Allgemeinheit dadurch entstehen, daß er ein weiteres Auto (»Kuh«) auf die Straße (»Gemeindeland«) bringt. Um diesen Problemen abzuhelfen, behauptet sich die Gemeinschaft heute vermittels verschiedener Formen »wechselseitiger Zwänge, denen alle zustimmen«, d. h. durch Mautgebühren, Parkuhren und ähnliche Einrichtungen. Diese rechtlichen Maßnahmen bedeuten keine willkürliche Autoritätsausübung seitens der Allgemeinheit. Sie werden vielmehr von den Autobesitzern als eine Form notwendiger Ordnung akzeptiert und stellen keinen größeren »Verlust an Freiheit« dar als etwa die Bereitschaft, auf derselben Straßenseite zu fahren wie alle anderen.

Da sie leicht einsehbar sind, werden solche Regeln bereitwillig hingenommen. Nicht so leicht einsehbar und noch keineswegs von den Autofahrern bereitwillig akzeptiert, ist die Notwendigkeit, etwas gegen den verschwenderischen Verbrauch von Kraftstoff tun zu müssen. Man nimmt an, daß die Erdölvorräte der Erde in einem absehbaren Zeitraum erschöpft sein werden – hauptsächlich aufgrund des zunehmenden Kraftstoffverbrauchs durch eine wachsende Zahl von Automobilen. Und doch ist heute schon klar, daß eine viel wirksamere Nutzung der einmaligen Eigenschaften des Erdöls bei der Petrochemie, bei Kunstdünger und verschiedenen anderen speziellen Verarbeitungen liegt, für die nicht so leicht Ersatz zu schaffen ist. Die Wertsteigerung bei petrochemischen Produkten ist zehnmal größer als die bei Kraftstoff. Autos können auch mit anderen Mitteln als nur Benzin betrieben werden. Folgt man diesem Gedanken, müßte der Kraftstoffverbrauch zumindest durch viel höhere Benzinpreise eingeschränkt werden. Die Autobesitzer jedoch zögern, einen höheren Preis für Benzin hinzunehmen als ohnehin schon gezahlt werden muß. Und so leisten die Autobesitzer einen elementaren Beitrag zur Verschwendung einer der wertvollsten Ressourcen dieser Erde.

Direkter Mißbrauch der Arten

Man kann die Arten sowohl direkt als auch indirekt mißbrauchen. Ein direkter Mißbrauch liegt dort vor, wo der Mensch übertrieben große Mengen ihres Fleisches, ihrer Eier, Häute, Hörner usw. für sich beansprucht. Um direkten Mißbrauch handelt es sich, wenn der Mensch der Umwelt der Arten Güter in einem Umfange entzieht, daß dadurch das Ökosystem, das sie am Leben erhält, marginalisiert wird (z. B. Holz aus dem Lebensraum des Tigers).

Direkter Mißbrauch hat eine große Zahl von Arten gefährdet und ausgerottet. Dazu gehören der Dodo, der Große Alk, einige Seehund- und Schildkrötenarten, die Seekuh und der Dugong, alle fünf Arten des Rhinozeros, viele Rotwildarten und einige Wildkatzen. Diese Beispiele zeigen keineswegs so deutlich die Habgier und Kurzsichtigkeit des Menschen, wie uns manchmal nahegelegt wird. Der Dezimierungsprozeß ist viel eher darauf zurückzuführen, daß diese Arten den Status des Allgemeinbesitzes haben. Der Ausbeuter kann sich nicht nur eines »freien« Gutes bedienen, sondern er sieht dieses Gut auch als ein solches an, das allen zur Verfügung steht – ein Umstand, der ihn dazu ermutigt, soviel wie möglich davon an sich zu bringen, ehe andere ihm zuvorkommen. Alle seine Ausbeutergenossen teilen diese Sicht der Dinge, und jeder sucht den anderen zu übertreffen. Dieser selbstzerstörerische Prozeß beschleunigt sich, je schärfer der Wettkampf wird. Nur zu oft ist das Endergebnis, daß es die Ausbeuter für wirtschaftlich sinnvoll erachten, die Ressourcen bis zur Neige, d. h. bis zum kommerziellen, wo nicht gar biologischen Ende auszuschöpfen.

Der amerikanische Büffel illustriert diese »irrationale« Ausschöpfung potentiell erneuerungsfähiger Ressourcen. Gegen Ende des amerikanischen Bürgerkrieges grasten auf den Ebenen westlich des Mississippi Büffelherden mit 60 Millionen Tieren. Als der weiße Mann damit anfing, dieses »freiverfügbare Gut« auszubeuten, gab es noch keine über den Mississippi hinausführenden Eisenbahnverbindungen und deshalb auch keine Möglichkeit, Büffelhäute und -fleisch auf die Märkte des Mittleren Westens oder des Ostens der USA zu bringen. Ein kleiner Teil des Büffels galt jedoch als Delikatesse, nämlich die Zunge. Das Schlachten begann. Jedes erlegte Tier, besser gesagt: die Zunge jedes erlegten Tieres, brachte dem Jäger einen schönen Profit, während der verbleibende Rest des Kadavers, 500 kg Fleisch, liegengelassen wurde und verweste. Nach ein paar Jahren standen dann auch Märkte für die Häute offen, so daß das Abschlachten zunahm. Auf jeden durch die Häute erzielten Penny Gewinn kamen zwei kg Fleisch, die man verwesen ließ. In einem einzigen Jahrzehnt wurden Millionen von Büffeln erlegt und Millionen Tonnen Fleisch abgeschrieben.

Es hätte wenig Zweck gehabt, einen einzelnen Büffeljäger dazu anzuhalten, sich in seiner Jagd zu beschränken, um genügend große Büffelbestände für jene Zeit übrig zu haben, in der dank des erweiterten Eisenbahnnetzes durch den Verkauf des Fleisches ein sehr viel höherer Gewinn möglich werden würde. Er hätte darauf wohl geantwortet, daß er, wenn er auf einen Teil seines unmittelbar zu erzielenden Gewinns verzichten würde, um so für seine zukünftigen Bedürfnisse vorzusorgen (von den Bedürfnissen der Allgemeinheit ganz zu schweigen), wohl mit Sicherheit bei Anbruch dieser Zeit die Entdeckung machen müßte, daß andere Jäger die Büffelherden schon längst dezimiert hätten. Ganz im Gegenteil fände er es vielversprechender, so viele Tiere wie möglich zu erjagen – bevor seine Konkurrenten sich immer größere Stücke aus dem immer kleiner werdenden Kuchen abschnitten. Selbst als er dann die großen Herden auf klägliche Reste zusammenschrumpfen sah, hätte er keinen Vorteil darin gesehen, seine Beteiligung an dem »sinnlosen Abschlachten« zu reduzieren. Statt dessen hätte er es wohl als noch dringlicher angesehen, die letzten Bröckchen an sich zu reißen, bevor auch der Rest verschwunden wäre.

Die Quintessenz dieser traurigen Geschichte ist, daß der Büffel zu Kosten ausgebeutet werden konnte, in denen der Verlust für die Allgemeinheit nicht berücksichtigt worden war. Der öffentliche Schaden, den die Büffeljäger verursachten, war weit größer als ihr privater Gewinn. Aber wie das immer der Fall ist, wenn Menschen Ressourcen ausbeuten, die zum Eigentum des Gemeinwesens gehören, erwuchsen die Vorteile einer kleinen Gruppe von Menschen auf begrenztem Raum und für kurze Zeit. Jedes Mitglied der Gruppe war in die Lage versetzt, einen beträchtlichen Gewinn einstreichen zu können. Dagegen verteilten sich die Verluste auf die gesamte Gemeinschaft, was den unmittelbar erkennbaren Verlust des einzelnen klein erscheinen ließ (und zukünftige Mitglieder der Gemeinschaft hatten ja kein Mitspracherecht). Das Ende war, daß in wenigen Jahrzehnten die einst riesigen Büffelherden auf ein paar hundert Tiere reduziert worden waren.

Da die menschliche Natur geblieben ist, was sie immer war, und die Gesellschaft wenig getan hat, die »Tragödie der Allmende« zu überwinden, kommt das Drama des Büffels immer wieder zur Aufführung, nur mit neuer Besetzung durch andere Arten. Der einzige Unterschied ist der, daß der Mensch heute moderne Ausbeutungstechniken anwenden kann, die ihn in die Lage versetzen, mehr Ressourcen noch schneller übermäßig auszubeuten.

Die Meere als ein Lebensraum, der alle ernährt

Ein augenfälliges Beispiel für eine zunehmende Übernutzung liefern jene Unternehmen, die auf den Weltmeeren Fischfang betreiben. Die Meere stellen einen klassischen, allen zugänglichen Lebensraum dar. Diese Situation ermutigt jeden Fischer dazu, in immer perfektere Ausrüstungen zu investieren, um bessere Fangergebnisse zu erzielen als die Konkurrenten. Seine Rivalen beantworten das mit einer vergleichbaren Eskalation ihrer Anstrengungen, wodurch sie den Konflikt zwischen kurzfristigen wirtschaftlichen Vorteilen für den einzelnen und einer langfristig planenden Fischereiwirtschaft zum Wohle aller nur verschlimmern. Unter den gegebenen Umständen sieht jeder einzelne Fischer sein Heil in einer schnellen und endgültigen Ausbeutung. Das unvermeidbare Ergebnis sind etwa die jungen Ereignisse im Nordatlantik, wo Fischereiunternehmen aus einem Dutzend europäischer Länder 22 der wichtigsten Fischarten nachhaltig überfischt haben.

Auch der Fall der Wale ist hier zu nennen. Obwohl die Wale als ein außergewöhnlich gutes Beispiel dafür erscheinen mögen, wie wenig sich die Menschen für das Überleben der Arten engagieren, unterscheiden sich die Motive der Walfänger doch in nichts von denen jener, die Fischgründe überfischen oder Wälder zu stark abholzen. Ein im Meer herumschwimmender Wal gehört niemandem; sobald er getötet ist, ist er Privateigentum des Walfängers, dem allein der Profit zusteht. Die Aktivität des Walfängers führt zu Kosten unterschiedlichster Art. Alle Walfänger – die gegenwärtigen wie die zukünftigen – verfügen nun über einen verringerten Bestand und werden zusätzliche Zeit aufwenden müssen, um ein neues Ziel für ihre Harpunen zu finden. Noch schlimmer ist, daß sich alle Menschen mit dem erhöhten Risiko konfrontiert sehen, daß eine Walart ganz verschwindet. Diese Kosten entfallen zwar auch auf den Walfänger, der den Wal erlegt hat, aber das macht doch nur einen Bruchteil der Gesamtkosten aus.

Offensichtlich ist es im Interesse aller Walfänger ebenso wie im Interesse der gesamten Menschheit, einen Weg zur Begrenzung, wenn nicht sogar zur Aussetzung des Walfangs zu finden. Bis jedoch eine solche Übereinkunft erzielt werden kann, orientiert sich der einzelne Walfänger weiter an seinen eigenen Privatinteressen, d. h., er versucht, einen Wal zu erlegen, bevor andere ihm zuvorkommen. Er kann nichts darin sehen, durch eine Selbstbeschränkung beim Fang ein vereinzeltes Opfer zu bringen. Sein Ausbeutungsverhalten stimmt also, was die Ressourcen als Allgemeinbesitz anbetrifft, mit der allgemeinen Praxis überein – und der reduzierte Bestand an Walen ist eher Ursache als Folge der augenblicklichen, verschwenderischen Ausbeutungsmethoden.

Noch ein weiterer Faktor ermutigt zu schwerer Überfischung der Walbestände. Nicht nur eine sich weiterentwickelnde Technik, sondern auch gigantische Kapitalzinsen treiben den Unternehmer dazu, sich seine Investitionen zusammen mit einem ordentlichen Gewinn in einer verkürzten Zeitspanne – oftmals in nicht mehr als einem halben Jahrzehnt – zurückzuholen. Das steht im Widerstreit mit Erwägungen, die auf einen langfristigen Gewinn aus Ressourcen abzielen, die lange Zeiträume für ihre Reproduktion benötigen – wie zum Beispiel die Wale. Eine Population von Walen kann jährlich um etwa 5 bis 7 % wachsen – eine Rate, die weit niedriger ist als die normalen Zinssätze für investiertes Kapital, die gewöhnlich 10 % und mehr betragen.

Die Lage läßt sich veranschaulichen, wenn man einmal einen Bestand von ca. 75 000 Walen annimmt. Biologisch gesehen, wäre der maximale, langfristig zu erzielende Ertrag 2000 Wale pro Jahr. Bei einem angenommenen Wert von 10 000 Dollar pro Wal ergäbe das zwei Millionen Dollar im Jahr. Die Walfänger entscheiden sich nun gegen eine langfristige Nutzung und erlegen den Bestand auf einen Schlag. Sie würden dann eine Pauschaleinnahme von 750 Millionen Dollar erzielen, die, zu einem üblichen Zinssatz von 5 % angelegt, jährlich 37,5 Millionen Dollar abwerfen würde. Auch wenn dieses Rechenexempel sehr vereinfacht ist, zeigt es doch, daß es erheblich gewinnbringender ist, den ganzen Bestand sogleich auszurotten, als einen Ertrag über einen langen Zeitraum anzustreben.

Indirekter Mißbrauch der Arten

Soviel zur direkten und vorsätzlichen Überausbeutung freilebender Tiere. Die meisten Arten, die bedroht sind, leiden indirekt durch die unbekümmerte Ausbeutung der natürlichen, ihren Lebensraum bestimmenden Ressourcen wie Holz, Wasser usw.

Das Löwenäffchen bewohnte einst 6500 km^2 Wald im Südosten Brasiliens. Heute sind die letzten 600 Tiere auf ein 550 km^2 großes Waldareal zurückgedrängt. Dieser Restwald wird, wenn bis zur Eliminierung ausgebeutet, keinen größeren wirtschaftlichen Gewinn bringen als den, der sich ergäbe, wenn man herausfände, daß das Löwenäffchen ähnlich wie das Weißpinseläffchen über heilkräftige Substanzen verfügt, die sich für Impfstoffe gegen Krebs eignen. Aber die Rodung des Waldes bringt einer beschränkten Anzahl von

Menschen unmittelbaren Profit, d. h., der Nutzen ist ein konzentrierter, nennenswerter und leicht erkennbarer. Im Gegensatz dazu würde der Schutz von Krallenäffchen Vorteile bringen, die sich über einen längeren Zeitraum und auf viele Nutznießer verteilen würden, d. h., sie wären gleichsam verstreut und schwer wahrnehmbar. Angesichts der Art und Weise, in der die gesellschaftlichen Institutionen die Alternativen abwägen, gewinnen die kurzfristigen Profite von Privatpersonen stets die Oberhand.

Das, was für die Krallenäffchen gilt, trifft in größerem Maßstab auch auf die Waldrodungen in Amazonien zu (vgl. dazu auch Kap. 9 und 10). Verschiedene Projekte zur Ansiedlung von Kleinbauern und Viehzüchtern mögen schon die Ausrottung einer Reihe von Insektenarten, die innerhalb der amazonischen Regenwälder auf eng begrenzte Gebiete verteilt sind, bewirkt haben, die Vorteile, die aus der Rettung dieser Arten erwüchsen, wären diffus, langfristig und schwer zu evaluieren, wohingegen der landwirtschaftliche Nutzen ein unmittelbarer, offensichtlicher und quantifizierbarer ist. Allerdings könnte man einen Unterschied darin sehen, daß sich die Ausbeuter des Lebensraumes der Krallenäffchen durchaus der Bedeutung ihrer Handlungsweise für diese so gefährdete Art bewußt sind. Aber sie hören trotzdem mit dem Roden nicht auf, weil sie nicht bereit sind, ein Opfer für den Schutz eines Teils des menschlichen Erbes zu bringen, das ihnen niemand vergilt. Die Kolonisten und Viehhalter Amazoniens sind sich jedoch mit ziemlicher Sicherheit der Konsequenzen ihres Tuns verwundbarer Arten nicht bewußt gewesen. Glücklicherweise schenken die brasilianischen Behörden inzwischen den ehrgeizigen Plänen zur Erschließung Amazoniens und ihren Folgen größere Beachtung.

Ein ähnlicher Verlust von Lebensraum und eine Zerstörung lebenserhaltender Systeme trifft auch andere ökologische Regionen. In den Zonen natürlicher Grasvegetation beispielsweise kollidieren die Bedürfnisse der Viehhaltung häufig mit denen der freilebenden Pflanzenfresser. In Südafrika vertrieben die Farmer den Quagga (Wildesel) und den Blaubock, damit ihre Rinder- und Schafherden das Grasland allein für sich hatten. In Botswana und Namibia sind die ursprünglich großen, eine halbe Million Tiere umfassenden Herden des Weißschwanzgnus um 90 % verringert worden, da die natürliche Grasvegetation zunehmend für die Viehhaltung beansprucht wurde. Das Problem ist nicht, daß die Viehhalter freilebenden Tieren mit Gleichgültigkeit begegnen, sondern daß sich die Gesellschaft noch nicht ausreichend darüber im klaren ist, daß sie entschiedenere Schritte zum Schutz ihres Erbes unternehmen muß.

Institutionelle Mängel erweisen sich insbesondere in einer Zeit als kritisch, in der es mehr Unternehmer als jemals zuvor gibt, die es auf eine intensivierte Ausbeutung der natürlichen Ressourcen abgesehen haben und die gleichzeitig indifferent gegenüber anderen Werten sind, die auf dem Spiel stehen. Ein Holzunternehmer in Südostasien sieht sich heute in zunehmendem Maße wirtschaftlich ermutigt, die Wälder ohne Rücksicht nicht nur auf die

Bedürfnisse der Gesellschaft, sondern offensichtlich auch auf seine eigenen langfristigen Interessen übermäßig auszubeuten. Wie im Falle der marinen Fischgründe und der Wale, liegt die Schuld zum Teil bei den außergewöhnlich hohen Zinsen und den inflationären Fluktuationen der Kapitalmärkte, die den Unternehmer dazu zwingen, seine Investitionen in möglichst kurzer Zeit mit hohem Gewinn auszugleichen (vgl. Kap. 13). Das Ergebnis ist eine überstürzte Rodung der südostasiatischen Wälder, die in einmaliger und endgültiger Manier ausgebeutet werden. Mit den Wäldern verschwinden nicht nur die Lebensräume des Orang-Utan, sondern auch die vieler Tausender anderer Arten.

Ein ähnlicher Prozeß vollzieht sich auch bei anderen natürlichen Ressourcen. Den Landwirten werden immer wieder ihre unzulänglichen Anbaumethoden zum Vorwurf gemacht, die zu einer Erosion der wertvollen Ackerkrume führen, womit sie nicht nur ihre eigene Existenzgrundlage, sondern schließlich auch die Fähigkeit der Menschheit, sich zu ernähren, unterminieren. Das Verhalten der Bauern resultiert nicht etwa daraus, daß sie unwissend oder ignorant sind. Sie unterliegen vielmehr dem Zwang, in jeder Anbauperiode soviel wie nur möglich zu produzieren – und lassen dabei die Notwendigkeit außer acht, die Produktivität der Anbauflächen für die Zukunft zu erhalten. Nach diesem Muster verfuhren vor 40 Jahren die amerikanischen Farmer und verursachten damit verheerende Sandstürme und Bodenerosion. Aber auch das amerikanische Bodenschutz-Programm hat nur wenig geholfen, obwohl es den einzelnen Farmern finanzielle Anreize bot, das allgemeine Wohl ebenso wie ihr privates im Auge zu behalten.

Nach einer vierzigjährigen Laufzeit des Programms und Ausgaben von 15 Milliarden Dollar sind noch nicht mehr als ein Viertel der landwirtschaftlich genutzten Flächen der Vereinigten Staaten von Amerika in geeigneter Weise gegen Erosion geschützt. Insgesamt gehen heute durchschnittlich 22 Tonnen Ackerkrume pro Hektar und Jahr verloren, fast doppelt soviel, wie nach Ansicht des Bodenschutz-Dienstes als »akzeptabel« gilt. Zusammen macht das drei Milliarden Tonnen pro Jahr (und dazu kommen 50 Millionen Tonnen Pflanzennährstoffe im Wert von sieben Milliarden Dollar). Der Verlust repräsentiert etwa ein sechstel Zentimeter Ackerkrume, den neu zu schaffen Jahrzehnte dauern kann. Weit davon entfernt, »aufgeklärter« zu werden, haben viele Farmer den Bodenschutz sogar noch mehr vernachlässigt – und dies mit der Begründung, daß sie in Zeiten höchster Preise keine Zeit und kein Geld auf Aktivitäten verschwenden könnten, die nicht der Erzielung von Rekordernten dienten. Der Bodenschutz-Dienst glaubt, daß die Erosion um die Hälfte verringert werden muß, wenn die Vereinigten Staaten von Amerika ihren heutigen hohen Ertragsstand halten wollen.

Man geht davon aus, daß das Problem der Bodenerosion in den Entwicklungsländern doppelt so groß ist wie in den Industriestaaten. Weltweit beläuft sich der jährliche Verlust an Ackerland durch Erosion und verwandte Probleme wie etwa die Versalzung aufgrund ungeeigneter Bewirtschaftungsmethoden auf 50 000 bis 70 000 km², eine Fläche etwa von der Größe Belgiens und Hollands oder des US-Bundesstaates West Virginia.

Solche Konflikte zwischen individuellen und allgemeinen Bedürfnissen sowie zwischen kurz- und langfristigen Interessen belasten Menschen in verschiedenster Weise überall auf der Erde. Wenige Probleme sind so weitverbreitet, verlangen so dringend nach einer Lösung und werden doch so wenig ernst genommen und verstanden wie die Probleme, vor die uns die zum Allgemeinbesitz gehörenden Ressourcen heute stellen.

Unbeabsichtigte Folgeerscheinungen

In der ganzen Analyse des Konflikts zwischen Allgemeinerbe und Allgemeinbesitz taucht immer wieder ein zentraler Gesichtspunkt auf: der der ungewollten Folgen wirtschaftlicher Aktivitäten, die gar nicht einmal auf die Vernichtung freilebender Arten ausgerichtet sind. Anders ausgedrückt, lösen die Menschen durch ihr Tun unwissentlich negative Wirkungen aus, die außerhalb ihres beabsichtigten Handlungszusammenhanges entstehen. So, wie diese Folgeerscheinungen fast immer unbeabsichtigt sind, wird ihnen auch zumeist keine Abhilfe zuteil. Wenn ein Wirtschaftssystem wächst und immer komplexer und integrierter wird, erhöht sich die Chance, daß ein Mitglied dieses Systems, wie ungewollt auch immer, anderen Schaden zufügt und die ungewöhnlich empfindlichen Teile seiner Umgebung - so z. B. seine natürliche Umwelt (die Atmosphäre, die Gewässer, die Lebensräume der Arten usw.) - nachhaltig schädigt. Ganz besonders anfällig gegenüber solchen ungewollten Schädigungen sind diejenigen Ressourcen, die dem Allgemeinbesitz zugehören - vor allem die Arten.

Die wohlhabenden Mitglieder der globalen Gemeinschaft sind für eine Vielzahl der zerstörerischen wirtschaftlichen Aktivitäten auf der ganzen Erde verantwortlich. Sie setzen dadurch negative Entwicklungen in anderen Ländern in Gang und fördern die Zerstörung selbst der entlegensten Lebensräume von Arten. So suchen z. B. die Konsumenten in europäischen Supermärkten nach Rindfleisch aus Afrika zu »vernünftigen« Preisen, d. h. zu Preisen, die im Vergleich mit denen für Rindfleisch aus anderen Erzeugerländern attraktiv sind. Ganz unwissentlich bestärken sie dadurch die Viehhalter der afrikanischen Savannen in ihrem Bemühen, eine Hauptursache für Profitverluste, nämlich den Geparden und andere Raubtiere, auszuschalten. Der Amerikaner, der sich einen »Hamburger« kauft, möchte beste Qualität zu niedrigstem Preis haben. Ohne es zu wissen, trägt er dadurch zur Zerstörung der Wälder Mittelamerikas und zur Massenvernichtung von Arten bei (vgl. Kap. 10). Der Holzunternehmer in den tropischen Wäldern ist bestrebt, die wachsende Nachfrage der Industrieländer nach speziellen Harthölzern zu befriedigen. Als gewinnorientierter Unternehmer zögert er, den Holzeinschlag mit Umweltschutzmaßnahmen zu verbinden, da er fürchtet, daß der Verbraucher die dadurch entstehenden Mehrkosten als Preistreiberei ansehen und sich anderen Lieferanten zuwenden könnte (vgl. Kap. 13). Wiederum ist der Verbraucher unbeabsichtigt an dem beteiligt, was in den tropischen Regenwäldern geschieht bzw. unterbleibt.

Da die Weltwirtschaft beständig weiterentwickelt und integrierter wird, wirkt sie in zunehmendem Maße negativ auf die Lebensräume der Arten ein. Die Naturschützer werden als Antwort darauf Strategien entwickeln müssen, die diesen negativen Konsequenzen entgegenwirken (vgl. Kap. 16). Denn die Zerstörung von Lebensräumen ist schließlich eine unbeabsichtigte Folge und nicht ein beabsichtigter Zweck der Aktivitäten des Nutzers. Es ist wenig gewonnen, wenn man warnend den Finger hebt – es gilt, bessere Wege zu finden und ausgewogenere Verhältnisse zu schaffen. Letzteres ist eine beängstigend große Aufgabe, denn sie impliziert, daß man sich von so manch einer überkommenen, in Naturschützerkreisen der Vergangenheit gängigen Weisheit verabschieden muß. Trotzdem ist das durchaus keine unlösbare Aufgabe.

Zusammenfassung

Zusammenfassend läßt sich sagen, daß die Arten einzigartige Ressourcen darstellen, die zum Erbe der gesamten Menschheit gehören. Als solche verdienen sie außergewöhnliche Schutzmaßnahmen. Leider aber werden sie nur allzuleicht als Ressourcen im Allgemeinbesitz behandelt. Als solche werden sie zum Gegenstand einer beängstigenden Zerstörung.

Dennoch ist ein Nutznießer, der Ressourcen mißbraucht, die zum Allgemeinbesitz gehören, durchaus nicht blind gegenüber den elementaren Bedürfnissen der Allgemeinheit, seine eigenen eingeschlossen. Er nimmt lediglich seine privaten, unmittelbaren Interessen im Rahmen jener Spielregeln wahr, die in unzulänglicher Weise durch die Gesellschaft bzw. ihre Institutionen festgelegt worden sind. Es ist nicht so sehr der einzelne Nutznießer, sondern vielmehr die Gesellschaft dafür verantwortlich zu machen, daß keine besseren Regeln aufgestellt werden. Die Anstrengungen der Gesellschaft zur Erhaltung ihres Erbes müßten solche Maßnahmen einschließen, die sowohl ihrer Natur als auch dem Streben des einzelnen entgegenkommen, seine privaten Bedürfnisse zu befriedigen. Wir werden auf diesen Punkt zurückkommen und in den Kapiteln 16 und 17 einige praktische Möglichkeiten erörtern.

Politische und rechtliche Dimensionen des Artenschutzes

Wie im vorangegangenen Kapitel betont, hat die Auffassung von den Arten als Teil des Allgemeinerbes der Menschheit auf seiten des Marktes wenig Anerkennung gefunden. Tatsächlich sind die Arten vor allem deshalb bedroht, weil unzulängliche Wirtschaftsinstitutionen sie und ihre Lebensräume als Allgemeinbesitz begreifen und so ihren Mißbrauch fördern. Wenn privater und öffentlicher Nutzen nicht zusammengehen - beide sind aus der Sicht der respektiven Befürworter rationale Interessen -, neigen die Wirtschaftssysteme dazu, das Gleichgewicht zugunsten der Privatinteressen umzustoßen. Angesichts dieses Konfliktes ist es für die Gemeinschaft erforderlich, sich um ihres langfristigen Wohles willen durchzusetzen. Ein wesentliches Mittel für die Behörden, das Problem aus dem Bereich wirtschaftlicher Mechanismen herauszulösen, besteht darin, es in die Sphäre politischer und gesetzlicher Initiativen zu erheben.

Auf diese Weise wird das Problem des Artenschutzes zu einer Frage der öffentlichen Politik. Und das eröffnet Wege zur Bildung eines Konsensus über die Arten als Teil des Allgemeinerbes: Inwieweit sind sie es wert, geschützt zu werden; in welchem Umfang darf das die Mittel der Allgemeinheit, verglichen mit anderen Allgemeininteressen, belasten; usw.? Das wiederum kann dann zu praktischen Vorschlägen für den Artenschutz führen, vor allem zu rechtlichen Maßnahmen, die die Kontrolle der Landnutzung, Umweltgesetzgebung, Steuern, Subventionen und ähnliches zum Gegenstand haben.

So jedenfalls läuft der politische Prozeß in einzelnen Ländern ab. In den Vereinigten Staaten von Amerika z. B artikulieren verschiedene Rechtsgrundsätze das öffentliche Interesse an allgemeinen Werten. Sie ermöglichen es, daß die Wünsche der Gesellschaft hinsichtlich der Arten Vorrang bekommen gegenüber Privatinteressen, die auf übermäßige Ausbeutung bestimmter Arten und die Vernichtung von Lebensräumen abzielen. Auf internationaler Ebene jedoch führt ein solches Verfahren zu erheblichen Schwierigkeiten. Auch wenn die Weltgesellschaft den Wunsch hat, die Arten besser geschützt zu sehen, kann sie sich doch leider über die regionalen Interessen einzelner Länder, auf deren Territorien die Arten leben, nicht so leicht hinwegsetzen. Da ergibt sich das Dilemma der nationalen Verfügungsgewalt über die natürlichen Ressourcen, die zugleich Erbteil der gesamten Menschheit sind. Dieser fundamentale Konflikt bestimmt das Artenproblem sehr weitgehend und ist es deshalb wert, ein wenig eingehender behandelt zu werden.

Nationale Souveränität und globale Völkergemeinschaft

Das Konzept der nationalen Souveränität ist praktisch seit seiner Implementierung vor 400 Jahren beständig gestärkt worden. Es läuft darauf hinaus, daß Nationen als unabhängige politische Einheiten das Recht haben, innerhalb ihrer Grenzen zu machen, was sie wollen. Das Konzept ist besonders bestechend für die vielen Entwicklungsländer, die erst kürzlich und nach langer Fremdherrschaft die nationale Unabhängigkeit erlangt haben. Diese Nationen reagieren verständlicherweise sehr empfindlich auf Einschränkungen ihrer Souveränität. Und es sind genau diese Entwicklungsländer, in denen die meisten Arten leben.

Aber nur zwei Jahrzehnte, nachdem die Zahl der unabhängigen Staaten von 60 auf 150 angewachsen ist, haben ausgereicht, um die Praxis der souveränen Unabhängigkeit in mancher Beziehung zu so etwas wie einer Scharade werden lassen. Wie sehr dies auch nach einer unzutreffenden Interpretation der augenblicklichen Gegebenheiten klingen mag, es reflektiert doch zunehmend die wirkliche Natur des Umgangs der Staaten miteinander, die im Gegensatz zu der Unabhängigkeitsrhetorik der nationalen Führer steht. Dank ihrer Handelsverflechtungen, der monetären Systeme und einer Fülle anderer internationaler Beziehungen sehen sich die Staaten immer mehr in die Angelegenheiten der anderen verwickelt. Solange sich Regierungen und Privatunternehmen auf Transaktionen mit außerhalb der eigenen Staatsgrenzen ansässigen Organisationen einlassen, solange sind diese »Ausländer« in der Lage, auf deren nationale Interessen Einfluß zu nehmen. Es ist eine unausweichliche Tatsache, daß jede internationale Transaktion der Einflußnahme durch mehr als einen souveränen Staat unterworfen ist; und Hunderte von ernsthaften Versicherungen der Regierungen, daß dem nicht so sei, können nichts daran ändern.

Diese zunehmende Einschränkung der Souveränität gilt ganz eindeutig für die Industrienationen mit ihrem Drang nach Wirtschaftswachstum ohne Ende. Zumindest in gleichem Maße gilt sie aber auch für die Entwicklungsländer, die zwar oft und gern die Fahne ihrer neuen politischen Unabhängigkeit schwenken, zugleich aber nach schnellem wirtschaftlichem Fortschritt für ihre verarmte Bevölkerung streben und damit stärker an der internationalen Wirtschaft partizipieren müssen. Diese Länder sind sich in zunehmendem Maße der Tatsache bewußt, daß viele ihrer natürlichen Ressourcen nur dank der internationalen Märkte einen Wert gewinnen. Es ist ihnen auch klar, daß diese Rohstoffe oftmals nur mit Hilfe einer hochentwickelten Technologie ausgebeutet werden können und daß sie, wollen sie diese nutzen, ausländisches Kapital und Know-how brauchen. Kurz gesagt, die Entwicklungsländer tauschen wie die Industrienationen viele Vorstellungen von Unabhängigkeit gegen die Segnungen gegenseitiger Abhängigkeit ein.

Es wird immer mehr zu einem Tatbestand der internationalen Verflechtungen, daß die Souveränität einer Nation durch Inflation, Währungsschwankungen, Schwerpunktverlagerungen bei den Handelsbeziehungen usw. marginalisiert werden kann. Folglich ist es immer seltener der Fall, daß eine Nation als sich entwickelnde wirtschaftliche und als unabhängige politische Einheit identische Ziele verfolgt. Dazu kommt, daß die Staaten mit allgemeinen Schwierigkeiten konfrontiert werden, die zugleich politischer wie auch ökonomischer Natur sind: das Bevölkerungsproblem, der internationale Terrorismus, die Bedrohung eines nuklearen Krieges, die Energie- und die Ernährungskrise (sowohl Getreide als auch Öl können bekanntlich als politische Waffen eingesetzt werden). Wie sehr auch Politiker überall auf der Welt das Ideal der Souveränität proklamieren mögen – ihr täglicher Umgang miteinander demonstriert doch oftmals das genaue Gegenteil.

Diese neuen Trends könnten es der Völkergemeinschaft leichter machen, sich in Fragen der Erhaltung des weltweiten Erbes durchzusetzen. Es ist kaum länger realistisch aufrechtzuerhalten, daß, weil sie innerhalb der Territorien einzelner Staaten leben, einzelne Arten deshalb natürliche Ressourcen darstellen, über die eben diese Staaten souveräne Rechte ausüben können. Die Welt funktioniert kaum noch in solch absoluter Manier. Es darf nicht mehr als ungerechtfertigte Einmischung aufgefaßt werden, wenn die Völkergemeinschaft sich dafür interessiert, was mit den Arten im Hoheitsgebiet einzelner Staaten geschieht. Es ist dies durchaus keine größere »Einschränkung der Souveränität« als es internationale Maßnahmen zur Regulierung des Handels, der Investitionsströme, der Inflation, der Gesundheitskontrollen oder gar des internationalen Postverkehrs und der internationalen Verkehrswege sind.

Je mehr die internationale Interdepedenz wächst, desto verwundbarer wird das einzelne System durch Außeneinwirkungen. Wie im vorangegangenen Kapitel bereits kurz angedeutet, tendieren die zunehmenden Folgen solcher Außeneinwirkungen dazu, sich auf die Schwachstellen jener Mechanismen zu konzentrieren, mit deren Hilfe die Gesellschaft ihre Angelegenheiten regelt – vor allem auf die Verbindungen in der »Ressourcen-Kette«, die den Konflikt zwischen Allgemeinerbe und Allgemeinbesitz widerspiegeln. Ein Absinken des weltweiten Getreideangebotes, vor allem durch den »Brotkorb der Welt«, nämlich Nordamerika, treibt mehr Bauern in tropischen Ländern dazu, neues Land zu gewinnen, um darauf Nutzpflanzen für die eigene Existenzsicherung anzupflanzen. Das wiederum führt dazu, daß die sich ausweitende Subsistenzwirtschaft die genetischen Ressourcen wilder oder primitiver Nutzpflanzen eliminiert, die zur Erhaltung der Produktivität der nordamerikanischen Anbaugebiete unabdingbar notwendig sind.

Diese seit einiger Zeit stattfindende Aushöhlung nationaler Souveränität stellt eine grundsätzliche Veränderung der internationalen Szene dar – eine der größten Veränderungen, mit denen die Staaten seit dem Aufkommen des Souveränitätsdenkens als eines allgemein anerkannten Konzeptes jemals konfrontiert waren. Wahrscheinlich ist es eine größere Veränderung als jene, die mit den weltweit geführten Kriegen einhergingen. Und es entspricht der Anerkennung dieser Veränderung, daß sich die Staaten in zunehmendem Maße an der Ausbildung neuer internationaler Strukturen beteiligen, die dazu geeignet sind, das alte System der unabhängigen Nationalstaaten zu überwinden. Heute delegieren die Staaten Teile ihrer Souveränität an internationale Organisationen wie die Vereinten Nationen oder die OECD; sie delegieren bedeutende Teile ihrer Souveränität an regionale Interessenverbände wie NATO oder ASEAN oder Wirtschaftsverbände wie die OPEC; und sie delegieren beachtliche Partien ihrer Souveränität an integrative Einheiten wie zum Beispiel der EWG. Wie der ehemalige US-Präsident Carter einmal äußerte, liegen die Hauptprobleme, mit denen sich die Welt konfrontiert sieht, »jenseits des Einflußbereiches einzelner Nationalstaaten, wie mächtig sie auch sein mögen . . . In den verbleibenden Jahren dieses Jahrhunderts muß das zentrale Anliegen der Außenpolitik der Vereinigten Staaten von Amerika der Aufbau wirksamer internationaler Körperschaften etwa nach Art des Systems der Vereinten Nationen sein.«

Diese freiwilligen Schritte in Richtung auf erweiterte politische Ordnungen reflektieren die wachsende Einsicht in die wechselseitigen Abhängigkeiten moderner Staaten. Zunehmend entdecken die Menschen neue Bedürfnisse und neue Möglichkeiten einer sich wandelnden internationalen Szene. Nach einer Gallup-Umfrage des Jahres 1976 ist vielen Bürgern klargeworden, daß bestimmte wichtige, nationale Probleme in ursächlicher Verbindung mit dem stehen, was in anderen Staaten geschieht: In den Vereinigten Staaten von Amerika glaubten das 62 % der befragten Personen, in Westeuropa 61 % und in Japan 45 %. In Brasilien waren es jedoch nur 29 %, was nahelegt, daß die Menschen in den Entwicklungsländern noch weniger geneigt sind einzusehen, wie sehr gegenseitige Abhängigkeit zu einem festen Bestandteil des Lebens im 20. Jahrhundert geworden ist. Tatsächlich werden sich wohl nur wenige politische Führer in Entwicklungsländern offen dem Gedanken anschließen, daß die Nation nach wie vor noch die politische und administrative Haupteinheit auf internationaler Ebene ist, immer weniger aber eine Funktionseinheit da, wo es um Fragen ihrer wirtschaftlichen, sozialen, kulturellen oder auf die Umwelt bezogenen Aktivitäten geht. Ohne Einsicht aber in die veränderte Lage der Dinge wird es kaum als dringlich angesehen werden, neue politische Instrumentarien für die globale Völkergemeinschaft entwickeln zu müssen. Bedauerlicherweise beharren einige Staaten auch weiterhin darauf, daß der beste Weg, internationale Fragen anzugehen, allein über nationale Institutionen führe, anstatt in Verbindung mit weiterreichenden Wirkungsmechanismen den neuen Herausforderungen zu begegnen.

Exklusive und inklusive Rechte und Aktivitäten

Unter diesen Umständen gibt es ein zentrales Dilemma hinsichtlich der Rechte und Aktivitäten, die entweder ausschließlich oder einschließlich definiert sein können. Das ist eine grundsätzliche Frage des internationalen Rechts und befindet sich - wie das Souveränitätsdenken - in einem Zustand der Veränderung, wie wenig dies auch bei einzelnen Mitgliedern der weltweiten Völkergemeinschaft erkannt worden sein mag.

»Ausschließlich« bezieht sich auf solche Rechte und Aktivitäten, die vor allem einen Staat betreffen. Der Begriff steht so mit nationaler Unabhängigkeit in Verbindung. »Einschließlich« bezieht sich auf solche Rechte und Aktivitäten, die gewichtige Folgen auch für andere Staaten haben, also Außeneinwirkungen implizieren. Deshalb verbindet sich dieser Begriff mit gegenseitiger Abhängigkeit. Implizite bezieht sich »einschließlich« insbesondere auf solche Ressourcen, die - in welchem Umfange auch immer - dem Allgemeinerbe zugehören (gleichzeitig sind es zumeist auch Ressourcen, die Allgemeineigentum sind). Als Beispiele lassen sich die Atmosphäre, die Meere und Hauptgewässer, die Fischgründe, seltene geomorphologische Erscheinungen, außergewöhnliche Ökosysteme und die Arten anführen. Einige - so etwa die Atmosphäre oder die Meere - sind ganz eindeutig Ressourcen, die der gesamten Menschheit gehören. Und dennoch sind sie manchmal der übermäßigen Nutzung durch einzelne Staaten ausgesetzt, was schwerwiegende Folgen für die gesamte Menschheit haben kann. Wenn Frankreich oder China nukleare Tests in der Atmosphäre durchführen, setzen sie Menschen in weiter entfernt gelegenen Ländern dem radioaktiven Niederschlag aus. Praktisch alle Industrienationen nutzen die offenen Meere als Müllkippen für riesige Mengen giftiger Chemieabfälle.

Andere Ressourcen - wie beispielsweise seltene Ökosysteme oder die Arten - »gehören« einzelnen Staaten aufgrund der Tatsache, daß sie sich auf ihrem Hoheitsgebiet befinden. Zugleich aber sind sie ganz klar auch von legitimem Interesse für die gesamte Menschheit. Das gilt auch für Waldareale mit ihrem »Wasserspeicher-Service« für Gebiete weit außerhalb ihrer Vorkommen. Ein Staat kann seine Wälder als Ressourcen, über die er glaubt, souverän verfügen zu können, ausbeuten; das ist eine Aktivität, die unter bestimmten Gesichtspunkten ganz offenbar eine »ausschließliche« ist. Und doch kann die Ausbeutung der Wälder, wenn sie nicht streng reguliert wird, ernst zu nehmende Konsequenzen für andere Staaten haben. Die Abholzung der nepalesischen Wälder führt zu einer Störung der Flußsysteme (erst gibt es Sturzfluten, dann zu geringe Wassermengen), die die flußabwärts gelegenen Staaten Indien und Bangladesch belasten - allein 1978 entstanden dort Schäden in Höhe von zwei Milliarden Dollar. Eine großflächige Holzexploitation in Indonesien oder Brasilien kann zur Ausrottung zahlloser Artenbestände führen. In dem Maße, in dem die wirtschaftlichen Aktivitäten und technologischen Prozesse immer fortschrittlicher und immer komplizierter werden, in dem Maße lösen sie auch eine immer größer werdende Zahl von »Außenwirkungen« innerhalb einer zunehmend integrierten weltweiten Völkergemeinschaft aus. Und das wiederum führt dazu, daß die negativen Auswirkungen dieser Aktivitäten auf die dem Allgemeinerbe ebenso wie dem Allgemeinbesitz zugehörenden Ressourcen immer verbreiteter und bedrohlicher werden.

Die Rechtswissenschaftler der Yale University McDougall und Schneider haben das sehr anschaulich zum Ausdruck gebracht:

»Es wird heute weithin anerkannt, daß die Erde – oder präziser: die gesamte erdräumliche Umwelt – eine ökologische Einheit sowohl in einem grundlegenden wissenschaftlichen Sinne als auch im Sinne der Interdependenz der sozialen Prozesse ist, vermittels derer der Mensch Gebrauch von ihr macht. Alle Lebewesen, einschließlich des Menschen, die den Planeten bewohnen, sind miteinander und mit ihrer nicht-lebendigen Umgebung durch ein Netz komplizierter und interdependenter natürlicher und kultureller Komponenten verbunden, das man als das »Welt-Ökosystem« bezeichnet ... Es sind die spezifischen ökologischen Einheiten oder wechselseitigen Abhängigkeiten innerhalb dieses umfassenden Ökosystems, die es zu einer einzigen, für alle zur Verfügung stehenden – und notwendigerweise von allen benutzten – Quelle machen. Was im einzelnen für die Interdependenzen bei der Nutzung der Atmosphäre, des Weltraumes, der Meere, der Flußsysteme und der Landmassen gilt, das gilt gleichermaßen für das unteilbare Ganze, das sie umfassen.«

Diese Sätze werfen ein Licht auf das Dilemma der »einschließlichen« und »ausschließlichen« Rechte und Aktivitäten von Staaten, vor allem im Hinblick auf die Umweltressourcen. Einige von ihnen verdienen es aufgrund ihrer außerordentlichen Bedeutung für die gesamte Menschheit, als gemeinsame Ressourcen unter »einschließlicher« Zuständigkeit, d. h. so frei wie möglich von »ausschließlicher« Zuständigkeit, erhalten zu werden. Dazu gehören die Atmosphäre, das Klima, das Wetter, die Meere und die großen Flußsysteme. Fast alle Arten kommen innerhalb der Hoheitsgebiete einzelner Staaten vor, aber auch sie sollten in gewissem Sinne als in »einschließlichem« Interesse der gesamten Menschheit liegend angesehen werden. Die Arten gehören sowohl dem »ausschließlichen« als auch dem »einschließlichen« Bereich zu – eine Situation, die große Schwierigkeiten hinsichtlich des Artenschutzes mit sich bringt. Das gilt auch für die tropischen Regenwälder, wie in der wegweisenden Schlußerklärung des 8. Weltwaldkongresses, der im Oktober 1978 in Jakarta stattfand, festgehalten worden ist:

»Die vielen Güter und Dienste, die wir dem Wald verdanken . . . werden zunehmend von allen Völkern der Welt benötigt, ob sie in Städten oder auf dem Land, in den Tropen oder in den gemäßigten Breiten, in Waldregionen oder in Wüsten und Tundren leben ... Deshalb erklärt der Kongreß, daß die Wälder der Erde allen Menschen gehören, unabhängig von Längen- oder Breitengrad ihres Wohnsitzes, unabhängig von ihrem Einkommen, unabhängig von Alter und Geschlecht, unabhängig von Rasse, Religion und Hautfarbe und unabhängig von politischen Grenzen.«

Die Völkergemeinschaft sieht sich nun aber den wachsenden Problemen der Ausbeutung von Ressourcen und deren negativen Umweltfolgen konfrontiert. Dieses Problem ist von den internationalen Organisationen keineswegs übersehen worden, auch wenn sie bisher nur wenige praktische Schritte unternommen haben, der Herausforderung zu begegnen. Die Konferenz über Fragen der menschlichen Umwelt, die 1972 in Stockholm abgehalten wurde, gab eine Erklärung ab, die in »Grundsatz 21« folgendes festhielt:
»Staaten haben das souveräne Recht, in Einklang des internationalen Rechts ihre eigenen Ressourcen gemäß ihrer eigenen Umweltpolitik zu nutzen; es ist ihre Verantwortung, sicherzustellen, daß durch Aktivitäten innerhalb ihres Hoheitsgebietes der Umwelt anderer Staaten oder von Gebieten außerhalb der Grenzen ihrer natinalen Jurisdiktion kein Schaden zugefügt wird.«

In ähnlicher Weise formuliert es die »Carta der ökonomischen Rechte und Pflichten von Staaten«, die Resolution 3281 der Vollversammlung der Vereinten Nationen:
»Der Schutz, die Erhaltung und die Verbesserung der Umwelt für die gegenwärtigen und zukünftigen Generationen liegen in der Verantwortung aller Staaten. Alle Staaten sollen darum bemüht sein, ihre eigene Umwelt- und Entwicklungspolitik im Sinne dieser Verantwortung zu realisieren. Die Umweltpolitik aller Staaten sollte das gegenwärtige und zukünftige Entwicklungspotential der Entwicklungsländer erhöhen und nicht negativ darauf einwirken. Alle Staaten sind dafür verantwortlich, daß sichergestellt ist, daß Aktivitäten innerhalb des Bereiches ihrer Jurisdiktion der Umwelt anderer Staaten oder anderer Gebiete außerhalb ihrer Jurisdiktion keinen Schaden zufügen. Alle Staaten sollten dabei zusammenarbeiten, internationale Normen und Regeln für den Bereich der Umwelt zu entwickeln.«

Beachtenswerterweise betonen die beiden zuletzt zitierten Dokumente die Verantwortung der Staaten dafür, daß ihre Aktivitäten nicht die Umwelt sozusagen »stromabwärts liegender Nationen« belasten. Es ist klar, wie diese Verantwortlichkeit für die Umwelt von Staaten wahrgenommen wird, die in engem ökologischen Verbund leben. Wie steht es aber mit Staaten, die weiter entfernt liegen und zu denen die Beziehungen weniger eng und unkompliziert sind? Müßte nicht, wenn ein Staat Aktivitäten vermeiden will, die »die Umwelt anderer Staaten« belasten könnten, das Welt-Ökosystem von McDougall und Schneider ins Spiel gebracht werden? Wenn ein Staat einen Teil seiner Wälder abholzte, der einziger Lebensraum einer Vogelart wäre – müßte das nicht als Eliminierung eines integralen Bestandteils des Welt-Ökosystems ausgelegt werden, durch die allen Staaten eine Art Umweltschaden zugefügt wird?

Ressourcen von hohem Wert: Rechte und Interessen

Man kann das Argument noch weiter treiben. Eine Reihe von Ressourcen, vor allem die Erdölvorkommen, liegen dank eines geographischen Zufalls innerhalb des Hoheitsgebietes einer begrenzten Zahl von Staaten. Öl ist von entscheidender Bedeutung für das Wohlergehen aller Staaten, daß die weltweite Völkergemeinschaft ein starkes und legitimes Interesse daran bekunden kann, in welcher Weise es verfügbar gemacht wird. Es wäre sogar berechtigt, den bedürftigen Nationen ein »Recht auf Zugang« zuzugestehen. Ähnliches gilt für eine Reihe von Ressourcen mit hohem Wert – so z. B. für Getreidereserven, Düngevorräte und andere begrenzt verfügbare Güter.

Tatsächlich kann einmal der Tag kommen, an dem man die Ausstattung der Erde mit wertvollen Ressourcen als ein Gut ansehen wird, das zum Wohle der ganzen Menschheit zu handhaben ist. Dies wird aber bedeuten, daß die Völkergemeinschaft wird neu definieren müssen, was unter Besitz, Management, Nutzung, Verteilung und Schutz dieser Ressourcen zu verstehen ist. Das ist eine große Herausforderung. Angesichts der Tatsache, daß die Völkergemeinschaft einen immer größeren Hunger auf rare Ressourcen entwickelt, könnte jedoch ein Schritt in dieser Richtung schon sehr bald unumgänglich werden. Solange es den Anschein hatte, als sei genug Erdöl vorhanden, um den Bedarf aller für unbegrenzte Zeit zu befriedigen, bestand keine Notwendigkeit für eine allgemeine Übereinkunft, wie diese Ressource verteilt werden sollte. Heute, wo wir uns in einer gänzlich anderen Lage befinden, werden die Verhaltensweisen der Vergangenheit den aktuellen Erfordernissen nicht mehr gerecht.

Im Zusammenhang dieser Perspektiven kann das Problem der Arten ganz neu gesehen werden. Im Kern ist die Situation die folgende: Der absolute Besitz einer einzelnen Art ist zumeist auf ein paar Staaten begrenzt (wenn nicht gar auf einen einzigen), wohingegen bedeutende Vorteile allen Staaten erwachsen könnten (durch eine modernisierte Landwirtschaft, die Medizin und andere Nutzungsmöglichkeiten). Im großen und ganzen trifft das auch auf die tropischen Regenwälder zu. Wenn diese Wälder auch weiterhin durch übermäßige Ausbeutung seitens bzw. mit der Genehmigung der Besitzerländer dezimiert werden, werden die negativen Folgen nicht nur diese Staaten und ihre Nachbarn treffen, sondern alle Staaten. Wie bereits gezeigt, sind die beiden Problemkreise eng miteinander verknüpft. Die Hauptanbaugebiete des Kakaos liegen in Westafrika, während sich die genetischen Ressourcen, auf die die modernen Kakaoplantagen zur Erhaltung ihrer Produktivität angewiesen sind, in den ursprünglichen Herkunftsgebieten, nämlich in den Wäldern Zentral- und Südamerikas finden. Die Hauptanbaugebiete der Banane befinden sich in Zentralamerika und auf den Westindischen Inseln – die genetische »Basis« der Banane aber sind die Wälder Südostasiens.

Als Fazit läßt sich ziehen, daß die Herausforderung des Artenschutzes wie des Schutzes der tropischen Regenwälder in besonderem Maße eine Sache der gesamten Menschheit ist. Auch wenn fast alle Arten innerhalb der Grenzen nationaler Hoheitsgebiete leben, kann ihr Überleben kaum noch als eine Angelegenheit der jeweils zuständigen Staaten angesehen werden. Das bringt eine doppelte Verpflichtung mit sich - angesichts dessen, was auf dem Spiel steht, eine höchst zwingende Verpflichtung! Erstens muß jeder Staat die Pflicht auf sich nehmen, im Namen der ganzen Menschheit die Arten auf seinem Territorium zu schützen. Zweitens muß die ganze Menschheit der Pflicht nachkommen, jede Unterstützung (Geld, Know-how usw.) zu gewähren, die erforderlich ist, damit die einzelnen Staaten eben dieser Verpflichtung nachkommen können. Was diese Verpflichtungen in praktischer Hinsicht bedeuten könnten, soll in Kapitel 16 erörtert werden.

Die tropischen Regenwälder

Das besondere Schicksal tropischer Regenwälder

Das Biom mit dem größten Artenreichtum und der größten Artenvielfalt ist der tropische Regenwald. Die geschätzte Anzahl der Arten reicht von zwei Fünfteln bis zur Hälfte aller auf unserem Planeten vorkommenden Arten, d. h. zwischen zwei und fünf Millionen. Die tropischen Regenwälder unterliegen rascherer Zerstörung als jedes andere Biom – und dies in einem Umfang, daß viele Beobachter die Ansicht vertreten, weite Teile dieses Ökosystems würden das Ende unseres Jahrhunderts nicht mehr erleben, es sei denn in stark verkümmerter Form. Zugleich besitzen wir über dieses Biom geringere Kenntnisse als über jedes andere. Wir wissen wenig über das ökologische Funktionsgefüge dieser Wälder, und die meisten der in ihnen vorkommenden Arten müssen erst noch identifiziert und dokumentiert werden. 1972 entdeckte man in den Wäldern der Philippinen den Tasaday-Stamm, der von der Außenwelt nur durch einen 25 km breiten Waldstreifen getrennt war und dort offensichtlich seit der Steinzeit in völliger Isolation gelebt hatte.

Genaugenommen lassen sich zwei Haupttypen von tropischen Regenwäldern unterscheiden. Einige der Wälder weisen eine jährliche Niederschlagsmenge von 400 cm auf (gelegentlich sind es auch 1000 cm und mehr), was sie zu ausgesprochen feuchten Gebieten macht. Diesen Waldtypus bezeichnet man als immergrüne tropische Feuchtwälder. Andere tropische Waldgebiete weisen nur Niederschlagsmengen von 200 bis 400 cm (und zumindest 12 cm im trockensten Monat) auf, was sie jedoch noch deutlich niederschlagsreicher macht als New York mit 105 cm. Diese Wälder bezeichnet man als wechselgrüne tropische Feuchtwälder. Beide Typen werden unter dem Sammelbegriff »tropische Regenwälder« subsumiert (ein Terminus, den wir der Einfachheit halber übernehmen). Die üppigsten Wälder sind auch die feuchtesten. In verschiedenen Gebieten Lateinamerikas kann ein Areal immergrünen Feuchtwaldes doppelt so viele Arten enthalten wie ein gleich großes Areal wechselgrünen Feuchtwaldes (und dreimal so viele wie ein gleich großer Trockenwald). Immergrüne Regenwälder bedecken einen großen Teil der immerfeuchten Zone Lateinamerikas, aber nur einen relativ kleinen Teil Südostasiens und nur einen sehr kleinen Teil von Tropisch-Afrika.

Von den etwa 12 % der Landfläche der Erde, die ein warmes immerfeuchtes Klima auszeichnet, sind noch immer über die Hälfte mit tropischem

Tabelle 1: Tropische Regenwaldgebiete (in Millionen km²)

Region	Gegenwärtige Geamtfläche	Anteil an Landfläche in %	Anteil an der Gesamtfläche des tropischen Regenwaldes	Klimaxareal	Rückgang des Klimaxareals in %
Afrika (insgesamt)	1,75	36,2	22,6	3,62	51,6
Ostafrika	0,07	10,6	1,6	0,25	72,0
Zentralafrika	1,49	65,9	16,8	2,69	44,6
Westafrika	0,19	19,1	4,2	0,68	72,0
Lateinamerika (insgesamt)	5,06	51,2	50,2	8,03	37,0
Südamerika	4,72	53,5	46,9	7,50	37,1
Zentralamerika/ Karibik	0,34	31,9	3,3	0,53	35,8
Asien (insgesamt)					
Pazifik	2,54	37,2	27,2	4,35	41,6
Südostasien	1,87	67,4	18,9	3,02	38,1
Südasien	0,31	24,4	5,3	0,85	63,5
Pazifik	0,36	12,8	3,0	0,48	25,0
Feuchte Tropen (insgesamt)	9,35	42,8	100,0	16,00	41,6

Quelle: nach A. Sommer (1976).

Regenwald bedeckt (vgl. Tab. 1). Waren es einstmals etwa 16 Millionen km², so beläuft sich die Fläche heute auf maximal 9,35 Millionen km². Davon entfallen fünf Millionen km² auf Lateinamerika, 2,2 Millionen km² auf Asien (im wesentlichen auf Südostasien) und 1,75 Millionen km² auf Afrika. Dazu kommen noch kleinräumig begrenzte Areale auf Inseln im Indischen und im Pazifischen Ozean. Man nimmt an, daß Lateinamerika rund 37 % seiner ursprünglichen tropischen Regenwälder bereits verloren hat, Südostasien 38 % und Afrika fast 52 %.

Obwohl die tropischen Regenwälder höchstens ein Drittel der Wälder der Erde ausmachen, konzentrieren sich in ihnen vier Fünftel der gesamten Landvegetation der Erde. Das auf einen Hektar Urwald entfallende Pflanzenmaterial kann ein Gewicht von 650 bis 1000 Tonnen haben (die tierische Biomasse würde wohl etwa 1/500 davon betragen). Bei ganzjährigem Wachstum kann dieser Wald jährlich gut und gerne 70 Tonnen pflanzliches Material pro Hektar produzieren – das ist fast zweimal soviel zusätzliche Biomasse wie bei allen anderen Wäldern der Erde und zeichnet sich durch ein höheres Maß an Produktivität aus als jeder andere Vegetationstyp, ausgenommen einige Baumplantagen und sehr ertragreiche Pflanzen wie Zuckerrohr und Naßreis. Da aber die organischen Substanzen sehr schnell abgebaut werden, ist die jährliche Nettozunahme in einem Urwald zumeist gleich Null.

Die tropischen Regenwälder zeigen nicht nur viele standortbedingte Varianten, die auf verschiedene Höhenlagen oder Böden mit unterschiedlichen hydro-edaphischen Verhältnissen zurückzuführen sind. Die Unterschiede gründen auch darin, daß die tropischen Regenwälder während des späten Pleistozäns grundlegenden Veränderungen unterworfen waren, als sich, entsprechend den Glazialen und Interglazialen auf der nördlichen Halbkugel, die Tropenwälder wiederholt ausdehnten und wieder zusammenzogen, wodurch deutliche Unterschiede der Existenzgrundlagen hervorgerufen wurden. So war diesen Wäldern, von denen manche seit 60 Millionen Jahren bestehen und die somit zu den ältesten Ökosystemen der Erde zählen, in manchen Zeiten eine außergewöhnliche Stabilität und Kontinuität - und damit eine ungestörte Evolution - beschieden, in manchen Zeiten aber auch eine »kreative Unordnung«, die die Ausbildung neuer evolutionärer Trends stimulierte.

Das Resultat war, daß die tropischen Regenwälder eine außergewöhnliche Artenvielfalt entwickelt haben. Südostasien beispielsweise, das mit 2,5 Millionen km^2 kleiner als Westeuropa ist, beherbergt nach zurückhaltenden Schätzungen 25 000 Arten blühender Pflanzen, was 10 % an den gesamten Arten der Erdflora entspräche. Die malayische Halbinsel allein beherbergt 7900 Pflanzenarten auf ihren 132 000 km^2, während Großbritannien, das fast doppelt so groß ist, nur 1430 Arten aufweist. Auf einem einzigen Hektar Wald nahe Manaus im Herzen des brasilianischen Teils von Amazonien hat man 235 Baumarten registriert, wohingegen ein Hektar Wald der gemäßigten Breiten normalerweise nicht mehr als zehn Arten aufweist. Hinzu kommt, daß von 100 Baumarten auf einem Hektar typischen amazonischen Urwaldes gut die Hälfte vollkommen verschieden vom Baumartenbestand eines anderen Hektars sein kann, der nur einen Kilometer entfernt liegt. Das bedeutet, daß viele tropische Baumarten nur eine kleinräumige Verbreitung zeigen - eine Situation, die einige Arten für eine lokale Ausrottung besonders anfällig macht, wenn der Wald intensiver Exploiation ausgesetzt ist.

Einen vergleichbaren Reichtum zeigt die Tierwelt. Der Bereich des Sunda-Schelfs im Westen Südostasiens beherbergt 297 Arten von Landsäugetieren und 732 Vogelarten, wohingegen Europa westlich der Sowjetunion - eine Fläche, die fast viermal so groß ist - nur insgesamt 134 Landsäugetierarten und 398 Vogelarten kennt.

Selbstperpetuierung und Regeneration

Ein tropischer Wald hat nie mit wachstumsfördernden und wachstumshemmenden Faktoren fertig werden müssen, wie sie die Wälder der gemäßigten Breiten mit ihren Jahreszeitenklimas kennen. Im Gegenteil reflektieren die tropischen Waldbestände eine Umwelt, die durch große Kontinuität gekennzeichnet ist. Folglich ist ein tropischer Wald kaum in der Lage, plötzliche und umfangreiche Störungen zu verkraften, die der Mensch heute zu verursachen imstande ist.

Als Beispiel für die Anpassung tropischer Wälder an quasi stabile ökologische Bedingungen sei hier das System ihrer Regeneration eingehender betrachtet. Die Samen der tropischen Bäume zeigen nur eine geringe oder gar keine Fähigkeit, in ruhendem Zustand zu verharren. Während die Samen von Bäumen der gemäßigten Breiten zehn Jahre verharren können, bevor sie schließlich zu keimen beginnen, überleben die Baumsamen im tropischen Lateinamerika manchmal keine 25 Tage. Darüber hinaus reagieren tropische Baumsamen ganz besonders empfindlich auf Veränderungen ihrer Umwelt. Die Bäume der Familie der *Dipterocarpaceae* (Flügelfruchtgewächse) in Südostasien bringen Samen hervor, die nur dann keimen, wenn das Mikroklima eine Temperaturspanne von 23 bis 25 Grad nicht über- bzw. unterschreitet. Wenn durch Holzeinschlag das Kronendach zerstört und damit eine Erwärmung des Bodens auf über 40 °C bewirkt wird, sterben die meisten, wenn nicht alle Sämlinge ab. Im Gegensatz dazu überstehen die Baumsamen in den gemäßigten Breiten Jahr für Jahr unbeschadet die Hitze des Sommers und die Kälte des Winters. Während einige tropische Baumarten fast ununterbrochen blühen und Samen produzieren, gibt es auch bestimmte blühende Arten, die nur während eines einzigen Tages oder sogar nur während weniger Stunden um die Mitte dieses einen Tages im Jahr befruchtet werden könen. Andere Arten bringen nur in jedem dritten Jahr, einige nur in jedem zehnten und manchmal auch nur in jedem 35. Jahr reichlich Samen hervor.

Da unter dem dichten Kronendach des Waldes nur geringe Luftbewegung herrscht, ist die Windbestäubung selten. Beispielsweise wird auf 40 Hektar Wald in Brunei nur eine von 760 Baumarten mit Hilfe des Windes bestäubt. Die meisten Baum- und Pflanzenarten sind also auf Insekten, Vögel, Fledermäuse und andere Lebewesen angewiesen, die ihre Pollen transportieren. An einigen Orten in Südostasien werden die Pollen des Teakbaumes nur von zwei Bienenarten übertragen. Da viele der Pollenüberträger in ausgedehnten Waldflächen operieren müssen, sind viele Baumarten höchst anfällig gegenüber Störungen von seiten des Menschen: die mögliche Vernichtung einer kleinen Population von Pollenüberträgern kann zur lokalen Eliminierung von Baumarten führen, was wiederum die Ausrottung von Insektenarten nach sich ziehen kann, denen die Bäume als Nahrungsquelle dienen – und das wiederum kann zur Vernichtung weiterer Baumpopulationen führen usw. In Zentralamerika hat jede einzelne von 40 Feigenarten ihren eigenen, ganz bestimmten

Pollenüberträger. Wenn ein lokales Ökosystem in einem Maße gestört wird, daß bestimmte Pollenüberträger nicht in ausreichender Zahl überleben können, um die Bestäubung zu gewährleisten, ist die Baumpopulation der betreffenden Art gleichfalls zum Untergang verurteilt.

Nährstoffe und Böden

Von zentraler Bedeutung für das Funktionsgefüge tropischer Regenwälder ist der Nährstoffkreislauf innerhalb ihres Ökosystems, wobei ein entscheidender Teil dieses Kreislaufes im Boden und in dessen humoser Auflage liegt. Abgesehen von den rezenten, alluvialen und fruchtbaren, organisch reichen Böden sind die Böden der tropischen Wälder sehr alt und deshalb arm an natürlicher Fruchtbarkeit. Aufgrund der hohen Niederschlagsmengen und ihrer auslaugenden Wirkung ist es für das Wald-Ökosystem »ineffizient«, Nährstoffe im Boden zu belassen. Die Antwort der evolutionären Prozesse auf dieses Problem war deshalb die Ausbildung eines praktisch vor Auswaschung sicheren Systems. Viele Waldbäume haben Pfahlwurzeln, die bis in 30 m Tiefe reichen, während die Seitenwurzeln bis zu 100 m lang sein können. Das Wurzelgeflecht, das dreimal so dicht ist wie das von Bäumen in gemäßigten Breiten und in einigen Fällen bis zu einem Viertel der Biomasse ausmacht, absorbiert die Nährstoffe, die von der auf dem Waldboden verrottenden Vegetation in den Boden gewaschen werden, wobei nicht einmal ein Prozent dieser Nährstoffe dem Kreislauf verlorengeht.

Zusätzlich sorgen konstant hohe Temperaturen und konstant hohe Feuchtigkeit für eine schnelle Verrottung. Abgefallenes Laub kann in nur sechs Wochen zersetzt werden – in Laubwäldern der gemäßigten Breiten verläuft dieser Prozeß innerhalb eines Jahres, in den borealen Nadelwäldern innerhalb von sieben Jahren. Dank dieses überaus schnellen Kreislaufs speichert der Tropenwald ganze 75 %, ja sogar bis zu 90 % seiner Nährstoffvorräte in seiner Vegetation. Das Ergebnis ist, daß die Tropenwaldböden praktisch keine austauschbaren Minerale wie Kalzium, Magnesium, Kalium und Phosphor enthalten, was sie in hohem Maße sauer und unfruchtbar macht. Entgegen landläufiger Meinung gedeiht der Wald eher trotz und nicht wegen seines Bodens.

Weil die Nährstoffe des Ökosystems fast gänzlich in der Vegetation enthalten sind, setzen Holzeinschlag und Brandrodung eine Flut von Mineralen in den Boden frei. Nach ein oder zwei Jahren heftiger Regenfälle sind sie schon so tief in den Boden verbracht worden, daß sie außerhalb der Erreichbarkeit von Sekundärvegetation – Gräser, Büsche usw. – liegen, die zumeist nur kurzes Wurzelwerk hat. Ist der Nährstoffkreislauf einmal unterbrochen, geht die Fruchtbarkeit sehr schnell verloren und kann nur durch den vermehrten und zunehmenden Einsatz von Dünger wiederhergestellt bzw. aufrechterhalten werden. Ferner wird der freigelegte Waldboden von der tropischen Sonne zementartig verbacken, was schnellen oberflächlichen Wasserabfluß und als Folge Bodenerosion bedingt. Generell erodiert in einem Tropenwald-Ökosystem selbst auf bewegtem Relief jährlich weit unter einer Tonne pro Hektar, wohingegen dasselbe Areal 20 bis 160 Tonnen einbüßt, wenn der Wald durch dichte Teeplantagen ersetzt wird, 20 bis 200 Tonnen, wenn es zur Anlage von Weideland kommt und 1000 Tonnen und mehr nach seiner Umwandlung in Ackerland. Vermittels ihres »Speichereffekts« tragen die tropischen Wälder auch dazu bei, Erosionsgefahren in weit von ihnen entfernt liegenden Gebieten zu mindern. Ist die Waldbedeckung intakt, fließen die Flüsse ohne große Materialbelastung klar und sauber, und, was wichtiger ist, zeigen das ganze Jahr über eine ausgeglichene Abflußmenge. Wird der Wald abgeholzt, verschlammen die Flüsse, und ihre Wasserführung zeigt empfindliche Spitzen.

Wie die Erfahrung immer wieder gelehrt hat, kann die Rodung des Waldes rasch zu einer Kettenreaktion von Negativwirkungen führen. Nach wenigen Jahren bleibt eine ausgelaugte, sterile Fläche zurück, auf der es der Wald schwer haben dürfte, sich wieder auszubreiten.

Sekundärwald

Bisher haben wir uns nur mit altem und reifem Wald beschäftigt, also mit dem, was man allgemein mit »Urwald« bezeichnet. Ist dieser Wald vernichtet und regeneriert sich die natürliche Vegetation ungestört, dann ist das unmittelbare Ergebnis ein Vegetationsmuster, das sich grundlegend von dem ursprünglichen unterscheidet. Die Zusammensetzung der Pflanzenarten ist eine andere, Struktur und Funktion der Gemeinschaft sind anders, das Ökosystem weniger reichhaltig. Dieser Sekundärwald tendiert jedoch dazu, sich langsam zu einer Formation hinzuentwickeln, die dem ursprünglichen Urwald ähnlich ist, bis endlich - vorausgesetzt, daß alle erforderlichen, komplizierten Bedingungen erfüllt sind - dieser Urwald wiederhergestellt ist. Allerdings behaupten sich Sekundärwälder zunächst über lange Zeiträume; nach 600 Jahren gleicht die Vegetation von gerodeten Gebieten um Angkor in Kampuchea noch immer nicht ganz derjenigen der sie umgebenden Gebiete mit ungestörten »Klimaxwäldern«. Wenn die Ökosysteme von Tieflandsregenwäldern zerstört werden, kann sich der Regenerationsprozeß über 1000 Jahre hinziehen (ein Wald der gemäßigten Breiten erholt sich sehr viel schneller.). Mitte des 18. Jahrhunderts war vom Primärwald des US-Bundesstaates West Virginia nicht mehr viel übrig. Heute ist ein großer Teil seines Landes wieder mit Wald bedeckt, und in 300 Jahren wird das Wald-Ökosystem wahrscheinlich dem ursprünglichen sehr ähnlich sein - allerdings werden Ulmen, Kastanien und Wandertauben fehlen.

Eingriffe des Menschen

Der Mensch hat jahrtausendelang nachhaltig auf die tropischen Regenwälder eingewirkt. Dies belegt u. a. die Tatsache, daß rund 12 % der Landfläche geeignete klimatische Verhältnisse für diese Wälder aufweisen, aber nur 58 % dieser Klimazone heute tropische Regenwälder tragen (ein Teil der Diskrepanz liegt im Faktor Boden begründet). Ein guter Teil der Entwaldung war das Werk jener Menschen, die Jahrhundert um Jahrhundert die Waldränder niederbrannten. Das war insbesondere in Afrika der Fall, wo der tropische Regenwald schon vor Anbruch der Neuzeit etwa eine Million km^2, somit um eine Fläche von der vierfachen Größe der Britischen Inseln, verringert worden sein mag. Im Zuge dieses lange Zeit währenden Zerstörungsprozesses sind mit größter Wahrscheinlichkeit viele Tausende von Arten durch die Vorfahren des modernen Menschen eliminiert worden.

In jüngster Zeit sind die Wälder in allen drei tropischen Hauptregionen beständig verringert worden. Der vorherrschende Faktor war die landwirtschaftliche Nutzung durch kleinbäuerliche Landwirtschaften in Verbindung mit der Gewinnung von Brennholz. In den vergangenen zwanzig Jahren traten zwei weitere gewichtige Faktoren hinzu. Erstens – und dies gilt insbesondere für Zentral- und Südamerika – sind große Waldflächen niedergebrannt worden, um Platz zu schaffen für eine moderne Landwirtschaft in großem Rahmen, vor allem für Weideflächen zur Viehhaltung. Zweitens sind die Wälder zunehmend um ihrer hochwertigen Harthölzer willen ausgebeutet worden. Dies trifft ganz besonders auf Südostasien und auf Westafrika zu, in steigendem Maße aber auch auf Amazonien. Die beschleunigte Holzexploitationsrate ist durch den technologischen Fortschritt möglich geworden. An die Stelle von Axt und Säge ist die moderne Motorsäge getreten, die sich in kürzester Zeit durch einen Baumstamm frißt. Schwere Raupenfahrzeuge mit Seilwinden und Schiebern werden spielend mit riesigen Stämmen fertig. Ein »tree-crusher« kann in einer Stunde einige Waldriesen umwerfen und zerkleinern, ein entsprechend kombinierter Maschinenpark vermag einen ganzen Hektar Wald in nur wenigen Stunden abzuholzen und beiseite zu schaffen.

Insgesamt bedeutet diese sich ausweitende Ausbeutung der tropischen Wälder und Waldareale, daß wir in jedem Jahr gut 245 000 km^2 Wald, fast 50 Hektar in jeder Minute verlieren könnten (vgl. Kap. 11). Zwar sind das Richtwerte, aber sie vermitteln doch eine Vorstellung von dem Ausmaß der augenblicklichen Waldvernichtung. Sie machen deutlich, daß alle tropischen Regenwälder innerhalb von weniger als 40 Jahren zerstört sein könnten.

Die obigen Zahlen müssen ungenau sein; denn eine fortgeschrittene Technologie könnte eine intensivere und effizientere Nutzung der Wälder und Waldländer ermöglichen und damit den Ausbeutungsdruck auf unangetastete Areale verringern. Auf der anderen Seite aber wird im Zuge des Bevölkerungswachstums der Zwang, die Wälder abzuholzen, beständig zunehmen. Das Bevölkerungswachstum ist in den meisten der hier zur Diskussion stehenden Ländern außergewöhnlich hoch. Während die Vereinten Nationen das Wachstum weltweit auf 1,6% pro Jahr und für die Entwicklungsländer insgesamt auf etwas mehr als 2% schätzen, gehen sie bei Zentral- und Westafrika von 2,6%, bei Südostasien von 2,7% und beim tropischen Amerika von 3% aus. Man schätzt, daß am Ende unseres Jahrhunderts die Bevölkerung Nigerias von gegenwärtig 76 Millionen auf 135 Millionen Einwohner angewachsen sein wird, die Indonesiens von 142 Millionen auf 235 Millionen und die Brasiliens von 114 Millionen auf 212 Millionen. Aber noch kritischer als das Anwachsen der Bevölkerungszahlen könnte die Zunahme ihrer Bedürfnisse werden. In den drei genannten Ländern beträgt das jährliche Bruttosozialprodukt pro Kopf der Bevölkerung nur 140, 120 bzw. 580 Dollar. Grob gesagt, wird am Ende unseres Jahrhunderts eine nahezu verdoppelte Zahl von Menschen einen mindestens doppelt so starken Druck erzeugen bzw. einen noch höheren, denkt man an ihre dringenden Bedürfnisse. Es scheint deshalb keineswegs unrealistisch, im Verein mit der »International Union for Conservation and Natural Resources« und vielen anderen Organisationen davon auszugehen, daß am Ende unseres Jahrhunderts zumindest große Teile des tropischen Regenwaldes eliminiert sein werden.

Zugleich ist es wichtig, zu erkennen, daß sich die Zerstörung durchaus nicht gleichmäßig auf das gesamte Biom verteilt. Als Extremum werden die Tieflandswälder der Philippinen und der malayischen Halbinsel wahrscheinlich schon um die Mitte der achtziger Jahre weitgehend abgeholzt sein; ähnliches gilt für Westafrika. Weitere zehn Jahre, und von den Wäldern Zentralamerikas könnte nur noch wenig übrig sein. Praktisch der gesamte Tieflandswald Indonesiens wird bis zum Jahr 2000 der Holzexploitation geopfert worden sein; ähnliches könnte auch für Kolumbien, Peru und ausgedehnte Flächen des brasilianischen Amazonien gelten, wo die Viehhaltung weite Flächen des Primärwaldes vernichten könnte. In Zentralafrika jedoch, wo eine geringere Bevölkerungsdichte und reichhaltige Mineralvorkommen davon abhalten, den Urwald in schnelles Geld umzuwandeln, könnte es am Ende des Jahrhunderts vermutlich noch große Flächen fast ungestörten Urwaldes geben. In Anbetracht seiner Abgelegenheit könnte das auch auf den westlichen, zu Brasilien gehörenden Teil Amazoniens zutreffen. Das Gesamtbild ist deshalb eher uneinheitlich – Durchschnittszahlen der Waldumwandlung sollten nicht so sehr für das gesamte Biom, sondern vielmehr für jedes einzelne Land in Betracht gezogen werden.

Sicher jedoch ist, daß schon die nahe Zukunft Zeuge der Eliminierung großer Teile der tropischen Regenwälder werden wird, wenn sie auch weiterhin so ausgebeutet werden wie bisher. Es wäre nicht das erste Mal, daß ausgedehnte Waldflächen der Erde entfernt werden. Europa war bis etwa 900 zu 90% von Wald bedeckt; dann setzte die Umwandlung des Waldes in landwirtschaftliche Nutzfläche ein. Heute machen Wälder noch 20% der europäischen Landfläche aus. Zur Zeit der Entdeckung Amerikas durch Kolumbus war der feuchte Osten der heutigen Vereinigten Staaten von Amerika mit dichten Wäldern bedeckt, die sich über 1,6 Millionen km^2 bis hin zu den Great Plains erstreckten; heute sind noch 5% des ursprünglichen Waldes vorhanden. Zum Teil hatten diese Rodungen keine nachhaltigen Folgen für die Landwirtschaft, die sich dadurch entwickeln konnte. Soweit man weiß, sind nur sehr wenige Arten ausgerottet worden, da viele der nicht-tropischen Lebewesen fähig waren, sich den menschlichen Eingriffen in die Natur anzupassen. Im Gegensatz dazu wird eine großangelegte Vernichtung von tropischen Wäldern weitreichende Konsequenzen für die Landwirtschaft haben – man denke nur an die Bodenerosion. Und sie wird auch andere Entwicklungsbereiche beeinträchtigen, beispielsweise die Energiegewinnung mit Hilfe von Wasserkraft (die Abholzung des Waldes wird die Stauanlagen verschlammen lassen); und der Verlust von Arten könnte gut in die Hunderttausende, wenn nicht gar in die Millionen gehen.

Verlust der Arten

Die Ausrottung von Arten in diesem Umfang würde einen spürbaren Verlust für die Menschheit darstellen. Die tropischen Wälder haben schon einen wesentlichen Beitrag zur Wohlfahrt des Menschen geleistet. Ihnen verdanken wir schließlich die Urformen vieler wichtiger Nahrungspflanzen wie Reis, Hirse, Maniok, Strauchbohne, Mangobohne, Jams, Wasserbrotwurzel, Banane, Ananas und Zuckerrohr, um nur einige zu nennen. Eine große Fülle weiterer Nahrungsquellen wartet darauf, erforscht zu werden. Allein in Indonesien sollen sich rund 4000 Pflanzenarten als geeignet für die Ernährung der einheimischen Bevölkerung erwiesen haben, aber nur weniger als ein Zehntel hat bisher eine weitere Verbreitung gefunden. Mindestens 1650 Pflanzenarten der tropischen Wälder bieten höchst nahrhafte Blätter. In Neuguinea tragen 251 Baumarten eßbare Früchte, aber nur 43 davon werden kultiviert, eine bislang unkultivierte Frucht in Südostasien, die Mangostin, ist als »die vielleicht wohlschmeckendste Frucht der Welt« bezeichnet worden. Eine Pflanze in den tropischen Wäldern des südlichen China, als »chinesische Stachelbeere« bekannt, trägt Früchte, deren Saft fünfzehn- bis achtzehnmal reicher an Vitamin C ist als Orangensaft. Diese Früchte sind keineswegs nur auf lokal begrenzte Nutzung beschränkt – Bohnen mit hohem Proteingehalt aus Nigeria erfreuen sich inzwischen bei den Farmern des US-Bundesstaates Wisconsin großer Beliebtheit.

Des weiteren enthalten die tropischen Regenwälder viele wilde Verwandte moderner Nahrungspflanzen. Letztere sind das Produkt genetischer Manipulation und bedürfen des ständigen »Auffüllens« mit frischem Genmaterial, um gegen neue Krankheiten, Seuchen und Umweltbelastungen resistent zu werden und somit eine höhere Produktivität und einen höheren Nährwert zu erzielen. Während unseres Jahrhunderts haben die genetischen Ressourcen der Urwälder schon eine Reihe wichtiger Nahrungspflanzen gerettet, z.B.

Banane, Zuckerrohr, Kakao und Kaffee. Um eine Vorstellung von den wirtschaftlichen Werten zu geben, um die es dabei geht, dient uns die Erdnuß als Beispiel: sie litt weltweit unter Blattkrankheiten - ein Problem, das mit Hilfe resistenter Wildarten, so aus den Regenwäldern Amazoniens, gelöst werden konnte. Man schätzt, daß mit der Überwindung der Krankheit jährlich etwa 500 Millionen Dollar gerettet wurden. Ähnlich große Erfolge ließen sich bei Kautschuk, Kokosnuß und Palmöl erzielen.

Natürlich können auch Waldtiere für die moderne Landwirtschaft von Nutzen sein. In den Grenzwäldern zwischen Thailand und Kampuchea lebt ein scheues, kuhähnliches Tier, das Kouprey. Man nimmt an, daß es sich bei diesem Tier um einen der wilden Ahnen des im südlichen Asien verbreiteten Buckelrindes, des Zebus, handelt. Eine neue Kreuzung zwischen beiden Rindern könnte die Viehzucht in einer ganzen Region beleben. Bedauerlicherweise aber ist das Überleben des Kouprey angesichts von militärischen Aktivitäten in seinem Lebensraum während der vergangenen 15 Jahre fraglich geworden. Andere Wildrinder der südostasiatischen Wälder wie das Selatang, das Tamarao (Mindorobüffel) und das Anoa (Gamsbüffel) könnten wahrscheinlich ebenfalls zur Viehzucht beitragen. Aber wie im Falle des Kouprey sind auch ihre Zahlen durch die Zerstörung ihrer Lebensräume stark reduziert worden.

Die tropischen Regenwälder können aber nicht nur als Quelle neuer und besserer Nahrungsmittel dienen, sondern sie können auch dazu beitragen, die zahlreichen Plagen zu reduzieren, die den Ertrag der bereits angebauten Nutzpflanzen schmälern. Trotz einer jährlichen Rechnung von etlichen Milliarden Dollar für Pestizide gehen mindestens 40% unserer Ernten - sei es auf dem Feld oder in den Lagerräumen, durch Schädlingsbefall verloren. Eine gute Methode der Schädlingsbekämpfung ist es, die Chemikalien solcher Pflanzen zu nutzen, die bereits Mittel entwickelt haben, Insekten abzuwehren. Hauptquellgebiet dieser Pflanzen sind die tropischen Regenwälder mit ihrer außerordentlichen Vielfalt an Pflanzenformen, die sich im Gleichgewicht und zusammen mit ihren Insektenpopulationen entwickelt haben. Die Schädlingsbekämpfung kann aber auch durch eine selektive Züchtung von angepaßten Insektenarten gefördert werden - eine Methode, die sich langfristig als wirkungsvoller und wirtschaftlicher erweisen könnte und zudem weniger Umweltschäden verursachen würde als der intensive Einsatz anhaltend giftiger Chemikalien. So könnten etwa die noch wenig erforschten Schlupfwespen, zu denen viele tausend in den tropischen Wäldern lebende Arten gehören, ein ganz neues Potential im Kampf gegen Schädlingsbefall darstellen. Nach einer neueren Studie des amerikanischen Landwirtschaftsministeriums könnten durch den Einsatz biologischer Schädlingsbekämpfungsprogramme (Import von natürlichen Schädlingsfeinden) für jeden investierten Dollar 30 Dollar zurückgebracht werden. So konnten z. B. die Anbauer von Zitrusfrüchten 30 Millionen Dollar dadurch einsparen, daß sie einmalig 35000 Dollar für die Einfuhr dreier parasitärer Wespenarten investierten.

Abgesehen von dem, was die tropischen Regenwälder für die Landwirtschaft leisten können, sind sie auch die größte Quelle arzneihaltiger Pflanzen auf der Erde. In den Tieflandswäldern findet sich der höchste Prozentsatz an Alkaloid enthaltenden Pflanzen. Auch der Ertrag aus diesen Pflanzen ist der höchste. Mindestens 70% der insgesamt 3000 Pflanzenarten, von denen man weiß, daß sie krebsbekämpfende Eigenschaften haben, wachsen in den Tropen, ein ähnlich hoher Anteil in den tropischen Regenwäldern. Der gewaltige Vorrat an tropischen Waldpflanzen, die überhaupt noch erforscht werden müssen, könnte gut einen ebenso hohen Anteil an Anti-Krebs-Substanzen aufweisen. Hinzu kommt, daß jüngere Forschungen darauf hinweisen, daß viele Insekten, vor allem Schmetterlinge, ebenfalls solche Substanzen enthalten – und die tropischen Regenwälder beherbergen zwischen 1,5 und 3,5 Millionen Insektenarten. Deshalb, so das amerikanische National Cancer Institute, könnte eine weitflächige Vernichtung der tropischen Regenwälder einen ernsthaften Rückschlag im Kampf gegen den Krebs bedeuten.

Um zu begreifen, welchen Beitrag eine einzige Art zur Medizin leisten kann, sei hier ein Blick auf ein Rauvolfia-Gewächs der wechselfeuchten Wälder zwischen Indien und Südostasien geworfen, die *Rauvolfia serpentina*. Diese Pflanze nutzt man schon seit 4000 Jahren für die Behandlung von Schlangenbissen, Nervenleiden, Ruhr, Cholera und Fieber. In den späten vierziger Jahren fand man heraus, daß diese Pflanze auch bei zu niedrigem Blutdruck hilft, und 1953 setzte man sie sowohl gegen zu hohen Blutdruck als auch bei Schizophrenie erfolgreich ein. Wenig später wurde der aus ihr gewonnene Extrakt (Reserpin) zum Hauptbestandteil jener Arzneimittel, aus denen Beruhigungsmittel hergestellt werden. Früher machte zu hoher Blutdruck die Menschen anfällig für Schlaganfälle, Herz- und Nierenversagen – heute nun verhilft diese Pflanze Millionen von Menschen zu einem verhältnismäßig normalen und gesunden Leben. Schließlich nimmt gerade zu hoher Blutdruck als Todesursache in den fortgeschrittenen Gesellschaften am schnellsten zu. Schon in den frühen sechziger Jahren erbrachte dieser erste moderne Tranquilizer in den Vereinigten Staaten von Amerika einen Jahresumsatz von 30 Millionen Dollar. In den Entwicklungsländern ist die am weitesten verbreitete Krankheit die Malaria, die jährlich 350 Millionen Menschen befällt. 75 Mükkenarten (und Mücken übertragen auch Filariasis, Enzephalitis, Gelbfieber und einige andere Viruserkrankungen) sind inzwischen gegen synthetische Insektizide resistent, so daß heute mindestens ein Drittel aller Menschen, die der Gefahr einer Malariaerkrankung ausgesetzt sind, unter erhöhtem Risiko leben. Indien, das seine 100 Millionen Fälle des Jahres 1952 auf 60 000 im Jahre 1962 reduzieren konnte, meldete 1976 bereits wieder sechs Millionen Erkrankungen. Das eröffnet dem in Amazonien wachsenden Chinarindenbaum, aus dessen Rinde Chinin gewonnen wird, wieder neue Möglichkeiten.

Wir wollen auch noch einen kurzen Blick auf jene Substanzen werfen, die zunehmend an Bedeutung gewonnen haben – Substanzen, die für Empfängnisverhütungsmittel und für Mittel zum Schwangerschaftsabbruch verwendet werden können. Die Rhizome der mexikanischen Jamswurzel liefern praktisch den gesamten Bedarf an Diosgenin, aus dem Sexualhormonkombinationen gewonnen werden, so auch die für die Antibaby-Pille. (Abgesehen von seiner entscheidenden Bedeutung für die Geburtenkontrolle wird Diosgenin auch zur Herstellung von Kortison und Hydrokortison verwandt, die man gegen rheumatische Erkrankungen, bestimmte Allergien und Hautkrankheiten einsetzt.) Mitte der siebziger Jahre betrug der weltweite Verbrauch von Diosgenin 180 Tonnen; bis um die Mitte der achtziger Jahre könnte der Verbrauch auf 500 Tonnen gestiegen sein, bis 1995 auf 3000 Tonnen, will man im Zuge der Geburtenkontrolle allen Frauen empfängnisverhütende Mittel bereitstellen. Heute werden über 80 Millionen Pillen eingenommen - wenn man den Gesamtbedarf in Betracht ziehen und entsprechend befriedigen sollte, könnte diese Zahl gut zweieinhalbmal größer sein. Der gegenwärtige Umsatz an aus der mexikanischen Jamswurzel für empfängnisverhütende Mittel gewonnenen Substanzen beträgt sieben Millionen Dollar; wenn man die chemischen Substanzen dazurechnet, dann sind es 70 Millionen Dollar, und wenn man die Endprodukte - die Pillen, wie sie im Laden verkauft werden - bewertet, dann beträgt der Umsatz ca. 700 Millionen Dollar. Angesichts dieses Umsatzvolumens bei den Endprodukten und angesichts der Tatsache, daß die Jamswurzel bisher nur in ihrem ursprünglichen Lebensraum, den tropischen Regenwäldern Mexikos, gedeiht, beschloß die mexikanische Regierung 1974, ihre Einnahmen an der Jamswurzel zu steigern, indem sie die Abgabepreise drastisch erhöhte: kostete 1 kg Diosgenin 1970 noch 11,25 Dollar, dann betrug der Preis 1976 sage und schreibe 152 Dollar.

Noch eine weiter Produktgruppe stammt aus den tropischen Wäldern, nämlich spezielle Stoffe, die für die industrielle Verwertung genutzt werden. Da gibt es ein breites Angebot. Allein die südostasiatischen Wälder liefern Latex, Kautschuk, Kampfer, Harze, Farbstoffe und ätherische Öle. In der Folge der Kontroverse um Zyklamat und Saccharin besteht ein dringender Bedarf an einem kalorienarmen bzw. -freien Süßstoff. In der Natur dienen viele Substanzen süßschmeckender Früchte als Lockmittel, d. h., sie sind mit größter Wahrscheinlichkeit ungiftig für Säugetiere, den Menschen eingeschlossen. Es besteht die Aussicht, daß aus den Waldpflanzen Südostasiens eine Reihe solcher Süßstoffe gewonnen werden können, da viele der dort vorkommenden Früchte süß schmecken.

Eine Gruppe von industriell nutzbaren Produkten hat eine besondere Bedeutung, nämlich die der Öle und Schmiermittel. Viele Waldpflanzen tragen stark ölhaltige Früchte, beispielsweise die Babassu-Palme, die Seje-Palme, einige Nelkengewächse und eine Reihe anderer Baumarten in Amazonien. Die Frucht der Babassu-Palme besteht zu 72% aus Öl, das zur Herstellung von Fasern, Viehfutter, Seife, Detergentien, Stärke und allgemeinen Nahrungsmitteln verwendet wird und das zudem als Ersatz von Dieselöl dienen kann. Und die »Benzinnuß« der Philippinen produziert ein äußerst flüchtiges Öl, das die Japaner im Zweiten Weltkrieg als Brennstoff benutzten.

Viele andere Pflanzen der tropischen Regenwälder könnten dem Menschen von Nutzen sein, wenn man ihr wirtschaftliches Potential erforschte, bevor ihr Lebensraum vernichtet ist und damit sie selbst. Bis noch vor kurzer Zeit betrachtete man die Ramin- und Kuku-Bäume Südostasiens als »Unkraut«. Noch vor 100 Jahren war der Wert des Kautschukbaumes auch nicht annähernd erkannt. Wer vermag zu sagen, welche möglichen »Gummibäume« heute einem Besiedlungsprojekt in Borneo oder einem viehhaltenden Großbetrieb in Amazonien im Wege stehen? Wie viele Baumarten sind der Monterrey-Kiefer ähnlich, die nur an vier Standorten in Kalifornien wuchs und deren Bestände fortlaufend verringert wurden, bis man sie schließlich in Plantagen testete, woraufhin sie zum wahrscheinlich wichtigsten Nutzholzlieferanten der südlichen Hemisphäre wurde? Die tropischen Regenwälder könnten viele Tausende lokaler, endemischer Arten wie die Monterrey-Kiefer enthalten, von denen jede einzelne im Verlauf einer nur einmonatigen Rodung zugunsten eines Entwicklungsprojektes auf immer verlorengehen könnte. Das ist keinesfalls eine unstatthaft pessimistische Prognose. Ein Baum, der einst zu den Hauptnutzholzlieferanten der Tieflandswälder von Ecuador gehörte, büßte sehr schnell seinen angestammten Lebensraum zugunsten von Bananen- und Ölpalmenplantagen ein, nachdem man diesen Lebensraum 1960 durch den Bau einer Straße erschlossen hatte. Heute existieren im Biologischen Zentrum von Rio Palenque von diesem Baum noch zwölf Exemplare pro km^2 Wald – das Zentrum selbst ist das letzte überlebende Stück Tieflandsregenwald am westlichen Fuß der Anden in Zentralecuador und enthält fast 50 Arten blühender Pflanzen, die es nirgendwo sonst mehr gibt.

Nicht nur wildlebende Arten sterben dort, wo die tropischen Regenwälder gerodet und niedergebrannt werden, schnell und in großer Zahl aus, sondern auch die zahlreichen der im Wald lebenden Eingeborenenstämme, die noch immer ihrer traditionellen Lebensweise folgen, sind gleichermaßen betroffen: Ihre Zahl war früher sehr viel größer als heute. Im Jahr 1900 lebten im brasilianischen Teil Amazoniens 230 Stammesgruppen mit insgesamt einer Million Mitgliedern – heute sind es nur noch 143 Gruppen mit 50 000 Mitgliedern. Schon aus humanitären Gründen sollte man diesen in den Wäldern lebenden Stämmen die Möglichkeit geben, sich in einem von ihnen selbst bestimmten Tempo an die Außenwelt anzupassen. Von diesen Überlegungen einmal abgesehen, ist die Eliminierung dieser Stämme um so bedauerlicher, als sie einen Erfahrungsschatz repräsentieren, dessen Bedeutung kaum einzuschätzen ist. Die Indianer Amazoniens kennen 750 Pflanzenarten mit heilenden Eigenschaften. Es waren amazonische Stämme, die das Muskelrelaxans Kurare als Pfeilgift benutzten und die Chirurgen der westlichen Welt auf die Einsatzmöglichkeiten dieser Substanz bei Operationen aufmerksam machten. Ein einziges Dorf von Waldbewohnern in Thailand nutzt 119 Pflanzenarten für medizinische Zwecke und 295 als Nahrungsmittel. Südostasiatische Stämme lieferten auch das Wissen über die Spargelbohne, eine sehr proteinhaltige Pflanze, die heute in mehr als 50 Ländern die Ernährung aufbessern hilft. Viele Stämme verfügen über Kenntnisse von pflanzlichen Substanzen, die zur Geburtenkontrolle dienen. Das Nationale Biologische Institut von Indonesien berichtete von einem Stamm, der aus einem Waldbaum Substanzen gewinnt, die die männlichen Samenzellen abtöten; auf einigen südpazifischen Inseln gibt es eine Reihe von Pflanzen, die während des ersten Schwangerschaftsmonats zum Schwangerschaftsabbruch führen. Die Weltgesundheitsorganisation sucht sicherere und wirkungsvollere Substanzen, aus denen sich eine bessere Pille herstellen läßt – sie ist überzeugt davon, daß die Quelle dafür bei den Eingeborenen zu finden ist, die 3000 Pflanzenarten wegen ihrer empfängnisverhütenden Wirkung verwenden.

Die Vernichtung der Wälder in den Tropen und die weltweiten Folgen für das Klima

Wie bereits ausgeführt, spiegelt die Vernichtung der Arten und der tropischen Wälder die Art und Weise wider, in der sowohl die Entwicklungsländer als auch die Industrienationen ihre Angelegenheiten regeln. Alle sind beteiligt, und alle werden verlieren. Es ist deshalb angebracht, dieses Kapitel mit einem weiteren Aspekt der Vernichtung tropischer Regenwälder zu schließen. Infolge klimatischer Veränderungen könnten nämlich weitreichende Folgen für Länder weit außerhalb der Tropen eintreten, und zwar derart, daß sie tiefgreifende Veränderungen der Wirtschafts- und Lebensweise in vielen Industrieländern bewirken könnten.

Obwohl bislang noch keine endgültigen wissenschaftlichen Beweise vorliegen, vermutet eine große Zahl von Wissenschaftlern, daß die großflächige Abholzung der tropischen Regenwälder sich auf die Klimate der gemäßigten Breiten auswirken könnte. Zum einen könnten abgeholzte Waldflächen anfangen, mehr Sonnenwärme als zuvor zu reflektieren (man spricht von dem sogenannten Albedo-Effekt), was dann zu Veränderungen der globalen Luftzirkulation, der Windströmungen und der Konvektionsprozesse führen könnte. Soweit Klimatologen schon zu sagen vermögen, könnte ein nicht unwahrscheinliches Resultat eine Abnahme der Niederschläge in der Äquatorialzone, eine Zunahme der Niederschläge zwischen fünf und 25 Grad nördlicher und südlicher Breite und eine Abnahme der Niederschläge zwischen 40 und 85 Grad nördlicher Breite sein (weniger Veränderungen gäbe es auf der südlichen Hemisphäre wegen der größeren Fläche an Ozeanen). Diese klimatischen Veränderungen könnten sich für weite Bereiche der nördlichen gemäßigten Breiten als kritisch erweisen, insbesondere für die Getreideanbaugebiete der Vereinigten Staaten von Amerika und Kanadas.

Zum anderen könnte eine großflächige Vernichtung der tropischen Wälder zu einem Anstieg des Kohlendioxydgehaltes der Erdatmosphäre führen (dies würde allerdings die Sauerstoffvorräte kaum oder gar nicht berühren). Die Atmosphäre enthält heute 0,03% Kohlendioxyd, verglichen mit 78%

Stickstoff und 20% Sauerstoff. Aber der Anteil an Kohlendioxyd hat sich in jüngster Zeit erhöht. Bis 1860, als die industrielle Revolution den Verbrauch fossiler Brennstoffe steil in die Höhe schnellen ließ, betrug die Konzentration, hochgegriffen, 290 Teile auf eine Million. Während der nächsten 100 Jahre stieg der Anteil um etwa 20 Teile und in den letzten 20 Jahren um weitere 20 Teile. Bei der augenblicklichen Anstiegsrate könnte sich der »natürliche« Anteil der Jahre vor 1860 bis zum Jahr 2050 oder kurz danach verdoppelt haben.

Bis vor kurzem glaubte man noch, daß diese Zunahme teils durch die Ozeane und teils durch die Wälder der Erde absorbiert werden könne, insbesondere durch die tropischen Regenwälder, die über die Photosynthese das Kohlendioxyd gleichsam absorbieren würden. Heute jedoch, da die Brandrodung alle tropischen Räume erfaßt, ist es unwahrscheinlich, daß die tropischen Wälder noch als großes, natürliches »Auffangbecken« dienen können. Weit eher ist zu vermuten, daß sie selbst zu einer Netto-Quelle von Kohlendioxyd werden.

Die Folgen einer Kohlendioxydzunahme könnten höchst schwerwiegend sein. Kohlendioxyd fängt das Sonnenlicht in der Atmosphäre auf, und es entsteht ein »Treibhauseffekt«, der die Temperaturen auf der Erde ansteigen läßt. Eine verdoppelte Menge Kohlendioxyd in der Atmosphäre verursacht wahrscheinlich weltweit einen durchschnittlichen Temperaturanstieg um 2 bis 3 °C – und damit eine größere Temperaturveränderung, als sie während der vergangenen 10000 Jahre stattgefunden hat. Was den Albedo-Effekt anbetrifft, so wäre die Folge eine wärmere und trockenere Witterung in der nordamerikanischen Getreideanbau-Region. Ein Temperaturanstieg um nur ein Grad könnte die Getreideproduktion der Vereinigten Staaten von Amerika um 11% und das Bruttoeinkommen jener Farmer, die Sommerweizen anbauen, um 268 Millionen Dollar (legt man die Preise von 1977 zugrunde) verringern.

Hinzu kommt, daß das Verbrennen großer Mengen tropischer Hölzer dazu führen könnte, daß eine Fülle von kleinsten Teilchen in die Erdatmosphäre gelangt – und auch dieser troposphärische Staub könnte Klimaveränderungen bewirken, u. a. geringere Niederschläge.

Zusammenfasend läßt sich sagen, daß sich die Eliminierung der tropischen Regenwälder keineswegs nur auf die betroffenen Entwicklungsländer auswirkt, sondern daß sie schwerwiegende, wenn nicht gar kritische Folgen auch für die Industrienationen heraufbeschwören könnte. Mit anderen Worten ausgedrückt: entweder wir verlieren alle zusammen oder aber wir gewinnen alle gemeinsam durch ausreichende Schutzmaßnahmen.

Die Hauptregionen – eine Übersicht

In Anbetracht der wichtigen Unterschiede zwischen den drei Hauptregionen des tropischen Regenwaldes erscheint es sinnvoll, jede einzelne genauer zu betrachten.

Amazonien

Von den tropischen Regenwäldern Amerikas liegen etwa sechs von insgesamt acht Millionen km^2 in Amazonien, wobei »Amazonien« hier die bewaldeten Tieflandareale des 7,8 Millionen km^2 großen Beckens meint. Diese Waldregion, von der 85 % dichter Tieflandsregenwald sind, umfaßt weit mehr als die Hälfte aller tropischer Regenwälder der Erde. Der Wald bedeckt eine Fläche von der Größe der Vereinigten Staaten von Amerika östlich der Rocky Mountains. Für sich genommen, wäre Amazonien der neuntgrößte Staat der Welt. Über drei Fünftel von Amazonien gehören zu Brasilien und sind mit fast der Hälfte des Staates identisch. Von den sieben anderen Staaten, die ebenfalls am Becken teilhaben, haben Peru, Ecuador und Bolivien mehr als die Hälfte ihres Staatsterritoriums in Amazonien.

Obwohl Amazonien als reichstes Ökosystem der Erde gilt, ist es in wissenschaftlicher Hinsicht ein weißer Fleck geblieben. Seit den fünfziger Jahren des 19. Jahrhunderts, als Bates eine vorläufige Erkundung durchführte und über 8000 neue Insektenarten registrierte, ist praktisch bis in die frühen siebziger Jahre unseres Jahrhunderts keine groß angelegte Erforschung durchgeführt worden. Als Maß unserer Unkenntnis mag dienen, daß ein wichtiger Nebenfluß des Amazonas von Hunderten von Kilometern Länge erst kürzlich entdeckt worden ist und daß sich ganze Gebirgszüge an völlig anderem Ort befinden, als man sie bislang vermutete. Wir erfahren auch erst allmählich, daß Amazonien keineswegs nur ein geschlossener, immerfeuchter Regenwald ist. Tatsächlich gibt es nur begrenzte Gebiete mit ganzjährigem Niederschlag. Es gibt vielmehr zumindest drei ökologische Hauptzonen, nämlich die regelmäßig überfluteten Ebenen (»varzeas«), die Sumpfwälder (»igapo«) und die Festlandswälder (»terra firme«). Nur 300 000 km^2 weisen kaum oder gar keinen

Wald auf und weitere 500 000 km² kann man den »Übergangszonen« zurechnen.

Ohne Zweifel ist Amazonien in biologischer Hinsicht das reichste Gebiet auf Erden. Wie in Kap. 2 erwähnt, enthält Amazonien mindestens 50 000 Arten höherer Pflanzen, also ein Fünftel der Gesamtheit dieser Pflanzenarten. Es ist ferner Lebensraum für ein Fünftel aller Vogelarten der Erde. Obwohl man über die meisten Tierarten Amazoniens nur geringe Kenntnisse besitzt, kann man doch berechtigterweise davon ausgehen, daß die Region auch da einen ähnlichen Anteil am Gesamtspektrum der Erde aufweist. Bekannt ist, daß Amazonien nicht nur das größte Reptil der Erde, die zwölf Meter lange Anakonda, beherbergt, sondern auch das größte Insekt, einen Käfer mit einer Größe von fünfzehn Zentimetern.

Glücklicherweise fangen wir jetzt endlich an, eine Vorstellung davon zu bekommen, welche Gebiete innerhalb dieser riesigen Region vordringlich geschützt zu werden verdienen. Während des Pleistozäns war Amazonien wiederholten Klimaschwankungen ausgesetzt. Manchmal wies die Region gleiche Niederschlagsmengen wie heute auf, zu anderen Zeiten war der Niederschlag viel geringer, und ausgedehnte Waldgebiete verschwanden zeitweilig ganz. Dieser Prozeß eines Vordringens und Zurückweichens des Waldes wiederholte sich mindestens zweimal, möglicherweise sogar viermal. Während der anderen Phasen waren die im Wald lebenden Arten auf einige isolierte Waldgebiete mit feuchterem Klima beschränkt, auf »Refugien«, von denen aus die überlebenden Arten später dann, als die Niederschlagsmengen wieder anstiegen, den sich wieder ausbreitenden Wald gleichsam rekolonisieren konnten.

Bestimmte Waldgebiete hat man inzwischen als Zentren einer besonderen Artenvielfalt identifiziert, die eine außergewöhnlich hohe Artenkonzentration aufweisen, wobei viele dieser Arten endemisch sind. Diese Gebiete könnten gut mit den Refugien des Pleistozäns identisch sein. Schutzprogramme sollten sich gerade auf diese Gebiete, von denen es insgesamt sechzehn gibt, konzentrieren.

Während der letzten zehn Jahre haben einige der Anrainerstaaten Amazoniens begonnen, ihre Wälder für die Holzexploitation und für die Kolonisation zu öffnen (zu Details über die Bemühungen Brasiliens vgl. Kap. 10). Amazonien birgt den größten Holzvorrat der Erde. Wenn auch die Holzexploitation – verglichen zu Südostasien – bislang unerheblich war, sollen die Holzexporte des tropischen Amerika nun von 3% Anteil am Weltholzhandel im Jahr 1967 auf rund 10% um die Mitte der achtziger Jahre steigen, d. h. von 1,1 Millionen m³ an Baumstämmen auf 6,4 Millionen. Peru beispielsweise, das heute noch große Mengen Holz und Zellstoff importiert, hofft, daß es durch Exploitation seiner 650 000 km² amazonischer Wälder fünfzigmal mehr Holz produzieren kann als augenblicklich. Um das zu erreichen, wird ein Investitionsangebot seitens japanischer Holzunternehmen in Höhe von 500 Millionen Dollar geprüft.

Amazonien verfügt aber auch über die weltweit umfangreichsten Reserven an Mineralen. Sie finden sich vornehmlich in den Randzonen wie etwa an der Ostabdachung der Anden, ein Umstand, der die Staaten der Region veranlaßt hat, ihre Grenzgebiete zu besiedeln, um solche Lagerstätten für sich zu sichern. Hinzu kommt, daß eine zunehmende Nachfrage nach Rindfleisch sowohl innerhalb der Länder als auch außerhalb Lateinamerikas den Drang gefördert hat, Urwald in Weideland umzuwandeln (vgl. Kap. 10 und 11).

Gleichzeitig hat man aber auch dem Glauben gehuldigt, daß die Wälder Amazoniens eben deshalb ausgebeutet werden sollten, weil sie nun einmal da seien und daß nur die kommerziell verwertbaren Produkte des Waldes zählten. In bestimmten Extremfällen war die Antwort des vordringenden Pioniers auf die Frage nach dem Sinn des Waldes, daß nur ein gefällter Baum ein guter Baum sei. Weit mehr Wald ist gerodet worden, als nötig gewesen wäre, um den Bedarf einer sich ausweitenden Landwirtschaft zu decken, und man hat sich nur wenig Mühe gemacht, die riesigen Mengen eingeschlagenen Holzes sinnvoll zu verwerten. Damit soll nicht gesagt sein, daß Amazonien nicht erschlossen und genutzt werden sollte. Die Frage ist nur: Welches ist der beste Weg, um den größtmöglichen und zugleich langfristigen Nutzen aus seinen natürlichen Ressourcen zu ziehen – zu größtem Wohle der Bewohner der Region, heute und in Zukunft?

Soweit wir wissen – das Bild ist höchst undeutlich – sind bereits rund ein Drittel der Wälder Amazoniens eliminiert, ein großer Teil davon während der letzten 25 Jahre. Die augenblickliche Rodungsrate soll nach Schätzungen der FAO 125 000 km^2 pro Jahr erreicht haben, eine Fläche von der Größe des US-Bundesstaates Virginia oder von der halben Größe Großbritanniens. Der Hauptanteil entfällt mit 100 000 km^2 auf Brasilien, weitere beträchtliche Anteile entfallen auf Peru und Ecuador. Venezuela, das über große Erdöleinnahmen verfügt und mit ihnen seine Entwicklungsprogramme finanziert, hat sich entschlossen, die Ausbeutung seiner Wälder in Amazonien einzustellen, bis wissenschaftliche Untersuchungen zur Klärung der Frage, wie man der Herausforderung am optimalsten begegnen kann, vorliegen.

Rodungen in diesem Umfang bedeuten, selbst wenn der Umfang nicht gesteigert wird, daß die Wälder Amazoniens in wenig mehr als 50 Jahren abgeholzt sein werden. Wenn man bedenkt, daß sich das Tempo der Rodungen seit den sechziger Jahren beschleunigt hat, dann ist es nicht unwahrscheinlich, daß es sich weiter und weiter steigert; bis in den neunziger Jahren soviel Holz gefällt werden wird wie in allen vorangegangenen Jahren zusammengenommen. Es ist deshalb keineswegs unrealistisch anzunehmen, daß ein großer Teil Amazoniens schon zu Ende dieses Jahrhunderts verschwunden sein dürfte.

Und was wären die ökologischen Auswirkungen eines solchen Kahlschlags? Bislang hat die Wissenschaft noch kaum eine genaue Vorstellung davon. In der Hauptsache weiß man, daß der Mensch dadurch, daß er in ein so großes und kompliziertes Ökosystem eingreift, das Risiko möglicherweise fataler Folgen eingeht. Es sei hier nur eine einzige Möglichkeit näher ins Auge gefaßt. Durch das riesige, weitverzweigte Hydrosystem Amazoniens strömen zwei Drittel allen Süßwassers der Erde. Weniger als die Hälfte der Niederschläge in dieser Region fließt in die Flüsse ab, der Hauptteil kehrt auf dem Wege der Verdunstung in die Atmosphäre zurück. Und ein gut Teil der Niederschläge stammt eher aus dem hydrologischen Kreislauf innerhalb der Region selbst als aus anderen Herkunftsgebieten, etwa dem Atlantik. Das heißt, daß die Region selbst als Quelle ihrer eigenen Feuchtigkeit fungiert. Die Implikationen sind von großer Bedeutung. Wenn Teile des Regenwaldes abgeholzt werden, kann der Rest des Waldes höchstwahrscheinlich nur noch in geringerem Maße zum hydrologischen Kreislauf beitragen, als das zuvor der Fall war. Mit jeder weiteren Verringerung des Waldes wächst der Verlust. In welchem Stadium nun könnte der Tieflandsregenwald anfangen, sich in eine ganz andere Art von Wald zu verwandeln? Hat dieser Prozeß bereits eingesetzt? Und wenn das der Fall ist, wie weit ist er dann fortgeschritten? Kann er noch rückgängig gemacht werden?

Bis zur Stunde sind wir noch kaum in der Lage, im Hinblick auf dieses wohl komplizierteste Ökosystem der Erde die richtigen Fragen zu formulieren, von richtigen Antworten ganz zu schweigen.

Südostasien

Die feuchtesten und gleichsam reichsten Wälder Südostasiens liegen größtenteils in Indonesien, Malaysia und auf den Philippinen. Das übrige Südostasien, d. h. Indochina, Burman und Thailand, weist zumeist gemischte, halbtrockene Laubwälder auf.

Die ersteren drei Länder haben eine Fläche von 2,5 Millionen km², von denen, wie man annimmt, noch immer 1,87 Millionen km² mit Primärwald bedeckt sind. Das wäre ein Fünftel aller tropischen Regenwälder der Erde. Die Wälder Malaysias und der Philippinen sind während der vergangenen 25 Jahre in starkem Maße ausgebeutet worden, d. h., der größte Teil der Urwälder ist schwer in Mitleidenschaft gezogen oder gänzlich eliminiert worden. Die Wälder Indonesiens werden erst seit etwa zehn Jahren ausgebeutet. Der Staat geht davon aus, daß er noch 1,2 Millionen km² Wald besitzt.

So ausgedehnt die Wälder Südostasiens auch sind – sie ergeben flächenmäßig doch nur weniger als ein Drittel der Wälder Amazoniens. Gemessen aber an der Fülle und Vielfalt der Arten, ist Südostasien mindestens halb so reich wie Amazonien und übertrifft bei weitem jede andere Region vergleichbarer Größe auf Erden. Der Grund dafür ist, daß sich die Regenwälder Südostasiens über einen Zeitraum von mindestens 60 Millionen Jahren kontinuierlich entwickeln konnten. Während der Trockenphasen des Pleistozäns, als die Wälder des tropischen Afrika und Amerika zu kleinen Fragmenten zusammenschrumpften, hatte Südostasien keinen schwerwiegenden Artenrückgang zu beklagen: Der Archipel, der eher einen maritimen als einen kontinentalen »Hintergrund« hat, erwies sich als weniger anfällig gegenüber einer allgemeinen Abnahme der Niederschläge. Folglich besitzen die Hauptgebiete Südostasiens eine bemerkenswerte Anzahl von Pflanzenarten: Java 4500, Sumatra 6000, Sulawesi 5000 bis 6000, die Philippinen 7000, die malayische Halbinsel 8000, Neuguinea 8000 und Borneo 9000 bis 10 000 (weniger als die Hälfte überschneiden sich). Jedes dieser Gebiete enthält wahrscheinlich eine proportionale Anzahl von Tierarten, grob gesehen zehn bis dreißig pro Pflanzenart. Der nur 5000 km^2 große Staat Brunei im Nordwesten Borneos soll 2000 Baumarten beherbergen (die Niederlande, die siebenmal so groß sind, besitzen nur 30).

Südostasien weist nicht nur eine große Zahl von Arten auf, sondern auch ein hohes Maß an Endemismus. Die Region umfaßt mehr als 20 000 Inseln. Das impliziert, daß sich viele ihrer biotischen Gemeinschaften einer ziemlich langen Periode der ökologischen Abgeschiedenheit erfreuen konnten. Und das wiederum bietet reichlich Gelegenheit zur Artenbildung in diesen »Kraftwerken« der evolutionären Anpassung, den Regenwäldern. Während es in Amazonien lokalisierbare Zentren des Artenreichtums und des Endemismus gibt, in denen man die »Refugien« des Pleistozäns zu erkennen glaubt, können große Teile des westlichen südostasiatischen Archipels als ein einziges riesiges Rückzugsgebiet angesehen werden, das erst vor ein paar tausend Jahren durch das Ansteigen des Meeresspiegels in einzelne Inseln aufgespalten wurde. Auf der heutigen malayischen Halbinsel, die, da sie eine langgestreckte und schmale kontinentale Landmasse darstellt, die von den Inseln her bekannte genetische Isolation zeigt, sind 152 von 317 Vogelarten endemisch (aber nur 10 der 108 nicht zu den Waldvögeln gehörenden Arten). Ähnliches gilt für den östlichen Teil des Archipels. Von denn 670 Vogelarten auf Papua-Neuguinea sind 320 endemisch; von den 180 Säugetierarten auf den Philippinen sind es mehr als die Hälfte. In der gesamten Region sind viele Arten auf kleine Inseln beschränkt, was sie dann der schnellen Vernichtung preisgibt, wenn die Wälder zur Ausbeutung freigegeben werden (praktisch die gesamten 4480 km^2 der Insel Siberut gegenüber der Westküste Sumatras sind für die Holzexploitation vorgesehen – und dort leben vier endemische Primaten). In dieser Hinsicht verdient Südostasien gegenüber Amazonien und Tropisch-Afrika vorrangige Beachtung – um so mehr, wenn man die Schnelligkeit in Betracht zieht, mit der seine Wälder durch Ausbeutung zerstört werden.

Wirtschaftlich gesehen, sind die wichtigsten Bäume der Region – wie überhaupt der gesamten Tropen – die der Familie der Dipterocarpaceae mit ihren mehr als 500 Arten. Da diese Bäume ein qualitativ hochwertiges Holz liefern, das überaus leicht ist und gut für die Herstellung von Sperrholz und Furnieren geeignet, sind sie seit dem Zweiten Weltkrieg, insbesondere aber seit 1960, sehr intensiv gerodet worden. Das ist hauptsächlich auf den gestiegenen Hartholzbedarf der Industrieländer zurückzuführen, der Südostasien heute zu Einkünften von zwei Milliarden Dollar jährlich verhilft. In den frühen siebziger Jahren kamen 70% allen tropischen Hartholzes aus dieser

Region; 1976 exportierte Südostasien 23 Millionen m^3, zumeist nach Japan. Zudem kann Südostasien, da es nahe der dichtbevölkertsten Region der Erde liegt (in einem Radius von 5000 km um Singapur leben ca. 1,7 Milliarden Menschen), in der Zukunft auf einen riesigen Markt direkt vor seiner eigenen Haustür bauen.

Wenn die augenblicklichen Exploitationsraten anhalten, werden so gut wie alle Tieflandswälder der malayischen Halbinsel und der Philippinen innerhalb der nächsten zehn Jahre abgeholzt sein – und die meisten der Tieflandswälder der gesamten Region bis zum Ende dieses Jahrhunderts. Dazu kommt, daß viele der abgeholzten Flächen sowohl durch Wanderfeldbau als auch im Rahmen organisierter Besiedlungsprogramme landwirtschaftlicher Nutzung zugeführt werden. Indonesien hat zwischen 1976 und 1985 180 000 km^2 Wald gerodet und die Philippinen verlieren 10 000 km^2 pro Jahr sowohl durch eine planmäßige landwirtschaftliche Erschließung als auch durch den Wanderfeldbau. Ende 1977 gestand der Stellvertretende Premierminister von Malaysia, Datuk M. Mohamed, ein, daß Malaysia etwa 1990 genötigt sein wird, Hartholz einzuführen. Auf den Philippinen hat Präsident Marcos erklärt, daß sich die Waldwirtschaft in einer echten Krise befinde. Er ließ den Export von Stammholz nicht nur einschränken, sondern er versucht nun, ihn so schnell wie möglich ganz zu unterbinden. Per Dekret hat er alle männlichen, über zehn Jahre alten Bürger dazu verpflichtet, die nächsten fünf Jahre in jedem Monat einen Baum zu pflanzen. Auf Indonesien werden wir in Kap. 10 genauer eingehen.

Tropisch-Afrika

Zum tropischen Afrika gehören, soweit feststellbar, ungefähr 1,75 Millionen km^2 Regenwald – eine Fläche, die etwas kleiner als die Südostasiens und weniger als ein Drittel so groß wie die Amazoniens ist. Von der Gesamtfläche entfallen fast 1,5 Millionen km^2 auf Zentralafrika (auf Zaire allein 1,1 Millionen km^2) und 190 000 km^2 auf Westafrika.

Die afrikanischen Regenwälder weisen wie die der beiden anderen Regionen Gebiete mit einer hohen Anzahl endemischer Arten auf. Während der anderen Stadien des Pleistozäns schrumpfte auch hier der Wald auf ein paar isolierte Inseln zusammen. Erst vor 12 000 Jahren breitete sich der Wald wieder aus, um sich dann breitenkreisparallel über den ganzen Kontinent zu erstrecken. Während des stärksten Schrumpfungsprozesses blieben vier Hauptgebiete für die Tier- und Pflanzenarten als Refugien erhalten, welche die Grundlage für die später wieder einsetzende Waldverbreitung bildeten. Diese vier Gebiete sind: das Refugium von Oberguinea, zu dem Teile von Liberia, der Elfenbeinküste und des westlichen Ghana gehören; das Kamerun-Gabun-Gebiet, das sich bis in das östliche Nigeria ausdehnt und Teile von Kongo einschließt; das Zentralafrikanische Refugium in Nord- und Ostzaire;

und schließlich ein Bergkomplex, der die Hochländer Kameruns und die Gebirgszüge Ostafrikas umfaßt. Ohne Zweifel bedürfen diese Gebiete vordringlich des Schutzes – und doch scheint die Planung von Parks und Reservaten in den genannten Ländern diesen Gesichtspunkt nur selten zu berücksichtigen.

Glücklicherweise sind ausgedehnte Teile der afrikanischen Regenwälder bei weitem nicht so bedroht wie die der beiden anderen Regionen. Man nimmt an, daß zwar 400 000 km^2 schon einer gewissen Ausbeutung ausgesetzt sind und daß sich weitere 1,1 Millionen km^2 für die Ausbeutung anbieten, daß aber ein großer Anteil, möglicherweise sogar die Hälfte der Gesamtfläche, bis zum Jahr 2000 noch relativ intakt überleben könnte. Man nimmt an, daß die Äquatorialwälder Zentralafrikas mit einer Gesamtfläche von 1,5 Millionen km^2 nur 300 000 km^2 oder 23% einbüßen werden. Diese positive Diagnose liegt in einem niedrigen Bevölkerungsdruck begründet: in Zaire entfallen fast 5 ha Wald auf jeden Einwohner, im Kongo 17 ha, in Gabun 43 ha. Ferner verfügen diese Länder über beachtliche Mineralvorkommen, so daß weniger Anlaß besteht, ihre Wälder um des Nutzholzes, der absatzorientierten Landwirtschaft oder der Viehhaltung willen auszubeuten.

Dagegen wird wahrscheinlich Westafrika von einem größeren Waldverlust betroffen werden – mit kritischen Folgen für Teile des Artenrefugiums. Der westafrikanische Wald ist bereits von ca. 700 000 km^2 auf 190 000 km^2 oder weniger zusammengeschrumpft und wird wahrscheinlich bis zum Jahr 2000 auf weit unter 100 000 km^2 zurückgehen. Die Zerstörung wird teilweise auf das Konto der kommerziellen Holznutzung gehen. In einer Reihe von Ländern, vor allem in Nigeria und Ghana, ist praktisch der gesamte verbleibende Wald schon an Konzessionäre vergeben worden. Eine ebenso große, wenn nicht sogar größere Zerstörung aber geht auf das Konto der Brandrodung durch Wanderbauern. In Ghana entfallen nur 0,2 ha Wald auf jeden Einwohner, in Nigeria nur 0,07 ha, so daß in beiden Ländern der auf den verbliebenen Wäldern liegende Druck groß ist und noch weiter wächst.

Alles in allem verlieren die afrikanischen Regenwälder jährlich mindestens 25 000 km^2, wahrscheinlich sogar 40 000 km^2 pro Jahr. Mindestens 400 000 km^2 – das entspricht der Hälfte der kultivierten Anbauflächen von Tropisch-Afrika – liegen in der Regenwaldzone. Wenn, was wahrscheinlich ist, jeder der jährlich neu hinzukommenden acht Millionen Menschen einen halben Hektar Ackerland zu seiner Existenzsicherung benötigt, erreicht der Verlust an Wald wirklich die 40 000 km^2 pro Jahr.

Die Produktion von Nutzholz ist in Tropisch-Afrika beständig gestiegen. 1976 betrug sie 32 Millionen m^3, von denen fast sechs Millionen m^3 exportiert wurden – drei Fünftel aus Westafrika. Einen Anhaltspunkt für die schnelle Waldvernichtung in Westafrika liefert die Elfenbeinküste: nach mit dem Flugzeug durchgeführten Bestandsaufnahmen hat das Land bereits zwischen einem Drittel und der Hälfte aller seiner Urwälder verloren – und büßt augenblicklich mehr als 5000 km^2 pro Jahr ein, eine Verlustrate, die sich noch beschleunigt. 1964 exportierte die Elfenbeinküste Holzprodukte im Umfang von 1,5 Millionen m^3 mit einem Wert von 49 Millionen Dollar, 1976 waren es schon 3,3 Millionen m^3 im Wert von 280 Millionen Dollar. Wenn das so weitergeht, wird das Land bereits Mitte der achtziger Jahre praktisch seinen gesamten Urwald eingebüßt haben.

Vier Länderprofile

Werfen wir einen intensiven Blick auf die vier in der tropischen Regenwaldzone gelegene Länder: auf Brasilien, Costa Rica, Indonesien und Kenia.

Brasilien

Von den sechs Millionen km^2 Wald des Amazonasbecken gehören 3,6 Millionen zu Brasilien, das damit über einen weit größeren Anteil am tropischen Regenwald als jedes andere Land der Erde verfügt. Sein Anteil ist dreimal größer als der Indonesiens oder Zaires. Zugleich leben im amazonischen Teil Brasiliens, der 42 % des Staatsterritoriums ausmacht, nur 5 % seiner über 120 Millionen Einwohner: Ein Gebiet von der Größe der Sahara wird von ebenso wenig Menschen bevölkert wie die Sahara. Ferner trägt dieser Landesteil weniger als 5 % zum brasilianischen Bruttosozialprodukt bei; seine Holzvorräte werden auf einen Wert von einer Trillion Dollar veranschlagt, und doch sind sie mit nur 10 % an der Nutzholzproduktion des Landes beteiligt. Die Region weist darüber hinaus die größten Eisenerzreserven der Welt auf, dazu beachtliche Lagerstätten an Bauxit, Zinn, Uran, Diamanten, Kohle und Gold, letzteres im Wert von vielleicht 30 Milliarden Dollar.

So tendiert Brasilien dazu, seinen Teil Amazoniens als einen wertvollen, aber ungenutzten Besitz anzusehen, in dem es an Menschen, Kapital, Technik und vor allem Unternehmungsgeist fehlt. Kein Wunder, daß viele Brasilianer die Erschließung Amazoniens als »ihren Flug zum Mond« ansehen. Politiker, Planer, Ökonomen und Unternehmer – alle begeistern sich an der Aussicht einer schnellen Entwicklung: »Amazonien kann nicht warten, Brasilien darf nicht ruhen.«

Um die Region zu erschließen, hat Brasilien ein ehrgeiziges Straßenbau-Programm gestartet. Die Transamazonica, 1970 begonnen, erstreckt sie sich über etwa 6000 km, eine Entfernung, die größer ist als die zwischen New York und San Francisco. Die Nebenstraßen werden eine Gesamtlänge von weiteren 12 000 km haben. (Mit ähnlichen Programmen ist in Ecuador und Peru begonnen worden.) Ironischerweise verfügt Amazonien mit 50 000 schiffbaren Kilometern über das ausgedehnteste Wasserstraßennetz der Erde. Dieses System auszubaggern, würde weniger Kosten verursachen als der Bau größerer Straßen – und weit weniger Umweltschäden.

Entlang den Straßen des Systems hat man einen Gürtel von 20 km Breite für die landwirtschaftliche Erschließung ausgewiesen. Ursprünglich sollten die Siedler zum größten Teil aus dem hungergeplagten Nordosten des Landes kommen, wo 37 Millionen weitgehend verarmte Menschen leben. Amazonien war nach den Worten des ehemaligen Präsidenten Medici »ein Land ohne Menschen für Menschen ohne Land«. Aber das Besiedlungsprogramm verzeichnete eine Zuwanderungsrate von nur 100 000 Menschen pro Jahr, weniger als die Geburtenrate im Nordosten. Man bot den Siedlern kostenlos 100 ha Land, Saatgut, eine Holzhütte und sechs Monatslöhne an. Aber dann traf nur eine von 15 erwarteten Familien (100 000 sollten es insgesamt werden) ein, und die 1975 erreichte Zahl von 50 000 »Kolonisten« stagnierte. Viele der Siedler versuchten, ungeeignete Feldfrüchte anzubauen. Viele wurden von Waldkrankheiten befallen, gegen die sie nicht resistent waren (umgekehrt schleppten sie ihrerseits die Bilharziose und die Chagasche Krankheit ein). Und was am schlimmsten ist: die Böden erwiesen sich als sehr karg. Vorläufige Ergebnisse eines brasilianischen Fernerkundungsprogramms zeigen, daß nur 4% der Böden in Amazonien eine mittlere bis hohe Bodenfruchtbarkeit aufweisen.

Eine große Zahl von Siedlern verließ die ihnen zugewiesenen Landstücke wieder und betrieb Wanderfeldbau – jener Methode unkontrollierter Besiedlung, die man ausdrücklich hatte vermeiden wollen. Von Wanderfeldbauern gelegtes Feuer vernichtet jährlich 10 000 km^2 Wald.

Alles in allem schätzt man heute, daß weniger als 7% der geplanten Besiedlung erfolgreich waren. Angesichts des weiten Spektrums von Problemen, das von weitverbreiteter Bodenerosion bis hin zur Bedrohung durch feindliche Eingeborenenstämme reicht, hat die Förderung des Besiedlungsprogramms seitens der Regierung sich auf ein Minimum reduziert – und die Entscheidungsträger achten heute genauer auf die ökologischen Aspekte der Erschließung. Als Folge davon versiegen die Mittel, und der Straßenbau ist für den Augenblick in einigen Nebenabschnitten eingestellt worden.

Ein realistisches Besiedlungsprogramm sollte sich auf die Gebiete Amazoniens mit sehr fruchtbaren Böden konzentrieren. Die periodisch überfluteten Zonen mit ihren reichen alluvialen Ablagerungen machen nur einen kleinen Teil der Gesamtregion aus, und doch sind es insgesamt etwa 60 000 km^2, ein Gebiet von der Größe Irlands oder West Virginias. Diese fruchtbaren Flächen könnten eine Landwirtschaft ermöglichen, die so ertragreich wäre wie jede uns bekannte am Nil, wobei nicht ein Pfennig für Dünger aufgewendet werden müßte. Darüber hinaus weisen sie keine solche biotische Komplexität oder Artenvielfalt auf wie die Hochlandswälder. Sie eignen sich gut für schnellwüchsige Feldfrüchte wie Bohnen und Mais, insbesondere aber für solche, die Überschwemmungsgebiete bevorzugen wie der Reis. Während künstlich bewässerte Felder außerhalb Amazoniens vier bis fünf Tonnen Reis pro Hektar und Jahr erbringen, erzeugen eine Reihe von Plantagen in Amazonien bei drei Ernten im Jahr 18 Tonnen pro Hektar.

Das Schwergewicht der landwirtschaftlichen Erschließung Amazoniens hat sich inzwischen fast gänzlich von den Kleinbauern-Kolonisten weg auf große Unternehmen verlagert, zumeist solche, die sich auf Viehhaltung spezialisiert haben. Ein potentieller Viehzüchter wird – wie andere Investoren – durch großzügige Bedingungen angelockt. Er erhält eine fünfzigprozentige Rückerstattung der Einkommensteuer, die er für Unternehmungen in anderen Teilen Brasiliens zahlt. Bestimmte Investitionsgüter und weiteres Kapital dürfen steuerfrei ins Land gebracht werden. Ein ausländischer Investor darf sowohl sein Kapital als auch seine erzielten Erlöse in sein Heimatland zurücktransferieren. Dennoch werden die neuen Viehherden nur einen Bruchteil des brasilianischen Fleischbedarfs abdecken, denn ein großer Teil des Rindfleisches wird exportiert (vgl. das folgende Kapitel).

Das größte ausländische Projekt in Amazonien liegt in Jarilandia am Jari nahe Belem. 1967 kaufte Daniel K. Ludwig, Chef des amerikanischen Unternehmens National Bulk Carriers, für zehn Millionen Dollar 17 000 km^2 Land, eine Fläche, größer als der US-Bundesstaat Connecticut. Bei diesem Projekt mit verschiedenen Produktionszweigen werden auf den Verzea-Böden durchschnittlich zehn bis zwölf Tonnen Reis pro Hektar und Jahr geerntet, zweieinhalb- bis dreimal soviel wie der Durchschnittsertrag in den Vereinigten Staaten von Amerika. In Jarilandia werden aber auch Forstwirtschaft und Viehzucht betrieben. Bis 1976 wurden 73 000 ha (von geplanten 100 000 ha) mit Gmelina und Kiefern bepflanzt, um eine Papiermühle mit einer für 1981 geplanten Tagesproduktion von 750 Tonnen zu versorgen – genug, um einen Toilettenpapierstreifen zu produzieren, den man 6½mal um die Erde wickeln könnte (obwohl der Zellstoff auch für andere Produkte verwendet werden soll). Die Viehhaltung ist eher von nachgeordneter Bedeutung. Eine Herde von 12 400 Stück Vieh soll Fleisch für die heute 4200 Arbeiter (bis Mitte der achtziger Jahre sollen es 30 000 sein) liefern. Schließlich könnten die Arbeiter zusammen mit Hilfskräften und Familienangehörigen ein Gemeinwesen von einer Viertelmillion Menschen bilden. Wie das Glück es will, verfügt die Besitzung über eine der Welt größten Lagerstätten an Kaolin, das man z. B. als Füllstoff in der Papierindustrie einsetzen kann. Die bekannten Investitionen Ludwigs erreichten bis Ende der siebziger Jahre eine Höhe von 650 Millionen Dollar, die Gesamtsumme könnte aber noch weit höher sein.

Obwohl sich die Holzindustrie Amazoniens verglichen mit der in Südostasien oder in Tropisch-Afrika bescheiden ausnimmt, werden doch pro Tag, wie man schätzt, etwa eine Million Bäume gefällt. 1971 gab es in einem einzigen Gebietsabschnitt von Rondonia fünf Sägewerke, 1978 waren es dreißig. Zu den großen dort engagierten Unternehmen gehören Eldal (Japan), Bruynzeel (Niederlande) sowie National Bulk Carriers, Georgia Pacific und Atlantic Veneer (Vereinigte Staaten) – mit Investitionen von insgesamt knapp 15 Millionen Dollar.

Das also sind einige Beispiele für die Waldausbeutung in Amazonien. Zwischen 1966 und 1975 entfielen 44 000 km^2 (oder 38% der gesamten

Rodungsfläche) auf die Viehwirtschaft, 35 000 km^2 (oder 31 %) auf Kleinbauern-Siedler und andere landwirtschaftliche Erschließungsprojekte, 30 000 km^2 (oder 26 %) auf Straßenbau und 5000 km^2 (oder 4 %) auf die Holzgewinnung - zusammen ergibt das 115 000 km^2. Von allen Aktivitäten hat die Viehwirtschaft - obwohl am wenigsten geeignet, da nur wenig produktiv und kaum langfristig zu betreiben - die größte Zuwachsrate. Brasilien hat als Ziel ins Auge gefaßt, 400 000 km^2 Wald für landwirtschaftliche Projekte und noch einmal soviel für andere Zwecke zu roden. Inwieweit dieses ehrgeizige Nutzungsprogramm tatsächlich realisiert werden kann, hängt in der Hauptsache davon ab, wieviel in die Region investiert wird. Das ausländische Kapital, was von mehr als 50 ausländischen Firmen (ein Viertel von ihnen aus den Vereinigten Staaten von Amerika) in Amazonien erbracht worden ist, beläuft sich schon auf 200 Milliarden Dollar. Die Zukunft wird immer größere Investitionen erforderlich machen, so daß Brasilien immer größere Anstrengungen unternehmen muß, noch mehr ausländische Unternehmer ins Land zu holen.

Die Muster der Ausbeutung in Amazonien verweisen auf die Verquikkung von Ökonomie und Ökologie, wie sie die weltweite Gemeinschaft heute bestimmt. Amazonien wird zum Teil ausgebeutet, um den internationalen Handel mit Rohstoffen zu versorgen. Dazu kommt, daß ein gut Teil der Ausbeutung auf die multinationalen Unternehmen entfällt, die Kapital, Know-how und die technischen Mittel einbringen, ohne die Amazonien nicht so schnell erschlossen werden könnte. In einem Bereich der Region kommen nur 30 % des Kapitals aus Brasilien, der Rest kommt zu 30 % aus Amerika, zu 20 % aus der Bundesrepublik Deutschland, zu 10 % aus Japan und zu 10 % aus anderen Ländern.

Costa Rica

Costa Rica zeigt beachtenswerte Leistungen auf dem Gebiet des Naturschutzes. Ein kleines Land mit einer Fläche von nur 49 900 km^2 (wenig größer also als Dänemark), verfügt es über einen der reichhaltigsten biologischen Bestände der Erde - und unternimmt solide Schritte, sein Erbe zu schützen.

Das Land weist 758 Vogelarten auf (nur 138 von ihnen sind Zugvögel), d. h. mehr als Nordamerika nördlich des Wendekreises des Krebses. Bloße 2,6 km^2 des Tieflandswaldes weisen, wie man entdeckt hat, 269 Vogelarten auf, fast doppelt soviel wie die Laubwälder des östlichen Nordamerika. Man hat mehr als 8000 Pflanzenarten registriert, darunter mindestens 1000 Orchideenarten. Das Naturschutzgebiet von La Selva, 730 Hektar groß, enthält 320 Baumarten, 42 Fischarten, 394 Vogelarten, 104 Säugetierarten (davon 63 Fledermausarten), 76 Reptilienarten, 46 Amphibienarten und 143 Schmetterlingsarten.

Bei den Ursachen für die Waldvernichtung in Costa Rica steht - wie in einigen anderen Ländern Zentralamerikas und in Amazonien - die Viehwirtschaft an erster Stelle. Das Rindfleisch wird hauptsächlich für den Export produziert. Fast die gesamte Produktion geht in die Vereinigten Staaten von Amerika, wo es nach Feststellungen der Grupo Ganadero Industria (einer Viehzüchterorganisation in Costa Rica) und des Meat Importers Concil of America, zum größten Teil bei den Herstellern von »Hamburgern« und »Frankfurtern« landet. Seit den frühen sechziger Jahren haben die Fast-Food-Ketten in den Vereinigten Staaten von Amerika einen Boom erlebt, der sie allein 1974 um 20% wachsen ließ, d. h. zweieinhalbmal schneller als die gesamte Restaurantbranche. Mehr als die Hälfte aller Absätze gehen auf das Konto von nur acht Firmen, allen voran die großen Fast-Food-Unternehmen. Das größte, McDonalds, verkauft jährlich 3 Milliarden »Hamburger« – das entspricht 300 000 Stück Rindvieh.

Als Folge dieses Booms sah sich die Fast-Food-Industrie nach zusätzlichen Fleischlieferanten um und fand eine preiswerte Quelle in Zentralamerika. Dort produziertes Rindfleisch ist nur »billig« im Vergleich mit dem in den Vereinigten Staaten von Amerika produzierten Rindfleisch, das aufgrund hoher Bodenpreise und Lohnkosten mehr als doppelt so teuer kommt. Denn der Preis eines »Hamburgers« in den Vereinigten Staaten von Amerika spiegelt keineswegs die Umweltkosten wider, die seine Produktion in Costa Rica verursacht. Der amerikanische Verbraucher, der einen »Hamburger« von guter Qualität zu einem »erschwinglichen« und stabilen Preis verlangt, ist sich der Folgen, die sein Verhalten fern von seinem Heimatland zeitigt, keineswegs bewußt.

Seit 1950 haben sich die Flächen der neu angelegten Weiden und die Stückzahlen der in Zentralamerika gehaltenen Rinder mehr als verdoppelt. Diese Ausweitung ging im wesentlichen zu Lasten der Wälder, von denen heute bereits zwei Drittel gerodet sind. Das Weideland Costa Ricas, das 1950 ein Achtel des Staatsterritoriums ausmachte, hat sich so ausgedehnt, daß es inzwischen fast ein Drittel beträgt. Bei der augenblicklichen Rodungsrate von 500 km^2 pro Jahr werden die verbliebenen Primärwälder bis 1990 verschwunden sein.

Die Viehherden Costa Ricas, die 1960 etwas mehr als 900 000 Stück zählten, sind bis 1976 auf 1,9 Millionen Stück angewachsen. Während der sechziger Jahre expandierte die Rindfleischproduktion um 92%. In der gleichen Zeit sank jedoch der inländische Verbrauch um 26% auf nur 8 kg pro Kopf und Jahr, d. h., fast die gesamte zusätzliche Produktion ging ins Ausland. Costa Rica exportiert heute rund 45 Millionen kg Rindfleisch pro Jahr, mehr als die Hälfte davon in die Vereinigten Staaten von Amerika, in Preisen von 1967 entspricht das 34 Millionen Dollar.

Der Handel ist von erheblichem Vorteil für die Vereinigten Staaten. Er bringt den amerikanischen Unternehmen erhebliche Gewinne und den amerikanischen Verbrauchern ein reichliches Angebot an preisgünstigem Fleisch. Das aus Zentralamerika eingeführte Fleisch kostete 1978 durchschnittlich 1,47 Dollar/kg – verglichen mit einem Großhandelspreis von 3,30 Dollar/kg für in den Vereinigten Staaten von Amerika auf Grasfütterungsbasis produziertes Rindfleisch. Wichtiger noch ist, daß die Preise des in den USA produzierten Fleisches schneller gestiegen sind als die Lebenshaltungskosten insgesamt. Dies resultiert einerseits aus der ungebrochenen Nachfrage der Amerikaner, andererseits aus den sinkenden Stückzahlen amerikanischer Rinder von 132 Millionen im Jahr 1976 auf 116 Millionen im Jahr 1978 (die Viehhalter begründen das mit nicht mehr ausreichendem Gewinn). Während der ersten fünf Monate des Jahres 1978 schossen die Rindfleischpreise um 35 % in die Höhe. Mit diesem fatalen Preisanstieg konfrontiert, entschied sich die Regierung für eine Erhöhung der Importe um 7,6 %. Obwohl dies weniger als ein Prozent des amerikanischen Rindfleischverbrauches ausmachte, schätzte die Regierung, daß es die Preise der »Hamburger« leicht drücken würde. Kaum eine andere Maßnahme, erklärte man, könnte besser zur Bekämpfung der Inflation beitragen – nichts aber wurde darüber verlautbart, welche Negativwirkung diese Maßnahme auf die Wälder Zentralamerikas haben würde.

Zu der Stimulierung des Außenhandels kommt hinzu, daß die Rindfleischindustrie in Costa Rica – wie in einigen anderen mittelamerikanischen Ländern – in den Händen einer nationalen Oligarchie liegt, die ihrem kulturellen Hintergrund nach die Viehzucht als eine Prestigeangelegenheit betrachtet. 1973 beherrschten nur 2134 Viehzüchter die Rindfleischindustrie Costa Ricas, jeder mit durchschnittlich 750 ha, womit sie 51 % der landwirtschaftlichen Nutzfläche kontrollierten. Der Besitz von Land und Vieh ist sowohl der gesellschaftlichen Stellung als auch der politischen Macht förderlich. Zu den Viehzüchtern gehört eine Vielzahl von Personen, die in anderen Berufen tätig sind und sich am Wochenende auf ihren Landsitz zurückziehen, um zu reiten und ihr Image als »Gutsherr« zu pflegen – sie beweisen, daß sie »es geschafft haben«.

Seit 1972 leiden die Viehweiden Costa Ricas unter Trockenheit. Hauptursache ist die Waldrodung, die zu einer Verringerung der Niederschläge bzw. zu einem schnelleren Abfluß des Wassers führt. Nach Aussagen des Viehzüchterverbandes von Costa Rica haben Viehzüchter in der Hauptzuchtregion in der Provinz Guanacaste einen großen Teil ihres Viehs durch Futtermangel verloren, die meisten der überlebenden Rinder seien stark abgemagert. Eine Reihe von Viehhaltern hat den Betrieb eingestellt. Die Gesamtverluste in Guanacaste werden auf 250 Millionen Dollar geschätzt. Als Folge dieses Desasters wurde der Plan entwickelt, bestimmte Teile der Provinz wieder aufzuforsten, allerdings mit landesfremden Baumarten. Die Dürre hatte aber noch andere Folgen. So hat eine aus der Abholzung resultierende, stärkere Bodenerosion Dämme verschlammen lassen und damit eine Knappheit an Trinkwasser und elektrischer Energie verursacht. Das Problem ist so groß geworden, daß die öffentlichen Versorgungsbetriebe den Verkauf von Baumsetzlingen aufgenommen haben.

Dem Tatbestand der Waldzerstörung müssen Costa Ricas junge Bemühungen um den Umweltschutz gegenübergestellt werden. Dank der beherzten Initiative von Präsident Daniel Oduber wurde in wenigen Jahren viel erreicht. Ein Institut für Nationale Ressourcen wurde eingerichtet, um landesweit ökologische Studien durchzuführen und um ein Programm der integrierten Landnutzung auszuarbeiten. Das Netz der Naturparks wurde erweitert und umfaßt heute eine größere Fläche als in jedem anderen Land Lateinamerikas. Es gibt 13 Parks mit 1260 km^2, eine Fläche, die man um das Mehrfache zu vergrößern plant. Wenn das Programm genehmigt wird, werden Naturparks 10 % des Staatsterritoriums überziehen – das ist, als wenn die Vereinigten Staaten von Amerika ihren Bundesstaat Alaska unter Schutz stellen würden. Zusammen mit bestehenden und geplanten Waldreservaten wird die geschützte Fläche Costa Ricas 37 % des Staatsterritoriums betragen.

Eine bemerkenswerte Bereicherung des Systems von Naturschutzgebieten stellt der Corcovado Park auf der Halbinsel Osa an der Pazifikküste dar. Der Park umfaßt 290 km^2 oder ein Drittel der Halbinsel und ist praktisch die einzig verbliebene größere Fläche von Tieflandsregenwald an der Pazifikküste Mittelamerikas. Als der Park 1975 eröffnet wurde, wurde er weltweit von den Naturschützern als einer der bedeutendsten Fortschritte der jüngsten Zeit begrüßt. Die Einrichtung des Parks verursachte natürlich Kosten. Erstens mußten die dort lebenden illegalen Siedler abgefunden werden: 750 000 Dollar wurden für Ersatzland ausgegeben, auf dem sie sich ansiedeln konnten, und nochmals eine Million Dollar, um ihre Methoden des Holzeinschlages zu »verbessern«. Zweitens mußten 300 000 Dollar aufgebracht werden, um den Park einzurichten (Straßen, Verwaltung usw.). Eine Reihe ausländischer Organisationen, insbesondere die amerikanische Naturschutzbehörde, der WWF und die in den Vereinigten Staaten von Amerika beheimatete Organisation zum Schutz seltener Tiere, hat 163 000 Dollar beigesteuert. Der Rest von fast zwei Millionen Dollar wurde von den Bürgern Costa Ricas aufgebracht, die dafür etwa einen Dollar pro Kopf von ihren kärglichen Einkommen abzweigten.

Um einen Vergleich zu geben: diese Bemühungen um den Park von Corcovado entsprächen einem Versuch der Vereinigten Staaten von Amerika, 225 Millionen Dollar (oder sogar 1,7 Milliarden, wenn man den Lebensstandard mit berücksichtigt) bei ihren Steuerzahlern aufzutreiben, um einen Park von der Größe des US-Bundesstaates West Virginia einzurichten. Als die amerikanische Naturschutzbehörde eine Spendenkampagne startete, um Forellenfanggebiete im US-Bundesstaat Idaho aufkaufen zu können, kamen 600 000 Dollar zusammen, d. h. genug für den Erwerb von 200 ha zum Preis von 3000 Dollar pro Hektar. Hätte man für die 2,1 Millionen Dollar, die für den Corcovado Park zusammenkamen, zum gleichen Bodenpreis Land gekauft, wäre man auf 700 ha gekommen. Die Fläche des Corcovado Parks ist mehr als 400mal so groß – und schützt Ökosysteme, die gut und gerne 400mal vielfältiger sein mögen als die in der Wildnis von Idaho – ein wahrhaft guter Kauf! Außerdem könnte sich der Beitrag der Vereinigten Staaten für die Amerikaner als solide Investition erweisen: Als ein Botaniker aus South Carolina,

Dr. Monie S. Hudson, 1500 Baumarten in den Wäldern Costa Ricas auf Substanzen untersuchte, die sich für den Einsatz gegen Krebs eignen, fand sich bei rund 15% ein positives Ergebnis.

Verschiedene Schlußfolgerungen ergeben sich. Die eine ist die, daß Costa Rica einen bedeutenden Beitrag zum Schutz der tropischen Regenwälder geleistet hat - nicht nur für Mittelamerika, sondern für das gesamte Biom. Eine weitere ist die, daß alle Naturschützer außerhalb Costa Ricas nachdenken sollten, bevor sie die Wanderfeldbauern oder die verarmten »Campesinos« in anderen Teilen des tropischen Lateinamerika dafür tadeln, daß sie die Wälder abholzen; was sollen diese Menschen denn anderes tun, um den Lebensunterhalt für sich und ihre Familien zu verdienen? Wesentlicher noch scheint, daß die Naturschützer zögern sollten, mit dem Finger auf die privilegierte Elite Costa Ricas zu zeigen, die sich in der Viehwirtschaft als einer noblen Freizeitbeschäftigung engagiert, um zu beweisen, daß sie »arriviert« ist: Welcher amerikanische Naturschützer freut sich denn nicht über seinen »ganz einfachen Hamburger« zum vernünftigen Preis?

Indonesien

Indonesien umfaßt rund 3000 bewohnte und 10000 unbewohnte Inseln, die sich zwischen Asien und Australien über 5000 km auf Höhe des Äquators erstrecken. Diese Lage weist Indonesien unter dem Gesichtspunkt des Artenbestandes unseres Planeten eine besondere Bedeutung zu. Die Inseln im westlichen Teil des Landes, vor allem Sumatra, Borneo (der indonesische Teil, Kalimantan genannt, nimmt etwa drei Viertel der Insel ein), Java und dazu viele keinere, waren einst mit dem asiatischen Festland verbunden und gehören deshalb biogeographisch zum asiatischen Bereich. Neuguinea mit der indonesischen Hälfte der Insel, Irian Jaya, war vormals mit Australien verbunden und gehört deshalb zur australischen ökologischen Zone. Die dazwischen liegenden Inseln, u. a. Sulawesi (Celebes) und die Molukken, stellen eine Zwischenzone dar, in der die asiatische und die australische Zone zusammentreffen.

Das Ergebnis ist eine außerordentliche biotische Vielfalt innerhalb eines einzigen Landes - eine Vielfalt, die fast ausschließlich in den Wäldern zu finden ist, die noch immer zu fast zwei Dritteln das Staatsterritorium bedecken und die ein gutes Achtel des Weltbestandes an tropischem Regenwald ausmachen. Dazu kommt, daß die Wälder Indonesiens wahrscheinlich artenreicher sind als alle anderen dieses Bioms. (Die Halbinsel Malaysias mag einstmals noch reicher gewesen sein; ihre Arten haben aber in den letzten Jahren starke Einbußen hinnehmen müssen.) So wäre Indonesien eine eigentlich großartige Gelegenheit gegeben, einen beachtlichen Anteil am gemeinsamen Naturerbe der Menschheit zu schützen. Während der letzten zwölf Jahre hat Indonesien jedoch mit einer großangelegten Ausbeutung seiner Wälder begonnen, die noch vor Ablauf dieses Jahrhunderts zu einer gewaltigen Verarmung des biotischen Besitzes des Landes führen könnte.

Man schätzt, daß die indonesischen Wälder 1,2 Millionen km^2 bedecken. Zumindest ist das die offizielle, von der Regierung publizierte Zahl, die die Regierung angibt. Aber eben diese offizielle Zahl wurde schon Mitte der sechziger Jahre benutzt - bevor noch die extensive Ausbeutung der Wälder des Landes durch Holzunternehmen begonnen hatte, bevor noch ein Umsiedlungsprojekt, das Menschen aus dem übervölkerten Java auf die nur schwach besiedelten äußeren Inseln verpflanzte, in Angriff genommen worden war und bevor noch Brandrodung und Wanderfeldbau so weit verbreitet waren. Die heutige Fläche noch unberührten Primärwaldes könnte sehr wohl ein gut Teil kleiner sein, d. h. möglicherweise nur eine Million Quadratkilometer oder sogar weniger umfassen.

Von welcher Zahl man auch ausgeht, runde zwei Fünftel der Fläche sind vermutlich Tieflandsregenwälder - jener Typ von Wald, der für den Naturschützer ökologisch, für den Holzfäller ökonomisch am ergiebigsten ist. Grobe Schätzungen gehen davon aus, daß die indonesischen Wälder mindestens 2,5 Milliarden m^3 Nutzholz enthalten.

Als sich Indonesien Mitte der sechziger Jahre entschloß, seine gewaltigen Holzvorräte auszubeuten, wurde es sich rasch bewußt, daß ihm sowohl das notwendige Kapital als auch die Technologie fehlten, um die Exploitation selbst zu realisieren. So sah man sich nach ausländischen Investoren um. Ein entsprechendes Förderungsgesetz von 1966 bot ihnen viele Anreize, darunter die Garantie für freie Transferierbarkeit des investierten Kapitals, Steuerbefreiungen, zollfreier Import von Ausrüstungen und Hilfsgütern, gute Abschreibungsbedingungen und eine Finanzierung von Infrastrukturmaßnahmen durch die Regierung. Das Ergebnis war eine wahre Flutwelle ausländischer Holzunternehmen, darunter eine große Anzahl aus den Vereinigten Staaten und Japan. Die meisten dieser Unternehmen operieren durch Joint Ventures, d. h. durch Kooperation mit »guten Namen« aus dem Lande, insbesondere mit Angehörigen des Militärs in den Aufsichtsräten.

Zu Beginn des Jahres 1978 waren 683 Konzessionsverträge für 602 000 km^2 unter Dach und Fach. Diese Fläche entspricht praktisch der aller zugänglichen Tieflandswälder und einiger angeblicher Schutzwaldsektoren im Hochland. Ein Viertel aller Konzessionen wird von nur 40 Unternehmen gehalten, die größte mit über 20 000 km^2 im mittleren Borneo von der Djajanti-Gruppe. Zumindest ein Fünftel der vergebenen Waldgebiete wird von japanischen Konzernen ausgebeutet, ein Sechstel von amerikanischen. Die Gesamtinvestitionen haben bereits 1,3 Milliarden Dollar überschritten, wobei der größte Teil davon aus dem Ausland stammt. Obwohl das tatsächlich ausgebeutete Gebiet bislang noch relativ klein ist, arbeiten sich die Holzfäller doch so schnell wie möglich voran. Zurückhaltenden Berechnungen zufolge werden Sumatra und Sulawesi innerhalb von fünf bis zehn Jahren, Kalimantan und die meisten der kleineren Inseln innerhalb von 10 bis 15 Jahren und

Irian Jaya innerhalb von 15 bis 20 Jahren abgeholzt sein. Angenommen, daß sich die gegenwärtigen Exploitationsraten langsam steigern, könnten sich diese Zeiträume durchaus noch verkürzen.

In den zwölf Jahren seit Beginn der kommerziellen Ausbeutung der Wälder haben die Holzexporte einen wahren Boom erlebt. 1965 exportierte das Land 140 000 m^3 Stammholz im Wert von 2,8 Millionen Dollar; 1978 waren es bereits 21,1 Millionen m^3 (mehr als drei Viertel aller eingeschlagenen Stämme) im Wert von 1,2 Milliarden Dollar. Indonesien exportiert heute weit mehr als die Philippinen und Malaysia zusammen. Das Ziel ist eine Ausfuhr von 30 Millionen m^3 (bei einem Einschlag von insgesamt 50 Millionen m^3) im Jahr 1990. Während der Exportpreis in den späten sechziger Jahren 20 Dollar oder weniger betrug, stieg er 1974 und dann wiederum 1976 und 1978 bis auf 80 bis 90 Dollar.

Ein Holzunternehmen geht davon aus, daß es mindestens zehn bis 15 Bäume pro Hektar - bei einem Durchschnitt von 6 m^3 verwertbaren Holzes pro Baum - fällen kann. Angesichts der zerstörerischen Auswirkungen des Holzeinschlages (vgl. Kap. 11) läßt ein Ertrag von 60 bis 90 m^3 dem Wald wenig Möglichkeit zur Regeneration innerhalb eines langfristig für angemessen angesehenen Einschlagzyklus von 35 Jahren übrig. Tatsache ist, daß es nirgends den dokumentierten Fall eines ausgebeuteten Waldes gibt, der seinen ursprünglichen Zustand wieder erreicht hätte. Obgleich die Waldschäden beispielsweise durch ein Kappen der Lianen vor dem Fällen reduziert werden können, wird kein Unternehmen von sich aus einen solchen Schritt tun (vgl. Kap. 13). Es wird nur dann besonders sorgsam vorgehen, wenn alle anderen auch dazu angehalten werden, da dann die Wettbewerbsfähigkeit aller gewährleistet ist. Wenn sich aber alle Unternehmen dazu bereit fänden, könnte Indonesien leicht seinen Markt für Hartholz an billigere Anbieter aus anderen Teilen der Tropen verlieren. Um eine Übernutzung zu verhindern, sind die Unternehmen von der Regierung dazu angehalten worden, nur Bäume mit 60 cm Durchmesser und darüber zu fällen. Aber bei den Sammelstellen einiger bedeutenderer Firmen in einem der Exportzentren, nämlich in Samarinda in Ostkalimantan, finden sich viele dünnere Stämme. Die betreffenden Unternehmen argumentieren, daß dieser Einschlag von jungem Holz notwendig sei, um einen angemessenen Gewinn zu erzielen. Ob nun die finanzielle Arithmetik diese Einstellung stützt oder nicht (vgl. Kap. 13) - die Unternehmen verspüren angesichts von Konzessionsverträgen mit einer Laufzeit von 20 Jahren nur geringe Neigung, durch ein sorgsames Fällen zukünftigen Holzeinschlag sicherzustellen. Ganz im Gegenteil neigen sie dazu, einer »Schlag-ein-und-verschwinde«-Operation innerhalb eines Zeitraumes von höchstens zehn Jahren den Vorzug zu geben.

Indonesien nimmt heute durch den Export von Stammholz insgesamt rund 350 Millionen Dollar an Ausfuhrzöllen, Steuern und anderen Abgaben ein. Von diesen Erlösen reinvestiert die Regierung jedoch nur wenig in die Forstwirtschaft, noch weniger in den Umweltschutz. Im Finanzjahr 1978/79 gab Indonesien etwa 92 Millionen Dollar für die Forstwirtschaft aus, aber diese Summe wurde zum größten Teil in die Wiederaufforstung stark gefährdeter Kahlschlagflächen, insbesondere auf Java, gesteckt. Nur sehr begrenzte Mittel stehen der Regierung für eine Kontrolle der Holzunternehmen zur Verfügung, ganz zu schweigen von waldwirtschaftlichem Management, berufsbildenden Maßnahmen oder der Forschung. Die »Regierungstruppe« an Forst- und Waldfachleuten besteht aus insgesamt nur 400 Mann, d. h. einen Mitarbeiter pro 3000 km^2 Wald und weniger als einen auf jeden Konzessionär. Die Konsequenz dieser personellen Unterkapazität ist, daß mangels angemessener Aufsicht auch Stämme mit weniger als dem vorgeschriebenen Durchmesser gefällt werden. Außerdem verdient ein Waldexperte nur die Hälfte von dem, was der Fahrer eines Raupenschleppers oder ein Holzfäller verdient – eine Situation, die eher die Korruption fördert.

In Anbetracht der zunehmenden Störung und Zerstörung seiner Wälder plant Indonesien, die Zahl seiner Nationalparks und Reservate zu erhöhen. Das gegenwärtige System geschützter Gebiete umfaßt etwa 37 000 km^2. Es setzt sich aus 166 Einheiten zusammen, deren Größe von einem 1 ha großen Standort zum Schutz eines einzigen Feigenbaumes bis zu der Fläche von mehr als 4000 km^2 des Gunung Leuser Reservats reicht. Nach den Plänen der Regierung sollte dieses System Mitte der achziger Jahre auf 100 000 km^2, d. h. mehr als 5 % des Staatsterritoriums, angewachsen sein – das wäre so, als wenn die Vereinigten Staaten von Amerika eine Fläche, größer als Kalifornien, unter Schutz stellen würden. Es ist vorgesehen, daß alle neuen Parks und Schutzgebiete in der tropischen Zone Regenwälder liegen, ein großer Teil in Westirian, viele aber auch in minderwertigen Wäldern.

Bedauerlicherweise sind viele der augenblicklich geschützten Gebiete nicht viel mehr als »Papierparks«. Mehr als die Hälfte der 166 Einheiten sind Wildreservate, in denen Flora und Fauna zwar theoretisch geschützt sind, in denen aber waldwirtschaftliche Maßnahmen – praktisch also die Holzexploitation – gestattet sind, was zu einer umfangreichen Zerstörung des Lebensraumes freilebender Arten führt. Der Rest sind Naturschutzgebiete, die per Gesetz voll geschützt sind, obwohl auch hier noch viel Holz eingeschlagen wird. Im Kutai-Reservat in Ostkalimantan – ein Gebiet, das eine der größten bekannten Orang-Utan-Populationen beherbergt – wurden 1000 von 3000 km^2 durch »inoffizielle Unternehmen« gerodet. Ähnliches ließe sich von anderen Parks und Reservaten berichten, von denen einige ganz offen gerodet, einige für Besiedlungsprojekte bestimmt und einige für die Energiegewinnung abgeholzt wurden.

Das Jahr 1978 sah jedoch auch einige vielversprechende Maßnahmen. Die Regierung hat ihren Etat für Naturschutz und Reservate auf 2,4 Millionen Dollar erhöht. Sie hob eine Konzession von 10 000 km^2 auf und reduzierte eine andere von 30 000 auf 10 000 km^2, vor allem, um Wassereinzugsgebiete und außergewöhnliche Ökosysteme zu schützen. Sie setzte einen in Berkeley ausgebildeten Mann als Minister für Entwicklung und Umwelt ein, der dem

Präsidenten unmittelbar verantwortlich ist. Ein neuer Tag könnte über der Naturschutzszene Indonesiens heraufziehen – und das wäre keinesfalls zu früh.

Kenia

Die Wälder Kenias bedecken etwa 20 000 km^2 oder weniger als 3 % des Staatsterritoriums. Von diesen 20 000 km^2 können nicht mehr als 11 000 km^2 als Regenwald, bei dem es sich wiederum vor allem um wechselgrünen Feuchtwald handelt, angesehen werden. Trotz der kleinen Fläche sind diese Wälder wichtig für das Artenspektrum der Erde. Da es sich zumeist um lange isolierte Flächen von Höhenwald handelt, weisen sie eine große biotische Vielfalt und viele endemische Arten auf. Zusammen mit anderen Restbeständen an Feuchtwäldern im benachbarten Tansania und in Uganda zählen sie zu den reichsten des gesamten Tropisch-Afrika.

Gleichfalls wichtig ist, daß sie einstmals sehr viel ausgedehnter waren. Noch vor wenigen Generationen sollen die Wälder Kenias viermal so groß wie heute gewesen sein, und Klimamuster weisen darauf hin, daß sie vor 200 Jahren noch einmal doppelt so groß gewesen sein könnten. Ähnliches gilt für andere Waldgebiete Ostafrikas. Die Höhenwälder am Usambara in Tansania, die viele als biologisches Phänomen ansehen, sind in den vergangenen zwanzig Jahren um mehr als 70 % reduziert worden.

Die Wälder Ostafrikas besitzen eine größere Vielfalt an Arten und an endemischen Arten als die weiten Wälder Kanadas, Skandinaviens und Rußlands. Es gibt dort insgesamt 35 endemische oder »fast endemische« (d. h. praktisch auf die Region beschränkte) Waldvogelarten. Die Wälder bieten die idealen Lebensräume für 92 Säugetierarten, das ist ein Viertel aller Säugetiere Ostafrikas. Die Wälder Ugandas, die 7500 km^2 bedecken, enthalten mehr als 800 Baum- und Straucharten – verglichen mit 130 in ganz Europa. Auf den weniger als 200 km^2 des Waldes von Semliki hat man 380, auf den wenigen Quadratkilometern eines anderen Reservats innerhalb von zwei Monaten 284 Vogelarten registriert, fast so viele, wie man nach einer lebenslangen Suche in ganz Großbritannien verzeichnen könnte. Die Wälder Ugandas zeigen darüber hinaus eine üppige Vielzahl an Blumen-, Farn-, Amphibien-, Reptilien- und Insektenarten. Ähnliches gilt mit ziemlicher Sicherheit auch für die Wälder Kenias, obwohl diese noch weniger gut erforscht sind.

Von den Waldregionen Kenias sind zwei von ganz besonderem Interesse. Die eine ist der Kakamega Forest, in 1500 m Höhe im westlichen Kenia gelegen. Als das am weitesten östlich gelegene Relikt des großen Äquatorialwaldes, der sich über das Becken von Zaire erstreckt, enthält dieser Wald wahrscheinlich Artenvarietäten, die, am äußersten Rande des Verbreitungsgebietes lebend, an eine Umwelt angepaßt sind, die von der ihrer Stammesarten abweicht. Kurz gesagt, muß dieser Wald ein wahrer Schmelztiegel der evolutionären Anpassung und der Artenbildung sein. Offiziellen Angaben zufolge bedeckt der Wald 230 km², in Wirklichkeit aber dürften es weniger als 100 km² sein. Diese letzten Reste werden stetig von Holzfällern, Köhlern und Siedlern, die den Urwald durch Pflanzungen mit landesfremden Bäumen und durch landwirtschaftliche Nutzflächen ersetzen wollen, dezimiert. Bei der augenblicklichen Abholzungsrate wird der Wald bis zum Jahr 2010 endgültig verschwunden sein.

Das andere wichtige Waldgebiet ist das von Arabuko-Sokoke an der kenianischen Küste. Dehnte er sich einstmals über Hunderte von Kilometern an der ostafrikanischen Küste entlang aus, so bedeckt der Wald heute noch gerade 360 km². Er ist die einzig bekannte Heimat der »Scop's Owl«, die man erst 1964 entdeckte und von der es schätzungsweise nur 2600 bis 3000 Individuen auf einer Fläche von 150 km² gibt. Der Wald ist auch die Heimat des Sokokepiepers und eines Webervogels namens »Clarke's Weaver«, deren Zahlen unbekannt sind. Und der Wald beherbergt sehr wahrscheinlich eine große Anzahl endemischer Insekten, Pflanzen, Reptilien und anderer Lebewesen. Er wird aus ähnlichen Gründen zerstört wie der Kakamega Forest.

In jüngster Zeit importiert Kenia Holzprodukte, vor allem Papier und Karton im Wert von rund 30 Millionen Dollar pro Jahr. Als Folge einer beständigen Überausbeutung seiner Wälder während zumindest eines halben Jahrhunderts findet das Land heute zu wenig Rohstoffe vor, um seinen Bedarf selbst decken zu können. Deshalb hat man in den vergangenen Jahren Forste angelegt, d. h. fast 3000 km² mit Pflanzungen landesfremder Bäume. Dringendes Ziel sind nun weitere 400 km². Bedauerlicherweise soll nach den Planungen ein Teil dieser zusätzlichen 400 km² in jedem der beiden genannten Waldgebiete liegen.

Es mag verwunderlich erscheinen, daß Kenia mit seinen 20 000 km² natürlichen Waldes keine anderen Standorte für diese Forste wählen konnte. Aber die beiden genannten Waldgebiete, die in Regionen mit ergiebigen Niederschlägen liegen, weisen nicht nur ein kräftiges natürliches Wachstum (mit all seiner dazugehörigen ökologischen Vielfalt) auf, sondern bieten auch außergewöhnlich gute Bedingungen für Pflanzungen von schnellwüchsigen Arten. Unter vielen Gesichtspunkten wäre es sinnvoll, die Pflanzungen eher in den Randzonen der beiden Waldgebiete anzulegen als in ihrem Innern, d. h. dort, wo man jüngst den Urwald gerodet hat. Diese Randzonen wären besonders geeignet für die Anpflanzung von Eukalyptusbäumen, da diese dazu beitragen, überbeanspruchte und durch Erosion gefährdete Böden zu regenerieren. Wollte man aber so vorgehen, hieße das, daß man die Menschen, die ebenfalls erst in jüngster Zeit in eben diesen Randzonen Fuß gefaßt haben, umsiedeln müßte – ein politisches Problem, das in einem Land, dessen Bevölkerung den zur Verfügung stehenden, landwirtschaftlich nutzbaren Boden weit übersteigt, in der Tat problematisch wäre.

Das Pflanzungsprogramm Kenias kostet 55,5 Millionen Dollar. Davon kommen 20 Millionen von der Weltbank. In einer Studie der Weltbank ist das

Programm überprüft und die Frage der Naturreservate in den beiden zur Debatte stehenden Waldgebieten untersucht worden. Nach früheren Untersuchungen sind die 7,5 km^2 des Reservats von Kakamega viel zuwenig für die ihm zugewiesene Aufgabe, und die Weltbank hat weiteren Studien zugestimmt, die klären sollen, ob zusätzliche Waldgebiete - wahrscheinlich nochmals in doppelter Größe - dem Reservat zugeschlagen werden könnten. Die 30 km^2 des Reservats von Arabuko-Sokoke sollen um 10 km^2 erweitert werden; aber das in Frage kommende Gelände enthält wenig Roterde, den einzig bekannten Lebensraum der bedrohten Eule. Nichtsdestoweniger hält die Weltbank »beide Reservate für groß genug, um ihren besonderen Ökosystemen eine lebensfähige Grundlage zu erhalten«. Das Statement der Weltbank sagt nichts zur Begründung dieser Beurteilung, erklärt nicht, was mit »lebensfähiger Grundlage« gemeint ist, und geht weder auf das Problem des Umfanges solcher Reservate noch auf das ihrer Anlage ein. Bestimmte Naturschutzgebiete in anderen Wäldern Kenias weisen bereits heute eine schnell ansteigende Flut menschlicher Ansiedlungen auf.

Das Reservat von Arabuko-Sokoke ist von so großer Bedeutung, daß eine Reihe von Wissenschaftlern vorgeschlagen hat, es in das von der UNESCO geplante, weltweite Netz außergewöhnlicher Naturgebiete aufzunehmen. Das Verdienst einer solchen Maßnahme könnte nicht nur darin liegen, daß dem Wert, den Arabuko-Sokoke für die Wissenschaft hat, Rechnung getragen wird, sondern auch in ihrem möglichen Nutzen. Einige Kilometer südlich gibt es an der kenianischen Küste in den Shimba Hills einen Strauch, der eventuell für Krebsbekämpfungsmittel geeignete Substanzen enthält.

Obwohl die Lage der neuen Pflanzungen unter Gesichtspunkten des Naturschutzes bedauert werden muß, wird die zusätzliche Holzgewinnung der Wirtschaft Kenias sicherlich helfen. Kenia ist eines der wohlhabenderen Entwicklungsländer Afrikas. Sein wirtschaftlicher Fortschritt bedeutet, daß sein Bedarf an Nutzholz sehr viel schneller steigen wird, als es der Bevölkerungszuwachs allein bewirken könnte. Bis zum Jahr 2000 soll dieser Bedarf nach vorläufigen Berechnungen um das Achtfache steigen - und zu dieser Zeit könnte es dann bereits einen »Überschuß« von 700 000 m^3 Holz für den Export geben, insbesondere in die Länder mit ebenfalls zunehmendem Bedarf wie z. B. die Staaten des Mittleren Ostens. Bei den heutigen Preisen könnte ein Holzexport in dem genannten Maßstab Kenia 40 Millionen Dollar pro Jahr einbringen. Die Exportmenge könnte dem Anteil der zusätzlichen Anpflanzungen in den oben erwähnten Waldgebieten entsprechen. Das bedeutet, daß sich der Konflikt in Form einer Frage formulieren läßt: Ist Kenia dazu berechtigt, das Risiko einzugehen, eine Anzahl von Arten um eines Gewinns von 40 Millionen Dollar pro Jahr abzuschreiben? Die Zusatzeinnahme macht im Jahr 2000 etwa 1¼ Dollar pro Kopf der Bevölkerung aus. Obschon keine große Summe, hat sie doch für Entwicklungsländer ein großes Gewicht, deren durchschnittliches Pro-Kopf-Einkommen jährlich nicht mehr als 70 Dollar beträgt.

Grundmuster der Ausbeutung

Wie werden die tropischen Regenwälder ausgebeutet? Inwieweit werden sie dadurch zerstört und dezimiert? In diesem Kapitel sollen einige Formen der Ausbeutung näher betrachtet werden.

Wälder liefern vielfältige Güter sowohl von kurz- als auch von langfristigem Nutzen für die Gesellschaft. Bestimmte Güter, insbesondere Schnittholz und Zellstoff, können durch Exploitation des vorhandenen Waldes gewonnen werden. Das vom Wald bedeckte Gelände kann aber auch verschiedensten Nutzungen zugeführt werden, beispielsweise der Anlage von Wirtschaftswäldern mit exotischen Baumbeständen, der Brandrodungswirtschaft, der modernen Nahrungsmittelproduktion, der Anlage von Plantagen mit Kautschuk, Ölpalmen, Bananen oder anderen vermarktbaren Nutzpflanzen oder der Schaffung von Weideland für die Viehhaltung – alle diese Nutzungsformen erfordern die vollständige Beseitigung des ursprünglichen Waldes.

Die kommerzielle Holzgewinnung

Ein wesentlicher Grund dafür, daß Wälder allenthalben – und manchmal zu stark – ausgebeutet werden, liegt darin, daß immer mehr Menschen immer mehr Holz benötigen. Holz dient vielen Zwecken. Es ist eines der ersten Rohmaterialien, die der Mensch benutzt – und wahrscheinlich ist es auch sein letztes. Es spielt bei mehr Aktivitäten einer modernen Wirtschaft eine Rolle als jede andere Handelsware, und fast jede bedeutendere Industrie ist bei wenigstens einem ihrer Verarbeitungsprozesse auf Holzprodukte angewiesen. Es wird bei verschiedensten Bauvorhaben eingesetzt, insbesondere beim Hausbau. Ein aus Holz gefertigtes Haus reduziert den Heizenergieaufwand um etwa 20% und den Energieaufwand zur Kühlung um etwa 30% gegenüber eines aus anderen Baumaterialien hergestellten Hauses. Drei Viertel aller Häuser in den Vereinigten Staaten von Amerika bestehen vorwiegend aus Holz; im Durchschnitt enthält jedes der zwei Millionen Häuser, die im Jahre 1978 gebaut wurden, Holz im Wert von 7000 Dollar. Holz wird auch zur Herstellung von Möbel und Einrichtungen, aber auch von Papieren aller Art benutzt. Es dient einer Fülle von Zwecken in Form von Sperrholz, Furnier, Hartfaser- oder Spanplatten. Es ist Bestandteil von Getränken und Nahrungsmitteln (einschließlich des Alkohols und synthetischer »Hamburger«), von fotografischen Filmen, Sprengstoffen und Bekleidung. Holz ist ein wettbewerbsfähiges Material, da Ersatzmaterialien wie Stahl, Aluminium, Zement oder Plastik mehr Energie zu ihrer Erzeugung benötigen.

Nach groben Schätzungen belief sich die Menge des 1974 weltweit eingeschlagenen Holzes auf mehr als 2,5 Milliarden m³. Davon entfielen etwa 47% auf Brennholz (vier Fünftel davon der Bedarf der Entwicklungsländer - s. Tab. 2). Etwa 43% entfielen auf Bauholz, für Paneele und für andere Massivholz-Produkte, wobei der Bedarf der Industrieländer zwei Drittel ausmachte. Ein Zehntel der Gesamtmenge wurde zu Zellstoffprodukten verarbeitet (sieben Achtel davon für die Industrieländer). Bis zum Jahre 2000 könnte sich der Holzverbrauch auf sechs Milliarden m³ erhöhen, davon etwa ein Drittel als Brennholz, mehr als die Hälfte als Massivholz und zumindest ein Sechstel für Zellstoffprodukte. Wenn sich - und das ist wahrscheinlich - der Holzverbrauch in den letzten 25 Jahren dieses Jahrhunderts grob gerechnet um 130 bis 140% erhöht, wird ein zunehmender Ausbeutungsdruck auf den Wäldern der Welt liegen - insbesondere auf tropischen Regenwäldern. Obwohl sie fast ebensoviel Holz enthalten wie die Wälder der gemäßigten Breiten, tragen sie bisher nur wenig mehr als ein Zehntel zum Weltverbrauch an Holz für die Bau- und Zellstoffindustrie bei.

Um zunächst den Bereich des Industrieholzes zu betrachten, ist es sinnvoll, zwischen zwei Typen zu unterscheiden, nämlich zwischen Hart- und Weichhölzern.

Tabelle 2: Gegenwärtiger und erwarteter (geschätzt) Weltholzverbrauch (in Mio. m³)

	1974	%	2000	%
Brennholz	1170	47	1950	33
Stangenholz, Bretter, Paneelholz	1078	43	3010	51
Zellstoffprodukte	263	10	910	16
Insgesamt	2511	100	5870	100

Quelle: FAO

Der Welthandel mit Hartholz

In den zurückliegenden Jahren ist auf seiten der Industrieländer der Bedarf an Hartholz ständig gestiegen (vgl. Tab. 3). Hartholz wird beim Bau für Fertigprodukte wie Möbel und für Holzprodukte wie z. B. Sperrholz, Furnier oder Preßholz bevorzugt. Die meisten Hartholzwälder, die laubblättrige Baumarten enthalten, befinden sich in den Tropen (vgl. Tab. 3). Die Hartholzwälder in den gemäßigten Breiten sind beständig dezimiert worden oder im Interesse der Umwelterhaltung zunehmend unter Schutz gestellt, so daß der Ausbeutungsdruck immer mehr auf die tropischen Wälder gelenkt wird.

1950 importierten die Industrieländer 4,2 Millionen m^3 tropisches Hartholz (vgl. Tab. 4). Bis 1973 waren die Importe auf 53,3 Millionen m^3, bis 1980 auf geschätzte 66 Millionen angewachsen – bis zum Jahr 2000 könnten es 95 Millionen sein. Natürlich wird ein Teil des Hartholzes in den Tropen selbst verbraucht, aber der Umfang hat sich seit 1950 nur wenig mehr als verdoppelt, während sich die Importe der Industrieländer vervierzehnfacht haben – so daß die Gesamtmenge den Verbrauch aller tropischen Länder zusammengenommen übertraf.

Insbesondere haben die Vereinigten Staaten von Amerika ihren Verbrauch an Harthölzern in einem Maße erhöht, das die Wachstumsraten der Bevölkerung und des Lebensstandards weit übertrifft. Dies ist teilweise die Folge der gewaltig gestiegenen Kosten für inländische Qualitätshölzer – nun, da die heimischen Hartholzwälder ihrer Ästhetik oder ihres Freizeitwertes wegen geschätzt werden. Teilweise aber ist es auch eine Folge des Umstandes, daß Paneelholz relativ kostengünstig aus dem Fernen Osten bezogen werden kann – mehr als vier Fünftel der Importe der Vereinigten Staaten von Amerika kommen in Form von Sperr- und Furnierholz über Japan ins Land, vor allem das sogenannte »philippinische Mahagoni«, das aus den Wäldern Südostasiens stammt. Zwischen 1950 und 1973 haben sich die amerikanischen Importe tropischer Harthölzer verneunfacht und sieben Millionen m^3 erreicht, das sind etwa 70 % des Welthandels mit Sperr- und Furnierholz. Es ist kaum zu bezweifeln, daß diese Importe es den amerikanischen Naturschützern leichter gemacht haben, den stärkeren Schutz der eigenen amerikanischen Hartholzwälder zu beschleunigen.

Dennoch könnten die Vereinigten Staaten von Amerika, was Hartholz anbetrifft, leicht autark werden. Sie produzieren mehr als sie verbrauchen, und der Bestand wächst stark an – ein Großteil davon in nicht kommerziell genutzten Wäldern und in »wilden« Naturregionen, die zunehmend für Erholungszwecke und andere, nicht auf Verbrauch gerichtete Verwendungen reserviert werden. Nach neueren Berichten könnte die Nutzung der amerikanischen Hartholzwälder durch extensive Anwendung anerkannter forstwirtschaftlicher Methoden und durch restlose Holzverwertung sofort verdoppelt und innerhalb von 50 Jahren verdreifacht werden.

Selbstverständlich führt eine solche Betrachtungsweise zu der schwierigen Frage der Austauschbarkeit. Würden beispielsweise 1000 m^2 eines Hartholzwaldes in den Vereinigten Staaten von Amerika im Sinne der Umweltinteressen unter Schutz gestellt, so wöge der Gewinn für das weltweite Erbe kaum den Verlust eines Gebietes ähnlicher Größe in den tropischen Regionen auf, wenn man die ökologische Vielfalt und die genetische Variabilität beider Gebiete berücksichtigt. Natürlich gibt es in praktischer Hinsicht kaum einen direkten kausalen Zusammenhang, aber die Frage weist auf eine Dimension des Gesamtproblems hin, der wachsende Bedeutung zukommen könnte.

Europa hat zwischen 1950 und 1973 seine Einfuhren an tropischen Harthölzern verneunfacht (vgl. Tab. 3). Das Holz stammt größtenteils aus West- und Zentralafrika. Wie im Falle der USA, könnte auch Europa die eigene Holzproduktion steigern, gewönnen nicht auch da Gesichtspunkte des Umweltschutzes zunehmendes Gewicht.

Tabelle 3

Region	Landfläche (insgesamt)	Waldfläche (insgesamt, Anteil an Landfläche in %)	Hartholzwälder* (Anteil an Waldfläche in %)	Weichholzwälder (Anteil an Waldfläche in %)
Asien (außer Japan und UdSSR)	26 320	4 797 (18)	4 065 (85)	732 (15)
Südostasien	4 640	2 638 (57)	2 570 (97)	68 (3)
Pazifische Region	8 324	868 (10)	840 (97)	28 (3)
Lateinamerika	20 100	7 664 (38)	7 320 (96)	344 (4)
Afrika	29 360	6 840 (23)	6 800 (99)	40 (1)
Nordamerika	18 532	6 918 (37)	2 570 (37)	4 348 (63)
Europa (Westeuropa verfügt über 4/5 der Waldbestände)	4 520	1 462 (32)	610 (42)	852 (58)
UdSSR	21 200	7 194 (34)	1 730 (24)	5 464 (76)
Japan	989	228 (23)	128 (56)	100 (44)
Welt	129 345	35 971 (28)	24 063 (67)	11 908 (33)

* Schließt sowohl feuchte als auch trockene Hartholzwälder ein; die Hartholzwälder bedecken 19 Mio. km², von denen etwa 9 Mio. km² tropische Regenwälder sind. *Quelle:* FAO (auch Tab. 4)

Tabelle 4: Verbrauch an tropischem Nutzholz (in Mio. m^3)

Land/Region	1950	1960	1970	1973	1990 geschätzt	2000 geschätzt
Japan	1,5	4,6	20,1	28,9	38	48
Vereinigte Staaten	0,8	2,2	5,1	7,2	15	20
Europa	1,9	6,2	10,5	17,2	27	35
Die drei obigen Importländer insgesamt	4,2	13,0	35,7	53,3	80	95
Die produzierenden Regionen der Tropen	21,0	34,0	42,6	46,5	117	185
Rest der Welt	1,0	2,1	4,2	9,0	18	23
Insgesamt	26,2	49,1	82,5	108,8	215	303

Bei weitem der größte Verbraucher tropischer Harthölzer ist Japan - mit einem Anteil von zwei Dritteln an den gesamten Einfuhren der westlichen Welt. Mit einer Bevölkerung von über 115 Millionen auf einer Fläche, kleiner als Kalifornien, ist Japan entscheidend von ausländischen Rohstoffquellen abhängig. Zudem verbraucht der einzelne Japaner mehr Holz als jeder andere Bewohner dieser Erde. Zwischen 1950 und 1973 sind die japanischen Importe tropischer Harthölzer um das Neunzehnfache gestiegen (vgl. Tab. 3), wobei drei Viertel der Lieferungen aus den Wäldern Südostasiens kamen. Von allen japanischen Einfuhren nimmt heute Holz nach Erdöl die zweite Stelle ein.

Man befürchtet, daß Holzknappheit einmal zu einer »anderen Ölkrise« führen könnte. Im Jahr 1963 war Japan mit nur einem Viertel seines Holzbedarfs von ausländischen Quellen abhängig, aber 1975 schon mit mehr als der Hälfte - und 1985 könnten das sogar vier Fünftel werden. Japans Wälder, die zwei Drittel des nationalen Territoriums bedecken, tragen bei weitem nicht so viel zum Bedarf des Landes bei, wie sie könnten, teils aus Rücksichtnahme auf Erfordernisse des Umweltschutzes, teils aber auch, weil reichliche Mengen billigen Nutzholzes in den Tropen erhältlich sind.

Die bei weitem wichtigste Quelle tropischer Harthölzer ist die asiatisch-pazifische Region, insbesondere Südostasien (vgl. Tab. 5). Zwischen 1950 und 1973 hat diese Region ihre Ausfuhren um das Vierundzwanzigfache gesteigert, das sind drei Viertel des Weltmarktes. Lateinamerika, das über einen um das Dreifache größeren Hartholzbestand verfügt als Südostasien, kommt auf nur zehn Prozent der Weltproduktion und exportiert nur wenig, da viele der Waldgebiete nur schwer zugänglich sind. Afrika hat seine Exporte - im wesentlichen nach Europa - in der Zeit zwischen 1967 und 1976 verdreifacht.

Welthandel mit Weichhölzern und anderen Rohstoffen für Zellstoff

Weichhölzer werden zur Herstellung jener Gruppe von Produkten verwendet, bei der die Nachfrage wahrscheinlich in Zukunft sehr stark anwachsen wird: der Papierprodukte. Der Weltverbrauch an Papierprodukten entfällt zu etwa 15% auf Papier für Zeitungen und Zeitschriften, zu etwa 20% auf Druck- und Schreibpapiere und zu etwa 65% auf Industriepapiere wie Verpackungsmaterialien, Tücher, Papierbecher und -teller, usw.

Die tropischen Wälder enthalten relativ wenige Weichhölzer (vgl. Tab. 4). Dennoch wird der internationale Papierhandel angesichts neuer Verwertungstechnologien für die Zukunft der tropischen Wälder zunehmend an Bedeutung gewinnen. Bis zur Mitte der siebziger Jahre glaubte man, daß man die Hartholzwälder der Tropen mit ihrer Vielzahl an Arten nicht so leicht nach Art der Weichhölzer zu Zellstoff verarbeiten könne. Neue Verfahren zeigen nun, daß man jeden Baum des Waldes durch den Zerhacker laufen lassen kann, worauf sich dann die Späne von bis zu 100 verschiedenen Holzarten auf einmal in verwertbare Pulpe verwandeln lassen. Entwicklungsregionen mit 55% des gesamten Waldbestandes haben bislang nur 6,5 % zur Gesamtproduktion von Papier und Pappe beigetragen.

Während des Zeitraumes von 1950 bis 1970 stieg die Gesamtproduktion von Papiererzeugnissen von 40 auf 130 Millionen Tonnen, eine Wachstumsrate, die doppelt so hoch ist wie die der Bevölkerung. Wenn sich der jüngste Trend fortsetzt, könnte der Gesamtbedarf von 160 Millionen Tonnen im Jahr 1976 auf 280 Millionen Tonnen im Jahr 1985 und 400 Millionen Tonnen im Jahr 2000 hochschnellen - und nochmals auf das Doppelte dieser Menge in weniger als zwanzig weiteren Jahren. 1974 verarbeiteten die Industrienationen etwas mehr als 140 Millionen Tonnen Zellstoff, die Entwicklungsländer hingegen weniger als 20 Millionen Tonnen. Ein Durchschnittsbürger der Industrienationen verbraucht heute mehr als 150 kg Papier und Pappe pro Jahr (in den Vereinigten Staaten von Amerika sind es 230 kg), während in den Entwicklungsländern kaum 5 kg auf jeden Einwohner kommen dürften, vielleicht nicht einmal ein Kilogramm - etwa die Hälfte einer Sonntagsausgabe der *New York Times*. Sollte der Verbrauch wie in den vergangenen Jahren weiter ansteigen, werden die Vereinigten Staaten von Amerika ihren augenblicklichen Anteil am Weltverbrauch, der 70 von insgesamt 165 Millionen Tonnen ausmacht, bis zum Ende des Jahrhunderts auf rund 200 von 400 Millionen Tonnen steigern. Im Gegensatz dazu wird sich Afrika von 2,5 auf fünf bis zehn Millionen Tonnen steigern, Asien (ohne Japan) von 8,3 auf 24,5 Millionen Tonnen und Lateinamerika von 5,6 auf 14,4 Millionen Tonnen. So werden die Entwicklungsländer ihren Verbrauch ungefähr verdreifachen, während die Industrieländer nur 2¾mal mehr verbrauchen werden, aber der bei weitem größte Anteil am Gesamtverbrauch wird weiterhin bei letzteren liegen - wiederum sind sie es, die entscheidend verantwortlich sind für den wachsenden Druck auf die Wälder der Erde.

In besonderem Maße abhängig von ausländischen Zulieferungen an Zellstoff ist Japan. Hier erwartet man einen Zuwachs von gegenwärtig fast 20 Millionen Tonnen auf 31 Millionen bis 1985, wenn das Land fast die Hälfte seines Bedarfs importieren wird. Angesichts der Preissteigerungen bei Weichhölzern aus den Vereinigten Staaten wendet sich Japan verstärkt Südostasien und dem tropischen Amerika zu, um von dort Hartholzspäne zu beziehen. Heute werden schon mehr als 50 % japanischer Spanhölzer aus Hartholzspänen hergestellt. Trotz ihres relativ niedrigen Eigenverbrauchs werden die Entwicklungsländer immer stärker angereizt, ihre heimischen Ressourcen für Zellstoff und Papier intensiver auszubeuten. Sie importieren bislang praktisch ihren gesamten Bedarf (1975 für zwei Milliarden Dollar), was stark an ihren spärlichen Devisenvorräten zehrt und ungefähr zwei Drittel ihrer durch Holzexport erzielten Erlöse auffrißt. Zur Verdeutlichung des augenblicklich niedrigen Bedarfs unterentwickelter Regionen und der möglichen Steigerung mag der Gesamtverbrauch von 14 der bevölkerungsreichsten Staaten Asiens (außer China) an Papier für den Zeitungsdruck dienen: Er beträgt heute etwa 600 000 Tonnen pro Jahr, das ist weniger als der Kanadas.

Tabelle 5: Angebot an tropischem Hartnutzholz – tatsächliche und geschätzte W

Region (mit Fläche an Hartholzwäldern in T km^2)	1950 Prod.	1950 Export (%)	1973 Prod.	1973 Export (%
Asiatisch-Pazifische Region (3200)*	14,3	2,0 (14)	72,5	48,5 (67)
Lateinamerika (7320)	15,5	0,8 (5)	20,0	3,0 (15)
Afrika (6800)	4,7	1,5 (32)	16,5	11,0 (67)
Insges. (17 320; ges. Weltbestand: 24 000**)	34,5	4,3 (13)	109,0	62,5 (57)

* Über 2/3 in Südostasien.
** Die Hartholzwälder Nordamerikas machen etwas mehr als 1/10 dieses Gesamtbestandes aus.
Anmerkung: Da die tropischen Entwicklungsländer anfangen, größere Anteile ihrer Hartholzproduktion selbst zu verbrauchen, wird (Lateinamerika aus-

Die Nachfrage nach Papier steigt nicht nur als Folge wachsender Bevölkerungszahlen, sondern auch als Folge sich ausweitender menschlicher Bedürfnisse. Ganz besonders stimuliert die Zunahme der Lese- und Schreibfähigkeit den Papierverbrauch. In den sechziger Jahren verdoppelte sich in Brasilien der Verbrauch und wird sich wahrscheinlich in den siebziger Jahren wiederum verdoppelt haben. Innerhalb der nächsten zehn Jahre wird es in den Entwicklungsländern zusätzliche 150 Millionen Verbraucher von Druckerzeugnissen geben. Im Jahre 2000 könnte Südostasien fünfmal soviel Papier benötigen wie 1974. Schon heute verursacht Papierknappheit in den Entwicklungsländern schwere Rückschläge in Erziehung und Kommunikation. Für viele von ihnen hat es sich als schwierig erwiesen, Papier zu einem gegenüber 1972 um das Zwei- oder Dreifache gestiegenen Preis einzukaufen. Amerikanische Verbraucher protestierten, als während der Papierknappheit der Jahre 1973 bis 1976 die Preise von 187 Dollar auf fast 300 Dollar pro Tonne anzogen, wobei in einigen Regionen Asiens sogar noch höhere Preise gefordert wurden. Man kann Indonesien, das 1977 92 Millionen Dollar für Zellstoffimporte ausgab, kaum einen Vorwurf machen, wenn es seine eigenen Holzreserven noch schneller als bisher ausbeuten möchte, um den Zellstoff im eigenen Land zu erzeugen. Im Augenblick deckt es ganze 15% seines Bedarfs selbst.

Aspekte des Handels mit tropischen Hölzern

Die Länder, die über tropische Regenwälder verfügen, erzielen beachtliche Deviseneinnahmen durch ihre Holzexporte, immerhin 4,2 Milliarden Dollar im Jahr 1976. Das ist, gemessen an den 272 Millionen Dollar des Jahres 1954, ein gewaltiger Zuwachs und eine bei weitem größere Steigerungsrate als die des gesamten Weltholzhandels. In der Tat sind heute tropische Hölzer der am

(in Mio. m^3, entspricht Rundholz)

Region	1980 Prod.	1980 Export (%)	1990 Prod.	1990 Export (%)	2000 Prod.	2000 Export (%)
As.-Pazif.-Region	93	65 (70)	130	82 (63)	150	80 (53)
Lateinamerika	32	4 (13)	60	7 (12)	118	28 (24)
Afrika	20	12 (60)	25	9 (36)	35	10 (29)
Insgesamt	145	81 (56)	215	98 (46)	303	118 (39)

genommen) ein geringerer Anteil für den Export in die Industrieländer zur Verfügung stehen. Gleichzeitig wird in den Industrieländern die Nachfrage stetig steigen. Zusammengenommen wird deshalb der Drang wachsen, die tropischen Hartholzwälder auszubeuten.
Quelle: FAO

schnellsten wachsende Exportzweig der Entwicklungsländer, der ihnen etwa so viel einbringt wie Zucker, Baumwolle oder Kupfer.

So wichtig und expansiv diese Exporterträge auch sein mögen, der Handel mit tropischen Hölzern macht dennoch nur etwa 15% des Weltholzhandels aus. Finnland und der Kongo haben ein Staatsgebiet und Waldflächen von ungefähr der gleichen Größe, aber im Jahr 1973 war der Wert finnischer Holzexporte 60mal höher als der des Kongo. In Lateinamerika entfallen fünf Hektar Wald auf jeden Einwohner (verglichen mit einem Weltdurchschnitt von einem Hektar pro Person), dennoch importiert es dem Wert nach mehr Holzprodukte als es exportiert.

So betrachtet, haben die Länder mit tropischen Wäldern guten Grund zu der Überzeugung, daß die Ausbeutung dieser Wälder zum Wohle ihrer Einwohner gereicht und sogar noch stärker dazu beitragen könnte. In Anbetracht der Verarmung der meisten ihrer Bewohner ist es schwer, diese Zielsetzung anzugreifen, vorausgesetzt, daß das Bemühen, unmittelbare Bedürfnisse zu befriedigen, nicht die Möglichkeiten zunichte macht, diese Ziele auch langfristig zu erreichen; vorausgesetzt auch, daß andere legitime Interessen wie etwa die Bewahrung des Artenerbes nicht in ungerechtfertigter oder unnötiger Weise hintangestellt werden.

Waldschäden durch Holzeinschlag

Es ist diese Wechselbeziehung zwischen unmittelbarer Entwicklung und langfristigem Naturschutz, die einige wichtige Fragen aufwirft. Wie groß sind die Waldflächen, die durch den Holzeinschlag betroffen sind, und stellen sie einen beträchtlichen Teil der gesamten tropischen Regenwälder dar? Verursacht der Holzeinschlag unheilbare Schäden?

Angesichts der Vielfalt an Baumarten in den tropischen Wäldern und angesichts des Zögerns der internationalen Holzmärkte, mehr als nur einen kleinen Teil der verfügbaren Holzarten aufzunehmen, tendiert der kommerzielle Holzfäller dazu, eine höchst selektive Exploitation vorzunehmen, d. h. nur wenige ausgewählte Arten ohne Rücksicht auf den übrigen Bestand zu fällen. Mit anderen Worten: er rahmt ab. Von den vielen tausend Baumarten Amazoniens werden nur etwa fünfzig intensiv genutzt, obwohl man weiß, daß mindestens 400 von kommerziellem Wert sind.

Wenn also ein Stück tropischen Waldes ausgebeutet wird, werden nur wenige Bäume genommen, oftmals weniger als 20 von 400 pro Hektar. Dabei kommt es vor, daß viele der übrigen Bäume in einem Maße beschädigt werden, daß sie sich davon nicht wieder erholen können – viel mehr, als dies in Wäldern der gemäßigten Breiten je der Fall wäre. Die Bäume sind durch Ranken, Lianen oder andere Kletterpflanzen eng miteinander verbunden. Bis zu 2000 Schling- und Kletterpflanzen entfallen auf einen Hektar. Einige von ihnen werden bis zu 200 Meter lang. Die für den Handel geeigneten Bäume reichen oft bis in die höchsten Stockwerke hinauf, wo sie Sonnenlicht erhalten und weit ausladende Kronen bilden, nicht selten bis zu 15 Meter im Durchmesser. Wenn einer dieser Riesen gefällt wird, werden mit großer Wahrscheinlichkeit einige andere Bäume geknickt oder niedergerissen. Darüber hinaus sind die tropischen Bäume höchst anfällig gegenüber Krankheitserregern; folglich kann schon eine kleine Verletzung wie ein Stück abgerissene Rinde zu irreparablen Schäden führen. Einschlag- und Transportschneisen, manchmal bis zu zehn Kilometer pro km^2 ausgebeuteten Waldes, können zusammen mit Lager- und Verladeplätzen zwischen 10 und 30% der Waldfläche ausmachen.

Untersuchungen in Südostasien haben ergeben, daß bei dem durchschnittlichen Holzeinschlag ein bis zwei Drittel der verbleibenden Bäume beschädigt werden. Dazu kommt, daß fast ein Drittel des Waldbodens vollständig entblößt und in vielen Fällen durch schweres Gerät aufgerissen wird. Bei größerer Sorgfalt (vgl. Kap. 13) könnten solche Schäden um die Hälfte verringert werden. Aber eine weniger zerstörerische Ausbeutung würde die Holzpreise für den Verbraucher in die Höhe treiben – und insofern ist der Verbraucher, der ja an möglichst preisgünstigem Einkauf interessiert ist, indirekt an der Zerstörung des Waldes beteiligt.

Was die Tierwelt anbetrifft, so weisen einige Untersuchungen auf die negativen Folgen des Holzeinschlages für Primaten und andere bekanntere Lebewesen hin. Beispielsweise können bestimmte Affen Südostasiens ganz gut in zerstörten Wäldern und auch in Sekundärwäldern überleben, aber der Brüllaffe verschwindet, sobald das unberührte Ökosystem gestört wird. Der Orang-Utan sowie der Nasenaffe Borneos werden gefährdet, werden ihre Wälder extensiv ausgebeutet. In Afrika wäre es dem Weißschenkelaffen möglich, von umfangreicher Rodungstätigkeit zu profitieren, aber der Rote Colobus und der Mohrenmangabe würde schwer darunter zu leiden haben.

Was sind insgesamt die Folgen des Holzeinschlages für die tropischen Regenwälder? Es ist schwer, hier zu endgültigen Schlußfolgerungen zu kommen, da es sich um riesige und parallel zum Äquator über die ganze Erde verteilte Regionen handelt, und da es an Dokumentationen fehlt, die eine zuverlässige Einschätzung möglich machen. Dennoch ist es, um erst einmal die Trends zu erfassen, durchaus sinnvoll, eine Antwort zu versuchen, auch wenn diese nur wenig mehr als eine grobe Einschätzung sein kann. Während des Zeitraums von 1964 bis 1973 wuchs die Fläche der in Mitleidenschaft gezogenen Wälder in Afrika um 37%, in Lateinamerika um 46%, in Südostasien um 144% und in den Tropen insgesamt um 78%. Das zur Diskussion stehende Gebiet hatte eine Gesamtausdehnung von 460000 bis 720000 km^2. Der jährlich neu hinzukommende, von Ausbeutung betroffene Wald umfaßt in Südostasien 10000 bis 27000 km^2, in Lateinamerika 8000 bis 25000 km^2 und in Afrika (im wesentlichen Westafrika) 32000 km^2. Das ergibt für die Tropen insgesamt eine Fläche von 53000 bis 87000 km^2. Zu berücksichtigen ist, daß sich diese Zahlen nur auf den legalen Einschlag von Industrieholz beziehen; illegaler Holzeinschlag dürfte die Gesamtzahlen ein gutes Stück in die Höhe treiben (wie in Indonesien, wo der »Holzdiebstahl« ein großes und wachsendes Problem darstellt - vgl. Kap. 10) und mancherorts sogar verdoppeln.

Die Auswirkungen des Holzeinschlages sind von Gebiet zu Gebiet verschieden. In einigen Regionen führt er nur zu leichten Veränderungen, in anderen zu schweren Zerstörungen. Im ersteren Falle kann sich der Urwald im Verlauf von etwa einem Jahrzehnt selbst regenerieren. Wo die Zerstörungen umfangreich sind, kann der Wald viele Jahrzehnte zur Regenerierung benötigen, wobei es möglich ist, daß sich das erneuerte Ökosystem für ein ganzes Jahrhundert oder länger ein gutes Stück von dem ursprünglichen unterscheidet. Wie bereits erwähnt, verweisen Untersuchungen in Südostasien darauf, daß zwischen einem und zwei Drittel der übrigbleibenden Bäume irreparable Schäden davontragen, wenn ein paar wenige verwertbare Stämme selektiert werden. Im Gegensatz dazu ergeben Feldberichte von FAO-Experten, daß ein Zehntel eine realistischere Schätzung sei. Für unsere Kalkulationen soll ein Drittel angesetzt werden - mit der ausdrücklichen Einschränkung, daß dies nur eine vorläufige Zahl ist, die nur solange gilt, wie keine verläßlicheren Angaben vorliegen. Sie soll nur dazu dienen, einen Anhaltspunkt für die Bewertung dessen zu geben, was den tropischen Wäldern widerfährt. Rechnet man mit dieser Zahl, so bedeutet dies, daß die Holzausbeute jährlich zur Eliminierung von 17700 bis 29000 km^2 tropischen Regenwaldes führt.

Brandrodung

Die Auswirkungen des Holzeinschlages können noch erheblich verschlimmert werden durch das, was dann geschieht, wenn das Holzunternehmen sein Stück Wald endlich verläßt. Auf seinen Spuren folgen Wanderfeldbauern, die nun in der Lage sind, tief in Waldgebiete einzudringen, die zuvor für sie unerreichbar waren. Dadurch, daß sie noch mehr Bäume einschlagen, um ihre Felder anlegen zu können, verursachen sie noch mehr Schäden und Verwüstungen als der ihnen vorangegangene Holzfäller. Und: sie kommen nicht nur in großen Scharen, sondern bleiben auch langfristig an dem gewählten Ort.

Nicht immer war die zerstörerische Wirkung der Wanderfeldbauern so groß wie heute. Bevor sich ihre Zahl so stark vergrößerte, war die Brandrodung ohne nachhaltigen Schaden für den Wald: Sie rodeten ein kleines Waldstück, verbrannten das Holz, betrieben zwei oder drei Jahre lang Landwirtschaft, bis der Boden seine Fruchtbarkeit verloren hatte oder Unkräuter wieder überhandnahmen – dann zogen sie weiter und wiederholten die Prozedur an einer anderen Stelle des Waldes. Das war eine Form der Landwirtschaft, die es dem Bauern erlaubte, die Waldumwelt langfristig zu nutzen. Solange nicht mehr als vier oder fünf Wanderfeldbauern pro km^2 brandrodeten, und ein Stück bearbeiteten Waldlandes mindestens zehn Jahre brachliegen konnte, um sich zu regenerieren, funktionierte das System. Heute jedoch, wo sich die Zahl der Wanderfeldbauern so vergrößert hat, daß oftmals dreimal mehr von ihnen auf einen km^2 kommen, finden sie weniger Bewegungsspielraum vor. Das Ergebnis ist, daß sie den Wald sowohl extensiver als auch intensiver nutzen und den jeweiligen Ökosystemen wenig Gelegenheit geben, sich zu erholen.

Ganz grob rechnet man damit, daß inzwischen 50 Millionen Wanderfeldbauern in den tropischen Urwäldern eine Fläche von 640 000 km^2 besetzen (ein Gebiet von der Größe des US-Bundesstaates Texas). Weitere 90 Millionen besetzen eine doppelt so große Fläche in tropischen Sekundärwäldern. Zusammengenommen macht das ein Fünftel aller tropischen Wälder aus. Nach vorläufigen Schätzungen werden jährlich 100 000 km^2 Wald eliminiert, möglicherweise mehr. Den größten Verlust hat Südostasien zu verzeichnen, wo Bauern jährlich mindestens 85 000 km^2 roden, zusätzlich zu den über eine Million km^2 landwirtschaftlich genutzten ehemaligen Waldlandes der Region. Das Afrika südlich der Sahara soll bereits eine Million km^2 tropischen Regenwaldes an Wanderfeldbauern verloren haben, bevor überhaupt die modernen Entwicklungstrends in der Zeit nach dem Zweiten Weltkrieg einsetzten. Afrikas gegenwärtiger Verlust wird mit 40 000 km^2 pro Jahr veranschlagt – ganze 400 000 km^2 seiner Wälder mögen heute dieser Form der Landwirtschaft dienen. Ähnliches gilt für Lateinamerika, obwohl von dort weniger Details bekannt sind. Alle Formen der sich ausdehnenden Landwirtschaft, von denen die Brandrodung einen der wichtigeren Typen darstellt, sollen in dieser Region für 50 000 km^2 pro Jahr verantwortlich sein.

Die obigen Zahlen stellen Minimalschätzungen dar, die auf Größenordnungsvergleichen beruhen. Eine weitere Beurteilungsmöglichkeit läßt sich durch einen Blick auf die Folgen des kommerziellen Holzeinschlages gewinnen, nämlich auf den Anteil des Waldes, der an die Wanderfeldbauern fällt, sobald die Holzfäller die Szene verlassen haben. Felduntersuchungen an der Elfenbeinküste haben ergeben, daß auf 5 m^3 Holz, die für eine kommerzielle

Nutzung abgezogen werden, ein Hektar Wald kommt, der unter den Händen der nachrückenden Bauern verschwindet. Was an der Elfenbeinküste geschieht, trifft wahrscheinlich auch auf andere Regionen Westafrikas mit ihrer hohen Bevölkerungsdichte zu; vielleicht auf den Kongo nicht, der eine der Elfenbeinküste vergleichbare Größe, aber nur ein Siebtel ihrer Einwohnerzahl hat und deshalb unter geringerem Druck sich ausbreitender Landwirte steht. Eine ähnliche Differenzierung hat wohl auch im Falle Südostasiens und Amazoniens Gültigkeit.

Um einen allgemeinen Überblick zu geben: Afrika hat 1973 31,2 Millionen m^3 Stammholz produziert, Südostasien 81 Millionen und Lateinamerika 25,5 Millionen. Zusammen mit kleineren Mengen anderer Regionen ergibt das insgesamt für die Tropen 149 Millionen m^3. Nimmt man die für die Elfenbeinküste ermittelten Daten als Faustregel, sind in diesen Regionen 62 400, 162 000, 51 000 und 298 000 km^2 Wald durch Wanderfeldbauern eliminiert worden. Der letztgenannten Zahl von insgesamt fast 300 000 km^2 steht nach den vorangegangenen Berechnungen eine Minimalschätzung von 165 000 km^2 gegenüber. Angesichts unterschiedlicher Auswirkungen in den verschiedenen Regionen dürfte die Zahl 300 000 bei weitem zu hoch, die Zahl 165 000 entschieden zu niedrig sein. Zum Zwecke einer umfassenden Bewertung der Zerstörungstrends gehen wir hier von 200 000 km^2 aus – eine überaus grobe Schätzung, die aber als »Arbeitsgrundlage« dienlich sein mag.

Brennholz

Ein weiterer Faktor für die Zerstörung tropischer Regenwälder ist die Nachfrage nach Brennholz. Wie bereits erwähnt, vermutet man, daß jährlich fast die Hälfte allen weltweit eingeschlagenen Holzes als Brennholz dient, über vier Fünftel davon in den Entwicklungsländern. Ein paar Übersichten gehen davon aus, daß die tatsächlich eingeschlagene Menge an Brennholz 2½mal größer sein könnte als »offiziell« geschätzt. Die Situation ist durch die Ölpreissteigerungen einschneidend verschärft worden, die diesen Brennstoff für viele Haushalte unerschwinglich gemacht haben. In dieser Hinsicht tragen die OPEC-Länder eine schwere, wenn auch nur indirekte Verantwortung für einen Teil des Ausbeutungsdrucks, der heute auf den tropischen Regenwäldern lastet.

Felduntersuchungen zugrundelegend, kann man realistischerweise annehmen, daß zur Deckung des jährlichen Brennholzbedarfs ein halber Hektar Wald pro Person nötig ist. Gewöhnlich jedoch dürften, um die nahe vor der Tür gelegenen Vorräte auszubeuten, bis zu 15 Personen Holz aus einem Hektar Wald entnehmen – ein überaus hoher und deshalb auch langfristig nicht zu haltender Verbrauch. In weiten Teilen der Tropen wird viel Holz eher den Sekundärwäldern, Gebüschen und Dorfwäldern entnommen als dem Urwald. In Südostasien beispielsweise stammt etwa ein Drittel des Brennholzes aus Forsten. Da wenigstens 200 Millionen Menschen (von der einen Milliarde der tropischen Regenwaldzone) im Wald oder am Rande des Waldes leben und ein großer Teil des von ihnen gesammelten Brennholzes an die Märkte in weit entfernten Städten verbracht wird, kann man berechtigterweise davon ausgehen, daß zumindest ein Fünftel des in den tropischen Entwicklungsländern eingeschlagenen Brennholzes aus den Urwäldern stammt. Das bedeutet, daß jährlich etwa 25 000 km^2 tropischen Regenwaldes durch Brennholzentnahme stark geschwächt, wenn nicht sogar zerstört werden.

Ein weiteres Anwachsen der Weltbevölkerung sowie eine weitere Dezimierung der noch verbliebenen Waldgebiete (nicht nur durch Holzgewinnung, sondern auch durch landwirtschaftliche Nutzung) angenommen, werden die Restbestände Opfer einer zunehmenden Ausbeutung und Überausbeutung werden. In einigen Regionen ist der Bedarf bereits so groß und der Druck auf die verfügbaren Mengen so stark, daß es schon ebenso viel kostet, den Kochtopf zu erhitzen, wie ihn zu füllen.

Viehhaltung

Einer der Hauptgründe für die Dezimierung der Wälder in Lateinamerika ist die Viehhaltung. Der Wald wird komplett abgeholzt, um Weideland zu schaffen. Dieses bleibt sechs bis zehn Jahre lang ergiebig, dann wird es langsam von Gebüsch überzogen. Den Viehhalter kümmert das wenig, denn er kann in einen anderen Teil des Waldes überwechseln und dort von vorne beginnen.

Eine zunehmende Anzahl solcher Viehhaltungsbetriebe in Lateinamerika ist im Besitz von Ausländern. Das amerikanische Konsortium Brescan-Swift-Armour-King Ranch verfügt über ungefähr 720 km^2 im Ostteil des brasilianischen Amazoniens – mit einer Investition von 6 Millionen Dollar. Weitere multinationale Gesellschaften im brasilianischen Amazonien sind unter anderen etwa Heublein, Sifco Industries und Twin Agricultural and Industrial Developers aus den Vereinigten Staaten, Mitsui, Tsuzuki Spinning und Nichimen & Grubo Bradesco aus Japan, Liquigas aus Italien und George Markhof aus Österreich. Die Investitionen der zwölf größten Unternehmen belaufen sich auf 21 Millionen Dollar, nicht eingeschlossen Volkswagen mit 35 Millionen Dollar. Volkswagen nimmt an, daß die Menschen zwar möglicherweise infolge der Ölpreissteigerung weniger Autos kaufen, daß sie aber kaum geneigt sind, den Fleischkonsum zu reduzieren. Volkswagen hat eine Konzession von 1400 km^2 im östlichen Amazonien, von denen die Hälfte in Weideland umgewandelt werden sollen. Mitte des Jahres 1976 hatte die Gesellschaft etwa 100 km^2 Wald niedergebrannt, genug für eine Herde von 10 000 Rindern. Ziel ist die Ausweitung des Weidelandes auf 700 km^2 für 120 000 Rinder.

Bislang sind etwa 300 Viehhaltungsbetriebe eingerichtet worden – mit einem Viehbestand von 6 Millionen Rindern. Dadurch sind 66 000 km^2 Wald vernichtet worden. Praktisch nichts von dem geschlagenen Holz ist als Nutzholz verwertet worden, obwohl man 35 Dollar für den m^3 nutzbaren Holzes hätte erzielen können. Der subventionierte Viehhalter erachtet nichts anderes seiner Mühe wert als das Gelände mit Herbiziden zu besprühen und dann in Brand zu setzen. Ergebnis: durchschnittlich 50 m^3 nutzbaren Holzes pro Hektar gehen in Rauch auf, was bisher einem Gesamtwert von 7,7 Milliarden Dollar oder etwa dem 2½fachen des jährlichen Holzverkaufs aus Amazonien entspricht.

Es gibt zwei Gründe für die Viehhaltung. Zum einen versucht die Regierung Brasiliens ihre politische Souveränität im weiten und schwach besiedelten Amazonien zu festigen, das Waldland mit allen nur geeignet erscheinenden Mitteln zu entwickeln. Zum anderen hat Brasilien sein Augenmerk auf die weltweit zunehmende Verknappung von Rindfleisch gerichtet. Laut FAO wird die Fleischnachfrage zwischen 1970 und 1990 schneller wachsen als die nach anderen Nahrungsmitteln, Fisch ausgenommen. Um dieser Nachfrage und den in die Höhe kletternden Preisen begegnen zu können, ist Brasilien entschlossen, einer der größten Rindfleisch-Exporteure der Welt zu werden. 1973 verfügte das Land über 95 Millionen Rinder, eine Zahl, die nur von der Sowjetunion und den Vereinigten Staaten von Amerika übertroffen wurde. 1980 sollte die Fleischproduktion bereits um mehr als das Doppelte angewachsen und Brasilien zur Nummer eins der Rindfleisch-Exporteure geworden sein.

Die Aufzucht von Vieh in den tropischen Regenwäldern ist jedoch keineswegs so einfach, wie es scheinen mag. Die Bestandsquoten sind mit einem Rind pro Hektar niedrig. Ochsen brauchen vier Jahre, bis sie bei einem Gewicht von 450 kg Schlachtreife erreicht haben. Die Böden sind schnell erschöpft, und die Weiden zeigen immer spärlicheren Graswuchs – es sei denn, sie würden immer intensiver gedüngt. Einige Viehhaltungsbetriebe sind schon verlassen und aufgegeben worden und zumindest 200 weitere werden in etwa fünf Jahren unprofitabel geworden sein. Da sich giftige Gräser ausbreiten, haben einige Farmen ein Fünftel ihres Viehbestandes verloren. Die politischen Erwägungen hinter Brasiliens Drang, seinen Teil von Amazonien zu erschließen, sind jedoch so stark, daß man außergewöhnliche finanzielle Vergünstigungen bietet, um Investoren ins Land zu locken.

Ironischerweise könnte viel mehr Rindfleisch mit weit geringeren Umweltbelastungen in jenen südlichen Landesteilen Brasiliens produziert werden, die landwirtschaftlich ungenutzt bleiben – fast 800 000 km^2. Aber für die größten Grundbesitzer des Landes (ganze 10 % von ihnen kontrollieren 80 % des Bodens) besteht wenig Anreiz, eine intensive Bewirtschaftung ihrer Ländereien in Südbrasilien anzustreben, solange ihnen großzügige Finanzhilfen die Rodung neuer landwirtschaftlicher Nutzflächen in Amazonien schmackhaft machen. Für den wohlhabenden Viehhalter, der das Land in Amazonien so gut wie zum Nulltarif erwirbt, ist es von geringer Bedeutung, daß er zur Aufzucht seiner Herden bis zu zehnmal mehr Fläche benötigt als in den subtropischen Teil Brasiliens, wo das Weideland normalerweise in zehn bis zwanzig Jahren nur 30 bis 40 % seiner ursprünglichen Ertragskapazität einbüßt.

Das Ergebnis ist, daß in Brasilien – wie in vielen Teilen der tropischen Entwicklungsländer – die Viehhaltung einer der extensivsten aller landwirtschaftlichen Betriebsformen bleibt. Es ist die Überzeugung geäußert worden, daß die Viehhaltung auf dem vorhandenen Weideland Lateinamerikas wahrscheinlich vier- oder fünfmal effizienter sein, die Fleischproduktion um das Zehnfache erhöht werden könnte, wenn man nur verbesserte Züchtungen, verbesserte Prophylaktika gegen Viehseuchen und insgesamt verbessertes Management einsetzte. Diese Maßnahmen würden Brasilien in die Lage versetzen, die Rindfleischproduktion wunschgemäß zu steigern, ohne auch nur einen einzigen weiteren Baum im Regenwald fällen zu müssen. Ein Teil des in Amazonien produzierten Rindfleisches ist für den eigenen Markt bestimmt. Der brasilianische Durchschnittsbürger verzehrt heute etwa 16 kg Rindfleisch pro Jahr – weniger als eine Hauskatze in den Vereinigten Staaten von Amerika. Große Mengen Rindfleisch sind für den Export bestimmt, Mengen im Wert von heute 25 Millionen Dollar pro Jahr. Es ist dieser Export, der einmal mehr auf die Beziehung zwischen dem Lebensstandard der Industrienationen und den Veränderungen verweist, die die Umwelt in den Entwicklungsländern heimsuchen. Da das in Europa und Nordamerika produzierte Rindfleisch immer teurer wird, fördert der dort lebende wohlhabende Verbraucher die Ausweitung der Viehhaltung in den Waldzonen des tropischen Amerika. Wenn er dies auch nicht wissentlich und ganz sicher nicht in böswilliger Absicht tut, so aber doch immer wirkungsvoller und in wachsendem Ausmaß. Da der internationale Fleischhandel expandiert, streben mehr Länder Lateinamerikas, vor allem Peru und Kolumbien, die Umwandlung ihrer Anteile an den Regenwäldern Amazoniens in Viehhaltungsbetriebe an. Bolivien hofft, seine dünn besiedelten östlichen Gebiete, die flächenmäßig größer sind als Spanien, mit Hilfe der Anglo-Bolivian Land & Cattle Company zu erschließen. Die Gesellschaft wünscht die finanzielle Unterstützung von Großbritannien, den Vereinigten Staaten von Amerika, der Bundesrepublik Deutschland und Frankreich zu erhalten. Bolivien plant außerdem den Verkauf von fast einer Million Hektar Urwaldes zu einem Preis von nur 42 Dollar pro Hektar an 150 000 weiße Siedler, die es aus dem südlichen Afrika ins Land zu locken hofft.

Man schätzt, daß zwischen 1962 und 1985 mindestens 325 000 km² der tropischen Wälder Lateinamerikas, d. h. ein Gebiet von der Größe Norwegens oder Neumexikos, zur Gewinnung von Weideland gerodet sein werden (in Brasilien allein 125 000 km², in Bolivien 66 000 km²). Das ergibt einen Durchschnitt von etwas weniger als 13 500 km² pro Jahr. Da diese Rate – wenn nicht durch andere Faktoren, so durch den Druck einer wachsenden Bevölkerung – wahrscheinlich am Ende der genannten Zeitspanne größer sein wird als zu Beginn, könnte sich die Zahl für 1979 gut auf 20 000 km² belaufen – und sie soll hier für die Betrachtung der zerstörerischen Entwicklungen bei den tropischen Regenwäldern zugrunde gelegt werden.

Zusammenfassung

Ursache der Eliminierung des tropischen Regenwaldes ist primär die Kombination von kommerziellem Holzeinschlag und nachfolgenden Siedlern, die – vorläufig und grob gerechnet – für 200 000 km^2 pro Jahr verantwortlich ist. Auf die Brennholzsammler könnten gut weitere 25 000 km^2 pro Jahr kommen, auf die Viehhalter (beschränkt auf Lateinamerika) nochmals jährlich 245 000 km^2.

Diese Zahlen berücksichtigen noch nicht die weiteren Ursachen der Waldzerstörung wie etwa den kommerziellen Holzeinschlag, der ein Stück Wald übermäßig ausbeutet, ohne daß dieses dann von Wanderfeldbauern genutzt wird, oder den Wanderfeldbauern, der den Wald ohne jede Beteiligung der kommerziellen Holzfäller eliminiert, oder den Plantagenbesitzer, der den Urwald durch Monokulturen mit Baumarten wie Eukalyptus, Fichte, Gummibaum oder Ölpalme ersetzt, und andere, die den Wald aus den verschiedensten Gründen abholzen, deren zerstörerische Einwirkung aber nicht den gleichen Umfang hat wie die der drei Hauptverursacher.

Die Gesamtzahl von 245 000 km^2 liegt weit über dem Mittel der besten bisher verfügbaren Schätzung, nämlich die der FAO, die 120 000 bis 170 000 km^2 veranschlagt. Die Zahl 245 000 wird aus zwei Gründen für realistisch gehalten. Erstens stammen die Daten der FAO in vielen Fällen aus Trends, die in den frühen siebziger Jahren dokumentiert wurden, wenn nicht noch früher. Seit dieser Zeit hat sich die Ausbeutung der Wälder unvorstellbar beschleunigt. Zweitens sind die Berechnungen der FAO gewöhnlich aus Gründen der Vorsicht Minimalschätzungen. Selbstverständlich ist Vorsicht verdienstvoll, wenn sie um der Genauigkeit willen geübt wird. Aber um für das Problem der Zerstörung der tropischen Regenwälder einen Anhaltspunkt zu bekommen und es anschaulich offenzulegen, erscheint es angebracht, Vermutungen ebenso wie vorhandenes Wissen in die Einschätzung der Situation einzubeziehen. Aus diesem Grund wird hier die Zahl von 245 000 km^2 favorisiert.

Bis genauere Informationen vorliegen, ist es deshalb nicht unvernünftig anzunehmen, daß die Welt pro Tag rund 670 km^2 tropischen Regenwaldes einbüßt – ein Gebiet von der Größe Wales oder des US-Bundesstaates Massachusetts in jedem Monat.

Wege zur Verringerung übermäßiger Holzexploitation

Die übermäßige Ausbeutung der tropischen Regenwälder kann auf verschiedene Weise verringert werden.

Effizientere Nutzung des eingeschlagenen Holzes

Eine Möglichkeit, die Ausbeutung zu reduzieren, liegt in der besseren Ausnutzung des eingeschlagenen Holzes. Hier soll nur auf eine Art der Ausnutzung eingegangen werden, nämlich die umfangreichere Wiederverwertung von Papier.

Es gibt noch sehr viele Möglichkeiten für ein besseres Recycling, insbesondere auf seiten der Länder, die am meisten verbrauchen, nämlich der Industrieländer. Nicht nur, daß viele Materialien auf Faserbasis zu Papier verarbeitet werden können, sondern es lassen sich auch viel mehr davon zur Herstellung von Hartfaserplatten, Preßholz und anderen Produkten verwenden.

Von allen weltweit benutzten Papiererzeugnissen im Umfang von 160 Millionen Tonnen werden weniger als 40 Millionen Tonnen wiederverwertet. Die Vereinigten Staaten von Amerika verbrauchen über 70 Millionen Tonnen Papier und Kartonage pro Jahr oder dreieinhalbmal mehr als 1944. Davon werden nur wenig mehr als 16 Millionen Tonnen wieder aufbereitet, das sind zweimal mehr als 1944, aber noch immer nur etwa 23 % – verglichen mit 40 % in der Schweiz, den Niederlanden und in Japan (während des Zweiten Weltkrieges wurden in Großbritannien 62 % wiederverwertet). Ganz grob gesprochen, wirft jeder Amerikaner, der jährlich durchschnittlich 180 kg Papier verbraucht, dementsprechend drei Nadelbäume auf den Müll. Somit lassen die Vereinigten Staaten von Amerika jährlich Material im Wert von einer Milliarde Bäumen bzw. einem 5000 km^2 großen Wald (der Größe des US-Bundesstaates Delaware entsprechend) unberücksichtigt, obwohl es für aus dem Recycling-Prozeß hervorgehende Papierprodukte wiederverwendbar wäre. Sie verschwenden zudem viermal soviel Papier wie alle Entwicklungsländer mit ihren elfmal mehr Einwohnern zusammengenommen.

Um die Wiederverwertung zu erhöhen, bedarf es keiner neuen Technologien. Vielmehr ist es eine Frage von Regierungsmaßnahmen. So könnte die Regierung der Vereinigten Staaten von Amerika leicht Anreize schaffen, vorausgesetzt sie wäre davon überzeugt, daß die gesamte Bevölkerung mitzieht. Ohne eine solche Neuorientierung der Politik könnte die Wiederverwertung von Papier in Nordamerika sogar wieder nachlassen. Eine Regierungsinitiative könnte nicht nur eine Verringerung des auf den Wäldern lastenden Ausbeutungsdrucks bedeuten, sondern auch andere positive Folgen zeitigen. Wenn das Recycling bis 1985 auf 26% anstiege statt auf 17% abzusinken (beide Zahlen sind durchaus realistisch), so beliefe sich die Differenz in den Abfallbeseitigungskosten auf mindestens 230 Millionen Dollar.

Ersatzmaterialien

Die Nachfrage nach Holzfasern könnte auch durch den größeren Gebrauch anderer Abfallmaterialien verringert werden. Die Menge an Nutzpflanzenrückständen, die jährlich für diesen Zweck zur Verfügung stünden, umfaßt 885 Millionen Tonnen Stroh, 55 Millionen Tonnen Bagasse (Überreste aus der Zuckerrohrverarbeitung), 30 Millionen Tonnen Bambus und 30 Millionen Tonnen Schilfgräser. Dennoch stellen bis heute diese alternativen Materialien nur 5% allen Zellstoffs. Rund ein Drittel der Zellstofferzeugung in den Entwicklungsländern basiert auf diesen nichthölzernen Rückständen, in erster Linie auf Bagasse und Bambus (in China ist es fast die Hälfte). Dagegen stellt Nordamerika, das bisher seinen Zellstoffbedarf aus günstigeren Quellen dekken konnte, nur ein Prozent aus Ersatzstoffen her.

Eine Reihe anderer Abfallmaterialien kann für die Herstellung von Platten genutzt werden. Zum Beispiel sind Maiskolben und Stengel, Erdnußschalen, die Spelzen von Sonnenblumenkernen und selbst Kaffeerückstände, die bei der Produktion von schnellöslichem Kaffee anfallen, in den Industrieländern in außergewöhnlich reichlichem Maße vorhanden. Platten, die aus diesem landwirtschaftlichen »Abfall« hergestellt werden, sind im allgemeinen zumindest ebenso gut wie Holzplatten.

Auch könnte von der Holzindustrie für manche Zwecke anstelle kleinerer Harthölzer eine schnellwachsende Pflanze wie Kenaf (Hanfeibisch) eingesetzt werden. Bei intensiver Kultivierung wirft Kenaf 13 bis 23 Tonnen pro Hektar ab. Diese Ertragsmenge ist hervorragend im Vergleich mit der einiger schneller wachsender Harthölzer und ergibt fünf- bis siebenmal mehr Zellstoff als Fichten.

Darüber hinaus könnten Kokospalmen Holz für eine Fülle von Verwendungszwecken liefern, von Zellstoff über Holzkohle und billiges Dachmaterial bis zu Parkettholz. Wenn abgestorbene Kokospalmen – in den Tropen etwa eine Milliarde pro Jahr von geschätzten 44 Milliarden – genutzt würden, ergäbe dies eine riesige Menge ergänzenden Rohmaterials.

Warum werden diese Ersatzmaterialien nicht verwendet? Der Hauptgrund liegt darin, daß die Holzfäller zu dem Glauben neigen, ihre traditionellen Quellen könnten noch weit mehr Holz abwerfen. Durch Regierungsinitiativen in Form von Steuern, Subventionen oder anderen Anreizen können sie eines Besseren belehrt werden.

Anpflanzungen

In einigen Regionen der Tropen werden die Urwälder abgeholzt, um Platz für Naturholzplantagen zu schaffen. In dem Maße, in dem diese »künstlichen« Wälder die Mengen und die Arten von Holz liefern, die die Weltmärkte verlangen, verringern sie den Ausbeutungsdruck, der auf den Urwäldern lastet.

Bis zum Jahr 2000 könnten genug »Baumfarmen« angelegt worden sein, um einen gehörigen Anteil der Weltnachfrage nach Holz und Zellstoff aus den Tropen abzudecken.

Die meisten der Naturholzarten sind Exoten, besonders Eukalyptus und Gmelina als Harthölzer, Fichten und andere Nadelbäume als Weichhölzer. Einige dieser Arten wachsen so schnell, daß eine Pflanzung von 500 km^2 leicht eine Million m^3 an marktfähigem Holz pro Jahr produzieren könnte – eine Menge, die man nur aus einer um das Zehnfache größeren Urwaldfläche gewinnen kann. Was Zellstoff anbelangt, bedarf es für einen Jahresausstoß von 15 000 Tonnen in den nördlichen gemäßigten Breiten einer Pflanzung von 1100 km^2 Größe, in den Tropen aber nur einer 310 km^2 großen Nadelbaumpflanzung bzw. einer 190 km^2 großen Hartholzpflanzung.

Bestimmte Arten sprießen in den Tropen so schnell wie Pilze. Beispielsweise kann ein gut gedüngter Eukalyptussetzling pro Monat um 30 Zentimeter wachsen und bereits nach acht Jahren eine Höhe von 20 m und einen Durchmesser von 25 cm in Brusthöhe erreichen, womit die Pflanzung marktfähiges Holz von durchschnittlich 30 m^3, manchmal aber auch von 50 m^3 pro Hektar und Jahr zu produzieren in der Lage ist. Die Karibische Fichte erreicht in zwölf Jahren eine Höhe von fast 30 Metern und ergibt dann durchschnittlich 300 m^3 pro Hektar, wohingegen eine Douglasfichte in dieser Zeitspanne nur zehn Meter Höhe erreicht und ihr Holz noch keineswegs geeignet für den Markt ist.

Aber solche Anpflanzungen in den Tropen bergen auch Probleme in sich. Wie im Falle der meisten Monokulturen sind Befall und Krankheiten vielfältig und häufig. Wenn die Bäume gefällt werden, nehmen sie einen großen Vorrat an Nährstoffen mit sich. Vom Standpunkt der Tierwelt und der ökologischen Vielfalt aus betrachtet, sind sie ein Desaster. Kaum eines der in Madagaskar heimischen Tiere lebt in den weiten Eukalyptusplantagen des Inlandes, und die Lemuren sind viel eher durch Pflanzungsprojekte als durch die Jagd zu einer bedrohten Art geworden.

Es gibt bei diesen schnell vermarktbaren Baumarten sogar wirtschaftliche Schwierigkeiten. Das sich die Kosten für die Anlage einer tropischen Pflanzung auf rund 250 Dollar pro Hektar belaufen, und diese Pflanzung dann, sagen wir, 21 m^3 Holz pro Hektar und Jahr erbringt, belaufen sich die Kosten des Holzes bei einer Verzinsung von 10 % nach zehn Jahren auf 3,09 Dollar/m^3. Bei einem Zyklus von 20 Jahren sind es 4 Dollar, von 30 Jahren 6,29 Dollar und von 40 Jahren 13,47 Dollar. Wenn der Zinssatz nur geringfügig steigt, etwa auf 13 %, sind die Kosten nach zehn Jahren nur wenig höher, nämlich 4,04 Dollar; das bedeutet eine Erhöhung von 25 %; aber nach 40 Jahren ergeben sich 39,52 Dollar, also eine Steigerung von 200 %. Die Plantagenwirtschaft reagiert also sehr empfindlich auf Zinsschwankungen, ebenso auf inflationäre Entwicklung.

Des weiteren sind erhebliche Investitionen erforderlich. Die Anlage einer Anpflanzung von 5000 Hektar kostet zwischen 12,5 und 20 Millionen Dollar und die eines Sägewerkes, das die Holzproduktion der Plantage verarbeiten kann, d. h. eines mit einer Kapazität von 300 Tonnen pro Tag, nochmals mindestens 50 Millionen Dollar. In den tropischen Ländern Anpflanzungen und Sägewerke anzulegen, die die veranschlagte Nachfrage sowohl nach Nutzholz als auch nach Papierprodukten befriedigen können, erfordert Investitionen in Höhe von mindestens sechs Milliarden Dollar.

Weitere substantielle Investitionen sind erforderlich für eine verwandte Form der Plantagenwirtschaft, die viel zur Erhaltung der Urwälder beitragen könnte – nämlich die Schaffung von »Gemeindewäldern«, d. h. von Waldstükken und Baumgruppen für die einheimische Bevölkerung, die den Brennholzbedarf der Haushalte in den Entwicklungsländern abdecken könnten. Bei einem jährlichen Ertrag von nur 3 m^3 pro Hektar wäre eine Gesamtfläche von 600 000 km^2 erforderlich, bei einer Investition von 100 Dollar pro Hektar – also ein Betrag von sechs Milliarden Dollar insgesamt. Da die OPEC-Länder dazu beigetragen haben, die Krise bei der Brennholzversorgung zu beschleunigen (indem sie andere Brennstoffe wie z. B. Kerosin für viele Haushalte unerschwinglich gemacht haben), könnten sie ihre Petrodollars gut für die Schaffung neuer Feuerholzquellen verwenden.

Weil so hohe Investitionen für die Plantagenwirtschaft und die mit ihr verbundenen Verarbeitungsindustrien notwendig sind, suchen viele Länder mit tropischen Wäldern verstärkt nach ausländischen Investoren. Das erklärt, warum vor kurzem Tochterfirmen amerikanischer Holzunternehmen für die Hälfte der Gesamtverkäufe von Papier und Pappe aus Lateinamerika verantwortlich zeichneten. Das erklärt auch das brasilianische Abkommen mit elf japanischen Firmen über ein eine Milliarde Dollar teures, 4000 km^2 umfassendes Zellstoffprojekt. Und doch engagieren sich ausländische Firmen bei Nutzholzplantagen keineswegs so schnell, wie sie es könnten. Ihnen fehlt es an ausreichender Garantie für die Preisstabilität ihrer Produkte und für ihr Eigentum. Jede inflationäre Entwicklung im Weltwährungssystem und jede Verstaatlichung eines ausländischen Unternehmens in einem tropischen Land schiebt den Tag hinaus, an dem genügend Pflanzungen angelegt sein werden, um die Ausbeutung des noch verbliebenen Urwaldes zu verringern. Angesichts der Tatsache, daß solche Anpflanzungen eine Entwicklungszeit von zehn Jahren brauchen, bevor sie entsprechende Mengen an Holz abzuwerfen beginnen, ist es zwingend notwendig, das politische und wirtschaftliche Klima für den ausländischen Unternehmer zu stabilisieren - parallel zu allen Maßnahmen, die eine Bewahrung der tropischen Regenwälder zur Folge haben (vgl. auch Kap. 13).

Die Gesamtfläche der Anpflanzungen in den Tropen beläuft sich heute auf etwa 8500 km^2. Von diesen befinden sich ca. 4000 km^2 in Lateinamerika (über die Hälfte davon in Brasilien), 3000 km^2 in Afrika (zumeist in Westafrika) und 10 000 km^2 in Südostasien. Dazu kommen jährlich ungefähr 5000 km^2 - das ist nur ein Drittel dessen, was erforderlich wäre, um in den nächsten zwei Jahrzehnten, geschweige denn im nächsten Jahrhundert, den auf den Urwäldern lastenden Ausbeutungsdruck zu verringern.

Die größte Ausweitung tropischer Anpflanzungen ist bislang in Brasilien zu verzeichnen. Das Land illustriert, wie notwendig es für die Entwicklungsländer ist, ihre eigenen Quellen für Papier und Zellstoff zu erschließen. 1962 verbrauchte Brasilien 70 000 Tonnen Papier, 1975 waren es 1,9 Millionen Tonnen und für 1985 erwartet man vier Millionen Tonnen. Dann werden etwa 27 kg Papier pro Jahr auf jeden seiner 135 Millionen Einwohner entfallen. Das liegt weit über dem Durchschnitt der Entwicklungsländer, ist aber nur ein Zwölftel dessen, was ein Amerikaner heute verbraucht. Zwischen 1968 und 1974 hat Brasilien seine Zellstoffproduktion mehr als verdoppelt, womit es zu den zehn führenden Herstellern der Erde aufrückte. Dennoch importierte das Land 1974 fast 700 000 Tonnen Papier und Zellstoff im Wert von 349 Millionen Dollar. Für 1980 war vorgesehen, den Eigenbedarf selbst zu decken, und für das Jahr 2000 hofft man, einen Überschuß von 20 Millionen Tonnen (im Wert von rund 5,5 Milliarden Dollar) für den Export in andere lateinamerikanische Länder zu erzielen - legt man gegenwärtige Preise zugrunde.

Dieses Ziel macht zusätzliche Anpflanzungen von 40 000 km^2 Größe erforderlich. Bislang liegen fast die gesamten 25 000 km^2 mit »künstlichen Wäldern« im südlichen Teil des Landes, also weit entfernt von Amazonien. Aber da seit 1969 der Durchschnittspreis für Land, das wieder aufgeforstet werden soll, in einigen der dicht besiedelten Regionen um das Elffache gestiegen ist, gibt es einen ausreichend starken Anreiz dafür, sich nach räumlichen Alternativen umzusehen - insbesondere eben in Amazonien, wo es bis 1985 wahrscheinlich Anpflanzungen in einer Gesamtgröße von 10 000 km^2 geben wird. Selbst wenn alle zusätzlichen Pflanzungen in Amazonien angelegt würden, würde sich dies nur auf wenig mehr als ein Prozent des gegenwärtig dort noch vorhandenen Urwaldes auszuwirken.

Die beste Lösung ist, Pflanzungen in den Waldregionen anzulegen, die bereits ausgebeutet worden sind und die heute aus geringwertigem Sekundärwald von geringer Qualität, degeneriertem Weideland und von Wanderbauern ausgelaugten Flächen bestehen. Indonesien allein weist 440 000 km^2 solch mißbrauchten Landes auf, ein Gebiet, das größer ist als die holzproduzierenden Wälder des Landes. Daß ein solches Verfahren in vielen Fällen durchaus praktikabel ist, zeigen Anpflanzungen auf aufgegebenen Kaffeeplantagen und auf erschöpften Savannenflächen in Venezuela und in anderen Teilen Lateinamerikas. Eine Anzahl von Baumarten, die gleichsam als Pioniere dienen, wachsen in diesen Gebieten durchaus zufriedenstellend. Leider sieht es augenblicklich nicht so aus, als werde sich dieses Verfahren durchsetzen. Zum einen zieht es der Unternehmer vor, seine Pflanzung innerhalb eines ausgedehnten Stückes Urwald anzulegen, damit er dessen Holz gewinnen und mit dem Erlös seine Pflanzung finanzieren kann (vgl. Kap. 13). Zum anderen sind die bereits gerodeten Waldgebiete gewöhnlich mit menschlichen Ansiedlungen der einen oder anderen Art belegt, und es ist politisch gesehen schwer, die Bewohner umzusiedeln, um Bäume anzupflanzen.

Und ferner: selbst wenn diese Schwierigkeiten überwunden werden könnten, würden die Anpflanzungen noch nicht notwendigerweise das retten, was von dem Urwald übriggeblieben ist. Man kann sich nicht das Gold im Strom dadurch bewahren, daß man den Einheimischen ein großes Einkommen gibt. Selbst mit einem hohen Einkommen versehen, würden einige von ihnen fortfahren, Gold zu schürfen – mit der Begründung, daß, wenn nicht sie, die anderen es täten.

Kombinierte land- und forstwirtschaftliche Nutzung (Agroforestry)

Wie im vorangegangenen Kapitel gezeigt, ist ein Hauptverursacher an der gegenwärtigen Zerstörung der tropischen Regenwälder der Wanderfeldbauer. Wie kann man seine traditionelle Lebensweise beeinflussen, die sich den Wald – aufgrund des Bevölkerungswachstums in nicht aurechtzuerhaltender Weise – nutzbar macht?

Eine Lösung läge darin, die Produktivität seiner Nutzfläche so zu steigern, daß die Notwendigkeit verlorengeht, alle paar Jahre in noch unberührte Waldgebiete weiterzuwandern. Es gibt kaum Zweifel daran, daß der Wanderfeldbau intensiviert und produktiver gemacht werden kann. Traditionell wirtschaftende Bauern in westafrikanischen Waldländern produzieren gewöhnlich nicht mehr als 100 kg Mais pro Hektar, während zeitgemäß wirtschaftende Bauern in derselben Region um vieles mehr produzieren. In Südostasien sichert der Wanderfeldbau Nahrung allenfalls für eine Handvoll Menschen pro km^2, während eine gleich große Anbaufläche mit Naßreis bis zu 700 Menschen ernährt. Chinesische Bauern im Westteil von Borneo bauen eine Reihe von Nutzpflanzen an – Getreide, Pfeffer, Gummi, ein Dutzend Gemüsearten – und haben zwischen den Anbauflächen Fischteiche und Weideland angelegt. Dieses System erlaubt es ihnen, die verarmten tropischen Böden dauerhaft zu nutzen, was sie der Notwendigkeit enthebt, alle paar Jahre den Standort zu wechseln. Die Bauern im Wald von Chiapas im südlichen Mexiko bauen bis zu 80 verschiedene Pflanzenarten (zur Ernährung und als Rohmaterial) auf einem einzigen Hektar an und nutzen aus den umliegenden Waldgebieten bis zu 100 verschiedene Früchte und andere eßbare Wildpflanzen, 20 Fischarten, sechs Schildkrötenarten, drei Froscharten, zwei Schneckenarten, zwei Krabbenarten, zwei Krokodilarten und drei Flußkrebsarten.

Eine verbesserte Bewirtschaftung durch den Wanderfeldbauern erfordert jedoch moderne Voraussetzungen wie ertragreiche Getreidesorten, Samenzüchtungen, die auch bei nur geringer oder gar keiner Bodenbearbeitung gedeihen (um die Bodenerosion zu vermindern) und Pflanzenarten, die verkürzten Brachzeiten angepaßt sind. Die meisten dieser Sorten gedeihen nur bei reichlichem Einsatz von Insektiziden, Herbiziden und Kunstdünger; alles Hilfsmittel, die in den Entwicklungsländern knapp sind. Der FAO zufolge verwendet Indonesien nur 2,63 kg Kunstdünger pro km^2 Ackerland – verglichen mit 9,16 kg in den Vereinigten Staaten –, obwohl das Land versucht, 716 Bewohner von jedem Quadratkilometer zu ernähren – verglichen mit 102 in den Vereinigten Staaten. Aufgrund der hohen Preise bleibt Kunstdünger für die verarmten Bauern der Tropen unerschwinglich. Die Preise sind im Zuge der von der OPEC inszenierten Ölpreissteigerungen in die Höhe geschnellt und bleiben aufgrund der vermehrten Nachfrage der wohlhabenden Länder hoch (Nordamerikaner und Europäer verbrauchen für ihre Golfplätze, Gärten und Friedhöfe mehr Kunstdünger als alle Wanderfeldbauern zusammengenommen). Solange der brandrodende Bauer mit Problemen dieser Größenordnung konfrontiert ist, wird es schwer für ihn sein, seine herkömmlichen Bewirtschaftungsmethoden modernen Gegebenheiten anzupassen.

Glücklicherweise bildet sich eine neue Strategie heraus. Sie ermutigt den Bauern dazu, eher Bäume anzupflanzen, als sie abzuholzen. Dieser Weg, den man als »Agroforestry« oder als kombinierte land- und forstwirtschaftliche Nutzung bezeichnen kann, macht es notwendig, dem Siedler Anreize zu bieten, eine Pflanzung schnellwüchsiger Bäume auf dem gerodeten Stück Land parallel zum Anbau von Nahrungspflanzen vorzunehmen. Wenn er dann bereit ist weiterzuziehen, werden die von ihm gepflanzten Bäume schon ein Blätterdach gebildet haben. Zwischen den Bäumen können Nahrungspflanzen wie Mais, Bananen, auch Kaffee, Tee, Gewürze, Obst und anderes angepflanzt werden. Versuchsprojekte arbeiten heute mit hochwachsenden Nutzhölzern, mit Handelspflanzen mittlerer Höhe wie etwa Kaffee, mit Nahrungspflanzen von niedrigem Wuchs wie beispielsweise Maniok und mit der Zucht von Fischen und Riesenschnecken in den Wassergräben – ein regelrechtes »Dagwood-Sandwich« aus den verschiedensten Produkten. Auf diese Weise kann die Gewinnung von Nahrungsmitteln mit der Wiederherstellung der Waldbedeckung verbunden werden, statt ein degeneriertes Buschland zu hinterlassen.

Versuche zeigen des weiteren, daß die Agroforstwirtschaft auch finanziell ein Erfolg ist. Im östlichen Nigeria kann ein Bauer mit den von ihm gepflanzten Bäumen 200 bis 300 Dollar im Jahr erlösen, während nach Schätzung der Forstverwaltung die entsprechend der Agroforstwirtschaft angelegte Anpflanzung nur 200 bis 350 Dollar pro Hektar kostet (verglichen mit 800 Dollar bei einer als Monokultur angelegten Bepflanzung). Wenn der Bauer seinen Erlös dazu benutzt, Kunstdünger und Pestizide zu kaufen, kann er seinen Ertrag an Mais, Maniok, Jams und anderen Nahrungspflanzen um das Vierfache steigern.

Die Agroforstwirtschaft läßt sich ebenso mit privaten Handelsunternehmungen verbinden. Die Paper Industry Corporation auf den Philipinen startete 1974 in Zusammenarbeit mit der Weltbank ein Programm, bei dem Bauern dazu ermutigt werden, Parzellen des abgeholzten Waldes innerhalb des 190 000 ha großen Konzessionsgebietes der Gesellschaft zu pachten. Ein Kleinbauer bekommt durchschnittlich 10 ha zugewiesen, von denen 8 ha mit Hölzern für die Zellstoffproduktion bepflanzt und 2 ha für den Anbau von Nahrungspflanzen und für die Viehhaltung genutzt werden. Der Bauer erhält einen Kredit, der bis zu 75 % seiner Startkosten abdeckt, und dazu den Ernteertrag des ersten Jahres. Sein Hauptbeitrag besteht in der Arbeit, die das Pflanzen der Bäume erfordert, und in der Pflege der Bäume bis zu dem Zeitpunkt, zu dem sie gefällt werden können. Bis Ende 1976 hatten 3849 Bauern 12 400 ha mit fast neun Millionen Bäumen bepflanzt, die für den Verkauf an die Papiermühlen der Gesellschaft bestimmt sind. Ein Kleinbauer kann im Durchschnitt acht Jahre nach Anlage seiner Pflanzung einen Erlös von zumindest 2600 Dollar pro Hektar erhoffen. Die Gesellschaft erwartet, daß sie bis 1985 etwa 40 % der jährlich zu Zellstoff verarbeiteten 650 000 m^3 Holz von diesen Bauern beziehen kann. Angesichts der Tatsache, daß die Philippinen Zellstoff im Wert von 30 Millionen Dollar importieren, wird das Projekt sowohl einen beachtlichen Beitrag zur nationalen Wirtschaft leisten als auch der Abholzung entgegenwirken und die Wiederaufforstung fördern.

Die »OPECisierung« der Hartholzexporte

Wie wäre es mit einem Kartell der holzexportierenden Länder? Eine so geartete Initiative würde die in Frage stehenden Länder in die Lage versetzen, die Höhe ihrer Exporterlöse zu halten und gleichzeitig den auf dem Urwald lastenden Ausbeutungsdruck zu reduzieren. Zugegeben, die Folgen müssen nicht unbedingt die soeben angeführten sein – die Exportländer könnten ja auch versuchen, nicht nur mehr an jeder Einheit Holz zu verdienen, sondern auch größere Mengen auszuführen. Eine sehr merkliche Anhebung des Preises führt aber wahrscheinlich zu einer Dämpfung der Nachfrage in den Abnehmerländern und zu einer »Einebnung« des internationalen Hartholzhandels. Während der Rezession um die Mitte der siebziger Jahre wandte sich die japanische Bauwirtschaft eher alternativen Materialien zu, als weiterhin die vor der Rezession gültigen Preise für südostasiatisches Bauholz zu bezahlen.

Ähnliche Tendenzen in den Vereinigten Staaten von Amerika, Materialien zu ersetzen, deuten darauf hin, daß die Nachfrage sinkt, wenn die Preise steigen. Anfänglich könnte eine Preisanhebung seitens des Kartells Proteste in den Verbraucherländern auslösen, die sich auf den Vorwurf monopolitischer Praktiken stützen. Aber die Verbraucher könnten auch überlegen, ob sie sich lieber weiter über die inflationstreibende Wirkung gestiegener Preise beklagen oder ob sie die positiven Folgen eines Kartells für die Erhaltung der Natur akzeptieren wollen.

Ist ein Kartell überhaupt machbar? Fast 80 % der Weltexporte an Hartholz entfallen heute auf nur drei Staaten – die Philippinen, Indonesien und Malaysia. Im Jahr 1977 führten sie über 35 Millionen m^3 unverarbeiteten Holzes aus, 1985 sollen es ingesamt 43 Millionen m^3 werden. Verglichen damit, wird die Nachfrage auf seiten der Industrienationen, wie man annimmt, das Angebot weit übersteigen. Diese Situation könnte von den »großen Drei« ausgenutzt werden, die über ein starkes Monopol bei relativ gleichen, sehr dichten Hartholzbeständen verfügen (alternative Quellen in Lateinamerika werfen nur ein Drittel soviel Hartholz pro Hektar ab wie ein normaler Wald auf den Philippinen). Wenn diese drei Länder gemeinsam ihre Holzexporte begrenzten, könnten sie mehr für jeden Stamm erlösen – ohne ihre Gesamteinnahmen an Devisen zu gefährden.

Tatsächlich ist bereits ein vorläufiges Kartell geschaffen worden, nämlich die Southeast Asean Lumber Producers Association. Sie wurde im Februar 1975 gegründet, später aber wieder teilweise suspendiert, als nämlich die weltweite Rezession 1975/76 ein zeitweises Absinken der Nachfrage nach Hartholz seitens der Industrieländer verursachte. Heute wird die Vereinigung vermittels stufenweiser Begrenzungen für den Holzexport wieder belebt. Bei einem Wert von 1,7 Milliarden Dollar könnte die Association schon bald in der Lage sein, ihre Strategie in Sachen Marketing und Preisgestaltung durchzusetzen. Eine ähnliche Initiative wird von den African Producers and Exporters of Wood entwickelt, einer Gruppe von elf holzexportierenden Ländern, die jene acht einschließt, auf die fast der gesamte Holzexport Afrikas entfällt.

Das südostasiatische Kartell sieht auch eine Erhöhung der Einnahmen durch eine verstärkte, in den Ausfuhrländern selbst erfolgende Holzverarbeitung vor. Augenblicklich bestehen die Ausfuhren dieser Region zu 70 % aus Stammholz, und die drei Länder partizipieren nur zu einem Bruchteil an dem schließlichen Marktwert der fertigen Produkte, die in Japan, Taiwan oder Südkorea hergestellt werden. Der Wert eines unverarbeitet ausgeführten Stammes beträgt ungefähr 70 Dollar pro m^3, er verdoppelt oder verdreifacht sich aber, wenn der Stamm zu Brettern, Sperrholz oder Furnier weiterverarbeitet worden ist. Im Jahr 1976 importierten die Vereinigten Staaten von Amerika weiterverarbeitete Harthölzer aus Japan, Taiwan und Südkorea im Wert von über 100 Millionen Dollar, zu Preisen zwischen 120 und 575 Dollar pro m^3 (das beste Furnier kann nach Durchlaufen verschiedener Bearbeitungsstadien in seiner endgültigen Form bis zu 4000 Dollar pro m^3 wert sein). Das bedeutet, daß die 46 Millionen m^3 Stämme, die von allen tropischen Ländern insgesamt exportiert wurden, zusätzliche 4 Milliarden Dollar hätten einbringen können. Um eine Weiterverarbeitung des Holzes in den Entwicklungsländern zu hemmen, belegen die Haupteinfuhrländer, vor allem die USA und Japan, Bretter und Sperrholz aus diesen Staaten mit Schutzzöllen in Höhe von zehn bis zwanzig Prozent, während rohe Stämme zollfrei importiert werden können.

Holzverarbeitungskomplexe

Ein ungewöhnlich vielversprechender Weg, die sinnvolle Nutzung tropischer Regenwälder zu erreichen, liegt in den vielen verschiedenen Produkten, die diese Wälder zur industriellen Verarbeitung beisteuern könnten. Von der gesamten Biomasse der tropischen Regenwälder sind normalerweise nur ganze ein bis zwei Prozent für die kommerziellen Holzfäller von Nutzen. Der Rest könnte vielen Verwendungszwecken dienen, was aber bislang gemeinhin übersehen wird, da man den Wert nicht ausreichend erkannt hat. Verstünde man mehr von der Vielfältigkeit des Materialangebotes dieser Wälder, könnten schon bald integrierte Verarbeitungsstätten an Bedeutung gewinnen, die eine breitere Palette von Produkten herstellen, kurz »Holzverarbeitungskomplexe«.

Es gibt eine große Anzahl von Stoffen, die sofort verfügbar sind. Allgemein bekannt als »geringwertige Rohstoffe«, müßte ihr durchschnittlicher Wert bei sachverständiger Nutzung keineswegs so geringfügig sein – und sie könnten alle mit minimaler Störung der Ökosysteme des Waldes gewonnen werden. Zu ihnen gehören Öle, Kautschuk, Harze, Wachse, Latex, Tanine, Alkaloide, Heilmittel, Farbstoffe, eßbare und ölhaltige Nüsse, Gewürze, Früchte, Holz zum Flechten, Bambus, Düngemittel, Rindenprodukte, Futtermittel, Duftstoffe und andere Extrakte wie Zitronenöl, Lackharz (Hauptbestandteil des Schellacks), Insektizide sowie Honig und Bienenwachs. Unter den Hunderten von Industrieerzeugnissen, die auf diesen Stoffen basieren, sind Lederwaren, Farben, Klebstoffe, Dichtungsmittel, Tennisschläger und Hustenmedizin. Der Wert dieser Erzeugnisse kann beträchtlich sein. Sarawak exportierte 1973 28 000 Tonnen Illipo-Nüsse im Wert von mehr als vier Millionen Dollar. Indonesien exportiert 50 000 Tonnen Rattan im Jahr, fast vier Millionen Dollar wert. Rattan ist eine Kletterpflanze, die für die Herstellung von Rohrmöbeln, Korbwaren, Fischreusen, Hüten, Matten, Besen, Tauen und Seilen verwendet wird. Indonesien exportiert darüber hinaus 80 000 Tonnen ätherischer Öle (Sandelholz, Palmöl, Nelke, Zimt, Terpentin usw.), Harze, Exudate, Rinden und andere »geringwertige Stoffe« im Wert von weiteren 27 Millionen Dollar pro Jahr.

Die beiden Hauptbestandteile des Holzes, Lignin (Holzstoff) und Zellulose, können für alle möglichen innovativen Zwecke eingesetzt werden. Lignin macht 20 bis 30 % des Holzes aus und steht in reichhaltigen Formen in den artenreichen Wäldern der Tropen zur Verfügung. Es kann bei der Herstellung von Plasten, Polyestern, Kunstharzen, Klebstoffen, Gummiverstärkern, Düngemitteln, Vanillin, Emulsionen, Gerbstoffen, Lösungsmitteln, Asphaltverstärkern, Zerstäubungsmitteln für die Ölbohrung, Keramikprozessoren und Bodenstabilisatoren verwendet werden. Zellulose wird bei der Herstellung von Kunstseide, Plasten, Phenolen und Formaldehyd eingesetzt und dient als Rohstoff für die Hydrolyse von Zucker. Ferner weist die »Holztechnik« oder die Synthese verschiedener Holzbestandteile (Stücke, Fasern, Stränge, Flocken) mit anderen Stoffen (Plaste, Metalle, Minerale), den Weg zu gänzlich neuen Produkten. Beispielsweise wird der gelbe Griff eines normalen Schraubenziehers aus einer Mischung aus Holz und Plastik hergestellt, ebenso Brillengestelle. Es gibt heute schon mehr als 3000 neue Erzeugnisse auf dieser Grundlage. Sogar das Blattwerk der Bäume läßt sich für die Herstellung verschiedenster chemischer Produkte verwenden, z. B. Pharmazeutika wie Salben zur Behandlung von Verbrennungen, rheumatischen Schmerzen oder Nervenleiden.

Diese neuen Perspektiven könnten den Ausbeuter ermutigen, die tropischen Regenwälder effizienter und systematischer zu nutzen. Das wäre ein deutlicher Fortschritt gegenüber der augenblicklichen Praxis, die von Dr. K. F. S. King, dem ehemaligen Leiter der Abteilung Wald der FAO, als »primitiv, kostspielig und verschwenderisch« beschrieben wurde. In der Tat kann man, vergleicht man das Spektrum der wertvollen Stoffe, die der tropische Regenwald bietet, mit den wenigen heute genutzten Materialien, wohl sagen, daß diese Wälder zwar übermäßig ausgebeutet, aber nur unzureichend genutzt werden.

Potentiell am bedeutendsten ist, daß die tropischen Wälder als eine Hauptenergiequelle dienen könnten. Abgesehen von Feuerholz, bringen sie auch andere Energie hervor, die für viele Entwicklungsländer nützlich wäre. Grünende Pflanzen fangen das Sonnenlicht ein und verwandeln es in Nahrung und Brennstoff. Es war dieser Prozeß der Photosynthese, der die Basismaterialien für die geologischen Formationen von Öl, Erdgas und Kohle hervorbrachte. Wie ließe sich ein Drittel von einer Milliarde Jahren überspringen, in denen sich die einstmals grünen Pflanzen in Öl verwandelten, um die in den heutigen Pflanzen gespeicherte Sonnenenergie nutzen? Die zur Photosynthese fähigen Pflanzen bieten dem Menschen die bei weitem einfachste Möglichkeit, Sonnenenergie zu nutzen – er kannn die Biomasse weiterverarbeiten, um die gespeicherte Energie in Form von Öl, Gas und anderen Brennstoffen zu gewinnen. Natürlich ist der Energiewert von Holz niedriger als der von Öl: die Verbrennung von einer Tonne trockenen Holzes ergibt etwa vier Millionen Kilokalorien, während eine Tonne Öl zehn Millionen Kilokalorien erbringt.

Nichtsdestoweniger ist der aus der Biomasse gewonnene Brennstoff eine Form der Energie, welche die einzige wirklich erneuerbare Quelle der Erde nutzt, das Sonnenlicht. Zudem wäre dies, verglichen mit fossilen Brennstoffen, ein Weg zur Energieerzeugung, der keine Umweltverschmutzung mit sich bringt.

So genutzt, könnten die tropischen Regenwälder mit ihrem hohen Maß an Photosynthese auf Dauer beachtliche Mengen an Energie liefern. Aus einer Tonne trockenen tropischen Holzes kann man 300 kg eines kohleartigen Rückstandes (für den Gebrauch in Kalk- oder Zementöfen, in der Stahlindustrie und in privaten Haushalten), 14 Liter Methanol (als Brennstoff und für Lösungsmittel), 140 m^3 Gas (im wesentlichen nutzbar für den Verarbeitungsprozeß selbst), 76 Liter Heizöl und leichten Teer, 53 Liter Holzessig (als Basis für Azeton und für die Textilherstellung), acht Liter Ester (für Methylazetat und Methylformat), zwölf Liter Kreosotöl (für den Holzschutz) und 30 kg Pech (für Imprägnierungen, Straßenbeläge und Dichtungsmittel) gewinnen. Einige Untersuchungen schätzen, daß die gesamte Energie, die jährlich durch nachwachsendes Material in den tropischen Regenwäldern verfügbar ist, der Hälfte des augenblicklichen Verbrauchs an Energie aller Art entspricht.

An erster Stelle unter allen Techniken der Energiegewinnung aus Waldmaterial steht die Pyrolyse. Sie besteht in der Erhitzung von organischem Material in Vakuumbehältern auf hohe Temperaturen, wobei ein leichtes Rohöl entsteht, dessen Brennwert etwa 75 % desjenigen normalen Öls beträgt. Ferner entstehen ein Gasgemisch und flockige Holzkohle. Zum gegenwärtigen Zeitpunkt verwendet man für dieses Verfahren Holzabfall wie Schnittabfälle oder Sägemehl und andere pflanzliche Abfälle, etwa Reisstroh, Kakao- oder Nußschalen und ähnliches. Aber die Pyrolyse muß nicht auf Abfall aus der Land- oder Forstwirtschaft beschränkt bleiben. Man kann mit ihr ganze Bäume verkohlen. Ein von der amerikanischen AID unterstütztes Forschungsprojekt in Ghana hat ergeben, daß eine 40 000 ha große Anpflanzung schnellwüchsiger Hölzer jährlich Energie sparen könnte, die der von 500 000 Tonnen Kohle entspräche (dazu 60 000 Tonnen Erdnüsse und 54 000 Tonnen Mais, die zwischen den Bäumen angepflanzt werden). Eine kapitalintensive Anpflanzung von der gleichen Größe, aber mit verfeinerten Verarbeitungsmöglichkeiten, könnte jährlich 50 000 Tonnen Methanol, 12 000 Tonnen brennbaren Öls, 15 000 Tonnen Amoniakdünger, 17 000 Tonnen Holzkohle und 80 000 Kilowattstunden Elektrizität produzieren (dazu 60 000 Tonnen Erdnüsse und 50 000 Tonnen Mais).

Von diesen verschiedensten Produkten kann am ehesten das Methanol (auch Holzalkohol oder Methylalkohol genannt) das Erdöl ersetzen. Mit Alkohol kann man ein normales Auto betreiben, wenn man ihn im Verhältnis von 1 : 9 mit Benzin vermischt. Nur geringfügige Umrüstungen am Motor lassen das Auto sogar mit reinem Alkohol laufen. Brasilien hat sich angesichts der Tatsache, daß seine Öleinfuhren im Gegenwert von vier Milliarden Dollar zu einer unerträglichen Belastung für seine Devisenreserven wurden, dem »gewachsenen Benzin« zugewandt und stellt pro Jahr etwa eine Milliarde Liter aus Biomasse gewonnenen Alkohols her. Zugegeben, Brasilien verwendet Äthanol aus Zuckerrohr und Maniok und nicht Methanol aus Holz, aber im Prinzip ist die Strategie die gleiche. Manch ein Auto in Rio de Janeiro wird teilweise mit Alkohol betrieben, und das brasilianische VW-Werk setzt Motoren ein, die nur noch auf der Basis von Alkohol laufen.

Bevor »Ölplantagen« Wirklichkeit werden können, ist es zunächst erforderlich, solche Baumarten heranzuzüchten, die sich zu einer schnellstmöglichen Produktion von Biomasse eignen. Einige Baumarten sind bei der photosynthetischen Erzeugung von Kohlendioxyd effizienter als andere. Wenn jedoch endlich die Forschung in hinreichendem Maße in Gang gebracht ist, könnten die Genpoole von potentiell brauchbaren Arten und Unterarten durch Überausbeutung der Urwälder schon arg reduziert worden sein.

Eine der Pyrolyse ähnliches Verfahren, die Hydrolyse, gewinnt Alkohol aus pflanzlicher Biomasse. Mit der Hydrolyse kann man nicht nur fermentierbare Zucker gewinnen, die zu flüssigen Brennstoffen führen, sondern auch nicht-fermentierbare Zucker, die zu stark eiweißhaltigen Futtermitteln für die Viehhaltung verarbeitet werden können. Zellulose, das am reichlichsten vorhandene und auf natürlichem Wege erneuerbare Material der Erde, kann nicht in allen Fällen von Wiederkäuern verdaut werden. In den tropischen Feuchtregionen ist eine Viehhaltung auf der Basis einer langfristigen Nutzung der bestehenden Waldungen der vorzuziehen, die diesen Wald durch vom Menschen geschaffenes Weideland ersetzt. Der Tag mag kommen, an dem der Viehhalter in Amazonien nach dem Rezept verfährt, ein paar Bäume zu fällen, sie in Würfel zu schneiden und bei hoher Temperatur zu kochen, um sie dann zu zermusen und kalt zu verfüttern.

Über 90% der Blätter sind potentiell als Futterzusatz oder -ersatz nutzbar. Nach Dr. Joseph A. Tosi vom Tropical Science Center in San José, Costa Rica könnte durch eine solche Nutzung ein Hektar tropischen Regenwalds mehr Fleisch und Leder im Jahr produzieren – und dies bei geringeren Kosten –, als es die traditionelle Viehwirtschaft tut. Ein verwandter Prozeß ist auch die Grünpflanzen-Zerkleinerung, mit der man Blattproteine und andere Nahrungsmittel für den direkten menschlichen Verzehr gewinnt. Bestimmte Blätter und Stengel können so zerkleinert werden, daß sie Säfte und Flüssigkeiten absondern, die eine Reihe von Proteinen, aber auch Zucker, Salze, Lipide und Vitamine enthalten. Dieses Verfahren könnte es dem Menschen ermöglichen, zumindest so viele qualitativ gute Nahrungsmittel von einem tropischen Baum zu erhalten, wie wenn er den Baum abholzte, um konventionelle Nahrungspflanzen anzubauen. Alles in allem besteht Veranlassung, die tropischen Regenwälder als Lieferant vieler verschiedener Rohstoffe anzusehen, die zahlreicher sind als jene, um deretwillen man sie heute ausbeutet. Angesichts dieser und vieler weiterer Möglichkeiten, die man heute noch nicht kennt, die aber fast mit absoluter Sicherheit gegeben sind, besteht die Aussicht, daß diese Wälder einmal zum Dreh- und Angelpunkt einer industriellen Entwicklung werden, bei der die herstellenden und verarbeitenden Industrien Rohmaterialien verwenden, die sie aus den um sie herum sich ausbreitenden, relativ ungestört wachsenden Wäldern beziehen.

Die Rolle der Multis

In den drei wichtigsten Regionen der Tropen wird ein gut Teil der Ausbeutung des Waldes und der Waldländer von multinationalen Unternehmen durchgeführt. Viele Aktivitäten dieser Unternehmen sind durchaus positiv – nicht allein für ihre Aktionäre, sondern auch für die Wirtschaft der betroffenen Länder. Andererseits aber verdienen einige dieser Aktivitäten auch eine kritische Durchleuchtung. Denn es ist keine Frage, daß sie ein Instrument darstellen, mit dessen Hilfe die Industriestaaten in die Entwicklungsprozesse dieser Regionen eingreifen. Die Unternehmen der Holzindustrie sind gleichsam ein Medium, durch das die entwickelte Welt ihren Bedarf an Rohstoffen aus den tropischen Ländern kundtut, vor allem den Bedarf an Holz und Zellstoff, aber auch an Rindfleisch. Zugleich sind sie aber auch ein wichtiges Medium, durch das die entwickelte Welt zumindest potentiell ihr Interesse an der Erhaltung der natürlichen Ressourcen einschließlich einmaliger Waldbiotope und vieler Arten zum Ausdruck bringen kann.

Die Hauptverantwortung für die Erhaltung dieser Ressourcen, die sowohl nationale wie natürliche Ressourcen sind, liegt bei den Regierungen der betreffenden tropischen Länder. Gleichzeitig beeinflussen die Regierungen der Industriestaaten durch ihre jeweilige Haltung gegenüber den riesigen Holzunternehmen mit Hauptsitz in Nordamerika, Europa und Japan die Überlebenschancen der tropischen Regenwälder. Dadurch, daß sie den Unternehmen gestatten, eine Ausbeutung zu betreiben, die sich als unzulässig zerstörerisch für diese Wälder erweist, ermutigen die Industrienationen zu einer Zerstörung der Biotope und Lebensräume der Arten. Wenn die Industriestaaten diese Unternehmen dazu veranlassen würden, Umweltfaktoren zu berücksichtigen, könnten sie einen außergewöhnlich großen Beitrag zur Erhaltung der Arten und der Waldgebiete leisten – selbst wenn als Folge solchen Umweltschutzes die tropischen Harthölzer und ähnliche Produkte teurer würden.

Größe und Reichweite von Unternehmen der Holzindustrie

In den tropischen Regionen sind mehrere Holzunternehmen aus den Vereinigten Staaten von Amerika tätig. Zu den führenden Firmen gehören Weyerhaeuser, Georgia Pacific, Westvaco, International Paper und mindestens zwanzig weitere bekannte Namen. In den waldwirtschaftlich genutzten Regionen Lateinamerikas sind heute etwa fünfzig Gesellschaften aus den USA an fast einhundert Projekten beteiligt. Im brasilianischen Amazonien beuten Georgia Pacific ein Konzessionsgebiet von 4000 km^2 und Brumasa, ein Sperrholzhersteller, ein Konzessionsgebiet von 2000 km^2 aus, andere Unternehmen bearbeiten ebenfalls Gebiete von beträchtlicher Größe. In Indonesien hat Weyerhaeuser eine Konzession über 6000 km^2 mit einer Startinvestition von 32 Millionen Dollar, während Georgia Pacific dort ein Konzessionsgebiet von 3200 km^2 ausbeutet, in die schon mehr als acht Millionen Dollar investiert wurden. Viele weitere Beispiele ließen sich hier anführen.

Eine Reihe von japanischen Unternehmen, darunter Sumitomo, Nippon und Oji, sind an einer gemeinsamen Konzession in Ostkalimantan in Indonesien beteiligt – dem Vernehmen nach haben sie dort wenigstens 41 Millionen Dollar investiert. Mitsubishi ist einer der Hauptanteilseigner eines Unternehmens in Ostkalimantan. Die Investitionen dieser Firma belaufen sich auf zwei Millionen Dollar. In Südkalimantan hält Mitsui eine Konzession über 740 km^2 mit zwei Millionen Dollar an Investitionen, dazu kommen drei Millionen Dollar Investitionen in anderen Teilen Indonesiens. Im brasilianischen Amazonien investieren elf japanische Unternehmen 600 Millionen Dollar (dazu kommen 400 Millionen Dollar der brasilianischen Regierung) in ein einziges Zellstoffprojekt. Geplant ist ein Start mit einer Jahresproduktion von 250 000 Tonnen Zellstoff, versorgt aus Eukalyptuspflanzungen von 4000 km^2 Größe – zweifellos das größte Projekt dieser Art in der Dritten Welt.

Auch eine Reihe europäischer Unternehmen ist in den Tropen, vor allem in Afrika, tätig; sie sind zumeist aber vergleichsweise kleiner. Eines der wichtigsten ist Unilever mit Hauptsitz in Großbritannien. Unilever hält zusammen mit der kanadischen Firma McMillan Bloedel die Mehrheit bei einer indonesischen Holzfirma in Ostkalimantan. Bruynzeel aus den Niederlanden und Borregaard aus Norwegen haben beträchtliche Holzinteressen in Amazonien, während sich (wie in Kap. 11 beschrieben) Volkswagen, Liquigas und einige andere nicht mit Holz befaßte Unternehmen bei der großflächigen Umwandlung des Urwaldes in Weideland für die Viehhaltung engagiert haben.

Ausländische Unternehmen und die tropische Waldwirtschaft

Die Ausbeutung der natürlichen Ressourcen in den Tropen erfordert große Investitionen und eine hochentwickelte Technologie. Dies gilt insbesondere für die Waldwirtschaft. Um ihre Rohstoffquellen ausbeuten zu können, sind die

Entwicklungsländer oftmals abhängig von ausländischem Kapital und Fachwissen, und dies um jeden Preis. Wie es ein nigerianischer Delegierter anläßlich einer kürzlich von den Vereinten Nationen durchgeführten Anhörung zu den multinationalen Konzernen formulierte:
»Ein armes Land, geschlagen mit Devisenmangel, überlastet mit Auslandsschulden und mit dem Kampf um die Verwirklichung eines bescheidenen Entwicklungsprogramms, wird mangels anderer Alternativen bereitwillig mit den Multis verschiedene Abkommen zu ungleichen Bedingungen abschließen, die seine schwache Verhandlungsposition und seine verzweifelte Jagd nach einer bescheidenen Investitionsrate widerspiegeln.«

Solche Umstände führen oft zu einem ungleichen Verhältnis zwischen ausländischem Investor und Gastland, da letzteres keine Regelungen durchsetzen möchte, die das ausländische Geld und Fachwissen »verscheuchen« könnten. Und das erlaubt es bestimmten Unternehmen, ihre wirtschaftlichen Muskeln spielen zu lassen und politischen Einfluß zu gewinnen, der manchmal den der jeweiligen Regierungen übersteigt – ausgenommen sind da wohl nur die größten und stabilsten Staaten der Dritten Welt. Diese Behauptung mag aus der Sicht vieler Unternehmen höchst anfechtbar sein, aber es gibt genügend Beispiele für das Ausmaß, in welchem die Multis manchmal die Souveränität eines Nationalstaates zu untergraben vermögen. Zum Beispiel ist es für südostasiatische Staaten schwer, gegenüber den Investoren aus Japan einen härteren Standpunkt zu beziehen; diese Länder sind viel abhängiger von japanischen Investitionen und japanischem Handel (ganz zu schweigen von japanischer Hilfe), als es umgekehrt der Fall ist. Auch wenn das die japanischen Unternehmen nicht allmächtig macht, trägt es doch zur Stärkung ihrer Verhandlungsposition gegenüber den Regierungen der Entwicklungsländer bei. Häufiges Ergebnis ist, daß sich der ausländische Unternehmer mit außerordentlicher Befugnis ausgestattet sieht, die es ihm erlaubt, die Art und Weise zu diktieren, in der seine Waldkonzession genutzt werden soll, wobei die Betonung auf seinen eigenen eng begrenzten Interessen liegt, den langfristigen Bedürfnissen des Gastgeberlandes aber nur wenig Beachtung geschenkt wird.

Hinzu kommt, daß die Waldwirtschaft, auf eine sich schnell entwickelnde Technik und hochspezialisierte Maschinen angewiesen, sehr kapitalintensiv ist – was bedeutet, daß die erforderlichen Investitionen normalerweise nur von Mega-Unternehmen, die über eine entsprechende Finanzkraft verfügen, getätigt werden können. Und eine umfangreiche Kapitalinvestition tendiert dazu, bestimmte unerwünschte Formen der Ausbeutung zu fördern. Ein Unternehmen muß gewöhnlich seine eigenen Straßen bauen, um zu seinem abgelegenen Konzessionsgebiet zu gelangen – ganze 4 km pro km^2 Wald in Ostkalimantan, zu 12500 Dollar pro km! Um dieses Geld wieder hereinzuholen, strebt das Unternehmen eine möglichst hohe durchschnittliche Tagesproduktion an. Deshalb pflegt es Bäume ohne Rücksicht auf das Ökosystem des Waldes herauszuschlagen. Ebenso sind die Kosten pro Holzeinheit, die zum Sägewerk oder zum Verschiffungshafen gebracht werden muß, außerordentlich eng verknüpft mit den Quantitäten, die aus einer Raumeinheit Wald gewonnen werden können. Das verleitet viele Unternehmen in Südostasien dazu, bis zu 100 m^3 Holz pro Hektar, wenn nicht sogar noch mehr, zu fällen - eine Menge, die oftmals bei weitem das Maß überschreitet, das der Wald im Sinne einer Selbstregeneration verkraften kann.

Schlimmer noch ist, daß sich ein Holzunternehmen nicht selten durch die hohen Investitionskosten zu rücksichtslosen Formen der Ausbeutung treiben läßt. Besorgt um die Zukunft, legt es großes Gewicht auf rasches Geld. Mit astronomischen Zinssätzen konfrontiert, versucht es, in relativ wenigen Jahren das eingesetzte Kapital zurückzuholen und darüber hinaus einen entsprechenden Gewinn zu erwirtschaften. In Zeiten einer hohen Inflation hält das Unternehmen es sogar für angebracht, soviel Ertrag wie nur irgend möglich in zehn Jahren zu erwirtschaften - statt in den dreißig oder mehr Jahren, die für eine Regeneration des Waldes erforderlich sind. Ferner ist seine Investition, die es im Ausland getätigt hat, der ständigen Gefahr einer Verstaatlichung ausgesetzt - und dies bei unangemessener Entschädigung und fast ohne jede Vorwarnung.

Aus verschiedensten Gründen sieht sich deshalb ein Unternehmen genötigt, seine Erlöse gänzlich unbeeindruckt von den übergreifenden Bedürfnissen des Gastlandes aus dem Wald zu erwirtschaften. Dabei kann es viele wildlebende Arten und genetische Reservoire ohne einen Gedanken an das Naturerbe der gesamten Menschheit vernichten. Dennoch ist sein Verhalten nicht ganz so egoistisch und gleichgültig, wie manchmal unterstellt wird. Das Unternehmen spielt das wirtschaftliche Spiel lediglich nach den Regeln, die die Gesellschaft festgelegt hat. So gesehen, liegt die Verpflichtung, die Regeln zu ändern, eher auf seiten der Regierungen als auf seiten des Unternehmers, von dem nicht erwartet werden kann, daß er Opfer bringt und so tut, als handele es sich bei dem allen um eine Wohltätigkeitsveranstaltung.

Weyerhaeuser in Indonesien

Um Einblick zu nehmen, wie ein ausländisches Holzunternehmen in einem Land mit tropischen Regenwäldern agiert, seien die Unternehmungen der Firma Weyerhaeuser in Indonesien näher betrachtet. Nicht, daß die Firma Weyerhaeuser als typisch für die Art und Weise angesehen werden sollte, in der viele Unternehmen ihr Geschäft in den tropischen Regenwäldern der Entwicklungsländer betreiben - weit gefehlt. Weyerhaeusers Ruf ist offensichtlich ein gut Teil besser als der vieler Konkurrenten. Dies muß hervorgehoben werden und wird gestützt durch eigene Erfahrungen des Autors, die er auf der Weyerhaeuser-Konzession in Ostkalimantan und im Hauptquartier der Firma im US-Bundesstaat Washington gesammelt hat, wie auch durch Berichte anderer, die über eine unmittelbare Kenntnis der Aktivitäten Weyerhaeusers verfügen. Angehörige des Unternehmens sind gemeinhin bereit, die Operationen der Firma zu diskutieren und abweichende Ansichten zu bedenken – ein Verhalten, das in entschiedenem Gegensatz steht zu dem vieler anderer Gesellschaften, an die sich der Autor gewandt hat.

Weyerhaeuser ist weltweit sowohl dem Ausmaß als auch dem Wert seiner Waldbesitzungen nach das größte Unternehmen der Holzindustrie aus den Vereinigten Staaten von Amerika. Unter den amerikanischen Industrieunternehmen rangiert es an 75. Stelle – mit einem weltweiten Umsatz von 3,383 Milliarden Dollar im Jahr 1977. Der Firma gehören 23 200 km^2 Wald in den USA (ein Gebiet von der Größe des US-Bundesstaates New Hampshire), sie hält Ausbeutungsrechte an 35 600 km^2 in Kanada (das ergibt fast die doppelte Größe des US-Bundesstaates Massachusetts), und sie kontrolliert etwa 8400 km^2 (zwei Drittel der Größe des US-Bundesstaates Connecticut) in Südostasien, nämlich einen beachtlichen Teil von Ostkalimantan in Indonesien und ein kleineres Gebiet in Sabah in Malaysia. Diese südostasiatischen Konzessionsgebiete machen 12% des gesamten Waldbestandes der Firma aus und repräsentieren ungefähr 3% der Gesamtbruttoinvestitionen in Höhe von 1,5 Millionen Dollar. Weyerhaeuser ist im waldwirtschaftlichen Bereich der bei weitem größte ausländische Investor in Indonesien, das, wie bereits erwähnt, der weltweit wichtigste Produzent tropischer Harthölzer ist. Weyerhaeuser hat wohl mehr Erfahrung und mehr technisches Wissen auf dem Gebiet der Waldwirtschaft als jedes andere Unternehmen, dazu ein erstklassiges weltweites Vermarktungssystem – und das läßt die Firma in den Augen der Entwicklungsländer als einen attraktiven Partner erscheinen.

Weyerhaeuser und Indonesien kamen 1971 zusammen. Die Firma übernahm eine Beteiligung von 65% an einer 6000 km^2 großen Unternehmung in Ostkalimantan, der P.T. International Timber Corporation (der lokale Partner ist eine im Besitz der Armee befindliche Holdinggesellschaft namens Tri Usaha Phakati, die an mindestens 14 Konzessionen beteiligt ist). Obwohl das indonesische Unternehmen sowohl rechtlich wie geschäftlich von der Muttergesellschaft in den Vereinigten Staaten von Amerika völlig unabhängig ist, ist Weyerhaeuser doch als Hauptanteilseigner bei der ITCI der dominierende Partner. Weyerhaeuser stellte das Startkapital von rund 32 Millionen Dollar und hat von den in Indonesien erwirtschafteten Erlösen jährlich fünf Millionen Dollar wieder in ITCI investiert.

Eine Zeitlang war Weyerhaeuser auch der alleinige Konzessionär eines anderen, 950 km^2 großen Konzessionsgebietes in Ostkalimantan. Das Unternehmen trennte sich aber von dieser Konzession wieder, als 35 ortsansässige Sägewerke auf einem Sechstel der Konzession ein illegales Unternehmen aufbauten, ein von der Regierung gefördertes Umsiedlungsprogramm ein Siebtel des Areals für Übersiedler aus Java in Anspruch nahm und fast ein Viertel durch Grenzstreitigkeiten verlorenging. Ferner hielt Weyerhaeuser früher eine Konzession 1000 km^2 auf den südlichen Philippinen, zog sich aber auch da wieder zurück, nachdem ein Firmenflugzeug entführt, eine Reihe von Angestellten durch Aufständische getötet und das Furnierwerk durch ein Erdbeben schwer beschädigt worden war.

Während der ersten sieben Betriebsjahre von ITCI belief sich der Verkauf von Stammholz durchschnittlich auf rund 37 Millionen Dollar pro Jahr. 1976, als sich die Holzindustrie von der Weltrezession, die die Preise hatte verfallen lassen, erholte, brachte man es auf einen Verkauf von 1,2 Millionen m^3 (fast 7% der gesamten indonesischen Ausfuhr von Stammholz) und 55 Millionen Dollar. Das Exportvolumen von 1976 machte 29% aller von Weyerhaeuser kontrollierten Operationen außerhalb der Vereinigten Staaten von Amerika aus, und es wurde aus nur 14% der ausländischen Waldbesitzungen gewonnen. 1977 brachten Holzverkäufe im Umfang von 1,47 Millionen m^3 ITCI 66 Millionen Dollar ein, von denen die Firma der indonesischen Regierung insgesamt 29 Millionen Dollar an Konzessionsgebühren, Steuern und anderen Abgaben zahlte.

Auf die naheliegende Frage »Wieviel Gewinn macht ihr nun also?« gibt ITCI die ebenso naheliegende Antwort, daß man das lieber nicht preisgeben wolle. Jedoch geben gewisse Statistiken einer großen Firma, die ungenannt bleiben soll, Hinweise auf diese Gewinne. Die Gesamtheit aller von der Regierung auf jeden m^3 exportierten Holzes erhobenen Abgaben wie Konzessionsgebühren, Steuern, Zuschläge usw. belief sich 1976 auf 13,54 Dollar. Die Kosten für den Einschlag und den Transport zum Verschiffungsort machten zusammen mit anderen variablen Kosten 25 Dollar aus. Dazu kamen verschiedene fixe Kosten in Höhe von 15 Dollar. Insgesamt ergab das also 53,54 Dollar. Das bedeutete, daß das Unternehmen 1976 für jeden m^3 Stammholz mit einem Wert von durchschnittlich 63 Dollar einen Gewinn von 9,46 Dollar erzielte. Angenommen, daß davon 35% (eine Standardbeteiligung) an die indonesischen Partner ging, so blieben dem ausländischen Investor 6,17 Dollar. Einige Unternehmen exportierten 1976 bis zu 500 000 m^3 Stammholz, was bedeutet, daß die ausländischen Teilhaber (gewöhnlich amerikanische oder japanische) aus den Gemeinschaftsunternehmen einen Nettogewinn von über drei Millionen Dollar bezogen. In einigen Fällen hieß dies auch, daß der ausländische Investor in einem einzigen Jahr mindestens 25% seiner ursprünglichen Kapitaleinlage zurückerhielt.

Die Unternehmen glauben, daß nur ein hoher Kapitalrückfluß als ausreichender Anreiz dienen kann für Geschäfte, bei denen sie ein hohes Verlustrisiko tragen. Von Ende 1974 bis Anfang 1976, als die weltweite Rezession und insbesondere die Krise in der japanische Bauwirtschaft die Exportpreise auf 25 Dollar fallen ließen, brachte jeder exportierte Baumstamm gerade seine Kosten wieder ein, machmal nicht einmal das. Während dieser kritischen Zeit ging ein Fünftel der in Ostkalimantan engagierten Holzfirmen in Konkurs. Die größeren Unternehmen waren in der Lage, einen beachtlichen Umsatzrückgang zu verkraften, in einigen Fällen um eine ganze Million Dollar und mehr. Dennoch zogen sich einige ausländische Unternehmen aus Indonesien zurück. Während der wirtschaftlichen Erholungsphase 1977 und 1978 schnellten die Exportpreise machmal bis auf 85 Dollar hoch – woraufhin Indonesien die Ausfuhrsteuer verdoppelte und damit die Gewinnspanne auf zwei bis drei Dollar pro m^3 reduzierte.

Um zu Weyerhaeuser zurückzukehren, stellt sich die Frage nach der Zukunft des Unternehmens in Indonesien. ITCI plant, den Stand der Exportmengen von 1976/77 zu halten, d. h. 1,2 bis 1,7 Millionen m^3 pro Jahr. In Übereinstimmung mit der Forderung Indonesiens, daß die großen Holzunternehmen innerhalb weniger Jahre nach ihrem Start auch Verarbeitungsmöglichkeiten einrichten, begann ITCI Ende 1977 mit dem Bau eines sechs Millionen Dollar teuren Sägewerkes – wobei dieses Werk jährlich nur 90 000 m^3 Holz verarbeiten kann, das sind ganze 7,5 % des von ITCI angestrebten Outputs. 1985 muß Weyerhaeuser, entsprechend den Forderungen Indonesiens, so viele Anteile abgeben wie nötig, um sicherzustellen, daß der lokale Partner dann über die Mehrheit bei ITCI verfügt.

Wie immer man auf diese Darstellung der Aktivitäten der Firma Weyerhaeuser reagieren mag – es sieht immerhin so aus, als täte dieses Unternehmen mehr als praktisch jedes andere, um den indonesischen Forstbestimmungen zu entsprechen. (Manche Unternehmen scheinen einen gehörigen Teil Witz, um nicht zu sagen Geld, darauf zu verwenden, auch noch die abgelegensten Winkel abzuholzen.) Außerdem zeigt die Politik Indonesiens hinsichtlich seiner Wälder ganz deutlich, daß es nur darum geht, wie diese Wälder ausbeutet werden, und nicht darum, ob dies überhaupt geschehen soll. Ein großes Unternehmen kann sich die Technologie leisten, die auch noch die Bäume verwertet, die eine kleine Firma liegenlassen müßte, z. B. die »Senkgewichte« oder den einen von zehn Stämmen, der sich als zu schwer erweist, von selbst stromab zum Verladehafen zu schwimmen. Wenn keine ausländischen Unternehmen wie Weyerhaeuser am Werk wären, würden die Wälder allein von verantwortungslosen Firmen ausgebeutet, die, mit wenig Kapital und Risikobereitschaft ausgestattet, einen noch verheerenderen und verschwenderischeren Holzeinschlag betreiben würden.

Zugleich aber sieht sich Weyerhaeuser bei seiner indonesischen Unternehmung mit einer Reihe von Problemen konfrontiert. Wie andere Investoren auch, reagiert das Unternehmen sehr empfindlich auf Schwankungen der Marktpreise, und das bedeutet nichts anderes, als daß die Firma in einem Jahr Verluste hinnehmen muß, im nächsten Gewinne einstecken kann. Ausländische Investoren werden stark verunsichert durch immer wieder und ohne Warnung erfolgende indonesische Beschlüsse, die Lizenzen für Exportholz zu erhöhen. Weyerhaeuser ist außerdem auch da betroffen, wo Holzdiebe herausfinden, daß sie straflos im Konzessionsgebiet der Gesellschaft operieren können, wobei sie gelegentlich 30 m^3 Holz im Wert von 2000 Dollar pro Tag verschwinden lassen. Noch dazu sieht sich Weyerhaeuser wachsenden Problemen der Wanderfeldbauern ausgesetzt, die manchmal in nur wenigen Monaten Hunderte von Hektar Wald brandroden. Insbesondere aber hat

Weyerhaeuser auch Grund, sich angesichts der allgemeinen politischen Instabilität Indonesiens zögernd zu verhalten. Aus diesen Gründen haben sich andere Firmen aus den Vereinigten Staaten von Amerika wie etwa Crown Zellerbach und International Paper nur kurz in Indonesien umgesehen und dann von ihm abgewandt.

Zusammenfassend läßt sich sagen, daß viele ausländische Investoren dazu neigen, eine »Fällen-und-Verschwinden«-Strategie als die einzige für einen Unternehmer anzusehen, der in erster Linie den Anteilseignern seiner Firma verantwortlich ist. Viele Manager geben offen zu, daß sie es für töricht halten, waldwirtschaftlichen Vorhaben eine Dauer von mehr als ein paar Jahren zuzubilligen. Schließlich sehen auch die offiziellen Vertreter Indonesiens nicht weiter als drei oder höchstens fünf Jahre – und das gilt für den wettbewerbsorientierten, profitmaximierenden Markt ebenso wie für die internationalen Handelsbeziehungen.

Eine grundsätzliche Frage stellt sich also: Warum ist, wenn das Investitionsklima in Indonesien so wenig ermutigend ist, die Muttergesellschaft Weyerhaeuser mit einer Investition von 32 Millionen Dollar dort eingestiegen und hat sich stärker an die Zukunft Indonesiens gebunden als andere ausländische Holzunternehmen? Die Antwort liegt bei den Nutzholzplantagen. Weyerhaeuser argumentiert, daß in Zukunft die Holzlieferungen für die Weltwirtschaft in zunehmendem Maße aus den Tropen stammen werden und daß Regionen wie Südostasien innerhalb der nächsten zehn bis fünfzehn Jahre und sicherlich bis zum Ende des Jahrhunderts große Mengen an Zellstoff, Bauholz und anderen Produkten auf Plantagen produzieren könnten. Und Weyerhaeuser möchte in starkem Maß direkt an dieser Entwicklung teilhaben. Um es einfach auszudrücken, nimmt das Unternehmen heute ein erhebliches Risiko auf sich – in der Hoffnung auf spätere hohe Gewinne. In der Tat ist ITCI das einzige Unternehmen in Indonesien, das Nutzholzplantagen anlegt – obwohl die indonesischen Gesetze von allen Holzfirmen die Wiederaufforstung fordern. Das Unternehmen investiert jährlich etwa eine Million Dollar in solche Pflanzungen und hat bereits Versuchsflächen in einer Größe von insgesamt 2500 Hektar eingerichtet – mit Kostenaufwand von 450 Dollar pro Hektar. Seine Baumschulen können vier Millionen Setzlinge pro Jahr heranziehen.

Gleichzeitig aber veranlaßt die allgemeine Unsicherheit hinsichtlich der langfristigen Investitionsaussichten in Indonesien ITCI inzwischen dazu, das Plantagenprogramm wieder zu verlangsamen. Die Aussichten scheinen im Augenblick wirklich so ungewiß, daß sich Weyerhaeuser sogar fragt, ob ein Verbleiben sich als gutes Geschäft erweisen kann oder ob man nicht besser einpacken und gehen sollte. Wenn sich ein Unternehmen von der Erfahrung Weyerhaeusers dazu gedrängt sieht, seine Position so grundsätzlich zu überprüfen, dann muß die kommerzielle Szene schon wirklich wenig vielversprechend sein.

Die Folgen des Holzeinschlages durch Weyerhaeuser

Mittlerweile ist sich Weyerhaeuser nicht mehr sicher, welche ökologischen Folgen der Holzeinschlag für den Urwald seiner Konzession hat. Trotz eines Forschungsetats von einer Million Dollar pro Jahr, wird das Unternehmen nicht vor Ablauf von zehn Jahren, gerechnet vom Beginn der Operationen, wissen, ob der Holzeinschlag ein letzter und endgültiger war oder ob auch ein langfristiger möglich sein wird. Bedingt durch Faktoren, die in der Instabilität der Pachtverhältnisse und der Unsicherheit hinsichtlich ihrer Investitionen siedeln, plant das Unternehmen in dem Fall die gesamte Konzession bis 1990, dem Zeitpunkt, zu dem sie ausläuft, abzuholzen (die indonesische Regierung, die von den Holzfirmen erwartet, daß sie sich an einen Einschlagszyklus von 35 Jahren halten, gewährt ihnen nur eine Pacht von 20 Jahren). Inzwischen hat Weyerhaeuser Untersuchungen gefördert, die erforschen, was mit dem Bestand an freilebenden Arten in seinem Konzessionsgebiet passiert. Zwei Anthropologen der Universität von Washington wurde die Erlaubnis erteilt, die Auswirkungen des Holzeinschlages auf Menschenaffen und andere Affenarten zu untersuchen.

Wie in Kap. 10 bereits erwähnt, haben Wissenschaftler in Südostasien herausgefunden, daß der Holzeinschlag zwischen ein und zwei Drittel der übrigbleibenden Bäume so beschädigt ist, daß sie sich nicht mehr davon erholen können. Hinzu kommt, daß bis zu 30 % des Bodens durch die Anlage von Schneisen und Lagerplätzen und durch den Einsatz von schwerem Gerät völlig entblößt werden können. Das kommt einer massiven Einwirkung gleich und könnte dazu führen, daß ein vollständig anderer Wald nachwächst – zumindest während der vielen Jahrzehnte, wenn nicht sogar Jahrhunderte, die der Sekundärwald benötigt, um wieder ein Primärwald zu werden. Als eine Folge des Holzeinschlages könnte sich also ergeben, daß bestimmte Ökosysteme des Urwaldes grundlegend verändert werden. Das wiederum könnte bedeuten, daß die Lebensräume bestimmter Arten schwer in Mitleidenschaft gezogen werden. Wie in den Kapiteln 3 und 8 dargelegt, sind viele Arten der tropischen Wälder nur in geringem Maße fähig, Veränderungen zu tolerieren. Sie haben sich in Jahrtausenden unter gleichbleibenden Bedingungen entwickelt und können plötzlichen Störungen ihrer Umwelt, wie sie durch die moderne Technik hervorgerufen werden, nicht begegnen. Darüber hinaus lebt ein Teil der Arten der tropischen Wälder – möglicherweise bis zu 10 % – in ungewöhnlichen eng begrenzten Gebieten (manchmal nur ein paar km^2 groß) oder ist in seinen Anforderungen an seinen Lebensraum höchst spezialisiert und existiert nur in sehr geringer Dichte. Angesichts solcher Charakteristika, die bestimmte Arten zu einem sehr viel schnelleren Aussterben verurteilen, als es bei Arten der gemäßigten Breiten der Fall ist, stellt sich die Frage, wie es um die Überlebenschancen der Arten jener südostasiatischen Urwälder bestellt ist, die vom Holzeinschlag betroffen sind. Die Weyerhaeuser-Konzession in Indonesien umfaßt 6000 km^2 oder 0,064 % aller tropischen Regenwälder. Eine Schätzung der Arten, die in den gesamten tropischen Regenwäldern leben, schwankt zwischen 500 000 und 4 Millionen (vgl. Kap. 2). Danach könnte die Zahl der innerhalb der Grenzen der Weyerhaeuser-Konzession lebenden Arten zwischen 32 und 256 liegen. Natürlich ist eine solche Berechnung in äußerstem Maße ungenau, und sie wird nur angestellt, um deutlich zu machen, daß ein Areal von 6000 km^2 auf Borneo, biologisch gesehen eines der reichsten Gebiete dieser Erde, eine beachtliche Anzahl verschiedener Arten aufweisen könnte, die es nirgendwo sonst gibt und die ganz besonders von plötzlicher Ausrottung bedroht sind. Sollten sich die Auswirkungen des Holzeinschlages als so verheerend herausstellen, wie es wissenschaftliche Beobachter wiederholt nahegelegt haben, so ist nicht unwahrscheinlich, daß die Aktivitäten der Firma Weyerhaeuser die Vernichtung zumindest einiger Arten zur Folge haben können. Bei diesen Arten würde es sich sicherlich um Insekten und andere obskure Kreaturen der tiefen Wälder handeln, die von der Wissenschaft noch gar nicht identifiziert und die für viele Menschen nur von geringem Interesse sind. Wie aber in Kap. 5 dargestellt, dienen die Arten vielen praktischen Zwecken, die wiederum von direktem Nutzen für die Menschheit sind. Die Vernichtung von ein paar Käfern in Ostkalimantan käme einem nicht wiedergutzumachenden Verlust einzigartiger Ressourcen gleich, deren möglicher Wert für alle heute wie zukünftig lebenden Menschen nicht übergangen werden darf, auch wenn er nicht genau zu bestimmen ist.

Welche Maßnahmen könnte Weyerhaeuser vernünftigerweise ergreifen um sicherzustellen, daß keine Arten zum Untergang verdammt werden? Zunächst einmal könnte das Unternehmen dafür sorgen, daß, bevor ein Baum gefällt wird, die Lianen und anderen Klettergewächse abgetrennt werden, die andernfalls Beschädigungen der Nachbarbäume verursachen, wenn der Baum fällt. Einige Lianenarten erreichen eine Länge von 200 Metern. Einer Untersuchung in Sabah zufolge könnte das Kappen von Lianen die Schäden um 20% verringern – bei Kosten von etwa zwei Dollar pro Baum, was einen Preisaufschlag von 0,25 Dollar auf jeden m^3 Exportholz bedeuten würde. Des weiteren könnte das Unternehmen, wenn es ernsthaft versuchen wollte, die Schäden noch weiter zu reduzieren, Hubschrauber einsetzen, um die Baumstämme auf dem Luftweg aus dem Wald abzutransportieren. Dieses Verfahren wäre sehr kostspielig. Genauere Kalkulationen liegen nicht vor, da es sich um eine Methode handelt, die in Indonesien nur gelegentlich angewandt wird. Aber in den Wäldern im Nordwesten der Vereinigten Staaten werden regelmäßig Hubschrauber und Ballons zu diesem Zweck eingesetzt. Drittens könnte das Unternehmen eine ökologische Erkundung seiner Konzession durchführen, um festzustellen, welche Gebiete einmalige Ökosysteme und möglicherweise auf begrenzte Flächen konzentrierte Arten aufweisen. Diese Gebiete müßten dann vom Holzeinschlag ganz ausgenommen oder nur geringfügig und sehr sorgfältig ausgebeutet werden. Die Kosten eines solchen Vorgehens wären wohl ebenfalls nicht gering, aber auch hier stehen keine genaueren Berechnungen zur Verfügung.

Es ist bezeichnend, daß sich kein Unternehmen in Indonesien die Mühe gemacht hat, vorbereitend eine Berechnung der Kosten von Maßnahmen anzustellen, die die Erhaltung der Umwelt zum Ziel haben. Der Grund dafür liegt wahrscheinlich darin, daß weder das Gastland noch das Herkunftsland ausreichend darauf bestanden haben, Erwägungen dieser Art zu berücksichtigen (ein Mangel, der leicht behoben werden kann, wie die Ausführungen weiter unten zeigen werden). Auf heimischem Boden in den Vereinigten Staaten ergreifen amerikanische Unternehmen durchaus die verschiedensten Schritte, um den Schutz der Arten zu gewährleisten. Zum Beispiel werden zur Brutzeit keine Bäume im Umkreis von 400 Metern um das Nest eines Weißkopfadlers gefällt. Was andere Umweltschutzmaßnahmen anbetrifft, schätzen die Unternehmen der Holzindustrie, daß eine Verringerung der von ihren Sägewerken verursachten Umweltverschmutzungen die Produktionskosten um etwa 15% erhöhen würde. Selbstverständlich können die Unternehmen diese Mehrkosten an den Verbraucher weitergeben – und dies, ohne daß sich letztere darüber beschweren würden, daß der Umweltschutz übertrieben inflatorische Wirkungen habe. Mit Hilfe ausreichenden Drucks könnten dieselben Firmen vielleicht sogar feststellen, daß sie ihre tropischen Operationen unter Berücksichtigung von Umweltwerten durchführen könnten und dabei keineswegs ihren Gewinn dahinschwinden sehen müßten. So hat die Umweltverschmutzung in Japan dermaßen schlimme Formen angenommen, daß die japanischen Unternehmen von der Regierung dazu verpflichtet wurden, zwischen 1978 und 1987 gute 75 Milliarden Dollar für die Bewältigung dieses Problems auszugeben. Wenn die japanischen Holzfirmen in dem genannten Zeitraum auch nur eine Milliarde Dollar in Südostasien ausgäben, würden sich die Kosten für einen m^3 tropischen Hartholzes nur um einen geringfügigen Prozentsatz erhöhen – und es wäre dies schon ein sehr großer Beitrag zu dem Bestreben, einen sehr viel gesünderen Wald zu hinterlassen, nachdem die Holzfäller ihre Arbeit getan haben.

Natürlich müßten, um sie untereinander konkurrenzfähig zu halten, alle Unternehmen dazu verpflichtet werden, die gleichen Umweltschutzmaßnahmen zu ergreifen. Nach Ansicht einiger Manager der Holzindustrie würde dies dazu führen, daß indonesisches Stammholz nicht mehr mit dem aus anderen Ländern Südostasiens konkurrieren könnte. Folglich müßten sich alle südostasiatischen Länder darauf einigen, ähnliche den Holzeinschlag betreffende Regulierungen einzuführen, besser noch alle tropischen Länder, die Hartholzstämme exportieren. So schwierig es sein mag, solche Initiativen zu verwirklichen, und so teuer dies die Endverbraucher in den Einfuhrländern zu stehen kommen mag – die Alternative kann doch nur die sein, daß sich an den augenblicklichen Zukunftsaussichten nichts ändert, d. h., daß die betroffenen Wälder einer umfassenden Zerstörung ausgesetzt bleiben und einzigartige Ökosysteme sowie anfällige Arten unheilbare Schäden davontragen.

Zu der Frage nach den ökologischen Folgen des Holzeinschlages kommt die nach den sozialen und kulturellen Folgen für die einheimische Bevölkerung. Was dieses höchst komplexe Problem anbelangt, gibt es divergierende Meinungen. Wie Charles W. Bingham, Vizepräsident bei Weyerhaeuser, meint:

»Jede größere Investition bringt größere Veränderungen in den entsprechenden Wirtschaftsräumen mit sich, und diese Veränderungen tendieren dazu, sich allmählich in soziale Veränderungen umzusetzen . . . Ich bin sicher, daß wir primitive Gesellschaften zerstören . . . Ich glaube aber, daß dies eine kulturelle Bereicherung mit sich bringt und keine Entkultivierung. Ich meine nicht, daß Krankheit, Armut und Analphabetentum unveräußerliche menschliche Grundrechte sind oder daß primitive Gesellschaften gezwungen werden sollten, primitiv zu bleiben – nur um Museumsstücke zur Erbauung ihrer wohlhabenderen Weltnachbarn abzugeben.«

Demgegenüber argumentieren Anthropologen, daß man den Waldmenschen keine wirklich andere Wahl läßt als die des plötzlichen Übergangs in die schöne neue Welt westlich orientierter Entwicklung in westlichem Sinne.

Zudem wird das angestammte Wissen der im Wald lebenden Stämme schnell zersetzt, wenn sie von den Veränderungen der Lebensweise überrollt werden, denen sie sich bei Ankunft der Multis gegenübersehen. Dieses Wissen schließt eine Fülle von Überlieferungen zu wildwachsenden Nährpflanzen oder Drogen und zu ursprünglichen Anbaumethoden (vgl. Kap. 8) ein. Als Folge der Aktivitäten der multinationalen Unternehmen, die eine fundamentale Veränderung oder gar Eliminierung traditioneller Lebensformen mit sich bringen, geht dieses wertvolle Wissen in nur wenigen Jahren verloren.

Ein mögliches Regulativ: der Verhaltenskodex der Vereinten Nationen

Die Folgen des Raubbaus an den tropischen Wäldern für das globale Erbe machen dieses Problem zu einem, das die gesamte Völkergemeinschaft angeht. Um einer Lösung näherzukommen, könnte man eine Reihe von Initiativen erwägen, vor allem solche, die dem Verhaltenskodex entsprechen, der von der Commission on Transnational Corporations der Vereinten Nationen ausgearbeitet worden ist. Die Kommission versucht in erster Linie, Konflikte im Bereich des Finanzwesens zu regeln. Trotz einer Reihe offensichtlicher Beschränkungen wird dieser Kodex aber im wesentlichen eine erzieherische Rolle spielen. Um die soziale Verantwortung der Firmen zu erhöhen, ist es notwendig, daß Regierungen und Bürger wissen, was diese übernationalen Unternehmen tun und planen und in welcher Weise ihre Aktivitäten jene Regionen beeinflussen, in denen sie tätig sind. Um diesem Bedürfnis nach umfassenderer Unterrichtung zu entsprechen, sieht der Kodex vor, daß die Unternehmen Einzelheiten zu vielen ihrer Aktivitäten offenlegen.

Bedauerlicherweise hat man den Umweltfaktoren bislang nur wenig Aufmerksamkeit geschenkt, obwohl wenig Grund besteht, nicht auch eine weitreichende »Umweltkomponente« in den Kodex aufzunehmen. Die erwähnte

Offenlegungspflicht versucht augenblicklich im wesentlichen Finanz- und Buchführungsfragen zu berücksichtigen, könnte aber auch auf Umweltfragen ausgedehnt werden.

Das hieße, daß sich ein Unternehmen bereit erklären müßte, Interessierten über die Folgen, die seine Aktivitäten für die Umwelt haben, Auskunft zu geben. Um dem Geist einer solchen Initiative von sich aus zu Leben zu verhelfen, könnten sich die Unternehmen zudem dazu bereit erklären, sich einer unabhängigen Kontrolle zu unterwerfen. Das setzt allerdings voraus, daß sie selbst den Wunsch haben, international rechenschaftspflichtig und sozial verantwortlich zu sein - und dies für alle sichtbar.

Holzunternehmen und Umweltschutzmaßnahmen

Wie würde sich eine »Umweltschutzkomponente« im Verhaltenskodex der Vereinten Nationen auf die Holzfirmen in den Tropen auswirken? Eine offensichtliche Möglichkeit ist die, daß die Unternehmen die Verantwortung akzeptieren und im Rahmen ihrer Rechenschaftspflicht eine Bewertung der Folgen ihrer Aktivitäten vornehmen, deren Ergebnisse sie dann veröffentlichen. Insbesondere könnte von ihnen erwartet werden, daß sie darüber informieren, welche Artengemeinschaften und Lebensräume durch ihre Aktivitäten entweder marginal oder aber endgültig in Mitleidenschaft gezogen werden und welche Maßnahmen sie zu ergreifen gedenken, um irreparable Schäden für überaus wichtige Arten wie etwa die endemischen zu vermeiden (vgl. die obigen, im Hinblick auf Weyerhaeuser gemachten Vorschläge).

Selbst wenn eine Firma zögerte, ungewöhnliche kommerzielle Vorteile zugunsten des Umweltschutzes aufzugeben, würde die Initiative sie doch dazu bringen, wenigstens eine offene Berechnung der Kosten für die Umwelt, die ihre Unternehmungen verursachen, vorzunehmen. Dies wäre in sich schon ein Fortschritt gegenüber der augenblicklichen Situation, in der ein Unternehmen seinen Holzeinschlag mit großer Gleichgültigkeit gegenüber anderen Ressourcen (wie etwa der Arten) und gegenüber einer Fülle anderer Umweltfaktoren (wie beispielsweise der Stabilität der Ökosysteme und des Wasserkreislaufes) einbringen kann. Darüber hinaus ergäbe sich im Sinne der »Beweislast« eine Verlagerung der Verantwortung. Hinsichtlich der Umweltzerstörung würden die Unternehmen dann selbst dafür verantwortlich, die Umweltzerstörung im Auge zu behalten, d. h., sie könnten es nicht mehr außenstehenden Beobachtern überlassen, auf die weitreichenden Konsequenzen ihrer Operationen hinzuweisen. Natürlich kann es zu Diskussionen etwa darüber kommen, welchen Umfang an Umweltzerstörung ein Holzunternehmen »vernünftigerweise« vermeiden sollte, um die Umwelt zu erhalten. Schiedsspruch und Vermittlung aufgrund von Untersuchungen der Tatsachen könnte man Umweltorganisationen mit anerkannter Sachkenntnis übertragen, beispielsweise der Internationalen Union für den Schutz der Natur und der natürlichen Ressourcen (IUCN), oder vielleicht auch einer speziell dafür einzusetzenden »Expertengruppe für internationale Umweltstandards«. Ein Vorbild liefert das Zentrum für die Regelung von Investitionsstreitigkeiten bei der Weltbank. Während die 65 Mitgliedsstaaten dieses Zentrums größtenteils Länder der Dritten Welt sind, unterwerfen sich die Industriestaaten im allgemeinen seinem Schiedsspruch.

Weitere Maßnahmen zur Kontrolle der Unternehmen

Neben dem Verhaltenskodex der Vereinten Nationen sind andere Maßnahmen denkbar. Die meisten der multinationalen Unternehmen haben ihren Hauptsitz in einigen wenigen Industriestaaten. Diese Staaten könnten die Unternehmen per Gesetz dazu verpflichten, die Folgen ihrer Auslandsaktivitäten für die Umwelt zu beachten. Die Vereinigten Staaten von Amerika erwägen Maßnahmen in dieser Richtung durch ihre Securities and Exchange Commission. Die Kommission beaufsichtigt 10000 Unternehmen einschließlich fast aller Großunternehmen. In Übereinstimmung mit dem nationalen Gesetz zum Schutz der Umwelt hat die Kommission Richtlinien und Regeln erarbeitet, die, wenn sie angenommen werden, alle ihrer Aufsicht unterliegenden Firmen dazu verpflichtet, jeden Verstoß gegen die Umweltgesetze offenzulegen. Langfristig könnte diese Maßnahme auf die Aktivitäten der Firmen nicht nur im Inland, sondern auch im Ausland Anwendung finden.

Eine weitere Initiative, die alle nationalen Regierungen ergreifen könnten, wäre die, die Unternehmungen durch besondere steuerliche Maßnahmen zum Umweltschutz zu ermutigen. Wenn eine Firma einen Teil ihrer tropischen Konzession von Störungen für die Umwelt ausnimmt, könnte man ihr einen Steuervorteil einräumen. Wenn sie dagegen Ausbeutungsformen anwendet, die sich als ungewöhnlich schädlich für die Interessen der Allgemeinheit erweisen, könnte man ihr eine zusätzliche Steuerlast aufbürden. Dies würde bedeuten, daß der Gewinn nach Steuern nicht nur die Leistung des Unternehmens, sondern auch sein soziales Verhalten widerspiegeln würde. Etliche Unternehmen könnten sich sogar dazu veranlaßt sehen, um ihres guten Namens willen »selbstauferlegte Steuern« zu akzeptieren. Zum Beispiel hat das amerikanische Unternehmen Sears vorgeschlagen, daß weltweit operierende Firmen einen »staatsbürgerlichen Beitrag« in Höhe von ungefähr 2% ihrer Nettoerlöse an gemeinnützige Institutionen abführen, Umweltorganisationen eingeschlossen.

Wenn ein Unternehmen bei einem Verstoß gegen die gesetzlichen Auflagen ertappt würde, könnte man verschiedene, der Sache angemessene Strafen verhängen. So hat man vor wenigen Jahren die Fluggesellschaft Pan Am beim illegalen Transport von Tieren, die auf der »Roten Liste« stehen, erwischt. Das Gericht hat daraufhin die Gesellschaft vor die Wahl gestellt, entweder in der üblichen Manier eine Geldstrafe zu zahlen oder aber eine doppelt so hohe Summe an den World Wildlife Found zu spenden. So etwas ließe sich auch auf Holzunternehmen anwenden. Oder man könnte ein Unternehmen, das sich eines Verstoßes schuldig gemacht hat, zu »öffentlicher Reuebekundung« auffordern. Dieses letztere Verfahren könnte dem Problem der unausgewogenen Information abhelfen: Durch die PR-Maßnahmen eines Unternehmens erfährt jedermann von den positiven Aspekten seines Tuns, wohingegen die negativen nur zu wenig Publizität gelangen. Diesem Ungleichgewicht könnte auch durch eine Regelung im Sinne des »Fairneßgrundsatzes« begegnet werden, wie man ihn in den Vereinigten Staaten von Amerika von der Fernsehwerbung her kennt - Individuen oder Gruppen wird auf Kosten der Öffentlichkeit Gelegenheit gegeben, in den Medien darauf aufmerksam zu machen, wenn private Unternehmungen dem öffentlichen Interesse zuwiderhandeln.

Nehmen wir an, die oben skizzierten rechtlichen und steuerlichen Maßnahmen ließen sich mit Blick auf die tropischen Wälder weitgehend durchsetzen. Die Folge wäre dann, daß Waldgebiete von außergewöhnlicher Bedeutung für das Naturerbe der Menschheit - etwa Gebiete mit hohem Artenendemismus - nur marginal oder gar nicht ausgebeutet würden. Dies würde auch bedeuten, daß weniger tropisches Holz auf den Markt käme - zu einer Zeit, da die weltweite Nachfrage stark zunimmt. Das wiederum hätte einen Preisanstieg zur Folge. Aber all das würde in Einklang mit vielen anderen Umweltmaßnahmen stehen, die eher auf Dienstleistungen (z. B. sauberere Luft und ähnliche Annehmlichkeiten) als auf Güter (Rohstoffe und verarbeitete Produkte) abzielen und die deshalb inflationär sind. Der Bürger, der ebenso Umweltschützer wie Konsument ist, hätte zu entscheiden, wo seine Prioritäten liegen.

Die Rolle der internationalen Hilfsorganisationen

Die internationalen Hilfsorganisationen haben durch ihre Entwicklungsprojekte zu der augenblicklichen Misere der tropischen Wälder beigetragen. Einerseits haben sie bei weitem nicht so viel getan, wie sie hätten tun können, um ein vernünftiges Management und vernünftigen Schutz der Wälder zu fördern. Andererseits haben ihre Aktivitäten nicht nur durch die Unterstützung der Ausbeutung unberührter Ökosysteme, sondern auch durch Straßenbau, Besiedlungsprogramme usw. die tropischen Wälder zerstört. Auch wenn die durch sie zu verantwortenden negativen Auswirkungen nicht annähernd denen gleichkommen, die auf die Kappe der Multis gehen, sind sie doch keineswegs unerheblich.

Natürlich sollte es letzten Endes keinen wirklichen Konflikt zwischen Entwicklung und Naturschutz geben. So, wie es keinen langfristigen wirtschaftlichen Fortschritt ohne einen Schutz der Lebensgrundlagen der Gesellschaft geben kann, so kann es auf seiten der Entwicklungsländer doch nur wenig Raum für Umwelterwägungen geben, solange nicht die schwerwiegendste Form menschlicher Erniedrigung, die Armut, überwunden wird. Robert S. Mc Namara, in seiner Eigenschaft als Präsident der Weltbank, traf 1972 bei der Stockholmer Konferenz über Fragen der Umwelt den Nagel auf den Kopf, als er sagte:

»Die Frage ist nicht, ob es weiter Wachstum geben sollte. Das muß es geben. Die Frage ist auch nicht, ob die Auswirkungen auf die Umwelt berücksichtigt werden müssen. Das muß geschehen. Und am wenigsten ist die Frage, ob die beiden genannten Erwägungen miteinander verknüpft sind. Sie sind es. Die Lösung des Dilemmas liegt ganz klar nicht beim ›ob‹, sondern beim ›wie‹.«

Wenn auch geringer als es sein sollte, so ist das Ausmaß der internationalen Hilfe doch keineswegs klein. Die Organisationen der Vereinten Nationen geben jährlich fast zwei Milliarden Dollar für Entwicklungsprojekte aus. Von der Weltbank kommen rund neun Milliarden Dollar pro Jahr. Viele regionale Banken wie die Inter-American Development Bank oder die Asian Development Bank und andere geben beträchtliche Darlehen. Zusätzlich zu diesen multilateralen Organisationen gibt es eine Reihe bilateraler Programme, die ebenfalls ansehnliche Summen aufbringen. Führend ist die amerikanische

Agency for International Development (AID), die fast drei Milliarden Dollar im Jahr für Entwicklungsprojekte ausgibt. Insgesamt ergibt die ausländische Entwicklungshilfe im Augenblick 27 Milliarden Dollar jährlich. Verglichen mit den Entwicklungsausgaben sind die Ausgaben für die Umwelt winzig klein. Das Umweltprogramm der Vereinten Nationen beläuft sich auf nur rund 35 Millionen Dollar pro Jahr, das Programm der UNESCO hat weniger als 30 Millionen Dollar zur Verfügung. Insgesamt machen die Ausgaben der Vereinten Nationen für die Umwelt weniger als 100 Millionen Dollar pro Jahr aus - oder 0,37% der Ausgaben für Entwicklung.

Tropische Forstwirtschaft

Bislang ist nur ein kleiner Teil der Entwicklungshilfe der tropischen Forstwirtschaft zugute gekommen, sei es der Exploitation, dem Management oder dem Schutz. Das Entwicklungsprogramm der Vereinten Nationen, das mit einem Budget von über 500 Millionen Dollar als »Hauptkanal« der Projektfinanzierung dient, lenkt nur 6½% seiner Mittel in die Forstwirtschaft. Die Weltbank hat zwischen 1953 und 1976 bloße 440 Millionen Dollar (von insgesamt 65 Milliarden Dollar) an Darlehen und Krediten für diesen Wirtschaftszweig bewilligt; an die Forstwirtschaft ging durchschnittlich nur 1% aller von ihr bewilligter Kredite für landwirtschaftliche und ländliche Entwicklungsprojekte, das sind 17 von über 1000 Projekten. Es ist aufschlußreich, daß die Weltbank, die schon eine lange Reihe von Studien zur Förderungspolitik für fast alle wichtigen Gebiete der wirtschaftlichen Entwicklung (Landwirtschaft, Erziehung, Gesundheit, Stadtentwicklung usw.) veröffentlicht hatte, bis zum März 1978 brauchte, um auch die Forstwirtschaft aufzunehmen - ein ganzes Jahrzehnt nach Erscheinen der ersten Studien. Was die bilateralen Organisationen anbetrifft, so ist es für die amerikanische AID charakteristisch, daß sie der Forstwirtschaft nur eine geringe Priorität zuerkennt - gemäß einer Philosophie, nach der die Forstwirtschaft zwar irgendwie bedeutsam, aber im Vergleich etwa mit »wirklich wichtigen« Bereichen wie der Nahrungsmittelproduktion kaum vorrangig im Rahmen von Hilfsmaßnahmen zu behandeln. Ähnliches ließe sich von vielen anderen Organisationen der Entwicklungshilfe berichten. Kurz gesagt, die Forstwirtschaft wird von den internationalen Organisationen in ähnlicher Weise eingestuft wie von den Regierungen der Entwicklungsländer selbst: Sie fristet ein »Aschenbrödel-Dasein«.

Diese Situation ändert sich heute, wenn auch nur langsam. Führend bei dieser Entwicklung ist die Weltbank, die für den Zeitraum von 1979 bis 1983 vorläufig 500 Millionen Dollar eingeplant hat, womit eine Reihe von Projekten, die ein Investitionsvolumen von zehn bis 15 Millionen haben, finanziert werden sollen. Bei einem Durchschnitt von sieben bis zehn Projekten im Jahr ergibt das fünfmal so viele Projekte wie in den vorangegangenen fünf Jahren. Wichtiger ist, daß die Förderung von Waldprojekten durch die Bank noch ausgeweitet werden soll. Bis jetzt neigte die Bank dazu, sich auf schnellwüchsige Plantagen, auf Zellstoff- und Papiermühlen und auf andere holzverarbeitende Industrien zu konzentrieren. Dieses Vorgehen hat mit seinem *ad-hoc*-Charakter dem möglichen Beitrag der Forstwirtschaft zur allgemeinen wirtschaftlichen Entwicklung keine große Beachtung geschenkt. Seit 1979 aber richtet die Bank das Augenmerk auf weiterreichende Nutzen der Forstwirtschaft für örtliche Gemeinwesen, so z. B. durch Wiederaufforstungs- und Aufforstungsprojekte, durch Plantagen für Brennholzgewinnung ebenso wie für industriell verwertbare Materialien, durch Anlage von Dorfwäldern und durch »Agroforestry«.

Die beste Nachricht aber ist die, daß sich die Weltbank auch bei einer »Umweltforstwirtschaft« engagieren will, d. h. bei Projekten, die Wassereinzugsgebiete planvoll verwalten, die der Anpflanzung von Schutzgürteln, der Bodenstabilisierung und -regenerierung dienen. Im Rahmen dieser Gesamtorientierung gilt die Bank als Leitlinie, daß »besonders die Entwicklungsstrategien betont werden sollen, die eine lebensfähige Alternative zu ökologisch destruktiven Entwicklungsmustern bieten«.

Bei den bilateralen Organisationen wird auch die AID ihre mageren Mittel für die Forstwirtschaft aufstocken und ebenfalls das Schwergewicht auf Programme mit langfristigen Perspektiven legen (bislang stand nur ein einziger Forstexperte im Dienst der AID). Dennoch belaufen sich die Mittel, die im Finanzjahr 1979 für Forschung und eine verbesserte Nutzung der tropischen Regenwälder zur Verfügung standen, auf nur 25 Millionen Dollar oder rund 1,5 % des Budgets von AID.

Wie in Kap. 11 beschrieben, fördert AID die Erforschung jener tropischen Baumarten wie z. B. den Riesen-Ipilipil, die sich für Nutzholzplantagen, als Viehfutter, als Quelle für Düngemittel und verschiedene andere, der Umwelt zugute kommende Verwendungszwecke eignen. Auf den Philippinen untersucht ein 8,7-Millionen-Dollar-Projekt von AID den Riesen-Ipilipil und seine außerordentliche Fähigkeit schnell zu wachsen, darauf, inwieweit er sich zur Ölerzeugung eignen könnte. 1977 importierten die Philippinen 83,4 Millionen Barrel Öl im Wert von 1,2 Milliarden Dollar (das waren 29 % aller Importe). Vorläufige Untersuchungen ergeben, daß eine Anpflanzung des Riesen-Ipilipils pro Hektar soviel Dampf und Elektrizität erzeugen könnte, wie 41 Barrel Öl entspräche. Wenn man das Holz pyrolytisch zu Öl und anderen Brennstoffen verarbeitete, könnte ein Hektar theoretisch das Äquivalent von 83 Barrel Öl erbringen. Und wenn man beide Verfahren mischte, könnten die Öleinfuhren des Landes durch »Ölplantagen« mit einer Fläche von 13 450 km^2, das sind weniger als 20 % des Staatsterritoriums, ersetzt werden. Glücklicherweise verfügen die Philippinen reichlich über entwaldetes Land, das nur geringe landwirtschaftliche Eignung zeigt. Wenn man bedenkt, daß der Energiebedarf der Philippinen im letzten Viertel unseres Jahrhunderts schätzungsweise durchweg um 7 % steigen und deshalb der Energiebedarf im Jahr 2000 das Sechsfache von 1974 betragen wird, könnte diese technologische Entwicklung viel dazu beitragen, daß die verbliebenen Wälder nicht gänzlich der Gewinnung von Brennholz zum Opfer fallen.

Ein weiteres Beispiel dafür, wie AID beim Schutz der tropischen Wälder helfen könnte, wäre die dringend notwendige Verbreitung geeigneter Öfen für die Millionen Haushalte in den Entwicklungsländern. Die bisherigen Feuerstellen verbrauchen viel Holz zum Kochen und tragen dadurch nicht unerheblich und in wachsendem Umfange zum Verschwinden der Wälder bei. Viele Öfen nutzen nur 10 bis 15% der erzeugten Wärme (bei einem offenen Feuer sind es 5 bis 10%). Ein größtenteils aus Lehm gebrannter Ofen, der 40 bis 65% der erzeugten Wärme ausnutzt, kann für nur fünf Dollar pro Stück angeboten werden. Solche verbesserten Öfen könnten in einem typischen Entwicklungsland bei großer Verbreitung die Fläche, die für Brennholzplantagen benötigt wird, um mindestens ein Viertel verringern. Noch besser wäre es, wenn man durch preiswerte Solaröfen den Gebrauch von Brennholz ganz überflüssig machen und die schließlich am reichhaltigsten verfügbare Energiequelle der Tropen nutzen würde. Heute kostet ein mit Sonnenenergie betriebener Ofen noch 30 bis 50 Dollar, was die finanziellen Möglichkeiten vieler Haushalte bei weitem übersteigt. Schlimmer noch: die Organisationen der Entwicklungshilfe schenken dieser Herausforderung noch viel zuwenig Beachtung: Bei einem Kongreß der Internationalen Gesellschaft für Sonnenenergie, der 1978 in Neu Delhi stattfand, befaßten sich nur drei von 450 Papieren mit Solaröfen.

Die internationalen Hilfsorganisationen und der Umweltschutz

Um Umweltwerte im Bereich der Forstwirtschaft und anderer Entwicklungssektoren zu bewahren, könnten die Hilfsorganisationen eine Reihe von Maßnahmen ergreifen. Zum Beispiel könnten sie - in eben der Weise, wie es im vorangegangenen Kapitel mit Blick auf die Multis vorgeschlagen worden ist - eine Analyse der Auswirkungen ihrer Aktivitäten auf die Umwelt zum festen Bestandteil ihrer Entwicklungsprojekte machen. Insoweit sie als Körperschaften der öffentlichen Hand nicht den Gewinn- und Verlustrechnungen unterworfen sind, die die Privatunternehmen beherrschen, wäre es wohl keine unzumutbare Belastung für diese Organisationen, die Umweltfolgen ihrer Aktivitäten zu untersuchen. Das Jonglei-Kanal-Projekt im südlichen Sudan verfolgt das Ziel, Wasser aus den Tausenden von Quadratkilometern des Sudd-Sumpfes, einer außerordentlich reichen biotischen Gemeinschaft, zu kanalisieren (vgl. Kap. 3). Das Projekt könnte erhebliche - und bislang noch kaum bedachte - Auswirkungen auf die dort lebenden Arten haben. Die Hauptverantwortung für die Ausführung dieses Projektes liegt bei internationalen Entwicklungshilfe-Organisationen.

Zugegeben, eine Hilfsorganisation könnte einwenden, daß manchmal der ökologische Gewinn von Umweltschutzmaßnahmen als zu begrenzt oder zu wenig greifbar erscheint, um das dringliche Bedürfnis, sagen wir, die Nahrungsmittelproduktion zu steigern, aufwiegen zu können. Das ist einer der Hauptgründe dafür, daß Analysen der Umweltfolgen nicht immer gerade beliebt bei den Hilfsorganisationen waren – im übrigen auch nicht bei den Entwicklungsländern selbst. Aber allein die Prozedur einer solchen Analyse zwingt die beteiligten Parteien wenigstens dazu, den möglichen Kosten für die Umwelt Aufmerksamkeit zu schenken. Das wäre schon ein Fortschritt gegenüber dem augenblicklichen Zustand, wo im Rahmen eines Entwicklungsprojekts ein Sumpf in bewässertes Ackerland umgewandelt oder eine Waldfläche für eine landwirtschaftliche Ansiedlung gerodet werden kann, ohne daß man anderen natürlichen Ressourcen groß Rechnung trägt.

Ein Schutz von Umweltwerten, insbesondere von Arten, kann oft mit nur geringen Zusatzkosten erreicht werden, vorausgesetzt, daß die Möglichkeiten rechtzeitig erkannt werden. Etwa in den ersten zwei Jahren nach Beginn von Prüfungen der jeweiligen Umweltfolgen (1976), kam die AID darauf, daß 154 von 572 Projekten (das sind 27%) erhebliche Folgen für die Umwelt haben würden. Die Kosten dieser Prüfung beliefen sich auf 3,18 Millionen Dollar oder 0,38% der gesamten Projektkosten. In ähnlicher Weise untersuchte die Weltbank zwischen 1971 und 1973 434 Projekte und konstatierte bei 159 wahrscheinlich negative Auswirkungen. Die Zusatzkosten für die daraufhin einbezogenen Umweltschutzmaßnahmen rangierten zwischen null und 3% der Projektkosten.

Des weiteren könnten die Organisationen der Entwicklungshilfe über ihre traditionellen Methoden der Projektevaluierung hinausgehen, die im allgemeinen auf irgendeiner Form der Kosten-Nutzen-Analyse basieren. Weil für Ökonomie und Ökologie unterschiedliche analytische »Werkzeuge« zur Verfügung stehen, tendierte die Projektevaluierung bisher dazu, die »Genauigkeit« der wirtschaftlichen Seite hervorzuheben und die ökologischen Gesichtspunkte herunterzuspielen, die im Vergleich bestenfalls »verschwommen« erschienen. Ferner neigen Wirtschaftler dazu, in Zeitspannen von maximal 25 Jahren, häufiger aber in solchen von zehn Jahren oder noch weniger zu denken. Ökologen dagegen glauben, daß das angemessene zeitliche Maß die unbegrenzte Zukunft ist. Und die Wirtschaftssysteme zielen noch dazu auf Gewinnmaximierung ab, die in Geldwert quantifizierbar ist, wohingegen ökologische Erwägungen eine Minimierung der Kosten zum Ziel haben, die im allgemeinen jenseits der Meßbarkeit in Geldeinheiten liegen.

Beispielhaft dafür, wie sich ökonomische und ökologische Interessen miteinander verbinden lassen, ist die folgende Einschätzung des Gewinns für die Umwelt, den forstwirtschaftliche Projekte bringen. Die jüngst von der Weltbank vorgenommene Bewertung eines kommunalen Waldprojektes in Kenia zeigt, daß über die 5 m^3 Brennholz hinaus, die pro Hektar und Jahr dort erzeugt werden, eine Reihe von zusätzlichen »Gewinnen« erzielt wird, die man legitimerweise in eine Kosten-Nutzen-Analyse einbeziehen kann: pro m^3 Brennholz eine Einsparung von Viehdung, der früher als Brennstoff verbrannt wurde und jetzt als Dünger zur Verfügung steht, im Wert von einem Dollar pro Jahr; pro m^3 Brennholz eine Einsparung von zweieinhalb Arbeitskraft-Stunden pro Jahr, die andernfalls auf die weiträumige Suche nach alternativen Brennmaterialien verwendet worden wären und die nun für die Nahrungsmittelerzeugung eingesetzt werden können; pro Plantagen-Hektar eine Einsparung von eineinhalb Arbeitskraft-Tagen pro Jahr, die andernfalls für das Heranschaffen von Wasser aus ferngelegenen Quellen benötigt worden wären, da die örtlichen Bäche und Flüsse durch die Abholzung der Wassereinzugsgebiete versandet sind; und dazu noch zusätzliche »Umwelt-Dienstleistungen«, die solche Baumplantagen mit sich bringen – beispielsweise Windschutz und Schatten für das Vieh. Man schätzt, daß der wirtschaftliche Wert solcher »indirekten« Nutzen bis zu 50% der Anpflanzungskosten dieses kommunalen Waldstückes in Kenia aufwiegt, was das Projekt als wirtschaftliches Unternehmen sehr viel attraktiver macht.

Jüngste Fortschritte im Umweltschutz

Unter allen Entwicklungsbanken scheint die Weltbank den größten Fortschritt im Hinblick auf den Umweltschutz erzielt zu haben. Nach einer vergleichenden Studie des Internationalen Instituts für Umwelt und Entwicklung von 1977 ist die Einstellung der Weltbank heute »weitsichtiger und umfassender als die jeder anderen Entwicklungsbank . . . und sie entwickelt sich kontinuierlich in positiver Richtung weiter«. Grundsätzlich hat sich die Weltbank eine Überprüfung und, wo notwendig, eine Neuformulierung all jener Projekte zur Aufgabe gemacht, die eine wichtige Umweltkomponente enthalten. Dieser Prüfungsvorgang setzt mit einer Erkundung der Umweltbedingungen in dem Augenblick ein, in dem erste Projektpläne entstehen, setzt sich dann in Form einer Überwachung während der Durchführungsphase fort und mündet in eine abschließende Beurteilung bei Fertigstellung des Projekts.

Im Gegensatz dazu haben andere Entwicklungsbanken noch nicht kundgetan, daß auch sie sich der Umweltprobleme bewußt sind. Einige haben noch nicht einmal die Herausforderung erkannt. In einigen Fällen herrscht Unsicherheit, wie man die richtigen Fragen stellt, ganz zu schweigen davon, wie man richtige Antworten gibt. Beispielsweise ist in der »Verfassung« der Europäischen Entwicklungsbank die Umwelt überhaupt nicht berücksichtigt worden. Die Bank führt auch keine Bewertung von Umweltfolgen durch. Die asiatische Entwicklungsbank ist scheinbar nicht willens, interne Umweltexpertisen, die die Überprüfung eines Projekts erforderlich machen könnten, zu akzeptieren, obwohl zu ihrer Ehrenrettung gesagt sei, daß sie Maßnahmen zur Wiederaufforstung von Wassereinzugsgebieten zum Bestandteil eines jüngst an Indonesien vergebenen Darlehens für ein Wasser-Projekt gemacht hat. In der Hauptsache aber haben die regionalen Entwicklungsbanken nur wenig getan, den Naturschutz zu fördern. Dieses Zögern ist um so bedauerlicher, als diese Banken in einer guten Position wären, den Naturschutz zu stärken – sie könnten etwa Darlehen mit niedrigen Zinsen oder sogar Zuschüsse für Entwicklungsprojekte gewähren, die eine »Umweltkomponente« aufweisen.

Bei den bilateralen Organisationen hat nur die amerikanische AID entsprechende Anstrengungen unternommen. Seit 1974 verfügt AID über ein Handbuch für Richtlinien zur Bewertung von Umweltfaktoren, heute werden ihre Projekte systematisch evaluiert. AID ist bemüht, Erhebungen über die Auswirkungen auf die Umwelt zu erstellen, die eine ganze Kette von verschiedenen Faktoren berücksichtigen – von der Überblicksbeschreibung bis hin zur Analyse des vorgeschlagenen Projekts: mögliche signifikante Folgen für die Umwelt, sowohl positiver als auch negativer Art; die Beziehung zwischen Aktivitäten und Landnutzungspolitik, Plänen und Kontrollen für das betroffene Gebiet; Beschreibung und Evaluierung der Umweltfolgen auf vernünftige Alternativlösungen, besonders solche, die die Qualität der Umwelt steigern oder die einige bzw. alle negativen Folgen vermeiden helfen könnten; bedeutende negative Auswirkungen, die vermeidbar sind; und weitere Anliegen der Vereinigten Staaten von Amerika und des Gastlandes, die mit Umweltfragen im Zusammenhang stehen. Ein bemerkenswertes Kennzeichen dieser Strategie von AID ist, daß Umweltfaktoren schon vor und während der für das jeweilige Projekt durchgeführten »Eignungsprüfung« berücksichtigt werden. Das ermutigt zu einer Untersuchung alternativer Vorgehensweisen, die geeignet sein könnten, die Ziele des Projekts auf besserem Wege zu erreichen. Die Erfahrung hat gelehrt, daß es in ökologischem Sinne wirkungsvoller und in ökonomischem Sinne weniger kostspielig ist, die negativen Auswirkungen auf die Umwelt frühzeitig festzustellen und zu berücksichtigen als sie hinterher zu kompensieren.

Zusammenfassend läßt sich sagen, daß die internationalen Hilfsorganisationen ein sehr gemischtes Bild bieten, wenn man sich ansieht, wie sie ihrer Verantwortung gegenüber der Umwelt gerecht werden. Und doch könnten gerade diese Institutionen einen so großen Beitrag zum Naturschutz leisten. Sie könnten nicht nur eine ökologisch orientierte Evaluierung der von ihnen im Sinne der wirtschaftlichen Entwicklung finanzierten Projekte sicherstellen, sondern sich auch gezielt nach Projekten umsehen, die ungewöhnlich große Möglichkeiten bieten, die Umweltinteressen stärker zu betonen – und damit zur Schärfung des Umweltbewußtseins in Entwicklungsländern beitragen.

Eine umfassende Strategie für den Artenschutz

Zoos, Naturparks und andere Schutzmaßnahmen: Wie viele reichen aus?

Zum Schutz der Arten und der genetischen Ressourcen steht eine Reihe von Sofortmaßnahmen zur Verfügung, nämlich Zoos und botanische Gärten, Naturparks und Naturschutzgebiete. Wie viele gebraucht werden, ist Gegenstand dieses Kapitels.

Zoos und botanische Gärten

Zoos und botanische Gärten kümmern sich zusammen mit anderen Einrichtungen wie zum Beispiel Genbänken um den Fortbestand von Tieren und Pflanzen und erhalten Exemplare einzelner Arten am Leben. Die unterschiedlichen Formen und Folgen der Gefangenschaft spielen dabei eine große Rolle. Allgemein gesehen lassen sich Pflanzen leichter bewahren als Tiere, aber inzwischen haben auch die Zoos bei der Fortpflanzung von Tieren in der Gefangenschaft Erfolge verzeichnet. Zum Beispiel sind der Davidshirsch und der europäische Wisent, die beide ihre natürlichen Lebensräume schon vor langer Zeit verloren, einzig und allein durch Zoos und ähnliche Einrichtungen am Leben erhalten worden.

Die Überlebensaussichten der Tierarten in Zoos und anderen künstlich geschaffenen Lebensräumen werden jedoch von unterschiedlichen genetischen Eigenschaften beeinflußt.

Das Aufziehen von Tieren in der Gefangenschaft heißt oft nichts anderes, als sie für die Gefangenschaft zu züchten. Das veranschaulicht die Hawaii-Gans, die häufig als Erfolgsbeispiel angeführt wird. In ihrer Heimat Hawaii war sie in den Jahren von 1700 bis 1943 von 25 000 Tieren bis auf nur 43 dezimiert worden. Die überlebenden Tiere wurden im Wildfowl Trust in England wieder vermehrt, bis eine für die Bildung einer neuen Population ausreichende Anzahl ausgewildert werden konnte. Der in Freiheit lebende Bestand von über 3000 Tieren zeigt heute bei den Männchen eine hohe Unfruchtbarkeitsrate, die anscheinend auf Inzucht zurückzuführen ist. Dieses Problem bescheinigt die Richtigkeit der Faustregel, daß bei den Wirbeltieren ein Zuchtbestand von weniger als 50 Individuen im allgemeinen zur Selbstzerstörung führt, da die Inzucht all die schädlichen Gene zusammenbringt, die größere Genpools ausgleichen können. Zwar können sich manche Arten in der Gefangenschaft besser fortpflanzen als andere, aber gerade für jene Arten, die gefährdet oder selten sind, verfügt die Wissenschaft über so gut wie gar keine der notwendigen Hintergrundinformationen.

Überdies scheinen viele Arten abgeneigt, sich in Gefangenschaft fortzupflanzen. Der Gepard, Pinguine und Kolibris sind bekanntermaßen schwierige Fälle. Wale haben sich in der Gefangenschaft nur in geringem Umfang fortgepflanzt, und Fledermäuse so gut wie gar nicht. Von den Reptilienarten in den Zoos haben sich nur etwa 10% vermehrt.

Wie auch immer, Zoos tragen als »Notprogramm« des Naturschutzes keineswegs immer die besten Zinsen. Die Unterhaltskosten zum Beispiel für eine Herde von hundert pflanzenfressenden Tieren können zwischen 75000 Dollar und 250000 Dollar pro Jahr liegen, und das ist viel mehr, als die Unterhaltung einer ähnlich großen Herde in freier Wildbahn normalerweise kostet – und selbst dann könnte der Bestand noch gut und gerne die Hälfte seiner genetischen Variabilität verlieren. Natürlich mag es bald möglich sein, Gene in beträchtlichem Ausmaß künstlich herzustellen, was schließlich den Weg zur Entwicklung ganzer neuer Organismen freigäbe, aber dieses Verfahren würde weitaus teurer kommen als der Schutz jener Genpools, die bereits in natürlicher Form zur Verfügung stehen.

Im Vergleich mit den Tieren stellen uns die Pflanzen vor ein anderes Problem. Es kann relativ einfach sein, einen genetischen Bestand von Pflanzen an einem künstlichen, von dem natürlichen Lebensraum weit entfernten Standort zu erhalten. Diese *ex situ*-Methode des Artenschutzes erlaubt es, Hunderte von Pflanzenarten auf dem engen Raum beispielsweise eines Botanischen Gartens zu schützen. Bedauerlicherweise liegen aber von den 458 Botanischen Gärten auf der Welt nur 82 in Entwicklungsländern mit ihren reichhaltigen Beständen an tropischen Arten.

Eine sehr konzentrierte Art des Pflanzenschutzes ermöglichen die Genbänke. Die Samen vieler Pflanzenarten, besonders jener mit trockenen, kleinen Samen, können bei einer Luftfeuchtigkeit von etwa 5% und einer Temperatur von minus 20°C über lange Zeiträume im Ruhestadium aufbewahrt werden, ohne dadurch Schaden zu nehmen. So kann ein einziges Institut auf engstem Raum viele Tausende von Arten schützen. Zum Beispiel enthält das National Seed Storage Laboratory des amerikanischen Landwirtschaftsministeriums in Fort Collins, Colorado, das Material von 1310 Pflanzenarten.

Man kann jedoch nicht davon ausgehen, daß Genbänke die vollkommene Lösung für den Schutz von Pflanzen sind. Erstens ist dieses Verfahren bei vielen Samenpflanzen einfach nicht anwendbar, ebenfalls nicht bei den meisten der sich vegetativ vermehrenden Pflanzen wie etwa bestimmten Orchideen oder Baumarten wie die Eiche und die Pappel. Die Einschränkung trifft ganz besonders auf viele tropische Pflanzenarten zu. Zum Beispiel kann man den Samen des Kakaobaumes nur mit großer Schwierigkeit außerhalb der Natur aufbewahren. Dazu kommt, daß die Botaniker bei der überwiegenden Mehrzahl der Arten nicht wissen, ob die Aufbewahrung in einer Samenbank funktionieren würde.

Zweitens können die Genbänke die riesige Anzahl von Pflanzenrassen, die für zukünftige Zuchtzwecke erhalten werden müssen, wegen der damit verbundenen technischen Schwierigkeiten nicht zeitlich unbegrenzt aufbewahren. Zu den genannten Schwierigkeiten gehören die geringe Lagerfähigkeit vieler Samen, die Mutabilität von Rassen, die unvermeidlichen Unfälle in Lagereinrichtungen (Stromausfälle, Kurzschlüsse), die unwissentliche oder absichtliche Vernichtung von Rassen (ein durchaus nicht ungewöhnliches Vorkommnis), ferner die Zerstörung durch kriegerische Auseinandersetzungen.

Drittens – und das ist das wichtigste Moment – besteht das Risiko einer verminderten Anpassungsfähigkeit. Wenn eine Pflanze unter Kühlhausbedingungen aufbewahrt wird, ist ihre Evolution bis zu dem Zeitpunkt eingefroren, da das genetische Material aufs neue gezüchtet werden kann. In dieser Zeit entwickeln sich jedoch die Insekten und Krankheitserreger, die sie an ihrem natürlichen Standort bedrohen, weiter und bilden neue Angriffsmethoden aus, gegen die die Pflanze während ihrer Schonzeit in gekühltem Zustand keine adäquaten Verteidigungsmechanismen entwickeln kann.

Kurz gesagt besteht bei Samenkollektionen – ob in kultivierter oder gefrorener Form – die Gefahr, daß sie zu genetischen Gettos werden. Genbänke wie auch Botanische Gärten können nicht mehr als eine Kriegslist sein, mit der die Erhaltung der genetischen Variabilität in der freien Natur, d. h. *in situ,* ergänzt wird, besonders wenn es darum geht, die genotypische Variabilität einer Art über viele Jahrzehnte, wenn nicht gar Jahrhunderte hinweg zu sichern. Eine Art in ihrem natürlichen Umfeld zu erhalten, heißt ja auch, daß der Mensch nicht nur ein einziges genetisches System sichert, nämlich das der Art selbst, sondern mehrere miteinander vernetzte genetische Systeme, die Teil des Ökosystems der betreffenden Art sind. Auf diese Weise bewahrt der Mensch nicht nur eine der Wissenschaft bereits bekannte Art, die als bedroht gilt, sondern gleichzeitig viele andere Arten, von denen einige der Wissenschaft durchaus noch unbekannt sein mögen.

Naturparks und andere Schutzgebiete

Am besten schützt und sichert man also die Arten und die genetischen Ressourcen in der freien Natur, durch Naturparks und Reservate. Von den 149 Millionen Quadratkilometern Land auf dieser Erde hat man etwa 1,6 Millionen, also gerade über ein Prozent, für solche Naturparks und gleichwertige Schutzgebiete reserviert, wie sie in dem Verzeichnis der Vereinten Nationen Aufnahme finden.

Dieses Netz ist viel zu weitmaschig. Schlimmer noch, es ist nicht einmal repräsentativ für die Ökosysteme der Erde. Fast die Hälfte der Gesamtfläche liegt in Nordamerika, vor allem in Grönland und im arktischen Teil Kanadas. Von den fast 200 biogeographischen Provinzen auf der Erde ist ungefähr ein Achtel weder in Naturparks noch in Reservaten vertreten, und ein weiteres Siebtel nur in ein oder zwei Einrichtungen dieser Art. Besonders schlecht geschützt sind Graslandgebiete und Zonen des mediterranen Typs - Gebiete, die seit langer Zeit einer intensiven Belastung durch den Menschen ausgesetzt sind. Die tropischen Regenwälder nehmen mit nur 150 000 km^2 an Parks und Reservaten einen außerordentlich schlechten Platz ein. Fast die Hälfte der gar nicht oder unterrepräsentierten biogeographischen Provinzen befinden sich in diesem einen Biom. In den tropischen Regenwäldern Südamerikas machen die geschützten Gebiete weniger als ein Prozent der Waldfläche aus, in Südostasien weniger als zwei Prozent und in Afrika weniger als drei Prozent (dort liegen fast alle in nur einem Staat, nämlich in Zaïre). Vorläufige Schätzungen gehen jedoch davon aus, daß mindestens zehn, wenn nicht sogar zwanzig Prozent des tropischen Regenwaldes in ausgesuchten Lagen geschützt werden müssen, um mit solchen charakteristischen Ökosystemen die Erhaltung repräsentativer Lebensgemeinschaften mit ihren endemischen Komponenten zu sichern. Da viele Arten in diesem hochdifferenzierten Biom örtlich ganz begrenzt auftreten, werden einige große Parks und Reservate nicht ausreichen, die ganze vorhandene Vielfalt des Lebens zu schützen. Was gebraucht wird, ist ein ausgedehntes und strategisch richtig plaziertes Netz geschützter Gebiete.

Um die Probleme, die der Aufbau eines Netzes von solchem Ausmaß mit sich bringt, zu verdeutlichen, wollen wir einen Aspekt der theoretischen Ökologie zu Hilfe nehmen, nämlich die Insel-Theorie der Biogeographie.

Die Insel-Theorie der Biogeographie

Abgesehen von den zerstörerischen Eingriffen des Menschen führen auch natürliche Vorgänge zur Fragmentarisierung von Lebensräumen. Sie teilen sich wieder und wieder auf, bis ein Gebiet von anderen Gebieten seiner Art isoliert ist. Das Resultat ist ein buntes Muster inselähnlicher Enklaven. Die Aktivitäten des Menschen verstärken diesen Prozeß - die Teilstücke werden immer kleiner und isolierter. Auf diesen Inseln können Artengemeinschaften im Gleichgewicht mit ihrem jeweiligen lebenserhaltenden System existieren. Je größer das Gebiet ist und je weniger isoliert, desto größer ist die Zahl der Arten »im Zustand des Gleichgewichts«.

Diese Tatsache hat entscheidende Folgen für Naturparks und Reservate. Ein geschütztes Gebiet wird mit Sicherheit zu einer Insel ungestörter Natur in einem Meer der vom Menschen beherrschten und folglich andersartigen Lebensräume. Entsprechend der Größe des geschützten Gebietes und seiner

Entfernung von anderen, ungestörten natürlichen Räumen wird die Anzahl seiner Arten abnehmen bis auf die Zahl, die es als Insel am Leben erhalten kann. Die Zahl der Arten wird also schrumpfen, bis ein neues Gleichgewicht erreicht ist.

Die Frage ist dabei, wie groß die Abnahme jeweils sein wird. Und: Sind einige Arten leichter ausrottbar als andere? Was kann man tun, um diesen Prozeß aufzuhalten? Und wie können wir geschützte Gebiete so effizient wie möglich gestalten, was ihre Aufgabe für den Arten- und Lebensraumschutz anbetrifft? Vor allem aber: Was sagt uns die Insel-Theorie der Biogeographie über die Größe, Form, Anlage und Örtlichkeit der Schutzgebiete?

Es ist durchaus möglich, zu einem Schätzwert der Verluste in »Naturpark-Inseln« zu kommen, wenn man sich anschaut, was im Verlauf der Erdgeschichte beim Erscheinen geographischer Inseln in der Natur geschah, also normalerweise nach der Überschwemmung von Festlandsgebieten. Die höchsten Aussterberaten ergaben sich bei kleinen Inseln mit seltenen Arten – ein Ergebnis, das Schlimmes für Parks und Reservate voraussehen läßt, wenn sie nicht eine kritische Minimalgröße überschreiten.

Vor zehntausend Jahren überflutete der ansteigende Meeresspiegel tiefliegende Küstenregionen des Neuguinea-Schelfs. Zurück blieb eine Reihe von mit dem Festland durch Landbrücken verbundenen Inseln. Zu dem Zeitpunkt, zu dem die Inseln schließlich isoliert wurden, waren sie wahrscheinlich mit Arten »übersättigt«, d. h. sie müssen anfänglich Lebensgemeinschaften von einem Artenreichtum und einer Vielfalt ernährt haben, wie sie die Festlandsgebiete erhalten konnten. In der Folge dürfte dann die Gesamtzahl der Arten auf den Inseln stetig bis zu dem ihnen entsprechenden Gleichgewichtszustand abgenommen haben. Inseln, die heute kleiner als etwa 250 km^2 sind, haben die gleiche Anzahl an Vogelarten wie Meeresinseln vergleichbarer Größe, die niemals eine Landbrücke besaßen. Sie haben also während der 10 000 Jahre, in denen ihre Verbindung zum Festland unterging, die Gesamtheit ihres »Artenüberschusses« verloren.

Größere, ursprünglich mit dem Festland verbundene Inseln mit einer Fläche von 1000 und mehr Quadratkilometern (das entspricht der Größe einiger heutiger Parks und Reservate in den Tropen) haben proportional mehr Vogelarten aufzuweisen, jedoch bedeutend weniger als Inseln ohne ursprüngliche Landverbindung von der Größe Neuguineas oder entsprechender Areale auf Neuguinea. Eine 7500 km^2 große Insel verlor typischerweise während der letzten 10 000 Jahre 51 % ihres Artenüberschusses, und etwa 72 % der überlebenden Arten sind Arten der Sekundärwälder. Ähnliche Studien sind auf Inseln des Malaischen Archipels, in der Karibik, in der Adria und vor der Küste Kaliforniens durchgeführt worden. Während die meisten von ihnen die oben dargelegten Ergebnisse untermauern, legt eine auf den Westindischen Inseln vorgenommene Untersuchung nahe, daß größere Inseln aufgrund ihrer größeren Vielfalt an Lebensräumen ganz allgemein ökologisch reicher sind und folglich mehr Vogelarten aufweisen als kleinere Inseln.

Was die praktischen Konsequenzen für den Naturschutz angeht, so lassen diese Ergebnisse folgenden Schluß zu: Wenn 90% eines ursprünglichen Lebensraumes vom Menschen mehr oder weniger zerstört worden sind und die verbleibenden 10% als Naturpark oder Reservat unter Schutz gestellt werden, dann können wir nicht damit rechnen, mehr als etwa die Hälfte der auf dieses bestimmte Gebiet beschränkten Arten zu retten. Während der ersten Zeit nach der Einrichtung des Naturschutzgebietes wird das »Einpendeln«, d. h. der Aussterbeprozeß, schneller vor sich gehen als später. Könnte man jedoch das geschützte Gebiet um das Zehnfache vergrößern, dann würde sich die Zahl der Arten mit einer langfristigen Überlebenschance etwa verdoppeln. Teilt man die 10% des ursprünglichen Lebensraumes in zwei geschützte Gebiete auf, dürfte die Zahl der geretteten Arten kleiner ausfallen, als wenn die 10% einen einzigen Naturschutzkomplex bildeten. Wenn die beiden Gebiete weit voneinander entfernt sind, wird jedes weniger Arten behalten, als wenn sie dicht beieinander liegen. (Andererseits könnte eine Anzahl kleiner Schutzgebiete einigen Arten größere Chancen einräumen, wenigstens in einem von ihnen zu überleben.) Als grobe Faustregel gilt, daß die arithmetische Verringerung des Raumes zu einer geometrischen Wertminderung für den verbleibenden Raum führt.

Alles in allem ist es sinnvoll anzunehmen, daß die Verringerung eines natürlichen Raumes, aus welchen Gründen auch immer, mit größter Wahrscheinlichkeit zu einer Verringerung der Artenvielfalt führt. Diese biotische Verarmung wird auch dann noch weitergehen, wenn ein sorgfältig geplantes Netz von Naturschutzgebieten geschaffen und auf Dauer einem äußerst sachkundigen Management unterstellt wird. Allerdings würde dieser Prozeß wohl recht langsam ablaufen, und pro Jahrzehnt ginge durchschnittlich nur eine relativ kleine Anzahl verloren. Aber der Wirbelsturm der Veränderung, der zur Zeit die meisten natürlichen Räume heimsucht, wird eine Spur der Verwüstungen hinterlassen, die sicherlich mindestens ein Jahrhundert und in manchen Gegenden sogar noch länger sichtbar sein wird. Daher müssen wir ökologische Entwicklungen ins Auge fassen, die die vorhersehbare Zukunft überschreiten, und wir sollten keine Naturschutzpläne entwerfen, die nur für die nächsten Jahrzehnte gedacht sind.

Anfällige Arten

Einige Arten sind anfälliger als andere und sterben, wenn auf geschützte Gebiete beschränkt, eher aus. Einige nehmen neue Zufluchtsorte leicht an, bei anderen ist das hoffnungslos. Von den 513 Vogelarten auf Neuguinea sind 302 auf keiner anderen Insel zu finden, die mehr als nur ein paar Kilometer entfernt ist. Nur weil ein Vogel 50 km über Land fliegen kann, kann er noch lange nicht auch fünf Kilometer über das Wasser fliegen – das gilt besonders für tropische Vögel, vor allem für tropische Waldvögel. Selbst schon eine

Straße kann für manche Arten ein unüberwindliches Hindernis darstellen (auch bei Säugetieren), insbesondere für jene, die an die Dunkelheit des Waldesinneren gewöhnt sind und selbst nur kurze Zeit das helle Sonnenlicht nicht ertragen können. Wenn ein Naturpark von einem Weg durchschnitten wird und dadurch für gewisse Kategorien von Vögeln und Säugetieren in zwei getrennnte Zufluchtsstätten zerfällt, kann man davon ausgehen, daß etwa ein Sechstel dieser Arten dem Untergang geweiht ist. Dieser Umstand ist besonders wichtig für Straßenbauprojekte wie beispielsweise die Transamazonica im brasilianischen Teil Amazoniens. Ein breiter Streifen von Ansiedlungen zu beiden Seiten der Straße, wie er vorgesehen und zum Teil auch schon vorhanden ist, muß schwerwiegende und weitreichende Folgen für die Tierpopulationen haben, die solchermaßen in zwei Teile aufgespalten werden. Ökologen haben den Vorschlag gemacht, die Siedlungsstreifen in bestimmten Abständen durch Korridore ungestörter Lebensräume zu unterbrechen, um den Tieren das Überqueren der Straße zu erleichtern, aber bislang hat Brasilien diesbezüglich noch nichts unternommen.

Doch selbst in Naturschutzgebieten von mehreren tausend Quadratkilometern Größe haben einige Arten aufgrund gewisser, für sie nachteiliger Eigenschaften nur verschwindend geringe Überlebensaussichten. Dies gilt besonders für drei Gruppen von Arten. Die erste umfaßt jene Tiere, die große Territorien brauchen, so daß selbst in ausgedehnten Gebieten nur wenige von ihnen vorkommen – man denke etwa an viele Raubtiere wie beispielsweise den Geparden. Die zweite Gruppe umfaßt jene Arten, die sehr spezielle Anforderungen an ihren Lebensraum stellen, so daß auch hier, ähnlich wie bei der ersten Gruppe, ihre ursprünglichen Populationen nur aus wenigen Individuen bestehen. Ein Beispiel ist – oder vermutlich war – der Elfenbeinspecht. Die dritte Gruppe umfaßt Arten, die von jahreszeitlich bedingten und unregelmäßigen Futterquellen abhängen und starken Fluktuationen ihrer Populationsgröße unterliegen, wie es bei Vögeln der Fall ist, die sich von Blütennektar und Früchten ernähren. Es ist wahrscheinlich, daß einige Arten sogar in Reservaten von bis zu 1000 km^2 Größe untergehen werden. Sie tun dies mit um so größerer Sicherheit, wenn sie durch ein Netz vieler kleiner Gebiete geschützt werden sollen, selbst wenn das Gesamtareal dieser Gebiete um ein Vielfaches größer ist als 1000 km^2.

Ein Beispiel wäre die Insel Neuhannover, östlich von Neuguinea gelegen und rund 1150 km^2 groß. Während des späten Pleistozäns war sie durch eine Landbrücke mit der größeren Insel Neuirland verbunden und muß größtenteils dieselben Arten beherbergt haben wie diese. Heute hat sie ihr gegenüber ca. 22% von den Arten verloren. Dieser Verlust mag nicht sehr groß erscheinen, aber 19 der ausgestorbenen Arten gehören zu einer Gruppe von 26 Arten, die es nur im Bismarck-Archipel gibt. Das bedeutet also, daß Neuhannover gerade die Arten verloren hat, die am schutzbedürftigsten waren.

Größe und Anlage geschützter Gebiete

Die Ökologen können heute die Aussterberaten bei den empfindlichsten Artengruppen, vor allem also bei Vögeln und Säugetieren, ungefähr abschätzen, und sie können auch festlegen, wie groß ein Gebiet mindestens sein muß, um die Verluste in vertretbaren Grenzen zu halten. Wenn man zum Beispiel beabsichtigt, die Aussterberate einer Artengemeinschaft von Vögeln bei unter einem Prozent in hundert Jahren zu halten, dann muß man ein Schutzgebiet von mindestens 2500 km^2 Größe einrichten. Die meisten Parks und Reservate auf der Erde sind kleiner, obwohl die zur Diskussion stehende Größenordnung nicht unangemessen ist – bedeutet sie doch nur ein Gebiet von 50 km Länge und Breite. Kleine Stückchen tropischen Regenwaldes können die Lebensvielfalt dieser Ökosysteme nicht sicherstellen. Das liegt nicht nur an der geringen Populationsdichte vieler Arten, sondern hängt auch damit zusammen, daß viele Waldtiere bei ihrer Nahrungssuche große Gebiete durchstreifen müssen. So brauchen beispielsweise einige Schmetterlingsarten die Aminosäure aus den Pollen ganz bestimmter Pflanzen, um ihre Eierproduktion aufrechterhalten zu können, und müssen auf der Pollensuche oft mehrere Kilometer weit fliegen. Folglich ist für diese Schmetterlinge ein Gebiet von weniger als 100 km^2 Größe nicht ausreichend. Wenn man die Bedürfnisse aller waldbewohnenden Arten in Betracht zieht, wird klar, daß 2500 km^2 eine brauchbare Minimalgröße darstellen. Dies gilt jedenfalls so lange, bis wir die Ökosysteme dieser Wälder besser verstehen.

Ein anderer Weg wäre, die Minimalgröße der Gebiete festzulegen, die als Genpools dienen sollen. So kommen zum Beispiel wilde Obstbäume in den Tieflandsregenwäldern Malaysias nur in geringer Zahl vor, und eine Stichprobe auf 676 ha ergab, daß nur wenige Arten mit mehr als 24 Bäumen pro 100 ha vertreten sind und 11 von 18 Arten weniger als 13 Bäume pro Hektar aufweisen. Wenn also, wie anzunehmen ist, jede Art 10 000 Bäume als angemessenen Genpool braucht, dann wird man für sie beträchtliche Gebiete unter Schutz stellen müssen. In derselben Region dürften Nashornvögel, die möglicherweise eine Minimalpopulation von 5000 Tieren als adäquaten Genpool brauchen, zwischen 2000 und 10 000 km^2 benötigen, und bei Affen mit ähnlich großen Populationen liegt die erforderliche Größe zwischen 250 und mehr als 3000 km^2. Wenn eine Tigerpopulation von nur 400 Tieren überleben soll, dann müßte das dafür notwendige Gebiet unter Umständen bis zu 40 000 km^2 groß sein.

Geschützte Gebiete in Amazonien

Angesichts der Bedeutung Amazoniens für den Artenschutz lohnt es sich, seine Aussichten etwas genauer zu bedenken. Bei Berücksichtigung der Vielgestaltigkeit der Region wird man ein Netz von Schutzgebieten brauchen, um eine möglichst große Anzahl repräsentativer Ökosysteme zu erhalten.

Wenden wir die Insel-Theorie der Biographen an, so dürfte die Rettung von einem Prozent der Regenwälder Amazoniens bedeuten, daß ungefähr 25 % der dort lebenden Arten erhalten werden könnten – 10 % des Waldes entsprächen 50 % geretteter Arten. So gesehen, würden 20 % ausreichen, um so ziemlich das ganze Artenspektrum Amazoniens zu schützen – ausgenommen nur jene Arten mit stark eingesetzter Verbreitung, deren Standorte genau im Bereich der Transamazonica oder anderer Entwicklungsprojekte liegen. Wie grob auch immer solche Schätzungen sein mögen, sie verdeutlichen doch die Größenordnung der Aufgabe, der sich die Naturschützer in Amazonien gegenübersehen.

Neuere Forschungen der Pflanzengeographie haben in Amazonien acht Zonen festgestellt. Diese »Pflanzenregionen« verfügen über charakteristische Pflanzengemeinschaften und dementsprechend auch über charakteristische Tiergemeinschaften. Es ist klar, daß repräsentative Teile dieser acht Zonen geschützt werden müssen. Außerdem haben, wie in Kapitel 9 gezeigt, bereits die klimatischen Veränderungen des Pleistozäns mit dem periodischen Austrocknen der Regenwaldzonen in Amazonien zur Herausbildung von 16 »Refugien« für überlebende Arten geführt. Für diese Refugien sind eine ungewöhnlich hohe Artenkonzentration und äußerst häufiger Endemismus typisch. Daher sollte der Naturschutz auch diesen Gebieten eine Priorität einräumen.

Will man die obigen Forschungsergebnisse in Schutzprogramme umsetzen, ergibt sich in etwa folgendes: Angenommen, jede der acht »Pflanzenregionen« sollte drei Schutzgebiete erhalten, von denen jedes 2590 km² (1000 Quadratmeilen) groß wäre, dann ergäbe das zusammen 62 160 km². Zusätzlich wäre eine Reihe kleinerer Naturparks und Reservate nötig, um zum Beispiel endemische Arten, einzigartige Mikrolebensräume und außergewöhnliche Gebiete wie Eiablageplätze von Schildkröten oder Brutgebiete von Vögeln zu schützen. Drei solcher Gebiete für jedes Teilgebiet, jedes 1000 km² groß, ergäben eine Fläche von 24 000 km². Die Schutzgebiete brauchten um sich herum eine Pufferzone, um Störungen von außen fernzuhalten. Bei einem zehn Kilometer breiten Streifen käme man auf 98 460 km². Die Gesamtfläche läge also dicht unter 185 000 km² – ein Gebiet, das etwa vier Fünftel der Fläche von Großbritannien, aber nur 3,5 % der 5,2 Millionen km² Amazoniens ausmacht.

Bis heute hat Brasilien nur einen einzigen größeren Naturpark eingerichtet, nämlich den Amazonas Nationalpark mit einer Fläche von etwa 10 000 km². Ein weiterer Park, der 50 000 km² große Rio Negro-Nationalpark, besteht vorläufig nur auf dem Papier. Bedauerlicherweise enthält keiner dieser beiden Riesenparks eine der genannten »Pflanzenregionen« oder eines der Refugien des Pleistozäns, die für den Naturschutz Vorrang haben sollten. Präsident João Baptista Figueiredo hat jedoch in einer Rede über die zukünftige Entwicklung Amazoniens die Notwendigkeit einer »Aufrechterhaltung des ökologischen Gleichgewichts« unterstrichen, wofür geschützte Waldgebiete »unerläßlich« seien. Tatsächlich beabsichtigt Brasilien, in den achtziger Jahren in Amazonien Naturparks und Reservate in einem Gesamtumfang von

175 000 km^2 einzurichten, was praktisch dem entspricht, was ökologische Planer vorgeschlagen haben. Unterdessen aber fallen vier der Pleistozän-Refugien in jene brasilianischen Teile von Amazonien, die für eine intensive Entwicklung durch Viehhaltung und Kleinlandwirtschaft vorgesehen sind, und auch größere Teile anderer vorrangig schützenswerter Gebiete überschneiden sich mit Erschließungsgebieten. Wenn eines der Refugien zerstört werden sollte, würde eine große Anzahl von Arten mit ihm vernichtet werden.

Was andere Teile Amazoniens betrifft, so hat Peru zwei Parks ausgewiesen: den Manu Park mit 15 000 km^2 und den Pacaya-Samiria Park mit fast 14 000 km^2. Der Canaima Park in Venezuela wurde auf 30 000 km^2 erweitert. Kolumbien plant sogar zwanzig neue Parks.

Die Bedrohung existierender Naturschutzgebiete

Was immer die Erfordernisse der Zukunft sein mögen, den heute bereits bestehenden Naturschutzgebieten geht es unter dem Druck der Wirtschaft, die glaubt, sie scheinbar nützlicheren Zwecken zuführen zu müssen, oft sehr schlecht. In Südostasien, und dort besonders in den Tieflandswäldern, sind die Parks und Reservate vielfältigen Angriffen ausgesetzt. In Sumatra wurden zwei Parks durch Holzeinschlag schwer in Mitleidenschaft gezogen, für ein Naturschutzgebiet wurden Holzkonzessionen vergeben, am Rande des Reservats von Gunung Leuser wurde ein Sägewerk gebaut, und Wälder, die angeblich als Wasserschutzgebiete ausgewiesen sind, werden für verschiedene Zwecke ausgebeutet. In Malaysia ist der 5000 km^2 große Taman Nagara Park von Interessenten bedroht, die ein Auge auf sein Nutzholz im Wert von 1,8 Milliarden Dollar geworfen haben, und dasselbe gilt für den 2000 km^2 großen Endau Romin Park. Auf den Philippinen wird in den Parks und Reservaten viel gejagt und Brennholz gesammelt, Wanderbauern scheinen ungehindert ihren Gewohnheiten nachzugehen, und in manchen Teilen gibt es sogar Städte. Der 73 000 ha große Mount Apo-Nationalpark auf Mindanao beherbergt mehrere endemische Arten und eine größere Zahl des äußerst gefährdeten Affenadlers – und doch steht zu befürchten, daß der Park auf 13 790 ha reduziert und der Rest für Holzeinschlag und Besiedlung freigegeben wird. Der Xingu Park im brasilianischen Teil Amazoniens ist durch Straßenbau um ein Viertel verkleinert worden, und in einem anderen brasilianischen Park, dem Serra do Cipo Park in Minas Gerais, weiden beachtliche Viehherden. Außerdem wird er alle paar Jahre niedergebrannt und von einer Straße für Schwerverkehr durchschnitten.

Es könnten noch viele weitere Beispiele angeführt werden, um zu zeigen, wie wenig Naturschutzgebiete oft dem wirtschaftlichen Druck zu widerstehen vermögen. Die Entwicklung dürfte in den vor uns liegenden Jahren kritische Formen annehmen, wenn es dem Naturschutz nicht gelingt, die Parks mit ihrem sozioökonomischen Umfeld besser in Einklang zu bringen.

Neue Naturparks und Reservate

Mehrere Länder haben in der letzten Zeit eine beeindruckende Menge von Parks und Reservaten ausgewiesen – beeindruckend dann, wenn man die vorherige Situation bedenkt, jedoch marginal angesichts dessen, was nötig wäre. Bedauerlicherweise stehen einige dieser Anlagen nur auf dem Papier, da ihr Sinn und Zweck von der Bürokratie kaum verstanden wird und sie zudem vielfachen Beeinträchtigungen durch die Einheimischen ausgesetzt sind. Trotzdem sind viele dieser Initiativen zu begrüßen. Peru hofft, bis in die achtziger Jahre fast 55 000 km^2 seiner 650 000 km^2 tropischen Regenwaldes unter Schutz stellen zu können. Einige Gebiete sollen nach dem Muster des Manu Nationalparks angelegt werden, der das Einzugsgebiet eines vollständigen Nebenflußsystems umfaßt. Wie bereits erwähnt, will Brasilien 175 000 km^2 seines Teils von Amazonien unter Schutz stellen. Indonesien plant, seine Naturschutzgebiete bis Mitte der achtziger Jahre von 36 000 auf 100 000 km^2 zu vergrößern. Zaïre beabsichtigt, das Netz seiner geschützten Gebiete schon bald von 78 130 km^2 auf 351 000 km^2 auszuweiten, das wären immerhin 15 % des nationalen Territoriums.

Wenn die letztgenannten »großen Drei« der tropischen Regenwaldzone ihre Pläne verwirklichten, dann würden sich ihre geschützten Gebiete zusammen auf 626 000 km^2 belaufen (ein Gebiet, das fast die Größe von Spanien und Portugal oder von Texas hätte), also auf 6,7 % des gesamten Bioms. Das wäre äußerst ermutigend, auch wenn es noch ziemlich weit hinter dem Minimum von zehn bis zwanzig Prozent zurückbliebe, dem Anteil, der nach der Insel-Theorie erforderlich wäre. Ein Land aufzufordern, zehn Prozent seines nationalen Territoriums für den Naturschutz auszuweisen, wäre so, als wollte man die Vereinigten Staaten von Amerika veranlassen, ein Gebiet von der doppelten Größe Kaliforniens unter Schutz zu stellen.

Ökonomische Faktoren: Probleme und Möglichkeiten

Wie bereits angedeutet, neigt der Naturschutz dazu, eher die Symptome als die Ursachen zerstörerischer Prozesse anzugehen. Ja, man wartet oft ab, bis ein Lebensraum durch menschliche Ausbeutung schwer geschädigt ist, um dann zu versuchen, die den Lebensraum bewohnende Art in einer letzten Anstrengung zu retten. Das läuft auf Feuerwehreinsätze hinaus. Zugegebenermaßen hat sich in jüngster Zeit die Situation in einigen Ländern verbessert, aber weltweit gesehen hat sich an der Grundtendenz nur wenig geändert.

Geht man von der umfangreichen Zerstörung aus, die wahrscheinlich die Lebensräume noch im entlegensten Winkel der Erde in den kommenden Jahrzehnten bedroht, so muß den wirtschaftlichen Aktivitäten, die diese Zerstörungen verursachen, unbedingt größere Beachtung geschenkt werden. Das ist keineswegs eine neue Herausforderung. Schon vor 300 Jahren konstatierte ein anonymer Schreiber in England: »Wir nehmen den fest, der eine Gans von der Allmende stiehlt, lassen aber denjenigen frei laufen, der die Allmende unter den Füßen der Gans wegstiehlt.«

Wenn man aber das Problem schon seit Jahrhunderten kennt, warum haben wir dann so viel Zeit gebraucht, um uns Lösungen auszudenken? Die Antwort lautet, daß wir selbst das Problem sind. Jeder, der in seiner Eigenschaft als Verbraucher wirtschaftliche Aktivitäten stimuliert, trägt dazu bei. Und doch ist schwer auszumachen, was der einzelne dagegen tun kann. Wenn er eingedenk der vielen Bäume, die zu Zellstoff verarbeitet werden, die Sonntagsausgabe seiner Tageszeitung boykottiert, hat diese Geste nicht die geringste Wirkung. Wenn er wöchentlich fünf Minuten darauf verwendet, einen Freund zu überreden, seinem Beispiel zu folgen, ändert er noch immer nichts an den Verhältnissen. Wenn er und eine genügend große Anzahl von Freunden jedoch an ihren politischen Vertreter im Parlament schreiben, könnten sie vielleicht etwas erreichen. Das also wäre eine mögliche Spielart: Initiativen auf der Ebene der Gemeinschaft.

Ähnliches gilt für das Individuum, das als privater Unternehmer mit wirtschaftlichen Aktivitäten befaßt ist. Das durchaus legitime Bestreben des Unternehmers, sich seinen Lebensunterhalt zu verdienen, kann den Lebensraum unzähliger Arten zerstören. Und doch wird sich der Unternehmer, wie gutwillig er auch sein mag, nicht dazu überreden lassen, zum Schutz von allgemeinen Interessen auf Wettbewerbsvorteile zu verzichten, solange die Allgemeinheit ihm nicht dazu verhilft, daß er dennoch auf seine Kosten kommt – wiederum ergibt sich die Notwendigkeit von Initiativen seitens der Gemeinschaft. Und auch ein tropisches Regenwaldland der Dritten Welt wird wohl nicht von der Ausbeutung seiner Wälder Abstand nehmen, um das höhere Gut, nämlich das Eigentum der gesamten Menschheit, zu schonen, solange die Menschheit dieses Opfer nicht anerkennt und das Land für seinen Verzicht zu entschädigen versucht. Obwohl solche wirtschaftlichen Aspekte von zentraler Bedeutung für den Artenschutz sind, werden sie im allgemeinen von den Naturschutzstrategien kaum berücksichtigt.

Es ist deshalb auch kein Wunder, daß Aufklärungskampagnen mit dem Ziel, dem einzelnen Bürger das Artenproblem bewußter zu machen, nur wenig Fortschritte gebracht haben. Der einzelne reagiert verwirrt, wenn nicht sogar entmutigt, angesichts der Unmöglichkeit, eben als einzelner etwas tun zu können. Er ist und bleibt nun einmal Verbraucher - selbst Heilige lesen gern Zeitung. Und auch der besser informierte Ausbeuter wird selbst dann noch mit der Verfolgung dessen fortfahren, was er für seine legitimen Interessen hält, wenn es die Zerstörung des Lebensraumes einer Art bedeutet. Aufklärerische Kampagnen sind also häufig der Sache kaum dienlich, die sie vertreten, nämlich den einzelnen Menschen zu einer Haltung zu erziehen, die ihn mehr Rücksicht auf die Natur und auf freilebende Geschöpfe nehmen läßt. Sie werden aller Wahrscheinlichkeit nach dieser Sache nur da dienen können, wo sie öffentliche Unterstützung für gemeinschaftliche Initiativen bewirken – und es sind Veränderungen dieser Größenordnung, die den Gegenstand dieses Kapitels bilden sollen.

Kollektive Güter

Um noch einmal ein Grundprinzip festzuhalten: Die Arten verdienen es, von der Gesellschaft für die Gesellschaft geschützt zu werden. Vergleichbaren kollektiven Erfordernissen wird man sehr häufig durch kollektives Handeln gerecht. So sind zum Beispiel im Hinblick auf einen einzelnen Staat die Erziehung, die nationale Verteidigung oder andere wichtige Regierungsprogramme »kollektive Güter«. Auf internationaler Ebene werden sie durch die Unterorganisationen der Vereinten Nationen und durch verschiedene zwischenstaatliche Organisationen wie beispielsweise die Europäische Wirtschaftsgemeinschaft repräsentiert, wobei kollektive Initiativen solche kollektiven Güter mit kollektiven Mitteln finanzieren.

In diesem Sinne sollten auch die Arten als allen gehörende Ressourcen von einmaligem und unteilbarem Wert geschützt werden. Wie im Falle anderer kollektiver Güter bietet im allgemeinen auch der Artenschutz dem Markt keinen Anreiz, ihm jene breite Unterstützung zu verschaffen, die er verdient.

Wenn die Gemeinschaft nicht kollektiv beschließt, die Verantwortung für die Arten zu übernehmen und dementsprechend zu handeln, werden die Arten wahrscheinlich kaum ein gesellschaftlich optimales Maß an Schutz erhalten. Grundsätzlich gibt es keinen Grund dafür, daß die Arten diese optimale Hilfe nicht erhalten; sowohl auf nationaler als auch auf internationaler Ebene investiert die öffentliche Hand heute schon viel für den Umweltschutz, denkt man etwa an Maßnahmen zur Reinerhaltung der Luft oder des Wassers. Und eine kollektive Autorität ist in nationalem Rahmen am Werk, wenn zum Schutz von Arten Parks eingerichtet und ähnliche Maßnahmen ergriffen werden. Ungeachtet der Tatsache, daß die Arten durchaus einen erweiterten Schutz durch nationale Institutionen verdienen, wird hier behauptet, daß es auf internationaler Ebene eine zentrale Aufgabe sein muß, den Wert der Arten für die gesamte Menschheit zu erkennen und die Verantwortung dafür zu übernehmen. Mit anderen Worten ausgedrückt, erfordert das Problem der Arten umfassende Maßnahmen seitens der Weltgesellschaft.

Ein in diesem Sinne ausgeweitetes Eingehen auf das Artenproblem würde weit über die augenblicklichen, fragmentarischen Bemühungen isolierter Gruppen von Privatpersonen hinausgehen, die sich aufgrund der nur begrenzt zur Verfügung stehenden Mittel als nicht ausreichend erweisen – zumal, wenn man sie an den hier diskutierten Notwendigkeiten und an den Mitteln der gesamten Gemeinschaft mißt. Der World Wildlife Fund und eine Reihe ähnlicher Organisationen erreichen trotz ihrer beschränkten Mittel durchaus schon sehr viel für gefährdete Arten. Aber seit seiner Gründung im Jahr 1961 hat der WWF nur rund 30 Millionen Dollar an privaten Spenden aufgetrieben – ein Bruchteil dessen, was die Öffentlichkeit für Bücher, Zeitschriften, Filme und andere Dinge ausgibt, die mit der Natur und ihrer Erhaltung zusammenhängen. Allein in den Vereinigten Staaten von Amerika wird jährlich mehr als das Fünffache der genannten Summe für die Vogelfütterung ausgegeben. Das könnte bedeuten, daß die Öffentlichkeit ein sehr viel größeres Interesse an der Natur und den Arten hat als sich in ihren Spenden an private Organisationen ausdrückt.

Das alles soll natürlich nicht heißen, daß ein auf die Gemeinschaft ausgeweitetes Eintreten für die Arten die privaten Organisationen überflüssig machte. Der WWF und andere Gruppen könnten auch weiterhin eine wichtige Rolle als »Schrittmacher« spielen, indem sie auf neue Erfordernisse hinweisen, den Anstoß zu neuen Initiativen geben, Naturschutzmaßnahmen in verschiedenen Bereichen koordinieren usw. Kurz gesagt, könnten sie die »Vorhut« der Gemeinschaftskampagne für den Naturschutz bilden.

Gemeinschaftsaktionen zum Schutz der Arten

Es besteht also die dringende Notwendigkeit, daß die gesamte Menschengemeinschaft ihre Verantwortung erkennt und ihre kollektive Autorität für das

Welterbe an Arten einsetzt. Anhand verschiedener gemeinschaftlicher Initiativen sollen im folgenden einige spezielle Möglichkeiten erörtert werden.

1. Eingeständnis der Mängel und des Versagens des Marktsystems

Wie schon in Kapitel 6 angedeutet, ist der Artenschwund zu einem großen Teil ein Ergebnis der Mängel und des Versagens unseres Marktsystems, das den hier und heute gegebenen Bedürfnissen des privaten Individuums zu Ungunsten der langfristigen Bedürfnisse der Gemeinschaft den Vorzug gibt. Und der Markt tendiert dazu, den Wert solcher Ressourcen zu ignorieren, auf denen kein Preisschildchen klebt. Diese Mängel sind so schwerwiegend, daß im Januar 1976 27 Wirtschaftswissenschaftler, unter ihnen drei Nobelpreisträger, zu folgender Feststellung kamen: »Die Verschwendungssucht westlicher Wirtschaften im Hinblick auf Energie, Nahrungsmittel und den Umgang mit der Umwelt ist nicht ein Versehen, sondern inhärenter Trend eines Systems, das nach wie vor primär für den gemeinschaftlichen Profit produziert . . . Wir glauben, daß die westlichen Gesellschaften neue Verfahren zur Verteilung der Ressourcen erkunden und entwickeln und neue Wege bei der Festsetzung von menschheitlichen Prioritäten für die nationalen Wirtschaften beschreiten müssen . . .«

Abgesehen von diesen herkömmlichen Mängeln des Marktsystems gilt, daß die Arten eine ungewöhnlich benachteiligte Form natürlicher Ressourcen darstellen. Wann immer natürliche Ressourcen wie etwa die Luft oder große Gewässer geschädigt werden, wird die Öffentlichkeit schon bald auf das Geschehen aufmerksam, denn die Menschen können tagtäglich mit eigenen Augen sehen, wie ihre Umwelt zerstört wird. Dagegen hört man nur wenig, wenn Arten in Gefahr geraten (außer, wenn es sich um bekanntere Arten wie beispielsweise Tiger oder Gorilla handelt). Und während die Verschmutzung fast immer ein reversibles Problem ist, ist das bei der Ausrottung von Arten nicht der Fall. Um deutlicher zu machen, wie der Markt zum Artenschwund beiträgt, wollen wir hier einen Blick auf den Geparden in Afrika werfen. Der Gepard gerät mit den Interessen der Viehhalter in der Savanne in Konflikt, wenn er dazu übergeht, Kälber und Schafe zu schlagen, weil seine normalen Beutetiere durch die Vergrößerung der Viehherden verdrängt worden sind. Der Wert von Farmprodukten wie Fleisch oder Wolle wird vom Markt sehr sensibel registriert, während der Wert des Geparden so gut wie Null ist, da es für die »Güter und Dienstleistungen«, die sein Überleben darstellt, keinen Markt gibt. Allerdings wird inzwischen der potentielle Wert des »wertlosen« Geparden zunehmend erkannt. Das Tier, das aus dem Stand eine Geschwindigkeit von 100 km/h erreicht und dieses Tempo über eine Strecke von mindestens einem Kilometer zu halten vermag, kann offensichtlich übergangslos einen hohen Sauerstoffbedarf abdecken. Diese Fähigkeit könnte für die Behandlung von Atmungs- und Kreislaufproblemen beim Menschen Aufschlüsse geben, vorausgesetzt, der Gepard überlebt lange genug, um für eine Erforschung noch zur Verfügung zu stehen.

Im Vergleich mit den herkömmlichen Marktprodukten entsteht bei der Beurteilung des »Wertes« der Arten eine erhebliche Meinungsvielfalt. Der Sache des Naturschutzes könnte nichts mehr dienen, als wenn seitens der Regierungen, des privaten Sektors, der Naturschutzorganisationen und anderer betroffener Parteien erkannt würde, daß eben diese Ungleichmäßigkeit der Bewertung den Kern des Problems bildet. Um den Mängeln des Marktsystems abzuhelfen, bedarf es einer »kompensatorischen Regelung« durch die kollektive Autorität. Die Regierungen sollten eingreifen und der Tatsache Rechnung tragen, daß der Markt nicht alle wirtschaftlichen Bedürfnisse der Gesellschaft befriedigt, daß der Markt vor allem das Allgemeinerbe an Arten ignoriert oder gar dezimiert. Eine Veränderung der Einstellung in diesem Sinne würde einen wichtigen Fortschritt darstellen, da den Arten, gemessen an ihrem potentiellen Wert und an der irreversiblen Schädigung, der sie ausgesetzt sind, eine geradezu grotesk geringe Beachtung geschenkt worden ist. Soviel zum Grundsätzlichen – es seien nun noch ein paar praktische Schritte aufgeführt.

2. Anpassung der Diskontsätze

Die Ausbeutung von natürlichen Ressourcen wird sehr stark von den Diskontsätzen beeinflußt. Der übliche Satz für private Investitionen, der von westlichen Regierungen im allgemeinen auch als Bemessungsstandard für die Rentabilität öffentlicher Investitionen benutzt wird, beträgt zehn Prozent. Das bedeutet in der Praxis, daß ein Investor darauf bedacht ist, sein investiertes Kapital und einen entsprechenden Gewinn innerhalb eines Zeitraumes von etwa fünf bis sieben Jahren zurückzuholen und sich nicht darum zu kümmern, was danach passiert. Auf diese Weise gibt es keine langfristigen Planungen. Ein internationales Holzunternehmen kann sich nicht mit Rodungszyklen befassen, die eine Zeitspanne von dreißig Jahren überschreiten, und noch weniger kann es Gedanken an Maßnahmen für den Artenschutz verschwenden, die sich bis in die ferne Zukunft hinein erstrecken.

Deshalb spricht einiges für ein variables Diskontsystem, durch das jenem Verlust ein angemessenes Gewicht verliehen wird, den zukünftige Generationen durch die Eliminierung eines einmaligen Ökosystems oder durch die Ausrottung von Arten erleiden. Anstelle der Sätze, die vom Markt bestimmt werden, müßte man spezielle Diskontsätze für »Projekte mit einer Naturschutzdimension« festlegen, die explizit solche Faktoren berücksichtigen, welche vom Markt nicht entsprechend abgedeckt werden. Im Falle des tropischen Regenwaldes zum Beispiel würde das bestimmte Ökosysteme für die Zukunft erhalten und für zukünftige Generationen Optionen offen lassen.

Praktisch bedeutet dies, daß ein »sozialer Diskontsatz«, der die Bedürfnisse und die Verantwortung der Zukunft unterstreicht, niedriger wäre als der vom Markt geforderte. Er würde nicht nur privatwirtschaftliche Faktoren, sondern auch Fragen der Politik und der sozialen Ethik reflektieren. Man kann wohl mit Recht annehmen, daß ein Waldökosystem mit endemischen Arten für die Gesellschaft in hundert Jahren von genauso großem Interesse ist wie für die heutige. Um einen Schutz solcher außergewöhnlichen Ressourcen zu fördern, wäre es nur angebracht, einen sehr niedrigen Diskontsatz anzuwenden – er sollte möglichst nicht höher sein als ein Prozent. Natürlich würde ein solcher reduzierter Satz viele zusätzliche Investitionsmöglichkeiten eröffnen, und man müßte ein Verfahren entwickeln, das eine angemessene Kapitalzuweisung gewährleistet.

3. Besteuerung nicht-erneuerbarer Ressourcen

Eine dem obigen Verfahren verwandte Strategie wäre die Besteuerung der Ausbeutung tropischer Harthölzer und anderer Rohstoffe, die der Hebung des Lebensstandards in den wohlhabenden Nationen dienen. Da eine »internationale Steuer« die Holz- und Rohstoffpreise für die Verarbeiter in den Industrienationen erhöhen würde, könnte sie dazu beitragen, die Aufmerksamkeit der Öffentlichkeit auf langfristige Erwägungen zu lenken. Praktisch gesehen, würde sie die Industrien der entwickelten Welt dazu bringen, ihre Holzvorräte intensiver zu nutzen und die Wiederverwertung durch Recycling-Verfahren auszuweiten; dies wiederum würde zu einer effizienteren Ausbeutung von Rohstoffen führen. Zugleich könnte eine solche Maßnahme die Bürger der wohlhabenden, rohstoffhungrigen Länder in die Lage versetzen, mit größerer Einsicht in die Rolle zu handeln, die sie bei der Ausbeutung beschränkt zur Verfügung stehender und deshalb wichtiger Ressourcen spielen. Zum Beispiel würde eine Steuer von nur 0,1% auf die aus den Tropen stammenden Holzeinfuhren der Industrienationen jährlich fünf Millionen Dollar erbringen – einen Betrag, der um vieles höher ist als die Summe, die der FAO pro Jahr für forstwirtschaftliche Projekte zur Verfügung steht.

Dieser Vorschlag impliziert wie der eines »zweistufigen« Diskontsatzes, daß die Regierungen und die zwischenstaatlichen Organisationen die Zuständigkeit dafür übernehmen. Das muß durchaus keine willkürlichen oder autoritären Maßnahmen zur Folge haben. Schon heute entscheiden die Regierungen vieles für ihre Bürger und zu deren Wohl und könnten ohne weiteres auch die Verantwortung für einmalige Ressourcen von hohem Wert übernehmen, d. h., diese so lange zu schützen, bis die Bürger ihren Wert erkannt und ihr Konsumverhalten entsprechend angepaßt haben.

Die Reaktionen der Öffentlichkeit auf diese Vorschläge würden es den Regierungen ermöglichen, eine genauere Vorstellung von dem Engagement der Bürger für die Sicherung ihrer Zukunft zu gewinnen. Wenn die Bürger anfingen, gegen die finanzielle Belastung mit der Begründung Einwände zu erheben, daß man ihnen in ungerechtfertigter Weise unmittelbaren Gewinn aus der Ausbeutung vorenthalte, müßte das Verfahren modifiziert oder aufgegeben werden. Die Bürger würden in diesem Fall aber in voller Erkenntnis der Zukunftsaussichten für ihre Nachkommen handeln. Und das wäre ein deutlicher Unterschied zu der gegenwärtigen Situation, wo die Bürger kaum eine Möglichkeit haben, die Rolle, die sie im Hinblick auf die Gesamtentwicklung spielen, richtig einzuschätzen. Zudem könnte sich hier ein Maßstab für die Bereitschaft der Menschen ergeben, ihrer Verpflichtung gegenüber ihren Nachkommen dadurch gerecht zu werden, daß sie zusätzliche finanzielle Belastungen auf sich nehmen.

4. Der unteilbare Wert der Arten

Eine Art, die für einen Teil der Gesellschaft gerettet wird, wird automatisch auch für die gesamte Gesellschaft gerettet. Und gleichermaßen stellt die Ausrottung einer Art einen einmaligen und irreversiblen Verlust nicht nur für das betroffene Land dar, sondern für die gesamte Gemeinschaft. Diese Unteilbarkeit des Wertes der Arten spricht dafür, daß die Gemeinschaft eine größere Rolle beim Artenschutz spielen sollte. Wenn alle einzelnen Staaten dem Rest der weltweiten Völkergemeinschaft dafür verantwortlich sind, daß die innerhalb ihrer Grenzen vorkommenden Arten geschützt werden, dann haben alle Staaten zusammen die Verpflichung, sich an den Kosten der Schutzmaßnahmen zu beteiligen. Wie die Vorteile im allgemeinen nicht auf einige wenige Staaten begrenzt werden können, so sollten auch die Kosten nicht nur einzelne Länder oder nur die belasten, die am wenigsten in der Lage sind, sie zu tragen.

Zur Illustration sei an die medizinische Nutzung der Arten und ihrer genetischen Ressourcen erinnert, die ja der gesamten Menschheit zugute kommt. Eine Pflanze der tropischen Wälder, die empfängnisverhütende Wirkstoffe enthält, hilft auch bei Kampagnen für die Geburtenkontrolle jenseits der Grenzen des Landes oder der Länder, in denen sie wächst. Deshalb müßten sich alle potentiellen Nutznießer die Kosten dafür teilen, daß das Überleben dieser Pflanze gesichert wird.

5. Maßnahmen gegen die unbeabsichtigte und langfristige Zerstörung der Umwelt

Wie in Kapitel 6 ausführlich dargestellt wurde, geht die augenblickliche Zerstörung der Lebensräume tropischer Arten auf negative Auswirkungen internationaler Handelsverflechtungen zurück. Mangelhafte Planung und Koordination bewirken Schäden, die oft nur geringfügig und in ihren kumulativen Auswirkungen schwer einzuschätzen sind und die nur selten private Initiativen und korrigierende Maßnahmen provozieren. Wie der Wirtschaftsfachmann Maynard Keynes es einmal formulierte: »Es gibt nichts Schlimmeres als ein bescheidenes Übel, weil es uns nicht dazu veranlaßt, etwas dagegen zu unternehmen.« Wenn diese negativen Auswirkungen erst einmal so deutlich zutage treten, daß sie niemand mehr übersehen kann, dann sind Gegenmaßnahmen entweder überaus teuer oder auch bereits unmöglich.

Dem Prozeß der Umweltzerstörung aufgrund wirtschaftlicher Verflechtungen begegnet man für gewöhnlich auf zweierlei Weise. Man kann einmal rechtliche Schritte unternehmen, um die verursachenden Aktivitäten einzudämmen, obwohl das, wie in Kapitel 13 gezeigt wurde, im Falle der Arten aufgrund der globalen Dimension des Problems schwierig wäre. Die andere oder ergänzende Möglichkeit ist die, von Individuen oder Gruppen, die etwas tun, was die Arten schädigt, Entschädigungszahlungen zu fordern und sie so dazu zu bewegen, von ihren Aktivitäten Abstand zu nehmen, bzw. den Unternehmen, die den Naturschutz berücksichtigen, Steuererleichterungen zu gewähren (vgl. Kap. 14). Initiativen dieser Art könnten sogar auf Regierungen von Entwicklungsländern mit tropischem Regenwald ausgedehnt werden, um sie dazu zu veranlassen, die Interessen sowohl der weltweiten Gemeinschaft als auch die ihrer eigenen Bewohner zu berücksichtigen (vgl. Kap. 19).

Solche Anreize werden immer mehr zu einer akzeptierten Methode, die wirtschaftlichen Aktivitäten des einen Teils der Gemeinschaft mit Blick auf den Schutz der Interessen der gesamten Gemeinschaft zu beeinflussen. Im Falle der Arten müßte der finanzielle Anreiz allerdings groß genug sein, um einen wirklichen Ausgleich für wirtschaftliche Aktivitäten, die deren Überleben bedrohen, zu bieten.

6. Eine auf Sicherheit gegründete Einstellung zur Zukunft

Die Gesellschaft umfaßt nicht nur Menschen, die heute leben, sondern auch zukünftige Generationen. Von längerfristigen Planungen nimmt man allgemein an, daß sie jenseits des Vorstellungsvermögens der Bürger liegen und überläßt sie deshalb traditionellerweise staatlichen Stellen. Das einzige, was wir mit Sicherheit über die Zukunft aussagen können, ist, daß sie sich radikal von der Vergangenheit unterscheiden wird. Angesichts dieser großen Unsicherheit ist das wenigste, was wir für zukünftige Generationen tun können, daß wir möglichst viele der Ressourcen dieser Erde an sie weitergeben - vorausgesetzt, daß uns dies nicht unzumutbare Lasten aufbürdet. Das gilt insbesondere für einmalige Ressourcen wie die Arten, deren potentieller Wert nach wie vor weitgehend unbekannt ist - wir wissen nur, daß er wohl sehr groß ist. Wenn eine große Anzahl von Arten eliminiert würde, dann träfe diese Verarmung die zukünftigen Generationen in viel stärkerem Maße als die gegenwärtige Gemeinschaft.

Dieses Verhalten gegenüber der Ungewißheit ist zwar äußerst konservativ, seine praktischen Kosten sind aber wahrscheinlich gering - sowohl absolut gesehen als auch im Vergleich zu anderen Bereichen, in denen die Gesellschaft mit erheblicher Unsicherheit konfrontiert wird, so zum Beispiel im Bereich des Gesundheitswesens oder der nationalen Verteidigung. Kurz gesagt, es ist besser, auch nur ungefähr im Recht zu sein, als völlig im Unrecht. Die Situation erfordert, daß die kollektive Autorität, die allein über die Mittel verfügt, eine ausreichende »Versicherung« gegen zukünftige Katastrophen abzuschließen, der Sicherheit einen absoluten Vorrang einräumt. Die genannten sechs Vorgehensweisen ergeben zusammen eine tragfähige Grundlage für eine Intervention der Gemeinschaft zugunsten des Artenschutzes. Da die wirtschaftlichen Systeme immer komplizierter und technisch fortgeschrittener werden, wird die Notwendigkeit einer solchen Intervention immer zwingender.

Einige rechtliche und politische Optionen

Wie in Kapitel 7 angedeutet, kann eine Reihe von Naturschutzmaßnahmen durch rechtliche und politische Initiativen verwirklicht werden. In diesem Kapitel sollen einige der wichtigsten von ihnen diskutiert werden. Da wir uns hier im wesentlichen mit den Möglichkeiten der weltweiten Völkergemeinschaft befassen, sich bei der Verteidigung ihres Artenerbes durchzusetzen, konzentriert sich die Analyse ganz auf den internationalen Bereich.

Die Doktrin des »Treuhandvermögens«

Die Menschengemeinschaft insgesamt könnte Schritte unternehmen, das Naturerbe durch eine international gültige Version der Doktrin des Treuhandvermögens zu schützen. Dieses rechtliche, bislang nur in nationalem Rahmen angewandte Konzept eröffnet der Naturschutzgesetzgebung viele neue und flexible Verfahrensweisen. Nach dieser Doktrin werden bestimmte natürliche Ressourcen, zu denen die Tierwelt und besonders interessante Naturgebiete gehören, als Treuhandvermögen angesehen, das die Regierung im Namen der Allgemeinheit verwaltet. Dieser Grundsatz und die aus ihm abgeleiteten rechtlichen Verfahrensweisen sind in einigen Industrienationen, in denen dem Interesse der Allgemeinheit an allgemeinen Werten zunehmend Rechnung getragen wird, bereits ausführlich ausgearbeitet worden. Dagegen haben die Entwicklungsländer bisher kein dringendes Bedürfnis verspürt, etwas in diesem Sinne zu unternehmen. Und noch weniger hat die internationale Völkergemeinschaft einen rechtlichen Rahmen für die Nutzung einmaliger natürlicher Ressourcen geschaffen.

Die besagte Doktrin enthält zwei Grundgedanken, die ihre Umsetzung in die institutionelle Praxis möglich machen. Zum einen ist es der Gedanke des legalen Interesses der Allgemeinheit, zum anderen der der Durchsetzbarkeit dieses Interesses. Die praktische Verwirklichung beider Gedanken macht keine Schwierigkeiten, solange es sich um einzelne Staaten handelt. Auf internationaler Ebene fängt man gerade erst damit an, dem ersten Grundsatz durch multinationale Konventionen gerecht zu werden, ebenso durch Resolutionen und Erklärungen der Vereinten Nationen und regionaler Institutionen, in denen das legitime Interesse der Gemeinschaft an Umweltgütern von universalem Wert anerkannt wird (einige Beispiele sollen im folgenden noch aufgeführt werden).

Im Hinblick auf den zweiten Grundsatz muß man jedoch feststellen, daß es der internationalen Gemeinschaft noch an konkreten Mitteln zur Durchsetzung ihrer Interessen fehlt. Dieser Mangel könnte eventuell durch einen Prozeß der internationalen Willensbekundung, durch gegenseitige Unterstützung und gegenseitigen Druck behoben werden.

Entgegen der Ansicht von Zynikern sind internationale Gesetze auch da, wo Möglichkeiten zu ihrer Durchführung fehlen, immer noch wertvolle Gesetze. Alle wirklich wirkungsvollen Gesetze basieren letztlich auf der bereitwilligen Unterstützung durch die Allgemeinheit. Ohne eine solche Unterstützung nützt eine Durchführung der Gesetze nur wenig, wie man an den zwölfjährigen Bemühungen der Vereinigten Staaten von Amerika sehen kann, den Verkauf von Alkoholika zu unterbinden. Die andere Seite der Medaille ist, daß eine starke Unterstützung eines von der Allgemeinheit angestrebten Zieles formelle Sanktionen völlig überflüssig machen kann. Wenn eine genügend große Anzahl von Individuen die Legitimität dessen proklamiert, was erreicht werden soll, dann kann im allgemeinen die ganze Gemeinschaft für das Ziel gewonnen werden. Tatsächlich ist wohl auf lange Sicht Überzeugung wirksamer als Zwang.

Würden nun genügend viele Nationen die Doktrin des Treuhandvermögens auf internationaler Ebene anerkennen, so entstünde eine durchaus tragfähige Basis, von der aus die breitere Akzeptanz eines grundlegenden Prinzips des weltweiten Zusammenlebens vorangetrieben werden könnte – daß nämlich die einzelnen Staaten für das, was sie tun, nicht nur sich selbst, sondern auch allen anderen Staaten gegenüber verantwortlich sind. Dies gilt in zunehmendem Maße für die Ausbeutung und den Schutz wertvoller Ressourcen, man denke beispielsweise an die Atmosphäre, an die Meere und internationalen Wasserstraßen, an außergewöhnliche Ökosysteme, an die Arten und genetischen Reservoire und an viele andere. Wenn ein tragfähiger Konsens in diesem Sinne erreicht werden könnte, dann könnten ausgewählte Ressourcen wie etwa die Arten zu solchen erklärt werden, die »heute und für alle Zeiten für die gesamte Menschheit treuhänderisch verwaltet und erhalten werden«. Dieses Ziel könnte dann in Form einer Deklaration der Vereinten Nationen öffentlich bekannt gemacht werden und in der Folge Eingang in internationale Konventionen finden, die jeweils die Nutzung verschiedener Ressourcen regeln.

Auch wenn ein solches Vorgehen so aussehen könnte, als sei es unvereinbar mit einem zentralen Grundsatz des internationalen Rechts, daß nämlich alle Nationen die alleinige Verfügungsgewalt über die natürlichen Ressourcen auf ihrem Territorium haben, so müßte es in der Praxis dennoch nicht zu wirklichen Konflikten kommen. Schließlich ist die kollektive Verantwortung für das Allgemeinerbe nicht notwendig mit kollektiven Rechten an einzelnen Ressourcen gleichzusetzen. Ein einzelner Staat wäre nicht mehr allein auf seine eigenen, isolierten Bemühungen um den Schutz wertvoller Ressourcen angewiesen, sondern könnte von der Gemeinschaft aller Staaten unterstützt werden. Er würde auch weiterhin die auf seinem Territorium vorkommenden Arten und deren Lebensräume schützen, die internationale Gemeinschaft aber würde ihre Hilfe beim Schutz des Allgemeinerbes anbieten. Diese Strategie würde eher auf Anreizen als auf Zwang aufbauen, um einzelne Nationen dazu zu bringen, ihre individuellen Rechte mit den Interessen der gesamten Gemeinschaft abzustimmen. Zusätzlich gilt, daß diese Strategie keineswegs die Souveränität der Staaten aufheben, sondern sie ganz im Gegenteil bestätigen würde. Denn das Management des Weltökosystems wird weitgehend von einer dezentralisierten Planung abhängen - und welche bessere Institution gäbe es in diesem Zusammenhang als die einzelne Nation, die ihren eigenen Amtsbereich kompetent verwaltet und sich dabei zugleich ihrer Verantwortung gegenüber der gesamten Völkergemeinschaft bewußt ist?

Erste Schritte auf dem Weg zu einer kollektiven Verantwortung

Bei genauerem Hinsehen kann man feststellen, daß die heutige Lage durchaus schon gekennzeichnet ist durch die - wenn auch noch sehr begrenzte - Entwicklung von Konzepten, die auf einer kollektiven Verantwortung für Ressourcen von internationaler Bedeutung aufbauen. Eine Reihe von Verträgen ist zwischen Staatengruppen abgeschlossen worden, um wandernde Arten zu schützen - beispielsweise Zugvögel, die jährlich zur Eiablage aus den gemäßigten Breiten in die Tropen fliegen und danach wieder zurückziehen, oder Fischarten, die zum Laichen aus den Meeren in die Territorialgewässer einzelner Staaten zurückkehren. Maßnahmen dieser Art könnten der Grasmücke in Großbritannien helfen, deren Zahl in Folge der Dürre in der Sahelzone dramatisch zurückgegangen ist, aber auch dem Kirklandsänger, der trotz eines sehr intensiven Schutzes seiner Brutplätze im US-Bundesstaat Michigan bedroht ist, weil seine Lebensräume auf den Bahamas zerstört werden.

Zusätzlich zu den oben erwähnten Verträgen gibt es bis heute mehr als 40 multilaterale Abkommen, die sich auf natürliche Ressourcen beziehen. Bei den meisten handelt es sich um regionale Abkommen, die beispielsweise das gemeinsame Management von Gewässern wie etwa der Ostsee oder des Roten Meeres regeln. Es gibt auch viele bilaterale Abkommen über gemeinsam genutzte Ressourcen, grenzüberschreitende Verschmutzungsprobleme und andere, die jeweils vertragschließenden Parteien gemeinsam interessierende Fragen. Alle diese Deklarationen, Empfehlungen, Verträge und Abkommen stellen einen gewichtigen Schritt in Richtung auf eine internationale Umweltschutzgesetzgebung dar. Speziell im Bereich gemeinsam genutzter

Ressourcen sind Regelungen dringend erforderlich - man denke nur daran, daß mehr als 200 wichtige Wassereinzugsgebiete von zwei oder mehr Staaten gemeinsam genutzt werden. Die bisher getroffenen Vereinbarungen und Maßnahmen sind jedoch alles in allem nur Ansätze - es muß noch sehr viel getan werden. Aber ein Anfang ist gemacht worden. Die Frage ist lediglich, ob neue Abkommen zeitig genug abgeschlossen werden können, um mit der immer schnelleren Zerstörung der Umwelt und ihrer Ressourcen Schritt zu halten.

Um so ermutigender ist der Trend zu globalen Abkommen. Dazu gehören der World Heritage Trust und Abkommen über Feuchtgebiete von internationaler Bedeutung, über den internationalen Handel mit gefährdeten Tieren und Naturprodukten, über die Meeresverschmutzung durch Verursacher auf dem Festland oder über den Schutz von Inseln für die wissenschaftliche Forschung. Diese Konventionen verdeutlichen die Bemühungen der Völkergemeinschaft, erste und vorsichtige Schritte in Richtung auf eine gemeinsame Verantwortung für einmalige Ressourcen von außergewöhnlichem Wert für die Menschheit zu wagen.

Gleichzeitig sind aber auch einige andere Initiativen steckengeblieben. Vorschläge zur Reinerhaltung des Mittelmeeres sind bisher an allerlei Schwierigkeiten gescheitert. Die Anliegerstaaten können sich, obwohl sie sich der Tatsache sehr wohl bewußt sind, daß die von ihnen verursachte Verschmutzung dieses wichtige Gewässer in eine Jauchegrube zu verwandeln droht, nicht mit dem Gedanken anfreunden, um der allgemeinen Sache willen auf einen Teil ihrer Hoheitsrechte verzichten zu sollen. Gleichermaßen mit Schwierigkeiten belastet ist die Internationale Seerechtskonferenz, die versucht, das Problem der Ausbeutung und des Schutzes der Ressourcen einer der größten »Allmenden« der Erde zu lösen. Statt das Konzept des Menschheitserbes in die Praxis umzusetzen, hat die Konferenz den Grundgedanken der nationalen Souveränität durch eine Ausweitung der territorialen und anderer nationaler Rechte als Leitprinzip gestärkt. Zugleich ist es der Konferenz jedoch gelungen, eine internationale Meeresboden-Behörde zu schaffen, die an der Ausbeutung einer der wichtigsten Ressourcen des Allgemeinerbes, der auf dem Meeresboden lagernden Minerale im Wert von drei Billionen Dollar, beteiligt ist.

Alles in allem machen die wenigen genannten Ansätze zusammen einen ersten Fortschritt aus. Unter dem Gesichtspunkt der in diesem Kapitel angesprochenen Fragen stellt wohl der World Heritage Trust die wichtigste Initiative dar, weshalb er es wert ist, hier etwas eingehender betrachtet zu werden.

Der World Heritage Trust

Der World Heritage Trust wurde 1973 im Zusammenhang mit der UNESCO-Konvention zum Schutz des Kultur- und Naturerbes der Erde eingerichtet. Im

Sinne dieser Konvention schließt das »Naturerbe« »nationale Besonderheiten . . . und Gebiete . . . von großem und universalem Wert . . . und . . . Lebensräume bestimmter Arten von außergewöhnlichem Wert« ein. Der World Heritage Fund unterstützt mit internationalen Geldern jene Länder, die selbst nicht in der Lage sind, den Schutz von Bestandteilen des Kultur- und Naturerbes der Menschheit, die sich auf ihrem Territorium befinden, sicherzustellen. Die augenblickliche Regelung ist die, daß alle Mitglieder der UNESCO zum World Heritage Fund mit einem zusätzlichen Prozent ihres normalen Beitrages sowie mit freiwilligen Zahlungen beitragen.

Wie aber das obige Zitat schon andeutet, sind die Möglichkeiten des World Heritage Fund von Anfang an sehr begrenzt. Die Konvention bezieht sich nämlich nur auf die wenigen Teile des Naturerbes, die von »wirklich internationaler Bedeutung« sind. Das heißt, daß sie nicht alle gefährdeten Gebiete und Arten erfaßt, obwohl man von jeder Art, da sie ja einmalig ist, sagen kann, daß sie einen »universalen Wert« darstellt. Es wird nicht genauer definiert, welche Arten wichtiger sind als andere und warum. Da aber nur begrenzte Mittel zur Verfügung stehen und der World Heritage Fund eine Verzettelung vermeiden muß, ist die Hilfe auf ein paar wenige außergewöhnliche Arten und Gebiete beschränkt.

Es kommt hinzu, daß die Idee des World Heritage Fund nur äußerst langsam praktische Anwendung fand. Es vergingen einige Jahre, bis eine Mindestanzahl von Staaten die Konvention ratifizierte und ihr Leben einhauchte. Diese Verzögerung entstand weitgehend deshalb, weil die Regierungen das Problem des Menschheitserbes als wenig dringlich ansahen. Und der Mangel an Dringlichkeit spiegelte den Mangel an Wissen vom Wert des Erbes und von der Schnelligkeit, mit der es vertan wird, wider. Zudem zögerten viele Entwicklungsländer, die sich noch daran erinnerten, wie ihre Kunstschätze in der Vergangenheit die Beute von Fremden wurden, den Gedanken zu akzeptieren, daß irgendein Teil ihres Erbes, ob nun an Kultur oder Natur, sehr wohl auch andere und nicht nur sie allein etwas angehen könnte.

Zu diesen Mängeln kommt hinzu, daß sich die Idee des World Heritage Fund tatsächlich nur bei bestimmten, eng definierten Projekten gut verwirklichen läßt. Der Plan dazu entstand ja Mitte der sechziger Jahre, als den Tempeln von Abu Simbel am Nil durch den Bau des Assuan-Dammes die Zerstörung durch Überflutung drohte. Eine Spendenkampagne der UNESCO erbrachte in kurzer Zeit 36 Millionen Dollar und rettete die 5000 Jahre alten Denkmäler als einen bedeutenden Bestandteil des Kulturerbes dieser Erde. Verglichen mit dieser Aktion könnte sich eine Jahr um Jahr neu durchzuführende Beschaffung von Mitteln für verschiedene, langfristig gefährdete Arten oder Gebiete als schwierig erweisen. Ein weiteres Problem liegt darin, daß für den Wiederaufbau der Tempel an sichererer Stelle nur ein paar wenige Hektar Land benötigt wurden, daß aber die vom World Heritage Fund zu schützenden Naturgebiete oder Lebensräume oft viele Tausende Quadratkilometer potentiell produktiven Landes ausmachen, die so einer anderweitigen Nutzung entzogen werden. Es ist nicht ohne Ironie, daß das Lebewesen, dem die Tempel von Abu Simbel einmal gewidmet waren, das Krokodil, heute sehr stark gefährdet ist. Das liegt nicht so sehr daran, daß es seiner Haut wegen überjagt wird, sondern daran, daß es seinen Lebensraum an menschliche Gemeinwesen verliert, die auch noch das letzte Stückchen Ufer mit Beschlag belegen.

Es ermangelt auch nicht der Ironie, daß Indonesien, eines der großen Regenwaldländer, internationale Hilfe zur Rettung des aus dem 9. Jahrhundert stammenden Tempels von Borobudur erhält. Dieser Tempel, der das weltweit größte Ensemble buddhistischer Reliefs darstellt, gehört zu den Glanzlichtern des Kulturerbes der Menschheit. Aber eine Restaurierung kostet wahrscheinlich mindestens zwölf Millionen Dollar. Die UNESCO hat bei ihren Mitgliedern fünf Millionen Dollar aufgetrieben und hofft, noch mehr zusammenzubekommen; die indonesische Regierung will den Rest übernehmen. Das gibt zu der Frage Anlaß, ob nicht ähnliche Maßnahmen seitens der internationalen Völkergemeinschaft und der indonesischen Regierung sehr viel höhere, zum indonesischen Erbe gehörende Werte schützen könnten, zum Beispiel einmalige Gebiete der tropischen Regenwälder. Natürlich liegt ein bedeutender Unterschied darin, daß Indonesien, wenn man einen weiteren Verfall von Borobudur zuließe, kein wirtschaftlicher Verlust entstünde (von ein paar Touristendollars abgesehen), wohingegen die Erhaltung ausgedehnter Urwaldgebiete zu erheblichen Einnahmeverlusten führen würde, da diese ja dann nicht mehr ausgebeutet werden könnten. Und wäre die Rettung Borobudurs mit einer einmaligen Investition zu erreichen, so würde im letzteren Falle ein Ausgleich für die indonesischen Einnahmeverluste Jahr um Jahr erhebliche Entschädigungszahlungen erforderlich machen.

Andere Formen von Trusts und Stiftungen

Wie wäre es deshalb mit anderen Formen von Trusts und Stiftungen, die dem Schutz des Menschheitserbes dienen könnten? Eine der Möglichkeiten wäre eine Artenschutz-Stiftung. Sie könnte mit internationalen Geldern die Bemühungen einzelner Länder um den Artenschutz unterstützen und einen Schritt über den World Heritage Fund hinausgehen, dessen Grundgedanke zwar eine wegweisende Lösung darstellt, dessen praktische Wirkungsmöglichkeiten jedoch viel zu beschränkt sind, um dem Problem des Artenschwundes erfolgreich begegnen zu können.

Ähnliches ließe sich auch im Hinblick auf breiter angelegte Versuche vorbringen, die tropischen Regenwälder zu schützen. Ein erster Schritt könnte hier eine von der Vollversammlung der Vereinten Nationen angenommene Deklaration sein, die beiden Gesichtspunkten Rechnung trägt – daß nämlich der Bestand an tropischen Regenwäldern zurückgeht und daß diese Wälder ein legitimes Anliegen der gesamten Völkergemeinschaft sind. Eine

Annahme dieser Erklärung durch zwei Drittel der Mitglieder der Vollversammlung sollte eine breite Beteiligung der tropischen Länder sicherstellen und würde zu angemessenen Schutzmaßnahmen für außergewöhnliche Waldökosysteme im Bereich ihrer nationalen Jurisdiktion ermutigen. Mit anderen Worten ausgedrückt, würde eine Initiative von dieser Bedeutung seitens der Vollversammlung der Vereinten Nationen den Widerstand gegen kollektive Maßnahmen verringern. Die Deklaration würde dann, so wäre zu hoffen, zu einer internationalen Konvention führen, durch die ein Fonds zur Erhaltung wichtiger Gebiete des tropischen Regenwaldes geschaffen wird.

Natürlich sind beide Vorschläge höchst spekulativ und würden in der Praxis zahlreiche Schwierigkeiten mit sich bringen. Sie werden hier auch nur gleichsam versuchsweise und mit dem Ziel vorgetragen, den Rahmen für den Umfang der Maßnahmen abzustecken, die die internationale Völkergemeinschaft ergreifen muß, will sie ihr Naturerbe schützen. Die augenblicklich unternommenen Schritte stellen so fragmentarische Bemühungen dar, daß sie weit davon entfernt sind, der Aufgabe gerecht zu werden. Und sie implizieren noch immer die Entscheidung der Gemeinschaft, untätig zuzusehen, wie das Naturerbe verkommt.

Eine dritte Möglichkeit könnte realistischer sein. Sie wäre, was die beiden oben genannten umfassenderen Maßnahmen zum Schutz der Arten und der tropischen Regenwälder anbelangt, sehr viel begrenzter und würde eher mit Umweltfragen von allgemeinerer Bedeutung zu tun haben. Sie würde sich aber in der Folge als äußerst vorteilhaft für die Arten und Wälder erweisen. Gemeint ist ein in Verträge eingebettetes Gutachten, das von den jeweiligen Ländern für alle die Projekte vorgelegt werden müßte, die negative Auswirkungen auf die Umwelt anderer Länder haben könnten. Dieser Gedanke ist durchaus schon auf internationalen Kongressen erörtert worden und hat zu einigen Fortschritten prinzipieller Natur geführt. Zum Beispiel brachte Senator Pell mit Unterstützung Präsident Carters im amerikanischen Kongreß einen Gesetzentwurf ein, der einen solchen Vertrag und die Verpflichtung zur Erstellung der genannten Gutachten zum Gegenstand hatte.

Der Vertrag wäre vor allem auf den Bau von Staudämmen und auf andere wasserbauliche Projekte anzuwenden, die Folgen für »flußabwärts« liegende Staaten haben, ferner auch auf Industrieanlagen, deren Emissionen auch Nachbarstaaten erreichen. Im Falle von Streitigkeiten zwischen betroffenen Ländern müßte das Gutachten an eine unabhängige und anerkannte Expertenkommission verwiesen werden, die als eine Art »internationaler Ombudsmann« den Konflikt zwischen »ausschließlichen« und »einschließlichen« Rechten und Interessen abwägen und durch Schiedsspruch entscheiden könnte.

Schließlich könnte dieser Vorschlag seinem Geiste nach auch auf andere Umweltfragen ausgeweitet werden, die über Wasserbauprojekte und Verschmutzung verursachende Industrien weit hinausreichen. So zum Beispiel auf Entwicklungsaktivitäten, die nicht nur Auswirkungen für benachbarte

Länder haben, sondern die auch in die Rechte und Interessen aller Nationen eingreifen. Wenn etwa ein einzelnes Land ein Projekt realisieren wollte, das zum Beispiel eine Vogelart gefährdet, dann könnte dies als eine Aktivität ausgelegt werden, die einen integralen Bestandteil des Weltökosystems betrifft. In gewissem Sinne läßt sich einwenden, daß hier das Konzept ökologischer Beziehungen überstrapaziert wird, andererseits sollte die weltweite Völkergemeinschaft, die an der Vogelart als einem Bestandteil des allgemeinen Naturerbes gleichsam »beteiligt« ist, auch konsultiert werden, wenn es um deren Vernichtung oder Fortbestand geht. Denn ein solches Vorgehen würde bei allen Nationen ein Gefühl der Verantwortung wachrufen und könnte sie veranlassen, Projekte zu modifizieren oder zu streichen, die das Menschheitserbe an Arten untergraben. (Ein Beispiel haben die Niederlande gegeben, die beschlossen, einen geplanten Kanal in der Dollartregion umzuleiten, um den international wichtigen Lebensraum von Wasservögeln zu schützen). Schlimmstenfalls wäre die Folge, daß die Ausrottung von Arten durch menschliche Aktivitäten nur noch als Ergebnis einer sachkundigen öffentlichen Debatte vorkommen könnte, d. h. nach einer klaren Entscheidung, daß die Kosten für den Schutz der Arten zu hoch sind.

Ähnliches ließe sich auch auf die tropischen Regenwälder anwenden. Ihre übermäßige Ausbeutung hat nicht nur direkte und leicht erkennbare Folgen für benachbarte Staaten (man denke an die Zerstörung von Wassereinzugsgebieten und internationalen Flußsystemen), sondern kann auch Konsequenzen haben, die in der Praxis nicht so offen zutage treten und die im Prinzip schwerer in den Griff zu bekommen sind – zu denken wäre hier an die Beeinflussung des Klimas und an die Zerstörung eines Raumes, der die meisten Arten auf dieser Erde beherbergt. Aufgrund geographischer Zufälligkeiten übt Brasilien Hoheitsrechte über den größten Teil einer für die gesamte Menschheit lebenswichtigen Ressource aus, nämlich über den Regenwald Amazoniens. Die Rolle, die dieser Wald in der natürlichen Ökonomie unseres Planeten spielt, rechtfertigt es, daß auch andere Staaten ein starkes Interesse daran nehmen, was mit ihm geschieht. Trotz seiner traditionellen Rechte als unabhängige Nation darf sich Brasilien kaum dazu berechtigt sehen, die Bedürfnisse von Menschen, die weit außerhalb seiner Grenzen leben, zu mißachten – vor allem nicht die der Farmer des nordamerikanischen Getreidegürtels, die, sollte der Wald verschwinden, unter verminderten Niederschlägen zu leiden haben; hinzu kommt, daß überall auf der Erde Menschen betroffen wären, die in den Genuß des Getreideüberschusses kommen, den eben diese Farmer produzieren. Natürlich gilt das alles auch für die anderen sieben Staaten, deren Grenzen durch Amazonien verlaufen. Die acht Staaten der Region unterzeichneten 1977 einen Pakt mit dem allgemeinen Ziel, bei der Entwicklung Amazoniens ein Gleichgewicht zwischen wirtschaftlichem Wachstum und Umweltschutz zu erhalten, und mit dem speziellen Ziel, sich durch die Nutzung des Wassers in Amazonien gegenseitig keinen Schaden zuzufügen. Ein Delegierter aus Venezuela brachte die allgemeinen Intentionen der Vereinbarungen wie folgt zum Ausdruck: »Der Pakt bestätigt vor der Welt, daß wir, da wir die Verfügungsgewalt über diese riesige Region haben, die Verantwortung dafür akzeptieren und ihr dadurch gerecht werden, daß wir deren Entwicklung in die Wege leiten, um ihre immensen Reichtümer in vernünftiger Weise zu nutzen, dabei aber ihr ökologisches Gleichgewicht nicht stören.«

Natürlich hängen weitreichende Initiativen dieser Art vom politischen Willen ab. Dieser wiederum ist abhängig von dem Erkennen allgemeiner Bedürfnisse und Möglichkeiten. Wenn diese Erkenntnis zunimmt, werden die Staaten auch bereit sein, ihre wechselseitige Verantwortung anzunehmen und grenzüberschreitende Maßnahmen zu ergreifen, die den neuen Herausforderungen für ein gemeinsames Leben auf dieser Erde gerecht werden.

Das Erkennen allgemeiner Interessen

Mit dem Erkennen allgemeiner Interessen ist es noch nicht weit her. Solange einzelne Staaten nicht begreifen, daß das Gemeinwohl etwas anderes und größer als die Summe nationaler Interessen ist, bleibt es unwahrscheinlich, daß sie sich Initiativen zur Unterstützung der allgemeinen Sache anschließen. Die Einstellung einer Nation zu ihrer eigenen Souveränität hat jedoch auch etwas mit der Haltung zu tun, die sie zu ihren natürlichen Ressourcen einnimmt. Manchmal kann das Gefühl, reich zu sein, ebenso wichtig sein wie tatsächlich vorhandener Reichtum. Dank der großen Vielfalt an Arten sind viele Entwicklungsländer der Tropen so etwas wie »biologische Millionäre«, d. h., sie sind wohlhabend im Vergleich mit dem ökologisch verarmten Rest der Welt. Wenn die ideelle und reale Bedeutung eines solchen Reichtums besser durchschaut würde, könnte das den Entwicklungsländern sehr dabei helfen, Aufgeschlossenheit gegenüber internationalen Initiativen zu zeigen, die ja ihr internationales Image im Hinblick auf ihren Status und ihre Verantwortung heben würden.

Für das Versagen der internationalen Gesetzgebung bei der Entwicklung einer Schutzstrategie für die Arten ist nicht der Mangel an Rechtstheorien verantwortlich, sondern der fehlende Konsens über allgemeine Interessen, die auf dem Spiel stehen. Deshalb ist es notwendig, einen solchen Konsens, wie lose er auch immer sein mag, darüber herbeizuführen, daß der Artenschutz ein wichtiges Ziel für die gesamte Gemeinschaft ist. Erst dann wäre das Fundament vorhanden, auf dem ein Gebäude internationaler Abkommen errichtet werden kann, die es ermöglichen, das Konzept des Allgemeinerbes zu verwirklichen und umfassende Schutzmaßnahmen einzuleiten. Je größer der erzielte Konsens ist, desto besser sind die Aussichten für die Formulierung einer Schutzstrategie. Länder, die sich bisher unter Druck gesetzt sehen und in ihrer Unabhängigkeit verletzt fühlen, würden dann eher zu der Erkenntnis gelangen, daß ihr Prestige und ihre politische Autorität innerhalb der weltweiten Völkergemeinschaft durch ihre Mitarbeit gestärkt werden.

Was die Entwicklungsländer für das Menschheitserbe tun können

Die Entwicklungsländer können viel tun, um das Menschheitserbe an Arten zu schützen. Mindestens zwei Drittel, wenn nicht sogar dreiviertel aller Arten kommen in den Tropen vor, in einer Region also, die größtenteils aus Entwicklungsländern besteht. Obwohl hier besondere Schutzmaßnahmen nötig wären, ist bislang nur wenig geschehen. Hinzu kommt, daß der Druck durch eine wachsende Bevölkerung mit zunehmenden Bedürfnissen die natürliche Umwelt immer schneller zerstört.

Was können nun die Entwicklungsländer tun, um den negativen Entwicklungstrend umzukehren? Es gibt eine lange Liste von Möglichkeiten. Sie können mehr Gebiete unter Schutz stellen, um repräsentative Ökosysteme zu erhalten. Sie können schärfer gegen die illegale Jagd und gegen den illegalen Handel mit Tierprodukten vorgehen. Sie können den Konflikt zwischen freilebenden Tieren und Zuchtvieh mildern. Sie können zur Unterstützung der Parks und Reservate den Tourismus fördern. Vor allem aber können sie die massenhafte Umwandlung unberührter Naturgebiete in Ackerland eindämmen, indem sie nur solche Entwicklungsprojekte durchsetzen, die gerechtfertigt sind und zur richtigen Zeit am richtigen Ort realisiert werden. An der Tatsache, daß viele Entwicklungsländer eben dies nicht tun, ist im allgemeinen nicht ein Mangel an Einsicht oder gar Gleichgültigkeit schuld. Hier machen sich tieferliegende Probleme der Entwicklungsländer bemerkbar – Probleme, die oft aus dem Konflikt zwischen Allgemeinerbe und Allgemeinbesitz erwachsen. Die Natur dieser Probleme und die Möglichkeiten, sie zu lösen, sind Gegenstand dieses Kapitels.

Natürlich haben viele Entwicklungsländer schon beachtliche Schritte zum Schutz der Arten unternommen. Tansania, dessen Jahresetat etwa der Summe entspricht, die die New Yorker jährlich für Speiseeis aufwenden, gibt mehr davon für den Naturschutz aus als anteilmäßig die Vereinigten Staaten von Amerika für den Schutz des Adlers, des Berglöwen oder anderer freilebender Tiere. Tansanias Parks und Reservate machen 9% seines Territoriums aus – bezogen auf die Vereinigten Staaten von Amerika wäre das so, als würden diese ihre Bundesstaaten Kalifornien, Oregon und Washington zu Schutzgebieten erklären. Als Peru Mitte der sechziger Jahre die ersten Beiträge vom

World Wildlife Fund und anderen, außerhalb der Landesgrenzen beheimateten Organisationen erhielt, erreichten diese fast die Höhe wie die der Gesamtmittel, die das Land selbst für den Naturschutz bereitstellte. Und bis 1975 hatte Peru Eigenmittel in den Naturschutz investiert, die die gesamte, aus dem Ausland kommende Finanzhilfe um das Fünfzigfache überstiegen. Ähnliches gilt für einige andere Entwicklungsländer, vor allem für den Iran, für Costa Rica und für Zambia, deren Leistungen schon bald auch von Venezuela, Zaire, Gabun und anderen Staaten erreicht werden – sie alle richten ein ausgedehntes Netz von Naturparks ein.

Der Schutz des tropischen Regenwaldes

Abgesehen von den verschiedenen, schon genannten Möglichkeiten, den Naturschutz zu fördern, könnten einige Entwicklungsländer mit einem Schlag einen großen Beitrag zur Erhaltung der Arten liefern: Wenn sie mit ihren tropischen Regenwäldern sorgsamer umgingen, würde dies wirksamer sein als jede vereinzelte Maßnahme, die irgendwo auf der Erde getroffen wird. Natürlich können auch etliche andere Länder viel tun, um ihre Savannen, Trockengebiete, Gebirgsregionen oder Korallenriffe zu schützen. Aber kein anderes Biom wird so schnell zerstört und erbringt mehr Gewinn für jeden in seinen Schutz investierten Dollar als der tropische Regenwald.

Um den in diesem Kapitel behandelten Zusammenhang deutlicher zu machen, soll hier nur dieses eine Biom analysiert werden. Das kann dazu dienen, die vielen Möglichkeiten für die Entwicklungsländer zu zeigen, Naturschutz und wirtschaftlichen Fortschritt miteinander zu verbinden. Und genau das ist angesichts des offensichtlichen Widerspruchs zwischen beiden Bestrebungen ein zentraler Faktor. Ökologische Erfordernisse sind schließlich nicht die einzigen Aspekte, die zur Diskussion stehen, denn der Subsistenzbauer hat weit unmittelbarere Anliegen als die Unversehrtheit der natürlichen Umwelt. Wenn er sich nicht um seine kurzfristigen Bedürfnisse kümmert, mag er nicht mehr erleben, zu welchen Ergebnissen langfristige Erwägungen führen. Und wenn er Landnutzungsmethoden anwendet, die natürliche Ressourcen vergeuden, dann geschieht das mit nüchternem Blick auf das nächste Abendessen.

Der angesprochene Konflikt hat im Falle der tropischen Regenwälder eine besondere Bedeutung. Die entsprechenden Länder verdanken ihrem Holzexport beträchtliche Deviseneinnahmen, die sie zur Verbesserung des Lebensstandards einsetzen können. Verständlicherweise zögern sie deshalb, auf große und unmittelbar zu erzielende Einkünfte zu verzichten, um ihr jeweiliges Erbe an Arten zu schützen (vom Menschheitserbe ganz zu schweigen). Würden diese Länder große Waldgebiete unter Schutz stellen, dann würden ihnen durch diesen Nutzungsverzicht Verluste entstehen, die hoch sind und die schnell weiter ansteigen, wenn der Drang nach wirtschaftlichem Fortschritt den Druck erzeugt, auch noch den letzten Quadratmeter Boden produktiv zu nutzen.

Die herkömmliche Einstellung zu den tropischen Regenwäldern

Zu diesen verschiedenen Konflikten kommt ein weiteres Problem hinzu. Die Entwicklungsländer haben die tropischen Regenwälder durchaus nicht schon immer als Ressourcen angesehen, die auf Dauer zu ihrer wirtschaftlichen Entwicklung beitragen können. Ganz im Gegenteil hat man in ihnen sehr oft ein Hindernis auf dem Wege zu zivilisatorischem Fortschritt gesehen. Das führte dazu, daß die Forstministerien zumeist ein Dasein im Schatten mächtigerer Behörden wie etwa der Landwirtschaftsministerien fristeten. Tatsächlich entstand nicht selten eine Forstbehörde nur als Unterabteilung des Landwirtschaftsministeriums. Um ihre Existenz politisch zu rechtfertigen, versuchen solche Forstbehörden, das Entwicklungsspiel nach den althergebrachten Regeln zu spielen, d. h., so viele Einnahmen wie möglich zu erzielen – und das schnell. Dies wiederum fördert eine Einstellung, die eine einmalige und endgültige Ausbeutung der Wälder gutheißt und die weiterreichenden Bedürfnisse außer acht läßt.

Noch weniger sind solche Forstbehörden geneigt, die vielen Vorteile in Erwägung zu ziehen, die der Gesellschaft durch die »Umweltdienste« der Wälder zuwachsen. Wälder schützen Wassereinzugsgebiete, indem sie Feuchtigkeit nicht in jahreszeitlichen Sturzfluten, sondern gleichmäßig über das ganze Jahr abgeben – eine besonders wichtige Funktion in Bergregionen wie zum Beispiel denen Südostasiens und Mittelamerikas. Wälder bilden neue Böden und verhindern die Erosion. Wälder mildern regionale Klimaverhältnisse. Wälder beherbergen freilebende Tiere und ihre genetischen Reservoire. Wälder bilden den geeignetsten Ort für die grundlegende Erforschung evolutionärer Entwicklungsmuster. Wälder bieten Gelegenheit zu Erziehung, Erholung und Tourismus.

Und doch werden diese vielen »Dienste« im allgemeinen ignoriert, weil sie kein schnelles Geld einbringen. Kein Verbraucher kann mit seiner »Dollarstimme« für die Intaktheit von Wassereinzugsgebieten, das Überleben der Arten und viele andere der Umwelt zu verdankenden Annehmlichkeiten votieren. Auch auf dem Markt werden keine langfristigen Werte gehandelt. Der einzelne Verbraucher ist als Individuum mit unmittelbaren Überlegungen befaßt – er möchte ein Möbelstück oder eine Zeitung haben, und dies jetzt, obwohl er (als Mitglied der Gemeinschaft) sehr wohl an einem Überleben der Wälder bis ins nächste Jahrhundert hinein interessiert sein mag. Der Markt registriert in außerordentlich sensibler Weise den erstgenannten Wunsch und ignoriert den letzteren.

Die Quintessenz ist, daß, obwohl der Gewinn, den der Wald der Gesellschaft bringt, insgesamt zumeist jenen übersteigt, den der einzelne Ausbeuter aus ihm zieht, der Markt keine sachgerechte und ausgewogene Bewertung der erwähnten Güter und Sachleistungen vornimmt. So kommt es, daß private Interessen, durch die lärmende Nachfrage des Marktes angestachelt und durch nichts gezügelt, die übermäßige Ausbeutung der Wälder bewirken. Dabei wird zugelassen, daß die Interessen der Allgemeinheit in Vergessenheit geraten. Kurz, das System fördert eher die Zerstörung des Waldes als daß es sie verhindert.

Aus den verschiedensten Gründen scheinen die Vorteile einer unzerstörten Umwelt jenseits des Gesichtskreises von Wirtschaftsfachleuten, Politikern und anderen zu liegen, die sich lieber mit einsichtigeren Dingen wie Einkünften aus Holzverkäufen oder Wahlen beschäftigen. Als gegeben hingenommen, erscheinen die »Dienstleistungen« der Umwelt nicht in den Kosten-Nutzen-Rechnungen für verschiedene Formen der Waldnutzung. Auf der malaysischen Halbinsel zum Beispiel geht man davon aus, daß der finanzielle Gewinn selbst aus schnellstwüchsigen Wäldern nur ein Drittel oder weniger von dem ausmacht, was erzielt werden könnte, wenn man auf der gleichen Fläche Kautschuk- oder Ölpalmenplantagen anlegte – Fragen der Umweltvorteile spielen bei dieser Rechnung keine Rolle.

In noch größerem Maße entgehen diese Umweltvorteile der Aufmerksamkeit der vielen Menschen, deren Hauptsorge die tagtägliche Ernährung ist. Die Masse der verarmten Bauern neigt dazu, die Wälder als »frei verfügbare Güter« anzusehen: Wanderbauern und Brennholzsammler müssen für ihre Ausbeutung der Wälder niemandem etwas bezahlen. Aber sie bekommen wie viele andere, die ihren Lebensunterhalt durch das Fällen von Bäumen bestreiten, etwas von unmittelbarem Wert. Im Gegensatz dazu erleiden die ungleich zahlreicheren Menschen, die die Folgen der Abholzung der Wälder zu spüren bekommen, nur langsam und in einer nicht so deutlich erkennbaren Weise Schaden – es ist deshalb nicht sehr wahrscheinlich, daß sie für die Forstbehörden Propaganda machen.

Kern des Problems ist diese Divergenz zwischen den Auswirkungen der Forstwirtschaft für den einzelnen und denen für die Gemeinschaft. Auch wenn einige Naturschützer dies gelegentlich nahelegen, ist es keineswegs so, daß die Hände der Forstleute unablässig nach der Axt zucken. Viel eher wird ihnen nach wie vor die politische Unterstützung durch die Machthaber verwehrt. Jene Naturschützer, die eine Veränderung gern sähen, täten gut daran, zu begreifen, daß die Schuld weniger bei den widerspenstigen Forstleuten als viel eher in der Art und Weise liegt, in der die Gemeinschaft zu agieren beliebt.

Wird die Einstellung der Allgemeinheit zu den tropischen Regenwäldern in den Entwicklungsländern durch die genannten Interessenkonflikte gekennzeichnet, so gilt ähnliches auch für die weltweite Völkergemeinschaft. So sehr Außenseiter auch den verschwenderisch erscheinenden Umgang der Entwicklungsländer mit ihren tropischen Regenwäldern anprangern mögen – die Industrienationen zeigen in der Praxis kaum eine vernünftigere Haltung. Wie in den Kapiteln 9 bis 11 gezeigt wurde, gibt es viele Beispiele dafür, daß tropische Regenwälder übermäßig ausgebeutet werden, um die Nachfrage dieser Länder auf spezielle Hölzer oder billiges Rindfleisch zu befriedigen. Dieser Mißbrauch geht zumeist auf das Konto von Organsisationen aus den Industrienationen, zum Beispiel auf das der Multis. Obwohl sich die Industrienationen zunehmend der Tatsache bewußt sind, daß alle bitter darunter zu leiden haben werden, wenn die tropischen Regenwälder verschwinden, hören sie doch nicht auf, der Zerstörung Vorschub zu leisten.

Im Endeffekt könnten die tropischen Regenwälder, obwohl potentiell regenerationsfähig, bereits in absehbarer Zukunft und noch vor den nichterneuerbaren Ressourcen wie etwa Erdöl bis zur totalen Erschöpfung dezimiert sein. Es lohnt sich, Spekulationen darüber anzustellen, was wohl für die internationale Völkergemeinschaft die weiterreichenden Konsequenzen sein würden. Während man beim Öl wirtschaftlich rechnet und die Fördermengen im Auge behält, sieht das im Falle der tropischen Regenwälder ganz anders aus, denn diese sind eine potentiell regenerationsfähige Ressource. Und deshalb hält man es nicht für nötig, Erwägungen einer langfristigen Nutzung zum Leitfaden des Handelns zu machen.

Eine neue Einstellung

Glücklicherweise bildet sich eine neue Einstellung heraus. Die Forstwirtschaft wird heute nicht mehr als etwas angesehen, was sich in Motorsägen, Baumstämmen und Setzlingen erschöpft. Sie wird vielmehr zunehmend als eine Aktivität gewertet, die der Befriedigung einer Vielzahl von Bedürfnissen dient – nicht nur von Bedürfnissen der Menschen, die in der Nähe der Wälder leben, sondern auch von Bedürfnissen jener, die in weiter Ferne leben.

Dieser neue Geist verdankt sein Leben den bitteren Erfahrungen, die aus der Zerstörung von Wassereinzugsgebieten erwachsen sind, deren Hauptursache die Abholzung der Wälder ist. Vierzig Prozent der Menschen in den Entwicklungsländern leben in Talregionen, und ihre Wasserversorgung ist deshalb in höchstem Maße von dem »Schwamm-Effekt« der Wälder der umliegenden Sammlungsgebiete abhängig. Wenn diese Wälder abgeholzt werden, kommt es während der Regenzeit zu verheerenden Sturzfluten, danach zu Monaten der Dürre. In Teilen der Philippinen und Indonesiens verliert die Grüne Revolution an Schwung: Reisfelder, die jährlich drei Ernten von sehr ertragreichem Reis ermöglichten, können heute nicht mehr gleichmäßig mit Flußwasser versorgt und so ganzjährig bewässert werden. Bei einem Drittel aller Reisanbaugebiete Südost- und Südasiens ist es heute an der Tagesordnung, daß sie während der Wachstumsperiode höher als einen halben Meter überschwemmt werden – von einer Wassermenge also, die für die neuen, kurzstieligen Hochertragssorten einfach zu groß ist.

Die Wälder beeinflussen die Landwirtschaft auch noch in anderer, indirekter Weise. Wenn die Vorräte an Feuerholz erschöpft sind, beheizen die

Bauern ihre Feuerstellen zumeist mit Dung. Nach Schätzungen der FAO kann eine Tonne Dung, die nicht als Dünger, sondern als Brennstoff verwendet wird, den Verlust von 50 kg Getreide bedeuten. Die 400 Millionen Tonnen Dung, die jährlich in Teilen Asiens und Afrikas verbrannt werden, kosten also 20 Millionen Tonnen Getreide – das wäre genug, um den Eiweißbedarf von rund 60 000 Menschen zu decken.

Zusätzlich zu diesen negativen Folgen für die Landwirtschaft gibt es auch noch Rückschläge bei der Wassernutzung. Reservoire und Wasserkraftwerke büßen durch Versandung als Folge der Bodenerosion an Effizienz ein. Einer der Hauptflüsse der Philippinen trägt jährlich insgesamt 44,6 Tonnen Boden pro Hektar davon, verglichen mit nur einer halben Tonne beim Mississippi. Die Lebensdauer des Ambubkao-Dammes auf den Philippinen wird nur halb so lang sein wie geplant. Während der letzten 25 Jahre sind die Wälder Haitis von 80% auf 9% der Gesamtfläche zurückgegangen; 1977 betrug die Niederschlagsmenge nur zwei Drittel des früheren Jahresdurchschnitts, und es herrscht seitdem eine schlimme Dürre. Das einzige Wasserkraftwerk, das 99% des Energiebedarfs des Landes liefert, bekommt jetzt so wenig Wasser, daß in den Städten regelmäßig der Strom für halbe oder sogar ganze Tage abgeschaltet werden muß. Alle wichtigen Städte Kolumbiens leiden unter der Rationierung von Wasser und elektrischem Strom, zwei Fünftel seiner Landwirte unter einer Trockenheit von noch nie erlebter Dauer – alles Folgen der massiven Zerstörung der Wälder. Panama City macht sich um die Gesundheit seiner Einwohner Sorgen, da es an Trinkwasser von guter Qualität fehlt.

Viele weitere Probleme entstehen durch die Abholzung der Wälder. Der Panama-Kanal versandet so sehr, daß er bald für große Seeschiffe nicht mehr befahrbar sein wird. Die Taifun-Schäden auf den Philippinen belaufen sich jährlich auf rund 20 Millionen Dollar, die Überschwemmungen und Erdrutsche werden durch die Abholzung der Wälder immer schlimmer – deshalb die Erklärung von Präsident Marcos, daß diese einen »nationalen Notstand« heraufbeschworen habe. In Thailand sind die Wasserstraßen, die einst energiesparende Transportmöglichkeiten boten, so voll Schwemmgut, daß sie langsam unbefahrbar werden. Da die auf Abholzung zurückzuführenden Schwierigkeiten zunehmen und vor allem Überschwemmungen immer größere Teile des Landes erfassen, hat die thailändische Regierung beschlossen, mit ungewöhnlich drastischen Strafen gegen jeden nicht genehmigten Holzeinschlag im Urwald vorzugehen. Als Folge der Abholzung der Wälder in den tieferen Regionen des Himalaya sind etliche Flußläufe entlang der nepalesisch-indischen Grenze den größten Teil des Jahres völlig ausgetrocknet, verwandeln sich aber während der Regenzeit in Ströme von mehr als einem Kilometer Breite; der Monsun von 1978 ließ den Ganges um das Vierzigfache breiter werden und verursachte Schäden in Höhe von zwei Milliarden Dollar.

Es gibt noch eine weitere Dimension des Abholzungs- und Wasserversorgungsproblems. Zu Beginn dieses Jahrhunderts verbrauchten Landwirtschaft und Industrie jährlich rund 350 000 m^3 Wasser. 1976 war diese Menge bereits auf 2,73 Millionen m^3 angestiegen, für das Jahr 2015 schätzt man einen Verbrauch von 7,45 Millionen m^3. Zusammen mit weiterem Bedarf (etwa der privaten Haushalte), mag sich der Weltverbrauch im Jahr 2015 auf 8,5 Millionen m^3 belaufen. Dies wäre fast ein Fünftel allen Regenwassers, das in Flüsse und Seen abfließt. Aufgrund saisonbedingter Veränderungen der Flußwasserstände und begrenzter Staumöglichkeiten stehen dem Menschen nur rund die Hälfte aller Niederschläge zur Verfügung. Da die Entwicklungsländer die Modernisierung und Urbanisierung vorantreiben, steigt ihr Pro-Kopf-Verbrauch an Trinkwasser sehr schnell – und das bedeutet, daß viele Millionen Menschen zunehmend von den Wäldern der Entwicklungsländer abhängig sein werden. Wenn diese Wälder nicht außerordentlich geschützt, sondern weiter abgeholzt werden, könnte das Angebot an Wasser in vielen Regionen spätestens am Ende dieses Jahrhunderts weit hinter der Nachfrage zurückbleiben.

Die Konsequenzen wären schwerwiegend. In den Entwicklungsländern gehen vier Fünftel aller Erkrankungen auf schlechte Wasserqualität zurück, die Typhus und Cholera auslöst und die Vermehrung von Insekten fördert, welche Malaria, Gelbfieber und Filiariasis übertragen. Die Vereinten Nationen haben 1981 ein Jahrzehnt der Trinkwasserversorgung und der Gesundheitspflege mit dem Ziel ausgerufen, die gesamte Dritte Welt bis 1990 mit angemessenen Einrichtungen auszustatten. Die Kosten belaufen sich auf 8,9 Milliarden Dollar jährlich, und diese Mittel sind primär für Reservoire und für Wasserversorgungsinstallationen vorgesehen. Zusätzliche Aufmerksamkeit müßte den Sammlungsgebieten geschenkt werden, die in erster Linie eine ausreichende Wasserversorgung ermöglichen.

Es ist wohl deutlich geworden, daß die Forstwirtschaft nicht nur Forstleute etwas angeht. Kampagnen zum Schutz der Wälder und zur Wiederaufforstung wurden inzwischen in Malaysia, auf den Philippinen, in Thailand, Peru, Venezuela und anderen Ländern gestartet, und sie werden von Menschen aus allen Berufsgruppen getragen. In der Tat beginnt man, der Forstwirtschaft die Schlüsselfunktion in einer umfassenden Entwicklungsstrategie zuzuerkennen, die darauf abzielt, die elementaren menschlichen Bedürfnisse zu befriedigen. In den betroffenen Ländern wird die Forstwirtschaft inzwischen nicht mehr als eine Aktivität im Dienst der Entwicklung angesehen, die mit anderen Aktivitäten wie zum Beispiel der Landwirtschaft in Widerstreit steht, weil ein in die Forstwirtschaft investierter Dollar bedeutet, daß ein Dollar weniger für »echte Prioritäten« wie zum Beispiel die Nahrungsmittelproduktion zur Verfügung steht. Der Weg bis zum Ziel ist jedoch noch weit. Indonesien verdankt dem Holzhandel jährliche Einnahmen von 320 Millionen Dollar, gibt aber nur 92 Millionen Dollar für die Forstwirtschaft aus. Dafür importiert das Land für rund eine Milliarde Dollar Nahrungsmittel, eine Ausgabe, die durch eine verstärkte Investition in eine verbesserte Forstwirtschaft für Wassereinzugsgebiete und damit für die Bewässerungssysteme reduziert werden könnte.

Zukunftsaussichten

In diesem Kapitel ist auf einige Ursachen für die übermäßige Ausbeutung der tropischen Regenwälder hingewiesen worden. Dabei gibt es durchaus Parallelen für die Abholzung der europäischen und nordamerikanischen Wälder zu der Zeit, als die Länder dieser Kontinente in der Frühphase ihrer Entwicklung die Wälder nur als Hindernis für die zunehmende Bevölkerungszahl und die Entwicklung ihrer Zivilisation ansahen. Angesichts dieser Tatsache ist es für Naturschützer außerhalb der Entwicklungsländer wichtig zu erkennen, daß die Politiker dieser Staaten nicht immer unverantwortlich handeln, wenn sie es zulassen, daß ihre Wälder übermäßig ausgebeutet werden. Diese Naturschützer würden mehr für ihre gute Sache tun, wenn sie sich um größere Einsicht in das Gesamtproblem bemühten, wie es sich der politischen Führung der Entwicklungländer darstellt.

Ein malaysischer Politiker hat einmal berichtet, wie er von einem amerikanischen Naturschützer wegen der drohenden Rodung des Endau Rompin Parks ins Gebet genommen wurde. Auf jeden Hektar dieses Parks kommen ungefähr 60 m^3 Nutzholz im Wert von 60 Dollar – das macht also für jeden Quadratkilometer 360 000 Dollar. Wenn jenes Viertel der 5000 km^2 Naturpark, das gerodet werden sollte, verschont bleibt, entgehen der malaysischen Wirtschaft Einnahmen in Höhe von 450 Millionen Dollar (natürlich würde der Park in seiner ursprünglichen Form auch Gewinn bringen, nämlich durch Touristen, gesunde Wassereinzugsgebiete usw., aber es wäre wohl nicht so leicht zu beweisen, daß man damit Einnahmen von 450 Millionen Dollar erreichen würde). Der genannte Gesamtbetrag entspricht ungefähr dem, den die amerikanischen Steuerzahler aufbringen, um einen der schönsten Wälder der Vereinigten Staaten von Amerika durch eine Erweiterung des Redwood Nationalparks von 80 auf 310 km^2 zu schützen, d. h. zwei Millionen Dollar pro km^2 (die Mittel dienen zur Entschädigung der örtlichen Holzunternehmen in Kalifornien). Die Vereinigten Staaten von Amerika sind wohlhabend genug, um sich solche Ausgaben für ihre Parks leisten zu können – die in der Entwicklung befindliche Wirtschaft Malaysias aber muß es als Belastung empfinden, wenn sie auf eine Nutzung verzichtet. Hinzu kommt, daß ein Rotholzwald, wiewohl ein außergewöhnlich schöner Anblick, ökologisch gesehen dreiviertel des Weges zur Wüste zurückgelegt hat, vergleicht man ihn mit einem Stückchen malaysischen Regenwaldes, d. h. mit einem der vielfältigsten Ökosysteme dieser Erde. Mittel für den Naturschutz können in den Entwicklungsländern der Tropen um vieles mehr bewirken als in den wohlhabenden Ländern der gemäßigten Breiten. Um so mehr können deshalb auch die Führer von Entwicklungsländern darauf verzichten, daß ihnen Naturschützer aus anderen Erdteilen warnend mit dem Finger drohen.

Was die Industrienationen für das Welterbe tun können

Zunächst einmal können die Industrienationen viel für die Arten innerhalb ihrer jeweiligen Landesgrenzen tun. Sie können ein besseres Netz geschützter Gebiete einrichten. Sie können allerorten die sich ausbreitende Umweltschädigung verringern. Sie können eine Fülle ähnlicher Maßnahmen treffen. Die Liste der möglichen Initiativen ist zu gut bekannt, als daß hier im Detail auf sie eingegangen werden müßte.

Bei einigen Ländern ist die Liste kürzer als bei anderen. Die Vereinigten Staaten von Amerika haben in den vergangenen Jahren bewundernswert viel geleistet. Sie haben die Zahl ihrer Parks und Reservate stark erhöht und planen im Augenblick, ein riesiges Gebiet in Alaska unter Schutz zu stellen – eine Fläche von 660 000 km^2, so groß wie Großbritannien und Frankreich. Sie haben die Vergiftung fleischfressender Vögel (etwa des Braunen Pelikans oder des Wanderfalken) durch Pestizide reduziert. Über ihr Bundesamt für Bedrohte Arten gaben sie 30 Millionen Dollar für den Wolf, den Nordamerikanischen Kranich und andere bedrohte Arten aus. Dies sind nur ein paar der wichtigeren Maßnahmen.

Was können die Industriestaaten für die wildlebenden Arten in anderen Teilen der Welt tun? Was ist mit jenem Bereich des Welterbes an Arten, mit den Millionen von Säugetieren, Vögeln, Pflanzen usw., die in den Entwicklungsländern beheimatet sind? Insoweit die Arten Teil des allgemeinen Erbes der gesamten Menschheit sind, gehören der Gorilla, der Gepard und der Vicuña nicht nur den Ländern, in denen sie ihren Lebensraum haben, sondern in gewissem Sinne auch Amerikanern, Briten, Deutschen und Japanern. Wie aber können die Bürger der entwickelten Länder ihrem Interesse an den Arten der Erde, die in den mittellosen Ländern vorkommen, Ausdruck geben? Wie können sie, wenn sie sich für Arten in anderen Ländern mitverantwortlich fühlen, dieses Gefühl in die Tat umsetzen?

Wie wir im vorangegangenen Kapitel gesehen haben, machen einige Entwicklungsländer außerordentlich große Anstrengungen, sich ihres dahinschwindenden Artenbestandes anzunehmen. Insgesamt jedoch kratzen sie damit das Problem nur an. Selbst wenn sie alle von der Notwendigkeit des Artenschutzes überzeugt werden könnten, fehlt ihnen gewöhnlich die Kraft zu mehr als nur Ansätzen: Sie haben ganz einfach nicht das Geld und das Fachwissen, um die Herausforderung bewältigen zu können. Zudem geht vielen von ihnen der Siedlungsraum für ihre menschliche Bevölkerung aus, weshalb sie verständlicherweise zögern, ausgedehnte Gebiete als Parks zu reservieren und sie damit für eine Entwicklung tabu zu erklären.

Nutzen und Kosten des Artenschutzes

Wenn man sich die Herausforderung in globalem Rahmen ansieht, dann stellt sich die grundlegende Frage nach dem Nutzen und den Kosten. Wer gewinnt etwas durch den Schutz der Arten dieser Erde, und wer trägt die Kosten dafür?

Im Prinzip hat jeder etwas vom Überleben der Arten. Wenn Indonesien, Zaïre und Brasilien Schritte zum Schutz ihrer Arten unternehmen, dann profitiert die gesamte Völkergemeinschaft von den nützlichen Zwecken (Landwirtschaft, Medizin usw.), denen die auf dem Spiele stehenden genetischen Ressourcen dienen können. Zugleich aber gilt auch, daß die Industriestaaten mit ihrem technischen Fachwissen im Augenblick den größten Nutzen aus den genetischen Ressourcen überall auf der Erde, besonders aber aus denen der Tropen ziehen - zur Sicherung und Stärkung ihrer Landwirtschaft, als Quellen neuer Heilmittel und als Rohmaterial für ihre Industrie. Wenn Brasilien den Waldlebensraum des Löwenäffchens erhalten und sich herausstellen würde, daß auch dieses Tier bei der Kampagne gegen den Krebs hilfreich sein könnte, dann sind die, die in der vorhersehbaren Zukunft am meisten davon haben, wiederum die Industrienationen, deren Geißel der Krebs ist. Die Menschen in Brasilien wie überhaupt in den Entwicklungsländern leben für gewöhnlich nicht lange genug, um Krebs zu bekommen. So gesehen, wäre der Nutzen einer Rettung des Löwenäffchens ungleich verteilt - und Brasiliens Bemühungen um den Schutz des Naturerbes aller Nationen laufen wie die anderer Entwicklungsländer auf eine »Abtretung« der Ressourcen an die Industrienationen hinaus.

Gleichermaßen gilt, daß es die Industrienationen sind, die durch ihre wachsende Nachfrage nach Hartholz, Rindfleisch und anderen Produkten der Waldländer ebenso wie durch die technologische Macht ihrer Riesenkonzerne unabsichtlich zur Zerstörung der tropischen Regenwälder beitragen. Ihre Hand liegt auch auf der Motorsäge.

All dies zeigt, daß die Industrienationen sehr wohl einen größeren Anteil der Kosten des Artenschutzes übernehmen dürften. Praktisch bedeutet das, daß die Industriestaaten die Bemühungen der Entwicklungsländer um den Naturschutz subventionieren sollten, um dadurch die Mehrzahl der Arten dieser Erde zu schützen.

Subventionen für Schutzmaßnahmen der Entwicklungsländer

Folgt man diesem Gedanken, könnten die Industrienationen in Erwägung ziehen, Kompensationszahlungen an die Entwicklungsländer zu leisten, um sie für den durch Schutzprogramme, vor allem aber durch die Einrichtung von Parks und Reservaten verursachten Nutzungsausfall zu entschädigen. Wenn Indonesien, Zaïre oder Brasilien ein Stück Land von beträchtlicher Größe reservierten, um unberührte Ökosysteme und ihre Artenkonzentration zu erhalten, dann beraubten sich die Länder selbst der Möglichkeit, diese Gebiete durch die Ausbeutung der Wälder oder die Produktion von Rindfleisch wirtschaftlich zu nutzen. Diese durch Verzicht verursachten Kosten sind bereits hoch und wachsen mit jedem Vorrücken des Sekundenzeigers. Es wäre nur fair, wenn die Industriestaaten einen Teil dieser Kosten übernähmen.

So weit hergeholt diese Idee auch erscheinen mag, so ist sie doch unter vielen wirtschaftlichen und politischen Gesichtspunkten sinnvoll. Tatsächlich werden, wie viele Wirtschaftsexperten dargelegt haben, solche Kompensationszahlungen zu einer immer weiter verbreiteten Möglichkeit für die Gesellschaft, ihre Angelegenheiten wirkungsvoll und gerecht zu regeln. Die Theorie einer »Zuschuß-Wirtschaft«, einer Wirtschaft, die mit einer nichtrückzahlbaren Kapitalhilfe arbeitet, fordert, daß Entschädigungen oder andere Subventionen nicht als etwas Fremdes, außerhalb des normalen Wirtschaftssystems Liegendes angesehen werden. Sie stellen vielmehr einen wesentlichen Beitrag zum Funktionieren einer zunehmend integrierten Gesellschaft dar.

Es ließe sich einwenden, daß diese Idee nur in der Theorie einen Sinn ergäbe, daß in der Praxis aber die Welt eben nicht so funktioniere. Darauf kann der Naturschützer antworten, daß die Welt sowieso anders funktionieren wird als in der Vergangenheit – gleichgültig, ob von uns gewollt oder aufgrund des Zwanges der Verhältnisse. Solange die Staaten weiterhin ihre Unabhängigkeit in der gewohnten Weise ausnutzen und den Einfluß globaler Zusammenhänge übersehen, wird die Welt langsam, aber sicher immer schlechter funktionieren. Trotz aller Unsicherheiten einer sich verändernden internationalen Ordnung ist eines sicher: Es wird Veränderungen geben, wie auch immer sie zustandekommen mögen.

Wie könnte ein Kompensationsprogramm in der Praxis funktionieren? Wir wollen uns einen einzigen Aspekt des Gesamtproblems ansehen, nämlich die genetischen Ressourcen der Nahrungspflanzen, wobei wir uns auf ein einziges Industrieland, die Vereinigten Staaten von Amerika, konzentrieren wollen. Wie in Kap. 5 angedeutet, ist die außerordentliche Produktivität der amerikanischen Nahrungspflanzen von einem steten Zufluß an genetischem Material wildwachsender Pflanzen oder primitiver Kulturpflanzen abhängig, das zum größten Teil eingeführt werden muß. Die amerikanische Landwirtschaft ist demnach von ausländischen Quellen dieses genetischen Materials so abhängig wie die amerikanische Wirtschaft von ausländischen Ölquellen. Was wäre, wenn der amerikanische Weizen oder Mais einer so verheerenden Krankheit zum Opfer fiele wie jener, die die Traubenrüster und die Kastanie zerstörte? Der wirtschaftliche Gewinn einer genetischen Verbesserung der amerikanischen Nahrungspflanzen wird vom amerikanischen Landwirtschaftsministerium grob auf jährlich 500 Millionen Dollar im Jahr geschätzt. Auf der anderen Seite der Bilanz stehen die Kosten für die Erhaltung wilder oder primitiver Formen von Nahrungspflanzenarten, von denen die meisten in den Entwicklungsländern wachsen.

Wenn man ein systematisches und umfassendes Programm zur Erhaltung dieser Quellen genetischen Materials startete, wären die Kosten, gemessen am Gewinn, nicht sehr hoch – aber sie würden fast gänzlich auf die dort existierenden Gemeinwesen entfallen. Sie würden sich vor allem für die einzelnen Bauern als Belastung erweisen, die kein neues Land in der Wildnis kultivieren dürften, oder von denen man verlangen würde, daß sie mit primitiven Kulturpflanzen anstelle der Monokulturen der Grünen Revolution arbeiteten.

Natürlich hat man sich schon auf internationaler Ebene um eine Sicherung dieser genetischen Ressourcen bemüht. Das International Board for Plant Genetic Resources koordiniert die Aktionen der einzelnen Länder. Trotz des Umfanges dieser Aufgabe beträgt das Budget dieser Behörde jedoch nur rund 1,5 Millionen Dollar, eine Summe, die in groteskem Kontrast steht zu dem Gewinn, den man den Reservoiren von genetischem Material verdankt, und die viel zu klein ist, um damit einer Situation gerecht werden zu können, von der Agrarexperten sagen, daß sie schlimm sei und zunehmend schlimmer werde. Dieser traurige Zustand erfordert Schutzmaßnahmen viel größeren Umfanges.

Aufgrund der Tatsache, daß das genetische Material gemeinhin als »frei verfügbares Gut« gilt, wird es international sehr niedrig gehandelt. Die Preise reflektieren nicht annähernd den Nutzen, den viele gut ernährte Menschen weltweit von ihm haben. Wie wäre es deshalb, wenn man die Unternehmen, die mit genetisch verbessertem Saatgut handeln, mit einer Abgabe belegte? Ein entsprechendes amerikanisches Unternehmen, das einen Jahresumsatz von 40 Millionen Dollar macht, könnte ein Prozent davon, d. h. 400 000 Dollar zum Schutz von wilden Getreidearten in ausländischen Gebieten beisteuern. (Wenn alle in dieser Sparte tätigen Handelsunternehmen eine Abgabe in der genannten Größenordnung beisteuerten, dann wäre die Gesamtsumme um einiges größer als das Jahresbudget des International Board for Plant Genetic Resources.) Die Saatgut-Unternehmen würden zweifellos die Kosten an die Verbraucher weitergeben, was aber, wenn auch preistreibend, nur fair wäre. Wenn sich das Debakel von 1971 wiederholte, als 20% der amerikanischen Getreideernte durch Krankheitsbefall verlorengingen, würde auch das auf zwei Milliarden Dollar veranschlagte Defizit auf die Verbraucher abgewälzt.

Die durch solche Abgaben zusammenkommenden Mittel könnten dazu verwendet werden, die Landwirtschaft in, sagen wir, Mexiko zu unterstützen – die Bauern dort wären dann in der Lage, weiterhin mit primitiven Getreidesorten zu arbeiten, und es könnte ihnen auch untersagt werden, Landstücke mit wilden Getreidearten umzugraben. Während ein Bauer der Grünen Revolution in Mexiko große Mengen ertragreichen Getreides anbauen kann, würde ein anderer Bauer, der eine weniger produktive, dafür aber genetisch einmalige heimische Getreidesorte anbaut, nur etwa ein Fünftel davon ernten. Dieser geringere Ertrag müßte durch Subventionen ausgeglichen werden.

Maßnahmen, die im Prinzip den vorgeschlagenen entsprechen, sind in bestimmten Ländern nicht ungewöhnlich. In den Vereinigten Staaten von Amerika werden Landbesitzer aus öffentlichen Mitteln entschädigt, wenn ihnen um eines notwendigen Schutzes allgemeiner Interessen willen Nutzungsmöglichkeiten verwehrt werden. Ein Beispiel ist das Bodenschutz-Programm. Ein anderes sind die Zahlungen, die dem Schutz des gefährdetsten Säugetiers der Erde, des Schwarzfußiltis, dienen.

Ein Kompensationsprogramm auf internationaler Ebene zur Sicherung genetischer Ressourcen würde sich deshalb nicht grundlegend von Maßnahmen unterscheiden, die in einzelnen Ländern bereits gut eingeführte Praxis sind. Das Problem wären eher die praktischen Schwierigkeiten, das Programm auch jenseits nationaler Grenzen zu verwirklichen. Dennoch gibt es Präzedenzfälle. Es hat Gelegenheiten gegeben, wo ein wohlhabendes Land zu dem Schluß kam, daß es seinen eigenen Interessen dient, wenn es ein ärmeres Land mit dem Ziel unterstützt, dort Produktionsprozesse mit negativen Auswirkungen auf die Umwelt zu modifizieren. Die Vereinigten Staaten von Amerika gewährten Mexiko beträchtliche finanzielle Hilfe, um das Land in die Lage zu versetzen, die Maul- und Klauenseuche auszumerzen und damit die amerikanischen Viehbestände zu schützen. Dieses Vorgehen hilft beiden Ländern. Die Vereinigten Staaten haben aber auch eine Maßnahme ergriffen, von der nur Mexiko profitiert: Bewässerungsverfahren im Südwesten der Vereinigten Staaten haben die Produktion von Nahrungspflanzen erheblich gesteigert, dies aber um den Preis erhöhter Konzentrationen von Salz und anderen Chemikalien, die über den Colorado River nach Mexiko gelangen. Um dieser Verschmutzung entgegenzuwirken, bauen die Vereinigten Staaten für 115 Millionen Dollar eine Entsalzungsanlage, allein um die Qualität des nach Mexiko abfließenden Wassers zu verbessern.

Der Sinn von Kompensationsleistungen zur Förderung des Naturschutzes ist immer wieder hervorgehoben worden, insbesondere durch den »Grundsatz der Zusätzlichkeit«, der bei der Umweltkonferenz 1971 in Stockholm zum Ausdruck gebracht wurde. Danach wird vorgeschlagen, daß durch die Völkergemeinschaft (womit im Prinzip die Völker gemeint sind, die sich das leisten können) Kompensationszahlungen in beträchtlichem Umfang an die Entwicklungsländer geleistet werden, um die negativen Auswirkungen von Umweltschutzmaßnahmen auf die sich dort entwickelnden Wirtschaften auszugleichen. Die Entwicklungsländer gehen davon aus, daß die auf internationaler Ebene zur Verfügung gestellten Mittel für Umweltschutzaktionen unabhängig sein sollten von solchen Mitteln, die für die wirtschaftliche Entwicklung bereitgestellt werden, d.h., es sollten Gelder sein, die *zusätzlich* zu den bereits gewährten gezahlt werden. Noch wichtiger aber ist, daß diese Hilfe nicht als eine andere Form von Entwicklungshilfe und als Almosen gewährt wird, sondern daß sie die Anerkennung einer gemeinsamen Verantwortung für die dahinschwindenden Vermögenswerte des allgemeinen Naturerbes widerspiegeln sollte.

Subventionen für Länder mit tropischem Regenwald

Internationale Subventionszahlungen wären besonders im Falle der tropischen Länder angebracht, um einen Ausgleich für den Nutzungsausfall zu schaffen, der entsteht, wenn sie große Waldgebiete in Parks und Reservate umwandeln. In der Praxis wäre es jedoch nicht so einfach, entsprechende Durchführungsverfahren zu finden. Vor allem wären sehr viel mehr Staaten als nur zwei beteiligt - wie etwa bei den erwähnten Abmachungen zwischen den Vereinigten Staaten von Amerika und Mexiko. Es könnten auf jeder Seite zwanzig Länder sein.

Welchen Umfang sollten solche Subventionen haben? Um für eine Unterstützung in Frage zu kommen, müßte ein Land mit tropischem Regenwald wahrscheinlich einen spezifischen Verlust nachweisen können. Sollte ein solches Land dann eine Entschädigung für den wirtschaftlichen Gesamtverlust, der durch die Aussparung von Waldgebieten entsteht, erhalten, oder sollte es seinen Teil der Verantwortung übernehmen und bereit sein, gewisse nachteilige Folgen zu akzeptieren, die sich aus der Einrichtung von Schutzgebieten ergeben? Zusätzlich könnte es Probleme durch »erpresserische Ausbeutungsandrohungen« von seiten solcher Länder geben, die auf diese Weise die entsprechenden Fonds der reichen Länder anzuzapfen versuchen - ein Unterfangen, das offensichtlich dem Geist des Planes zuwiderläuft. Um diesem Problem zu begegnen, sollten Subventionen vielleicht nur an die tropischen Länder gezahlt werden, die ihrerseits beträchtliche Eigenmittel für den genannten Zweck bereitstellen.

Zweifellos würden auch noch andere Schwierigkeiten entstehen. Sie sollten sich aber überwinden lassen, solange das Gesamtziel der Aktion fest im Auge behalten wird. Wenn die reichen Nationen den Ländern mit tropischem Regenwald umfangreiche Mittel zur Verfügung stellen, könnten am Ende unseres Jahrhunderts noch sehr viel mehr Wälder übriggeblieben sein, als es heute wahrscheinlich erscheint - und das zum Wohle der gesamten Völkergemeinschaft.

Schutzmaßnahmen und »Zahlungswilligkeit«

Wenn dieser Vorschlag einer Subventionierung von Ländern mit tropischem Regenwald verwirklicht würde, müßten die Maßnahmen einer periodischen Bewertung unterworfen werden. Wenn die Bürger der Geberländer wegen der finanziellen Belastungen Einwände erhöben, müßte das Projekt eingestellt werden. Die Bürger hätten jedoch die Chance, eine klarere Vorstellung von ihrer Verantwortung zu bekommen, die sie mit Blick auf die Gesamtsituation tragen. Das wäre ein deutlicher Unterschied zu der augenblicklichen Lage, in der die Menschen der fortgeschrittenen Nationen kaum eine Möglichkeit haben, ihre Verantwortung klar und deutlich einzuschätzen. So könnte für den Fall, daß die öffentliche Meinung nach ein paar Jahren einer Ausweitung der Aktion positiv gegenüberstünde, über die tropischen Regenwälder hinaus auch anderen Biomen Unterstützung gewährt werden, vor allem den Grasländern und anderen wichtigen ökologischen Zonen, die beträchtlichen Anteilen des Artenbestandes der Erde als Lebensraum dienen.

Im wesentlichen würde die Aktion als Maßstab für die Bereitschaft der Öffentlichkeit dienen, für die angestrebten Schutzmaßnahmen zu zahlen. Schließlich könnte hier ein Rahmen entstehen, der die Kosten und die Vorteile so reflektiert, wie sie von den beteiligten Nationen gesehen werden. Die grundsätzliche Frage ist, wieviel Wildgebiete mit wie vielen Artenkonzentrationen für welchen Zeitraum zu welchen Kosten und zu wessen Lasten geschützt werden sollten. Eine Lösung nach dem Muster, daß für das gezahlt wird, was gewünscht wird, würde eine abgestufte Antwort auf diese Frage ermöglichen. Die gesamte Gemeinschaft könnte durch eine finanzielle Unterstützung zum Ausdruck bringen, welche Teile des Naturerbes eine solche Geste eher verdienen als andere Güter und Dienstleistungen. Das würde die »Entweder-Oder«-Situation entschärfen, in der die widerstreitenden Fragen nur unter dem Gesichtspunkt absoluter Werte gesehen werden.

Um noch einmal zusammenzufassen: Sinn des Vorschlages einer finanziellen Hilfe ist es, erst einmal die Möglichkeiten zu erkunden, welche weitreichenden Maßnahmen gegen das Problem des Artenschwundes ergriffen werden könnten. So schwierig eine gemeinschaftliche Aktion dieses Umfanges auch wäre – die Alternative ist die Fortdauer des gegenwärtigen Zustands, wo die Hilfe für bedrohte Arten auf ein paar Versuche hinausläuft, das Problem anzugehen. Dieses beschränkte Reagieren der Gesellschaft impliziert ihre Entscheidung, große Zahlen von Arten untergehen zu lassen, obwohl die Kosten des Schutzes oftmals durchaus nicht außergewöhnlich hoch sein müßten, wenn man sie mit dem dadurch erzielten Gewinn in Beziehung setzte.

Finanzierungsquellen

Die Bereitstellung von Mitteln für die Arten müßte wahrscheinlich als Teil eines umfassenden Bemühens um den Schutz der Umwelt überall auf der Erde angesehen werden. Wie verdienstvoll eine Strategie mit dem Ziel des Artenschutzes auch sein mag, es wäre wohl kaum praktisch, sie losgelöst von einer Kampagne auf breiter Front zu verfolgen, die die Schutzbedürfnisse der gesamten menschlichen Umwelt einschließlich der Maßnahmen gegen die weitere Ausbreitung der Wüste usw. umfaßt. Es wäre unrealistisch, zum gegenwärtigen Zeitpunkt die Kosten einer solchen Kampagne beziffern zu wollen. Es ist jedoch sinnvoll, über mögliche Finanzierungsquellen nachzudenken und sie mit den für bestimmte Teile eines weltweiten Umweltschutzplanes geltenden Zahlen zu vergleichen.

Wie bereits angedeutet, gibt es starke Argumente dafür, daß die Gelder vornehmlich von den wohlhabenden Nationen bereitgestellt werden sollten. Es ist nur vernünftig, wenn die Hauptlast von jenen getragen wird, die unmittelbaren Gewinn aus der Nutzung der genetischen Ressourcen ziehen und die durch ihren übertriebenen Konsum unverhältnismäßig stark am Raubbau an den natürlichen Ressourcen der Erde beteiligt sind. Und schließlich sind ja auch die wohlhabenden Nationen die einzigen, die über ausreichende Mittel verfügen, um die Rechnung begleichen zu können.

Zwei Möglichkeiten der Mittelbeschaffung seien hier erörtert: zum einen durch Steuern auf die Ausbeutung von Ressourcen der »weltweiten Allmende«, zum anderen durch das konventionelle Besteuerungssystem der einzelnen Länder.

Globale Steuern

Zur Bildung von Fonds für das Allgemeinerbe gibt es die Möglichkeit, die wirtschaftliche Ausbeutung bestimmter Formen des Allgemeinbesitzes mit Steuern und anderen Abgaben zu belegen. Zum Beispiel könnten die Weltmeere, die selbst Teil des Naturerbes aller Menschen sind, als beachtliche Einnahmequelle dienen. Eine grobe Schätzung besagt, daß eine Besteuerung des Abbaus der auf dem Meeresboden lagernden Manganknollen in den späten achtziger Jahren mindestens 230 bis 800 Millionen Dollar einbringen könnte.

Die Hauptausbeuter der Meere – und damit die potentiellen Hauptsteuerzahler – sind die Industrienationen. Mit Einkünften dieser Größenordnung könnte eine Kampagne gegen die Versteppung finanziert werden, deren Kosten von Experten auf 400 Millionen Dollar geschätzt werden. Eine solche Kampagne würde den zerstörerischen Druck auf einige ökologische Zonen verringern, die an die Wüsten angrenzen, vor allem auf Gebiete des mediterranen Typs mit ihren außergewöhnlich hohen Konzentrationen endemischer Arten, und sie würde die Existenzbedingungen von 600 Millionen Menschen verbessern, die in diesen verwundbaren Gebieten leben.

Auch die Herstellung von und der Handel mit Rohstoffen zur Energiegewinnung könnten besteuert werden. Während diese Rohstoffe einerseits Gegenstand von Einzelinteressen sind (einzelner Staaten, Unternehmen usw.) können sie andererseits auch als Teil der fundamentalen Ressourcen angesehen werden, von denen letztlich die Wohlfahrt aller Völker abhängig ist. Um ein Beispiel zu geben, könnte eine auf den Warenwert bezogene Steuer von nur 0,1% auf international gehandeltem Öl 100 Millionen Dollar im Jahr einbringen. Nach Ansicht der UNESCO sollte jede der biotischen Zonen der Erde (von denen es fast 200 gibt) mindestens ein Reservat aufweisen. Bis heute aber haben weniger als ein Viertel dieser Zonen solch ein Reservat. Die Kosten für die Einrichtung eines normalen Reservats belaufen sich auf 100 000 Dollar, die Kosten für seinen Unterhalt jährlich auf 50 000 Dollar. Ein Programm zur Einrichtung von weiteren 150 Reservaten und ihrer Unterhaltung bis zum Ende dieses Jahrhunderts würde 165 Millionen Dollar kosten – das wären die Einnahmen aus der Ölsteuer von nur zwanzig Monaten.

Es spräche sogar einiges für eine Besteuerung aller international gehandelten Ressourcen und Produkte. Das würde am direktesten diejenigen Teile der internationalen Gemeinschaft treffen, die am meisten von der Ausbeutung des Vorrats an Ressourcen profitieren, nämlich die Industrienationen. Auf diese Nationen mit ihrem Fünftel der Weltbevölkerung entfallen vier Fünftel aller Rohstoffe, die im Rahmen der internationalen Wirtschaft gehandelt werden. Eine Steuer von 0,1% auf den Warenwert brächte jährlich eine Milliarde Dollar ein.

Diese Auflistung verschiedener denkbarer Formen globaler Steuern stimmt mit dem Geist einer Reihe von Vorschlägen überein, die mit dem Ziel einer »Neugestaltung der internationalen Ordnung« gemacht worden sind. Einer der Mitarbeiter an diesem Konzept, Professor Jan Tinbergen, der für seine wirtschaftswissenschaftlichen Forschungen den Nobelpreis erhielt, erwägt nicht nur Steuern in dem oben dargestellten Sinn, sondern er geht noch weiter und plädiert für eine Reihe von internationalen Institutionen, die das Phänomen der bestehenden Beziehungen zwischen allen Mitgliedern der weltweiten Völkergemeinschaft zum Ausdruck bringen und formalisieren – beispielsweise ein Weltschatzamt, das kollektive Aktivitäten finanziert, und eine Weltbehörde, die die Nutzung »internationaler Ressourcen« regelt.

Nationale Steuern für internationale Zwecke

Eine zweite Möglichkeit, die finanziellen Mittel zu beschaffen, wären Steuern, die die jeweilige Regierung von ihren Bürgern erhebt. Würden sich diese Steuern als eine echte Belastung für den Bürger herausstellen? Wenn ein Steuerzahler die Frage stellt »Kann ich mir das leisten?«, dann sollte er auch fragen, ob er sich das »im Vergleich mit anderem« leisten kann. Da wir hier primär von dem Steuerzahler in den reichen Ländern sprechen, könnten wir sehr wohl fragen, wofür er denn den Teil seines Einkommens ausgibt, der ihm nach Abzug aller fixen Kosten zur freien Verfügung bleibt.

Sieht man sich die reichste Nation der Welt an, so verleihen die Amerikaner ihrem Interesse an Tieren dadurch Ausdruck, daß sie Hunde halten. Eine beachtliche Anzahl dieser Hunde entläuft. Die Kosten, die das Einfangen und Töten dieser Tiere, die medizinische Behandlung von weit über einer Million Hundebissen, der Unterhalt von Tierheimen und vergleichbare Leistungen verursachen, belaufen sich jährlich auf fast 500 Millionen Dollar. Schritte zur Verhinderung dieser auf Nachlässigkeit zurückzuführenden Ausgaben, etwa Strafsteuern oder Geldbußen, würden keine »Opfer« an Lebensqualität von allen Amerikanern fordern, sondern liefen lediglich auf eine Reduzierung verschwenderischer Geldausgaben seitens einer Minderheit hinaus. Wenn die amerikanische Öffentlichkeit strenge Abschreckungsmaßnahmen unterstützte, würde dies zu einer beachtlichen Einsparung führen, die zu den Einnahmen aus Steuern und Geldbußen hinzukäme. Das besagt natürlich nicht, daß die zur Debatte stehenden Geldmittel, die durch eine wirkungsvollere Haltung einer einzigen Tierart in einem einzigen Lande zusammenkämen, der Rettung vieler Tausender bedrohter Tierarten in vielen anderen Teilen der Welt direkt zugeführt werden könnten. Wir haben dieses Beispiel hier aber angeführt, um das Ausmaß vergleichbarer Aufwendungen anzudeuten; der genannte Betrag von jährlich 500 Millionen Dollar ist fast vierzehnmal höher als der Betrag, den der World Wildlife Fund von seiner Gründung im Jahr 1961 bis zum Ende des Jahres 1978 weltweit aufgebracht hat.

Ähnliches läßt sich auch im Hinblick auf andere Aspekte des amerikanischen Lebensstils sagen. Nach einer Minimalschätzung ist mindestens ein Sechstel der 25 Millionen medizinischen Operationen, die jährlich in den Vereinigten Staaten von Amerika zu einem Preis von über fünf Milliarden Dollar durchgeführt werden, unnötig. Krankenhausbetten, die viel zu lange belegt sind oder überhaupt nicht belegt sein sollten, ergeben eine Verschwendung von weiteren acht Milliarden Dollar. Zwischen 1962 und 1976 hat sich die Zahl der Alkoholiker fast verdoppelt; die wirtschaftlichen Kosten, die mit dem Mißbrauch von Alkohol verbunden sind und die durch Verlust von Arbeit und Produktivität, Unfälle, medizinische Versorgung usw. entstehen, werden in einem Bericht des amerikanischen Gesundheitsministeriums vom Ende des Jahres 1978 auf jährlich 43 Milliarden Dollar geschätzt. Jährlich wird in den Vereinigten Staaten ein Fünftel aller für den menschlichen Verzehr bestimmter Nahrungsmittel im Wert von 50 Milliarden Dollar vergeudet. Ein weiteres Fünftel entfällt auf die ungesunden Eßgewohnheiten jener 28 Millionen Amerikaner, die erhebliches Übergewicht haben, womit sie eine Schlankheitsindustrie in Schwung brachten, die zehn Milliarden Dollar umsetzt.

Diese Gesamtmittel von über 100 Milliarden Dollar im Jahr würden die Herausforderung, die der Schutz der Arten, der tropischen Wälder und vieler anderer Ressourcen darstellt, grundlegend verändern. Es gibt nämlich genug Überfluß, den man nutzen könnte, ohne die Höhe des amerikanischen Lebensstandards zu vermindern. Im Gegenteil, die Amerikaner würden besser leben. Nach einer Harris-Umfrage von 1977 ziehen es vier von fünf Amerikanern vor, eher durch Beschränkung auf das Wesentliche als durch noch mehr Konsum zu einem besseren Leben zu kommen, und fast ebenso viele haben den Wunsch, Lebensfreude mehr aus immateriellen Erfahrungen zu gewinnen als aus der Befriedigung von Bedürfnissen nach noch mehr Gütern und Dienstleistungen.

Natürlich gibt die amerikanische Wirtschaft schon eine ganze Menge für den Umweltschutz aus, nämlich jährlich ungefähr 50 Milliarden Dollar. Aber fast alle Anstrengungen sind auf den Kampf gegen die Verschmutzung und auf die Entwicklung ressourcensparender Technologien in den Vereinigten Staaten gerichtet. Eine verhältnismäßig geringfügige Summe wird zum internationalen Naturschutz beigesteuert, d. h. ein paar Millionen Dollar gehen an die Unterorganisationen der Vereinten Nationen, die mit Umweltangelegenheiten befaßt sind (wobei die Vereinigten Staaten von Amerika immer noch der größte Beiträger sind). Die Interessen der Amerikaner zu Beginn des 21. Jahrhunderts wären aber besser gewahrt, wenn sie sehr viel mehr Mittel bereitstellten, um die lebenserhaltenden Systeme der Erde zu unterstützen, deren integraler Bestandteil ihr eigener Lebensraum ist.

Natürlich sind die Vereinigten Staaten bei weitem nicht die einzige Nation, die sich einen an Überkonsum orientierten Lebensstil leistet. Die Verschwendung bei allen anderen wohlhabenden Staaten könnte mit ähnlichen Zahlen belegt werden. Ja, wenn man alle Formen eines unproduktiven Konsums zusammennimmt, mag der Gesamtumfang der durch alle wohlhabenden Nationen betriebenen Verschwendung viele hundert Milliarden Dollar ausmachen. Deshalb wäre es kaum eine Frage von »Opfern«, wenn man diese Länder bäte, den Hauptteil der Rechnungen für den Schutz des Naturerbes der Menschheit zu übernehmen. Es handelte sich in manchen Fällen wohl eher um die Beschneidung von Exzessen.

Darüber hinaus gehören heute zu den wohlhabenden Nationen nicht nur die fortgeschrittenen, sondern auch einige der Ölförderländer, deren durchschnittliches Bruttosozialprodukt pro Kopf heute das der superreichen Länder des Westens übertrifft. Saudi-Arabien hat sich erboten, auf den Preis jedes im Lande geförderten Barrels Öl ein Prozent aufzuschlagen, um einen Fonds von jährlich 200 bis 300 Millionen Dollar für das Umweltprogramm der Vereinten Nationen zu schaffen. Ein ähnliches Bemühen aller sehr reichen Staaten, den »Gürtel enger zu schnallen«, wäre schon ein großer Beitrag zur Lösung von Umweltproblemen.

Wenn wir uns nun noch eine weit gewichtigere Form der »irrationalen« Geldausgaben ansehen, nämlich die weltweiten Rüstungskosten, dann wird der Kontrast noch augenfälliger. Diese Ausgaben belaufen sich auf nahezu 400 Milliarden Dollar jährlich – eine Gesamtsumme, die größer ist als alle Einnahmen der armen Hälfte der Menschheit zusammengenommen. Würden sich nicht alle Staaten, was ihre langfristigen Überlebenschancen anbetrifft, sicherer fühlen, wenn die Rüstungsausgaben um ein Viertel gekürzt und die eingesparten Mittel für den Schutz der lebenserhaltenden Systeme der Menschheit ausgegeben würden? Natürlich sieht man in der Zerstörung der Umwelt keine unmittelbare Bedrohung der nationalen Sicherheit, jedenfalls nicht in dem Maße, in dem das bei einem militärischen Angriff der Fall ist. Aber die Zeit ist reif dafür, daß die Politiker einmal bedenken, wie sehr die Völkergemeinschaft aufgespalten werden könnte, wenn eine wachsende Zahl von Menschen mit wachsenden Bedürfnissen erkennt, daß der Vorrat an natürlichen Ressourcen immer stärker abgebaut wird. Staatsführer, die sich von einer militärischen Invasion bedroht sehen, schwadronieren, daß sie auch nicht einen Quadratmeter Boden preisgeben werden – und lassen gleichzeitig zu, daß Hunderte von Quadratkilometern aufgrund der Entwaldung davongeschwemmt werden. Sie würden den letztendlichen Wert ihrer Wälder besser verstehen, wenn ein Prozent (das sind 200 Millionen Dollar) der jährlich für militärische Forschung und Entwicklung verwandten Mittel (die zwei Fünftel aller öffentlichen und privaten Aufwendungen für Forschung und Entwicklung ausmachen und fast die Hälfte aller Wissenschaftler und Techniker der Welt beschäftigen) für jene Gebiete ausgegeben würde, die wissenschaftlich noch weniger erschlossen sind als manche Teile der Mondoberfläche.

Die Vereinigten Staaten von Amerika verwenden heute fast 700 Dollar pro Kopf und Jahr für militärische Zwecke. Wenn das Land 100 Dollar pro Bürger oder insgesamt etwa 12 Milliarden Dollar für den Schutz des weltweiten Naturerbes bereitstellte – welche Ausgabe würde da letztlich die größere Sicherheit einbringen? Die Amerikaner sind ganz ohne Zweifel bereit, reichlich für etwas zu spenden, was sie für eine gute Sache halten, denn sie steuern jährlich in etwa die oben genannte Summe zu wohltätigen Zwecken bei. Wie bei so vielen Aspekten des Umweltschutzes hängt auch hier alles von der Einsicht in die Prioritäten ab. Mittel für den Naturschutz in dieser Größenordnung würden die Aussichten der Vereinigten Staaten auf Erhaltung der Produktivität der Nahrungspflanzen, auf Arzneien für den Kampf gegen Krankheiten, auf Rohstoffe für noch unbekannte, neue Bedürfnisse und auf technologischen Fortschritt bis in das kommende Jahrhundert hinein wesentlich verbessern. Es kostet ein amerikanisches Ehepaar heute etwa 80 000 Dollar, ein Kind bis zum Schulabschluß großzuziehen – das ist eine große Investition in die Zukunft und eine gewaltige Geste des Glaubens an diese Zukunft. Wenn ein Bruchteil dieser Summe für den weltweiten Naturschutz ausgegeben würde, dann könnte das dazu beitragen, jedem Kind ein Stückchen wertvollen Lebensraum zu sichern, in dem es den Rest seines Lebens verbringen kann.

Die Frage heißt nicht, ob wir es uns leisten können, den Schutz des Naturerbes zu fördern. Die Frage ist vielmehr, ob wir es uns leisten können, dies zu unterlassen. Vielleicht sollten wir versuchen, nicht nur altruistisch, sondern auch realistisch zu sein, da heute beides oft das Gleiche bedeutet.

Der Artenschutz und die neue Weltordnung

Wie dieser abschließende Teil des Buches verdeutlicht, verlangt das Problem des Artenschwundes kollektive Maßnahmen sowohl seitens der Entwicklungsländer als auch seitens der Industrienationen. Die beiden Teile der globalen Völkergemeinschaft müssen ein gemeinsames Engagement in einem Umfang anstreben, der die zunehmend miteinander verknüpften Verhältnisse und Bedürfnisse dieser Gemeinschaft widerspiegelt. Ob die Völkergemeinschaft sich selbst als eine Gemeinschaft begreift oder nicht, im Hinblick auf ihre ökologischen Verbindungen und ökonomischen Beziehungen funktioniert sie doch als eine solche. Die Gemeinschaft wird früher oder später dazu verpflichtet sein, auf das Problem der verschwindenden Arten zu reagieren – entweder früher durch Schutzmaßnahmen von ausreichendem Umfang, oder später, wenn klar wird, daß der eingetretene Verlust alle Völker auf immer ärmer macht.

Eine solche Sicht des Problems entspricht einem neu aufkommenden Geist, der bestimmte Beziehungen innerhalb der Weltgesellschaft bei ihrem Schritt in das Endstadium des 20. Jahrhunderts charakterisiert. Man geht wirklich nicht zu weit, wenn man feststellt, daß die Herausforderung des Artenschutzes auf mikrokosmischer Ebene jene größeren Probleme reflektiert, die sich aus dem gemeinschaftlichen Leben auf der Erde ergeben. Sie ist eng mit anderen Problemen der dahinschwindenden Ressourcen verbunden – mit den Problemen etwa der Wälder, des Wassers, des Landes und ökologischer Systeme im allgmeinen. Diese Probleme reflektieren ihrerseits den durch Bevölkerungswachstum und zunehmende Knappheit an Nahrung, Energie und Rohstoffen erzeugten Druck. Diese Knappheit ist ihrerseits wiederum mit noch anderen Problemen des Lebens auf dieser einen Erde verbunden, beispielsweise mit denen der Souveränität von Staaten, des internationalen Handels und des Widerspruchs zwischen der Quantität des Verbrauchs und der Qualität des Lebens. Kaum ein anderes Problem jedoch wird so wenig beachtet wie das des Artenschwundes.

Eine umfassende Strategie zum Schutz der Arten wird einen hohen Grad an Zusammenarbeit zwischen den sich entwickelnden und den entwickelten

Ländern erfordern. Die meisten Arten leben in den Entwicklungsländern, und die Industrienationen können nur indirekt auf ihre Überlebensaussichten Einfluß nehmen; deshalb wird der Nutzen kooperativer Bemühungen für die letzteren um so größer sein. Zugleich wird die Bereitschaft der Entwicklungsländer, sich an einer gemeinsamen Problemlösung zu beteiligen, teilweise von dem Eingehen der Industrienationen auf ihr Hauptanliegen, die wirtschaftliche Entwicklung, abhängen. Die Entwicklungsländer werden nur wenig geneigt sein, ihren unverhältnismäßig großen Anteil am Artenreichtum der Erde zu schützen, so lange sie das Gefühl haben, daß ihnen von den Industrienationen keine gerechte Beteiligung an den internationalen Märkten, an einer Liberalisierung des Handels, an Vorzugspreisen, an einer Reform des monetären Systems, an Investitionen, an Technologietransfer und ähnlichem zugebilligt wird.

Die »Neue internationale Wirtschaftsordnung«

Es hilft deshalb weiter, wenn man das Problem des Artenschwundes im Kontext des Nord-Süd-Dialogs zwischen den Entwicklungsländern und den Industrienationen sieht. Vor allem ist es notwendig, eine Schutzstrategie für die Arten im Zusammenhang mit anderen Maßnahmen zu sehen, nämlich als Teil einer neuen Anstrengung, die gemacht wird, um eine realistische Verteilung aller Ressourcen unseres Planeten zu erreichen. Dieses Bemühen findet seinen Ausdruck in der sogenannten »Neuen internationalen Wirtschaftsordnung«.

Der Nord-Süd-Dialog ist der einzig geeignete Rahmen, in dem das Problem des Artenschwundes angegangen werden kann. Vor zwanzig Jahren gab es auf dieser Erde noch reichlich unzerstörte Natur. Heute ist nur zu offensichtlich, was mit ihr geschieht. In weiteren zwanzig Jahren könnte sie bis zur Unkenntlichkeit verändert sein, wenn nicht bedeutende Teile unter Schutz gestellt werden. Das heißt, daß Schutzkampagnen nicht fruchten werden, wenn nicht der Druck, jedes letzte Stückchen unberührter Natur in menschlichen Lebensraum umwandeln zu müssen, durch alternative Möglichkeiten der wirtschaftlichen Entwicklung vermindert werden kann. Der größte Teil der Menschenmassen, die sich über die noch ungestörten Gebiete ergießen, rekrutiert sich aus den Ärmsten der Armen, aus jenen, die sich dazu getrieben sehen, immer tiefer in die Wildnis einzudringen, um dort ein Stückchen Boden zu finden, das sie mit ihrer Hacke bearbeiten können. Im Augenblick beläuft sich ihre Zahl auf 800 Millionen Menschen, das ist fast ein Fünftel der Weltbevölkerung. Nach Auffassung der Weltbank könnte ihre Zahl bis zum Ende dieses Jahrhunderts geringfügig auf 600 Millionen absinken, wenn die neue Wirtschaftsordnung ihre Ziele erreichen kann. Sollte das nicht gelingen, könnte die Zahl leicht auf 1,7 Milliarden ansteigen. Angesichts der durch einige Hundert Millionen Menschen verursachten Zerstörung im Lebensraum der Arten ist schwer vorstellbar, wie bei einer verdoppelten Zahl verarmter Menschen überhaupt irgendwelche natürlichen Räume unverletzt bleiben sollen.

Um den zunehmenden Druck durch alle diese Menschen zu verringern, wäre es das beste, ihnen die Niederlassung in konzentrierten Ansiedlungen zu ermöglichen, d. h., sie so schnell wie möglich zu urbanisieren. Aber diese Urbanisierung funktioniert wahrscheinlich nicht (es sei denn, um den Preis unvorstellbar elender Lebensbedingungen), wenn sich die Städte der Entwicklungsländer nicht als modernisierte Siedlungen entwickeln können. Wachstum und Struktur der Städte müßten eingebettet werden in den Modernisierungsprozeß der Wirtschaften in den Entwicklungsländern. Nur durch einen solchen Modernisierungsprozeß bekämen die Industrien dieser Länder eine Chance, Zugang zu den wirklich einträglichen Märkten der reichen Nationen zu finden. Aber gerade an diesem Punkt in der Kette der Umstände liegen die größten Schwierigkeiten, denn die in den Entwicklungsländern produzierten Waren stoßen auf Zolltarife, Kontingentierungen und eine Fülle anderer Handelsbeschränkungen seitens der Industrieländer.

Kaum etwas anderes würde den bedrohten Arten in den Entwicklungsländern mehr helfen als eine schnelle wirtschaftliche Modernisierung. Aber angesichts der protektionistischen Handelspolitik der Industrienationen erscheint dies wenig wahrscheinlich. Es kann deshalb nicht überraschen, wenn die Führer der Entwicklungsländer auf von außen kommende Anregungen, sie sollten mehr für den Naturschutz tun, mit der Frage reagieren, wie man die Fahne der Internationalen Union für den Schutz der Natur und der Naturressourcen (IUCN) hochhalten könne, ohne zugleich auch die »Neue internationale Wirtschaftsordnung« zu unterstützen.

Handel

Die »Neue internationale Wirtschaftsordnung« versucht, die Hauptmerkmale der Entwicklungsländer systematisch und umfassend aufs Korn zu nehmen: Unterernährung, Analphabetentum, Krankheit, hohe Kindersterblichkeit, geringe Lebenserwartung, Arbeitslosigkeit, Wohnraummangel und, was am schlimmsten ist, die geringen Aussichten auf einen Wandel zum Besseren. Um diese erdrückende Fülle von Schwierigkeiten in den Griff zu bekommen, haben die Entwicklungsländer eine Wunschliste von Heilmitteln aufgestellt – Liberalisierung des Handels, stabilisierte Preise für Gebrauchsgüter, Schuldenerleichterung und ein größeres Mitspracherecht in Angelegenheiten, die die weltweite Völkergemeinschaft betreffen.

Es sei hier ein Blick auf das zentrale Anliegen geworfen, nämlich den Handel. Der Wert der Exporte der Industrienationen in die Entwicklungsländer ist fast fünfmal so hoch wie der Wert der Exporte der Entwicklungsländer in die Industrienationen. Das liegt nicht daran, daß die Entwicklungsländer etwa nicht in der Lage wären, Güter in ausreichender Quantität und Qualität zu produzieren. Brasilien verkauft Uhren in die Schweiz, Möbel nach Skandinavien, Kühlschränke in die Vereinigten Staaten von Amerika, Mode nach Italien und Fotozellen in die Niederlande. Ähnliches gilt für viele andere Entwicklungsländer, deren Unternehmungen und Fähigkeiten ihnen zu Wachstumsraten verholfen haben, die doppelt so hoch sind wie die der Vereinigten Staaten und Westeuropas zur Zeit ihrer Entwicklungsphasen. Und diese Leistung ist keineswegs auf ein paar wenige Länder beschränkt: Die Leistungen Taiwans und Hongkongs in den fünfziger und sechziger Jahren wurden in den siebziger Jahren von Thailand, Malaysia, der Elfenbeinküste und vielen anderen Ländern übertroffen. Wenn diese Länder ihre Wachstumsraten von etwa 6% in den achtziger Jahren durchhalten könnten, dann wären sie wirtschaftlich »flügge« und damit in der Lage, ihre Wirtschaften zu modernisieren und ihren zumeist ländlichen Bevölkerungen Möglichkeiten zum Erwerb des Lebensunterhalts zu geben, die nicht auf eine extensive Landwirtschaft beschränkt wären.

Dennoch wäre die Leistung der Entwicklungsländer um vieles höher, wenn das Ergebnis allein von ihren eigenen Bemühungen abhinge. Das Hauptproblem ist, daß sie nicht genug von ihren hochwertigen Produkten in die Hauptmärkte der Weltwirtschaft, in die Industrienationen, exportieren können. Um ihre eigenen, eingestandenermaßen empfindlichen Industrien zu schützen, haben die Industrieländer alle nur möglichen Handelsbeschränkungen eingeführt: Zolltarife, Einfuhrzölle, variable Abgaben, Quotenregelungen, Konzessionsverbote und offene Embargos. Die Zolltarife betragen oft bis zu 12%, während sie beim Handel der Industrienationen, untereinander durchschnittlich nur die Hälfte davon ausmachen.

Wenn die Vereinigten Staaten von Amerika ihre Importe aus Entwicklungsländern verdoppeln würden, dann würde das nach Meinung der Experten einen Verlust von 250000 heimischen Arbeitsplätzen bedeuten. So groß diese Zahl sein mag – sie wäre doch nur ein Bruchteil der Verluste, die normalerweise durch Strukturveränderungen und durch eine Steigerung der Arbeitsproduktivität verursacht werden. Nach Angaben der Weltbank hat die Bundesrepublik Deutschland feststellen müssen, daß im Bereich der industriellen Fertigung während der Zeit zwischen 1962 und 1975 auf jeden durch Einfuhren aus Entwicklungsländern verlorengegangenen Arbeitsplatz 48 durch Produktivitätsanstieg verlorene Arbeitsplätze kamen; und selbst in der Bekleidungs-und Textilindustrie, wo die Einfuhren aus den Entwicklungsländern am schnellsten anstiegen, betrug das Verhältnis noch 3:1. Hinzu kommt, daß eine Produktionsumstellung, die einen Arbeiter in einem Industrieland freisetzt, mehr als zwei neue Arbeitsplätze in einem der erfolgreicheren und bis zu fünf in einem der ärmeren Entwicklungsländer schafft. Wenn die Vereinigten Staaten von Amerika zum Ausgleich für den eigenen Arbeitsmarkt ein Umschulungsprogramm finanzieren würden, brauchte das nicht mehr als ein Sechstel dessen zu kosten, was die Regierung heute jährlich für die Arbeitslosenunterstützung aufwenden muß. In jedem Falle wird die Beschäftigung, die in den Vereinigten Staaten durch protektionistische Maßnahmen erhalten wird, mehr als aufgewogen durch den Verlust an Arbeitsplätzen in der amerikanischen Industrie, die in Entwicklungsländer exportiert und die viel mehr exportieren könnte, wenn das Wirtschaftswachstum dort schneller anstiege.

Es gibt deshalb keinen grundsätzlichen Konflikt zwischen den Interessen der Industrienationen und denen der Entwicklungsländer. Tatsächlich würde eine radikale Überprüfung des Systems nicht nur der traurigen Tatsache Rechnung tragen, daß der Einkommenszuwachs bei den »Habenichtsen« während der letzten zwanzig Jahre nur bei durchschnittlich zwei Dollar jährlich lag, sondern sie würde auch das aufgeklärte Eigeninteresse der Industrienationen widerspiegeln, die sich selbst täuschen, wenn sie glauben, daß sie auch ohne die armen Nationen auskommen können. Als Anhaltspunkt für das Ausmaß, in dem das wirtschaftliche Wohlergehen beider Blöcke miteinander verknüpft ist, mag dienen, daß die armen Länder mehr als ein Viertel der Exporte der reichen im Wert von rund 150 Milliarden Dollar pro Jahr aufnehmen; im Gegenzug dürfen sie Güter im Wert von nur 30 Milliarden Dollar an die Industrieländer liefern. Während der jüngsten Rezession boten die Entwicklungsländer die schwungvollsten Absatzmärkte; zwischen 1970 und 1977 steigerten die Vereinigten Staaten von Amerika ihre Verkäufe an Entwicklungsländer um 22% – verglichen mit nur 15% bei den Verkäufen an andere Industrieländer. Nach dem Overseas Development Council in Washington D.C. könnte ein Wirtschaftswachstum von 3% in den Entwicklungsländern zu einem zusätzlichen Wachstum von einem Prozent in den Industrienationen führen – das entspräche einer Steigerung ihres Bruttosozialproduktes um 45 Milliarden Dollar.

Darüber hinaus würde, wenn die Regierungen der reichen Länder den Export der Dritten Welt förderten anstatt ihn zu behindern, dies den Budgets ihrer privaten Haushalte Auftrieb geben. Billige Importe aus Entwicklungsländern wie Schuhe, Textilien, Bekleidung und elektronische Bauteile würden es beispielsweise dem amerikanischen Verbraucher ermöglichen, mindestens 250 Dollar im Jahr einzusparen. (Es gibt in der Tat kaum eine inflationstreibendere Praxis als die des Handelsprotektionismus.) Und ein Ende der Handelsbeschränkungen würde die Entwicklungsländer in den Stand setzen, jährlich zusätzliche 24 Milliarden Dollar einzunehmen – ungefähr den Betrag, den sie heute als Entwicklungshilfe von den Industrienationen erhalten.

Eine Liberalisierung des Handels könnte die Entwicklungshilfe gänzlich überflüssig machen. Ohne eine die ganze Völkergemeinschaft einbeziehende offene Wirtschaft jedoch wird die Hilfe auch weiterhin unerläßlich sein – und dies im Interesse beider Parteien. Um die »grundlegenden menschlichen Bedürfnisse« des einen Fünftels der Menschheit, das in absoluter Armut lebt, zu befriedigen, sind nach Schätzungen der Weltbank zwischen 1980 und dem Jahr 2000 durchschnittlich 15 Miliarden Dollar jährlich zusätzlich zu der gegenwärtigen Hilfe erforderlich. Nicht, daß das für die wohlhabenden Nationen eine große Last wäre: es läge zwischen einem Zehntel und einem Zwanzigstel des Betrages, um den die Reichen in der vorhersehbaren Zukunft reicher zu werden hoffen.

Ironischerweise eignet sich die Zeit, in der sich die Weltwirtschaft langsam von einer ausgedehnten Rezessionsperiode erholt, erstklassig für einige grundlegende Veränderungen bei den Geschäftspraktiken der weltweiten Völkergemeinschaft. In »normalen« Zeiten neigt die öffentliche Meinung dazu, sich gegen Neuerungen zu sperren und einen innovativen Geist mit der Begründung zu verscheuchen, daß angeblich kein Bedarf für ihn vorhanden sei. Aber wie die Chinesen sagen: Eine Zeit der Krise kann eine Zeit der Gelegenheit sein. Die gegenwärtige Situation bietet die Chance, die als unabänderlich hingenommenen Beziehungen zwischen den Habenden und den »Habenichtsen«, zwischen den verschiedenen Teilen der weltweiten Völkergemeinschaft, zwischen den menschlichen Gemeinschaften und ihrem Vorrat an Ressourcen zu überdenken und neu zu gestalten.

Das Wesentliche ist, daß wir die Herausforderung, die das Verschwinden der Arten darstellt, in einem neuen Licht betrachten können. Zur Erhaltung wildlebender Arten und tropischer Wälder kann die Umschulung von Arbeitskräften in der entwickelten Welt ebensoviel beitragen wie Parks und Reservate in den tropischen Ländern. Mit einer Steigerung der Entwicklungshilfe um 0,1% könnte weit mehr bewirkt werden als mit tausend Projekten zur Rettung von Tieren. Der Transfer geeigneter Technologien kann sich als sehr viel wirkungsvoller erweisen als Ausrüstungen für den Kampf gegen die Wilddieberei. Eine Aufhebung der Handelsrestriktionen kann viel mehr zur Sicherung der bedrohten Arten beitragen als eine Unterbindung des internationalen Handels mit Wildkatzenfellen und Alligatorenhäuten.

Die Vereinigten Staaten von Amerika als Entwicklungsland

Um eine realistische Vorstellung davon zu bekommen, wie die Alternative aussieht, wollen wir uns einmal fragen, wie es den Vereinigten Staaten erginge, wenn sie im letzten Viertel des 20. Jahrhunderts ein Entwicklungsland wären. Die meisten Farmer hätten ein Bareinkommen von 300 Dollar im Jahr und könnten die für eine Hochertragswirtschaft erforderlichen Hilfen wie Mechanisierung und hochentwickelte Technologien nicht finanzieren. Ihre Bewirtschaftungsmethoden wären deshalb, was die Nutzung der Hauptanbaugebiete anbetrifft, ziemlich verschwenderisch – und das würde eine große Zahl von Subsistenzbauern dazu veranlassen, sich in den trockeneren Graslandzonen auszubreiten, wo jeder von ihnen ein größeres Stück Land mit Beschlag belegen würde, um seine Familie, die aus acht bis zehn Personen bestünde, ernähren zu können. Die Demographen würden darauf hinweisen, daß angesichts der Tatsache, daß über 50% der Bevölkerung 15 Jahre alt oder jünger sind (verglichen mit rund 20 % in den fortgeschrittenen Ländern), die Eltern der Zukunft bereits geboren wären; und deshalb würde sich, selbst wenn sich die amerikanische Durchschnittsfamilie auf zwei Kinder beschränkte, die augenblickliche Gesamtbevölkerung von 225 Millionen bis zum Ende des Jahrhunderts fast verdoppeln, wobei es jenseits der 500-Millionen-Grenze in weiteren zwei Generationen keine Aussicht auf ein Nullwachstum gäbe. Nicht, daß die Amerikaner ihr Los teilnahmslos hinnehmen würden. Ganz im Gegenteil könnten sie, da sie außergewöhnlichen Unternehmungsgeist und große Arbeitswilligkeit zeigen, sehr wohl wirtschaftliche Wachstumsraten erreichen, die sie praktisch mit den »Wirtschaftswunderländern« wie Japan und der Bundesrepublik Deutschland gleichstellen würden. Bedauerlicherweise wären aber alle Anstrengungen vergeblich, solange Amerikas Zugang zu den Hauptmärkten der Welt eingeschränkt bliebe. Das Ergebnis wäre, daß die Bürger Amerikas vorwiegend Landbewohner bleiben müßten und daß die Überbeanspruchung der natürlichen Umwelt allenthalben Jahr um Jahr zunehmen würde. Die umfangreiche Zerstörung unberührter Ökosysteme träte für jeden sichtbar zutage, da die großen Wälder des Westens der Landwirtschaft oder neuen Ansiedlungen weichen oder wegen des Brennmaterials ausgebeutet würden – mit Ausnahme des Rotholzes, das exportiert würde, um die spezialierten und unersättlichen Bedürfnisse wohlhabender Leute in anderen Teilen der Welt zu befriedigen. Die hervorragenden Parks des Landes würden einer nach dem anderen den Horden landhungriger Bauern zum Opfer fallen, zuerst die am besten bewässerten wie etwa die Everglades, dann die trockeneren. Schließlich würde nur das Tal des Todes übrigbleiben. Und die fortgeschrittene Welt würde dem allen nur ein einziges Mal Aufmerksamkeit schenken – sie würde beim Abgang des Schwarzfußiltis und des kalifornischen Kondors tadelnd den Finger erheben.

Schlußfolgerung

Um am Ende einen etwas freundlicheren Ton anzuschlagen, sei gesagt, daß eine eindeutige Entscheidung, die Herausforderung anzunehmen, vor die uns das Verschwinden der Arten stellt, einen großen Gewinn darstellen würde. Die Bemühungen darum könnten dabei helfen, die allgemeinen Interessen der Staaten zu artikulieren. Schließlich kann ja der Artenschutz als ein Problem präsentiert werden, das wahrscheinlich weit weniger zu politischen Zerwürfnissen führt als viele andere internationale Probleme. Eine Artenschutzstrategie könnte sogar die Regierungen dazu ermutigen, eine »kollektive« Haltung gegenüber anderen kollektiven Fragen einzunehmen, mit denen die weltweite Völkergemeinschaft konfrontiert ist.

Insgesamt könnten sich die Bemühungen um den Artenschutz dadurch, daß sie das Bewußtsein der Einheit aller Menschen fördern, als ein fester Schritt in Richtung auf eine neue Weltordnung erweisen.